Mein Tag

Erinnerungen an ein langes Leben

Sara Agnes Rice Pryor

Writat

Diese Ausgabe erschien im Jahr 2024

ISBN: 9789359946238

Herausgegeben von
Writat
E-Mail: info@writat.com

Nach unseren Informationen ist dieses Buch gemeinfrei.
Dieses Buch ist eine Reproduktion eines wichtigen historischen Werkes. Alpha Editions verwendet die beste Technologie, um historische Werke in der gleichen Weise zu reproduzieren, wie sie erstmals veröffentlicht wurden, um ihre ursprüngliche Natur zu bewahren. Alle sichtbaren Markierungen oder Zahlen wurden absichtlich belassen, um ihre wahre Form zu bewahren.

Inhalt

KAPITEL I
EINLEITUNG

Ich muss einen möglichen Leser ermutigen, indem ich ihm versichere, dass ich nicht die geringste Absicht habe, eine reine Autobiographie zu schreiben. Nichts in mir und meinem Leben würde mich dazu berechtigen.

Ich würde vielleicht die Geschichte des Bürgerkriegs und meinen Anteil an den Nöten und Leiden meiner Mitfrauen ignorieren, aber diese Geschichte habe ich vollständig und wahrheitsgetreu in meinen „Erinnerungen an Frieden und Krieg" erzählt.

Meine Landsleute waren diesen ersten Geschichten gegenüber so freundlich, dass ich das Gefühl habe, ich darf mir als „Erinnerungsschwätzer" einen gewissen Ruf verschaffen. Außerdem habe ich die letzten zwei Drittel des glanzvollen 19. Jahrhunderts erlebt und einige der Männer und Frauen gekannt, die dieses Jahrhundert so bemerkenswert machten. Und ich würde gern mit Mr. Trollope glauben, dass „die kleinen Aufzeichnungen eines unwichtigen individuellen Lebens, die Erinnerungen, die zufällig im Gehirn der Alten verweilen wie Treibholzstücke, die in den Wirbeln eines Nebengewässers herumtreiben, den jungen Menschen der heutigen Generation lebendiger als alles andere jene Handlungs-, Denk- und Sprechweisen im Alltag vor Augen führen können, die die Unterschiede zwischen ihnen und ihren Großvätern aufzeigen."

Aber ich werde den Leser, der mir bis zum Ende meiner Geschichte folgt, mit mehr als diesem „schwimmenden Treibholz" belohnen!

Autoren von Erinnerungen sind daran interessiert - vielleicht sogar mehr als ihre Leser - sich an ihre frühesten Empfindungen zu erinnern und durch diese festzustellen, in welchem Alter sie "zu sich selbst gefunden" haben, d. h. sich ihrer eigenen Persönlichkeit und ihrer Beziehung zu der Welt, in die sie eingetreten waren, bewusst geworden sind.

Lange vor dieser Zeit hat das Kind vielleicht mehr gesehen und gelernt, als es später in der gleichen Zeitspanne jemals gelernt hat. Es hat sich eine Sprache angeeignet, die seinen Bedürfnissen genügt. Seine Miniaturwelt war in vielerlei Hinsicht eine Vorahnung der Welt, die es als Erwachsene kennen wird. Es hat gelernt, dass es Bürger eines Landes mit Gesetzen ist – von denen es klug ist, einige zu befolgen –, wie das Gesetz gegen unerlaubte Freiheiten mit der Katze oder das Berühren der Kerzenflamme; während andere Gesetze durch Geschick und diskretes Verhalten umgangen werden können. Es findet viele Dinge um sich herum; Bilder an den Wänden zum Beispiel, die man bewundern, aber nie berühren kann – andere schöne Dinge, die man anfassen und sogar küssen kann, die aber auf Kaminsimse und

Tische zurückgestellt werden müssen – und noch andere, die bei weitem nicht so entzückend sind wie diese, „arme Dinge, die ihm gehören", die man nach Belieben streicheln oder schlagen oder sogar zerbrechen kann. Es hat gelernt, seiner natürlichen Vorliebe für das Drama nachzugeben. Seine Amme bedeckt ihren Kopf mit einem Papier und wird dahinter zum schrecklichen, stöhnenden Bösewicht, während sich das Baby für einen Angriff wappnet, dem Bösewicht die Verkleidung vom Leib reißt und seinen Sieg herausschreit. Während es die Namen und Eigenheiten der Tiere lernt, erweitert sich der Umfang des Dramas. Es ist ein temperamentvolles Pferd, das schnaubt und davonstürmt, oder – wenn seine Bilderbücher gut ankommen – ein brüllender Löwe, vor dem die Amme in Angst und Schrecken flieht. Das häusliche Spiel ist unendlich vielfältig – Krankenpflege, Arzt, Babypflege, Kochen – und einmal, ach! Ich hörte ein achtzehn Monate altes Mädchen einen furchtbaren Streit zwischen Mann und Frau nachspielen, der mit den Worten „Ich verlasse dich! Ich komme nie wieder!" endete.

Diese natürlichen Neigungen von Kindern scheinen zu beweisen, dass die Seele oder der Geist des Menschen „von der Wiege an geholt werden" kann – eine Redewendung, die ich einem meiner Zeitgenossen, Mr. Leigh Hunt, zu verdanken habe, der sie wiederum als beliebte Redewendung in seinen späten (und meinen frühen) Tagen zitierte. Aber mit der einzigen Ausnahme der gesprochenen Sprache wurden all diese Kinderspiele unseren bescheidenen Brüdern erfolgreich beigebracht; unseren armen Verwandten, dem Affen, dem Hund, dem Elefanten, dem Seehund, dem Kanarienvogel – sogar den Flöhen. Sie alle sind in der Lage, ein kurzes Drama aufzuführen. Der Elefant, der sich nach seiner Flasche sehnt, läutet nie zu früh seine Glocke. Der Hund erinnert sich an sein Stichwort, wartet darauf und kommt ihm nie zuvor. Der Seehund, der wunderbarste von allen, der ohne Arme und Beine geboren wurde, besteigt ein Pferd für einen Ausritt und wartet darauf, dass sein Regenschirm auf seiner Stummelnase balanciert wird. Sogar dem Geschöpf, dessen Name ein Synonym für vulgäre Dummheit ist, wurde beigebracht, mit Schweinefingern die Buchstaben zu zeigen, die diesen Namen buchstabieren.

Mit diesen und anderen Tieren haben wir die Fähigkeit zur Nachahmung gemeinsam, unser Gedächtnis, unsere Zuneigung, Antipathie, Rache, Dankbarkeit, leidenschaftliche Verehrung eines besonderen Freundes und sogar die Wahrnehmung von Musik – das Kleinkind weint und der Pudel heult als Antwort auf die gleiche Melodie in Moll – und doch gibt es trotz dieses gemeinsamen Schicksals, dieses gemeinsamen Erbes nur uns, und nicht ihnen, einen Moment, in dem eine seltsame, unsichtbare Kraft uns etwas einhaucht, das dem Bewusstsein einer lebendigen Seele gleicht.

Da Kinder keine Vergangenheit als Maßstab für das Vernünftige und Natürliche haben, überrascht sie nichts. Sie sind einfach Zeugen eines Panoramas, an dessen bewegenden Szenen sie keinen Anteil haben. Als ich drei Jahre alt war, besuchte ich meinen Großvater in Charlotte County. Der Staunton River schlängelte sich um seine Plantage, und ich wurde oft mit meinen Tanten zum Rudern mitgenommen. Eines Tages kenterte das Kanu und meine hübsche Tante Elizabeth fiel über Bord. Ohne die geringste Emotion sah ich sie fallen und sah, wie sie sich erholte. Soweit ich wusste, war es üblich und völlig angemessen, dass junge Damen in Flüsse fielen und an ihren langen Haaren herausgefischt wurden. Aber ein anderes, ganz gewöhnliches Ereignis überwältigte mich mit größter Betroffenheit. Nachdem ich kurz zuvor vorsichtig einen Finger ausgestreckt hatte, um einen Apfel zu probieren, der für mich am Feuer meines Großvaters geröstet wurde, war ich darauf vorbereitet, schockiert zu sein, als ich eine Kolonie Ameisen sah, die wie verrückt auf Holz herumrannten, das ein Diener über die Kohlen legte. Meine Schmerzensschreie hielten meinen Großvater auf, als er durch das Zimmer ging. Er befahl schnell, die Stöcke wegzunehmen, rief mich zu sich und sagte ernst: „Wir werden diese Kreaturen vor Gericht stellen und sehen, ob sie eine Strafe verdienen. Offensichtlich sind sie in unser Land eingedrungen. Die Frage ist, sind sie aus eigenem Antrieb gekommen oder wurden sie, während sie ihr Recht auf Leben und Freiheit genossen, von uns gefangen genommen und gegen ihren Willen hierher gebracht?" Meine Aussage wurde ernst aufgenommen. Ich war mir ganz sicher, dass ich die von Ameisen wimmelnden Stöcke auf dem Feuer liegen gesehen hatte. „Onkel Peter", der das Holz hereingebracht hatte, wurde herbeigerufen und scharf verhört. Nichts konnte ihn erschüttern. Nach bestem Wissen und Gewissen „kamen diese Ameisen nie, als man sie rief", und so wurden sie, als sie inzwischen wild über den Boden huschten, mit einem überzeugenden Besen sanft ermahnt, das Gelände zu verlassen. Onkel Peter war überzeugt, dass sie ohne Schwierigkeiten den Weg nach Hause finden würden, und ich war beruhigt.

Ich erinnere mich genau an diesen kleinen Vorfall. Ich sehe meinen lieben Großvater vor mir, wie er sein weißes Haar mit einem schwarzen Band zusammengebunden hat und *seinen* Stock wie einen Amtsstab vorschiebt. Ich behaupte, dass ich damals – im Alter von drei Jahren – meine Seele von irgendwoher „geholt" habe, fast „aus der Wiege", weil ich den Unglücklichen bemitleidet, mich selbstlos für seine Sache eingesetzt und für ihn Rücksicht und Gerechtigkeit errungen habe.

Romanautoren sollen die Wahrheit, wie sie in der Natur zu finden ist, wie in einem Spiegel darstellen. Sie deuten gern an, dass in einem Moment des frühen Lebens eines jeden Menschen etwas geschieht, das sein Schicksal vorwegnimmt, etwas, das uns, wenn wir es deuten – wie die Träume der alten

Hebräer – ohne die Hilfe eines Zigeuners, Mediums oder Hellsehers die Dinge verraten würde, die wir so sehnlichst wissen möchten. In Daniel Deronda berührt Gwendolyn in ihrem Moment des Triumphs eine Feder in einer Tafel, die zurückgleitet und ein Bild enthüllt – das nach oben gerichtete Gesicht eines Ertrinkenden. In Lewis Rand hört Jacqueline, die Braut seit einer halben Stunde, die Geschichte eines Duells – und der Pistolenschuss hallt ihr noch immer durch den Kopf und erfüllt es mit hartnäckiger Vorahnung.

Wir erinnern uns vielleicht an Beispiele für ähnliche Vorahnungen im wirklichen Leben. So steht Jean Carlyle, sechs Jahre alt, schön und lebhaft wie ein tropischer Vogel, vor einem Publikum, um ihr kleines Lied zu singen, und wartet vergeblich auf ihren Begleiter. Schließlich wirft sie ihre Schürze über den Kopf und rennt verwirrt davon. *Sie* war vorbereitet, sie kannte ihre Rolle, aber die Unterstützung fehlte, die Begleitung versagte ihr. Es war dem Erzähler der Geschichte nicht gegeben, die Prophezeiung zu erkennen!

Wäre ich phantasievoll genug, einen Moment als prophetisch für mein Leben festzulegen – als Leitmotiv für das bestimmende Prinzip dieses Lebens –, dann könnte ich mich an den Vorfall im Zimmer meines Großvaters erinnern, als ich aufhörte, bloß ein träger Absorber von Licht, Wärme und Trost zu sein, und mir des *Schmerzes* in der Welt bewusst wurde – eines Schmerzes, den ich leidenschaftlich zu lindern wünschte.

KAPITEL II

Ich hatte eine kinderlose Tante, die jedes Jahr aus ihrem Haus in Hannover kam, um einen Teil des Sommers bei meinen Eltern und meinem Großvater zu verbringen. Sie bat meine Mutter um einen Besuch, der eigentlich nur kurz sein sollte, und da sie bei ihrem Volk sehr beliebt und geachtet war, durfte ich mit ihr zurückkehren.

Damals gab es in Virginia noch keine Eisenbahnen. Alle Reisen wurden mit privaten Fuhrwerken unternommen. Die großen Kutschen mit vier Kutschen waren nach der Revolution verschwunden. Für die wandernden Virginianer genügten jetzt die Kutsche mit zwei Kutschen und einem Koffer aus Ziegenhaar, der hinten festgeschnallt war, oder – falls die Reise lang war – ein leichter Wagen für das Gepäck.

Mit Ausnahme der drei Sommermonate lebte er zu Hause. In diesen Monaten besuchte er regelmäßig Saratoga oder die White Sulphur, Warm und Sweet Springs in Virginia. Die Reise dorthin dauerte weniger als eine Woche und war heute von New York aus in acht bis neun Stunden zu schaffen.

Der Wagen auf seinen hohen Federn knarrte und schaukelte wie ein Schiff auf hoher See. Glücklicherweise war er innen gut gepolstert und ausgepolstert – und an den vier Ecken mit breiten Doppelriemen ausgestattet, durch die der Passagier die Arme stecken konnte, um sich zu stabilisieren. Er brauchte sie beim Stampfen und Rütteln über die Steine und Furchen schrecklicher Straßen. Hinter jeder Tür befanden sich reichlich Taschen für allerlei Annehmlichkeiten – Kekse, Sandwiches, Äpfel, stärkende Medikamente und Liköre, Bücher und Papiere. Hinter der Tür war eine Treppe mit drei oder vier mit Teppich ausgelegten Stufen angebracht. Fünfundzwanzig Meilen galten als „eine Tagesreise", völlig ausreichend für jedes Pferdegespann. Mittags ruhten die Pferde im Schatten der Bäume in der Nähe einer Quelle oder eines klaren Bachs, die Kutschenkissen wurden ausgelegt und das Mittagessen! Nun, ich kann nicht behaupten, größer zu sein als der größte aller unserer amerikanischen Künstler – derjenige, der einen Helden in Bronze formen und ihn wieder zum Leben erwecken konnte; und halte uns schweigend und ehrfürchtig in der Gegenwart des geheimnisvollen und unaussprechlichen Kummers einer Frau in Marmor! Hat er nicht gestanden, dass er sich zwar an eine frühe Wahrnehmung der Schönheit von Himmel und Meer, Feld und Wald erinnert, die Erinnerung, die ihn sein Leben lang lebhaft verfolgt hat, aber die von Gerüchen aus einem Bäckerofen und von Äpfeln ist, die in der Küche eines deutschen Nachbarn schmoren? Heißer Lebkuchen und gewürzte, gezuckerte Äpfel! Das würde ich in der Tat sagen!

In genau so einer Kutsche, wie ich sie beschrieben habe, machte ich mich mit meiner seltsamen Tante und meinem seltsamen Onkel auf den Weg – einem kleinen Dreieinhalbjährigen! Nachts schliefen wir in einer Landschenke, umgeben von flüsternden Espen. Ein Schild davor, das wie ein Galgen schwang, versprach „Erfrischung für Mensch und Tier". Ausnahmslos lag der Wirt, grauhaarig, beleibt und ernst, ausgestreckt auf einer Bank in seiner Veranda oder lümmelte sich in einem „Stuhl mit gespaltenem Boden" mit den Füßen auf dem Geländer. Er hatte uns von weitem kommen sehen. Er war begierig auf Kundschaft, aber er musste seine Würde wahren . Er erhob sich langsam von seiner Bank oder seinem Stuhl, kam gemächlich auf uns zu und „dachte" zögernd, er könne uns unterbringen. Ich hatte Todesangst vor ihm! Ich sank in eines seiner tiefen Federbetten, zitterte um mein Leben und weinte um meine Mutter.

Endlich, eines Nachts, müde von der langen Reise, bogen wir in eine Zedernallee ein und näherten uns unserem Zuhause. Meine Tante und mein Onkel, die auf den Kissen des Rücksitzes saßen, konnten sich nicht im Traum vorstellen, wie furchtbar der kleine Rebell vorn war. Wie die Ameisen war ich gegen meinen Willen in ein fremdes Land gebracht worden. Ich beschloss im Stillen, kein braves kleines Mädchen zu sein. Ich wollte so unartig sein wie möglich, so viel Ärger wie möglich machen und sie zwingen, mich wieder nach Hause zu schicken. Doch mit der Morgensonne kam vollkommene Zufriedenheit, die bald zu vollkommenem Glück erblühte. Von meinem Bett lief ich barfuß auf eine schöne, von Rosen beschattete Veranda. Auf einem der Gitterstäbe nickte ein kleiner Zaunkönig zur Begrüßung mit dem Kopf und ließ seinen silbernen Liedfaden erklingen. Gabriella, die große Schildpattkatze mit dem hoch erhobenen Schwanz, umwarb und gewann mich; und als Milly, schwarz und lächelnd, mich eroberte, war es, um mir eine entzückende Puppe und einen kleinen Schaukelstuhl vorzustellen.

Von dieser Stunde an bis zu meiner Hochzeit war ich die glückliche Königin des Haushalts, diejenige, deren höchstes Wohl weise im Auge behalten wurde und für deren Glück alle anderen lebten.

Die Bindung zwischen meiner Tante und ihrer kleinen Nichte konnte nie zerrissen werden, und da sie sehr geliebt wurde und ihr großes Vertrauen entgegengebracht wurde und meine liebe Mutter viele Kinder hatte, wurde ich praktisch als einziges Kind meiner Tante und meines Onkels, Dr. und Mrs. Samuel Pleasants Hargrave, adoptiert.

KAPITEL III

Der allgemeine Eindruck, den ich von der Welt meiner Kindheit habe, ist der von Gärten – Gärten überall; voller Rosen, Lilien, Veilchen, Jonquillen, blühenden Mandelbäumen, die nie Früchte trugen, doppelt blühenden Pfirsichbäumen, die ebenfalls keine Früchte trugen, aber wie die Mandelbäume wegen der Schönheit ihrer Blüten geschätzt wurden. Und Wintergärten! Diese begannen tief in der Erde und waren zwei Stockwerke hoch an der Rückseite des Hauses gebaut. Man betrat sie über Stufen, die nach unten führten, und nur so konnte man sie betreten. Fenster führten vom Salon (immer „Salon" – nicht Salon) oder vom Zimmer meiner Dame hinein. Auf dem Boden standen große Kübel mit Orangen- und Zitronenbäumen und dem prächtigen blühenden Granatapfel. An den Wänden waren Regale angebracht, die über kurze Leitern zu erreichen waren, und auf diesen Regalen lagen Kakteen, Gardenien (Kap-Jasmin, wie wir diese Königin der Blumen nannten), Schönmalven, goldene Lantana-Kugeln und die hochgeschätzte schneeweiße Camellia Japonica, die sicher in Baumwolle verpackt als Geschenk verschickt wurde, um die dunklen Locken irgendeiner Schönheit aus Virginia zu schmücken oder die Falten ihres durchsichtigen Kopftuchs zu umschließen. Diese Kamelien galten lange bevor sie vom jüngeren Dumas verewigt wurden als die poetischsten und elegantesten aller Blumen – so rein und empfindlich, dass sie die Entweihung durch die kleinste Berührung übelnahmen. Kein Kavalier jener Tage würde seiner Ladye Faire die schlichten Blumen schenken, die wir heute lieben. Diese würden mit der Schneeschmelze Anfang Februar schnell genug kommen.

Ich habe nie die Ekstase eines dieser frühen Februarmorgen vergessen. Mit Handschuhen und Kapuze rannte ich den Gartenweg hinunter, von dem der Schnee zu beiden Seiten gefegt und hoch aufgetürmt war. Köstliche kleine Flüsse flossen herab und ich ließ eine gewaltige Flotte aus Blättern und Stöcken los. Plötzlich sah ich ein Wunder. Der Schnee lag überall dick, aber die Sonne hatte ihn von einem Südufer her geschmolzen, und weiße Veilchen – Hunderte von ihnen – waren hervorgekommen. Ich breitete meine Schürze auf dem sauberen Schnee aus und füllte ihn mit den kühlen, frischen Blüten. Jubelnd rannte ich hinein und schüttete meinen Schatz in den Schoß meiner lieben Tante, die auf einem niedrigen Stuhl saß, der meinen Kopf gerade auf einer Höhe mit ihrer Brust brachte. Ah! Wie St. Gaudens erinnere ich mich an die Lebkuchen und Äpfel! – aber ich erinnere mich auch an die Veilchen!

Ich sehe mich im heißen Frühsommer, hinausgeschickt, um die kühle Morgenluft zu atmen. Welch ein Paradies aus Süßigkeiten bot sich meinen Sinnen! Die Quadrate, Halbmonde und Kreise, eingefasst mit Buchsbaum, über den während der Nacht ein zauberhaft glitzernder Schleier geworfen worden war; die hohen Flieder, Schneebälle, Myrten und Flieder, die wie

Wächter den Eingang zu jeder Allee bewachten; die leuchtenden Beete aus Tulpen, Nelken, violetten Schwertlilien, „Tränenden Herzen", blühenden Mandeln mit rosigen Ähren, Maiglöckchen! Ich musterte sie alle mit neugierigen Augen. Wusste ich nicht, dass die Feen, auf Schmetterlingen reitend, jeden einzelnen besucht und ihn während der Nacht bemalt hatten? Wusste ich nicht, dass dieselben Feen ihre Becher ins Gras gehängt und so lange getanzt hatten, dass die Becher schnell an den Grashalmen wuchsen und zu Maiglöckchen wurden? Ich wusste das alles – obwohl meine liebe Tante Märchen nie guthieß und mir keine Märchenbücher schenkte. Cousin Charles glaubte an sie; außerdem besaß ich ein bezauberndes Bild von einer Fee, die auf einem Schmetterling reitet. Natürlich stimmten sie.

Aber ich eilte immer mit wenig Verzögerung zwischen den Blumenbeeten hindurch. Ich wusste, wo die Passionsblume während der Nacht goldene Fruchtkugeln abgeworfen hatte – und ich wusste genau, wo die kühlen, vom frühen Tau bereiften Feigen vor scharlachroter Süße platzten. Erzählen Sie mir nicht von Ihrer beißenden Grapefruit oder Ihrer weit hergeholten Orange, mit der Sie das morgendliche Fasten brechen können! Ich kenne etwas Besseres. Ach! Weder Sie noch ich können jemals wieder – außer in der Fantasie – unsere Lippen mit den taugetränkten Früchten eines „alten Virginia"-Gartens kühlen.

Mir scheint, das Leben, das wir in Cedar Grove und Shrubbery Hill führten, war unerhört geschäftig. Alles, was die Familie und die Plantage brauchten, wurde zu Hause hergestellt, mit Ausnahme der feinen Stoffe, Parfüms, Weine usw., die aus Richmond, Baltimore oder Philadelphia gebracht wurden. Alles, von der Gänsekielfeder bis hin zu Teppichen, Bettdecken, grobem Baumwollstoff und Leinenwolle für die Kleidung der Dienstboten, wurde zu Hause hergestellt. Sogar Korsettschnüre wurden aus Baumwollfäden geflochten, das Korsett selbst war eine Eigenproduktion.

Miss Betsey, die Haushälterin, war die fleißigste Frau. Neben ihrem ständigen Einlegen, Konservieren und Kuchenbacken beschäftigte sie sich zusammen mit meiner Tante mit geheimnisvollen Beschwörungen von Likören, Stärkungsmitteln, Kamille, Wildkirschen, Bitterrinde und „Essig der vier Räuber", die bei Krankheiten angewendet werden sollten.

Das Rezept für Letzteres – vor einem Jahrhundert in Virginias Haushalten wohlbekannt – wurde wahrscheinlich 1794 von Thomas Jefferson aus Frankreich mitgebracht. Er war ein gewissenhafter Sammler von allem, was von praktischem Wert war. Bis heute existiert im französischen Apothekerkodex ein Rezept namens „Vinaigre des Quatre Voleurs"; und es wurde von verurteilten Übeltätern gegeben, die laut noch in Frankreich existierenden offiziellen Aufzeichnungen während einer Gelbfieberepidemie im 17. Jahrhundert verlassene Häuser in der Stadt Marseille betraten und riesige Mengen Beute mitnahmen. Sie schienen eine Methode zu kennen, um sich vor der Geißel zu schützen. Als sie schließlich verhaftet und zum Tode auf dem Scheiterhaufen verurteilt wurden, wurde ihnen angeboten, die Art der Bestrafung zu ändern, wenn sie ihr Geheimnis preisgäben. Die Verurteilten gestanden dann, dass sie immer Taschentücher vor dem Gesicht trugen, die in starken Essig getränkt und mit bestimmten Zutaten imprägniert waren, wobei die wichtigste davon zerdrückter Knoblauch war.

Das Rezept, das noch heute in der Familie Randolph aus Virginia aufbewahrt wird, ist ein seltsames Rezept mit einem heimeligen Geschmack, den man von einem französischen Rezept kaum erwarten würde. Es erfordert lediglich „Lavendel, Rosmarin, Salbei, Wermut, Raute und Minze, jeweils eine große Handvoll; geben Sie sie in einen Steinguttopf, decken Sie den Topf fest ab und legen Sie ein Brett darauf; lassen Sie es zwei Wochen lang in der heißesten Sonne stehen, seihen Sie es dann ab und füllen Sie es in Flaschen, wobei Sie jeweils eine Knoblauchzehe hineingeben. Wenn es sich in der Flasche abgesetzt hat und klar wird, gießen Sie es vorsichtig ab; tun Sie dies, bis Sie alles von Bodensatz befreit haben. Die richtige Zeit für die Zubereitung ist, wenn die Kräuter in voller Blüte stehen, im Juni."

Nur eine Hausfrau, die in einem Zeitalter der Muße lebte, konnte es sich leisten, sich zwei Wochen lang mit der Zubereitung einer Flasche „Essig der vier Räuber" zu beschäftigen. Die Haushälterin von heute kann ihre Kräuter einweichen und sie dann durch eines der feinen Siebe in ihrer Speisekammer passieren. Der ganze Vorgang kostet wenig Arbeit und Zeit und hat vielleicht ebenso gute Ergebnisse. Wenn sie geneigt ist, das Experiment zu wagen, wird sie einen Sud herstellen, der zumindest den Wert der Romantik hat, da das Geheimnis seiner Kombination durch die Schonung des Lebens von vier angesehenen Franzosen erkauft wurde und der gegenwärtige praktische Wert darin besteht, ein erfrischendes Prophylaktikum für das Krankenzimmer bereitzustellen – vorausgesetzt, Lavendel, Rosmarin, Salbei, Wermut, Raute und Minze ersticken die Knoblauchzehe vollständig!

Pfeffer und Gewürze wurden in Marmormörsern zerstoßen. Zucker wurde lose gekauft – in großen, in dickes blaues Papier eingewickelten Tüten. Dieses wurde in große Scheiben gebrochen und dann mit Messer und Hammer in Würfel zerteilt.

Manchmal wurden die neugeborenen Lämmer von einem späten Wintersturm heimgesucht und von der Herde verlassen aufgefunden. Die kleinen, zitternden Geschöpfe wurden in einen Unterstand gebracht und mit warmer Milch aus den langen Flaschen gefüttert, in denen wir auch heute noch Farina Cologne bekommen. Weiches Leinen wurde um den schlanken Hals gewickelt und meine liebe Tante fütterte die Säuglinge mit ihren eigenen weißen Händen. Wie die Lämmchen mit ihren winzigen Schwänzen wedeln konnten! Und wie sie wuchsen und gediehen!

Alle feinen Musselinstoffe der Familie, die großen Kragen meiner Tante und die Rüschen, die mein Onkel, mein Cousin Charles und ich trugen, wurden unter der Aufsicht meiner Tante sorgfältig gewaschen. In perlmuttartige Stärke getaucht, wurden sie in unseren eigenen Händen „trockengeklatscht", mit kleinen Bügeleisen gebügelt und auf einem Brett mit einem Taschenmesser schön gekräuselt. Feines Leinen war eine Art Gütesiegel, an dem ein Gentleman „an den Toren erkannt wurde, wenn er" „unter den Ältesten des Landes" saß.

Dieses geschäftige Leben interessierte mich sehr – und ich wollte immer unbedingt Teil davon sein.

Es gab nichts, was ich nicht schon vor meinem zehnten Lebensjahr versucht hatte – Buttern, die Butter mit Holzformen bedrucken oder sie zu einer borstigen Ananas formen; auf Zehenspitzen am großen Rad spinnen – wir hatten keine Flachsräder – und einmal sogar auf den hohen Sitz des Webers klettern und das Weberschiffchen in hoffnungslose Verwicklungen bringen. „Damen machen so was nicht", tadelte Milly streng. „Lass mich dich bei dem Geschäft erwischen, und es wird nicht lange dauern, bis Marse Chawles für dich rettet."

Die Widersprüche hinsichtlich der Anstandsregeln verwirrten mich damals und tun dies seither immer noch.

„Warum darf ich nicht spinnen und rühren, Milly?", beharrte ich. „Hab ich es dir nicht gesagt? Damen machen so was nie."

„Warum kann ich dann mit den Spitzen und Musselinen helfen?"

„Weil – Damen solche Sachen machen. "

Und so wurde ich eine erfahrene *Finchisseuse* , da dies die einzige Haushaltstätigkeit war, die meiner Kaste erlaubt war.

Es gab keine Eisenbahn, die uns Luxusgüter aus der nächsten Stadt – Richmond – 25 Meilen entfernt brachte, und wir waren auf den kleinen Planwagen von Tante Mary Miller angewiesen. Tante Mary und ihr Mann, Onkel Jacob, waren alte Diener der Familie, die ihre Freiheit erhalten hatten. Sie lebten am Fuße eines Hügels in der Nähe unseres Hauses, und den von abgefallenen Kiefernnadeln rutschigen Weg hinunter wurde ich oft mit Milly losgeschickt, um Onkel Jacob zu rufen, der der Kutscher war. Er war sehr alt und grau und immer nicht bereit, „bei diesem schlechten Wetter den neuen Wagen anzuspannen". Er stand auf dem Rasen und suchte den Horizont in alle Richtungen ab – und ein schwacher, ferner Dunst reichte aus, um ihn einzuschüchtern. Tante Mary durfte Eier, Geflügel und

Pfauenfedern von den Nachbarn sammeln, sie zu ihren wartenden Kunden nach Richmond bringen und mit allerlei entzückenden Dingen zurückkehren – Peter Parleys Bücher, eine Wachspuppe, Orangen und Süßigkeiten für mich und wunderbare Geschichten über die Pracht, die sie gesehen hatte. Sie hatte noch andere Geschichten als diese. Eines Nachts war „ein Gespenst" um ihren Karren herumgelaufen und hatte ihr altes Pferd „so erschreckt", dass es ihm fast den Verstand raubte; zu ihr selbst sagte sie: „Hmpf, ich bin an Gespenster gewöhnt." „ *Wo* , Tante Mary, sag es mir", bat ich. Mit einem verstohlenen Blick, damit meine Älteren es nicht hörten, antwortete sie: –

„Ich sag nichts. Geh nicht hin und sag, *ich* hätte dir was gesagt. Lauf einfach zur Rückseite des Gartens, bis zur Trauerweide, und du wirst es wissen."

Natürlich wusste ich schon, was ich unter der Weide finden würde. Ich hatte oft am Fuße der beiden langen weißen Platten gestanden und gelesen: „Zum Andenken an Charles Crenshaw" und „Zum Andenken an Susannah Crenshaw". Ich kannte ihre Geschichte. Dies war ihr Zuhause gewesen. Der Bruder war früh gestorben, und aus Liebe zu ihm hatte die Schwester ihr das Herz gebrochen. Meine süße Großtante Susannah! Hatte sie nicht einen schönen chinesischen Korb hinterlassen – den ich erben sollte – voller merkwürdiger und wertvoller Dinge; einen geschnitzten Elfenbeinfächer, eine Halskette, Perlen und Amethyste und einen Schatz aus gelber Spitze mit Moschusduft? Tante Mary schüttelte den Kopf, als ich verächtlich verkündete, dass ich keine Angst vor meiner Tante Susannah hätte.

„Ich rede nicht! Miss Susannah trug immer blaue Satinpantoffeln mit hohen Absätzen. Hören Sie mal zu! In manchen dieser dunklen Nächte hört man ein ‚ *Klick, Klick* '-Geräusch ."

„Ich weiß, Tante Mary. Das ist die Totenkopfmotte. Milly sagt, sie schadet niemandem, wenn du nichts dagegen unternimmst."

„Hm! *Milly!* Ich habe Geschichten gehört, bevor ihre Mama geboren wurde! *Ich* sag dir, dass es Miss Susannah ist, die auf ihren High Heels kommt, um zu sehen, ob du ihre Sachen anrührst. Ich kannte Miss Susannah! Sie war sehr eigen. Sie wird dich niemals *ihre* Sachen tragen lassen."

Danach war ich lange Zeit ein elendes Kind. Immer wenn ich mich in die inneren Kammern meiner Fantasie zurückzog – wie es meine Gewohnheit war, wenn Erwachsene über Politik, Religion oder Sklaverei sprachen –, fand ich alle meine hübschen Feen verschwunden und an ihrer Stelle hohläugige Kobolde und Geister. Wenn es meiner sanften Tante Susannah erlaubt war, in ihr Haus zurückzukehren, was war dann mit all den anderen, die dort gelebt hatten? Wenn meine Tante zu ihrem letzten Gutenachtkuss kam, enthüllte sie ein heißes Gesicht, das sich bei ihrer Abreise sofort wieder zeigte. *Par parenthèse* , ich habe Tante Susannahs Juwelen nie getragen. Alle verschwanden auf mysteriöse Weise, außer der Kette aus hübschen Perlen. Diese trug ich. Eine Nacht schlief ich darin und am nächsten Morgen waren sie verschwunden. Wohin? Ah, Sie müssen einen dieser Langzeitschläfer rufen. Der heutigen Erkenntnis zufolge kommen sie vielleicht „wenn Sie rufen". Vielleicht wissen sie es. Ich habe es nie gewusst.

KAPITEL IV

Kein Haus in Virginia war bekannter für seine Gastfreundschaft als das meines Onkels. Ich erinnere mich an eine ständige Prozession von Taylors, Pendletons, Flemings, Fontaines, Pleasants usw., die nur wenig Eindruck auf mich machten. Männer kamen und gingen, aber meine Lektionen gingen ewig weiter: Schreiben, Geographie und viel Lesen. Ich hatte Mrs. Sherwoods Bücher. Ich frage mich, ob irgendein Kind von heute „Little Henry and his Bearer" oder Miss Edgeworths „Rosamond" oder „Peter Parleys Four Quarters of the Globe" liest! Hannah More hatte großen Einfluss auf meine Tante und ihre Freunde. „Du wirst eine zweite Hannah More sein" war das höchste Lob, das mir die literarische Familie in Shrubbery Hill geben konnte. Mr. Augustine Birrell hätte zu meiner Zeit nie seine sarkastische Kritik über sie schreiben können. Das wäre nicht toleriert worden. Meine Tante las mir aus Miss Edgeworth, Cowper, Burns und St. Pierre vor. Auf jedem Mitteltisch lag neben der Astrallampe ein prächtiger Band in Creme und Gold. Dies war das elegante jährliche „Freundschaftsangebot", das die viel bewunderten Gedichte eines gewissen Alfred Tennyson enthielt, der mit seinem Bruder Charles zusammenarbeitete. Miss Martineau wurde viel diskutiert und war ausgesprochen unbeliebt. Man erzählte sich Geschichten über ihre Eigenheiten, ihre Unkenntnis der Etikette der feinen Gesellschaft im Norden. Als sie 1835 in Washington war, wurde sie von Mrs. Samuel Harrison Smith zu einem informellen Abendessen um fünf Uhr eingeladen. Mrs. Smith hatte drei Freunde gebeten, sie zu treffen, und hatte „ein kleines, vornehmes Abendessen" arrangiert. Sie war zu früher Stunde ins Wohnzimmer hinuntergegangen, um einige Blumen zu arrangieren, als ihre Tochter ihr mitteilte, dass Miss Martineau und ihre Begleiterin, Miss Jeffrey, angekommen waren und sich oben in ihrem Schlafzimmer befanden, nachdem sie darum gebeten hatten, in ein Zimmer geführt zu werden. Mrs. Smith schrieb an Mrs. Kirkpatrick: „Ich eilte nach oben und sah, wie sie sich die Haare kämmten! Sie hatten ihre Hauben und großen Umhänge abgenommen. ‚Sehen Sie', sagte Miss Martineau, ‚wir sind Ihrer Bitte nachgekommen und sind gekommen, um den Tag gesellig mit Ihnen zu verbringen. Wir sind den ganzen Morgen zu Fuß gegangen; unsere Unterkünfte waren zu weit entfernt, um zurückzukehren, also haben wir es so gemacht, wie es diejenigen tun, die in England keine Kutsche haben, wenn sie einen geselligen Tag verbringen wollen.' Ich bot ihr Kämme, Bürsten usw. an, aber als sie mir die riesigen Taschen in ihrem französischen Kleid zeigte, sagte sie, dass sie mit allem Nötigen ausgestattet seien, und zog hübsche kleine Seidenschuhe, Seidenstrümpfe, ein Halstuch, kleine Spitzenhandschuhe, eine Goldkette und anderen Schmuck heraus und war bald, ohne ihr Kleid zu wechseln, hübsch für das Abendessen oder die

Abendgesellschaft ausgestattet. Es war ein wahres Vergnügen, ihr zuzuhören, wenn die Kerzen angezündet und die Vorhänge zugezogen waren. Ihre Worte fließen in einem ununterbrochenen Strom, ihre Stimme ist angenehm, ihre Manieren ruhig und damenhaft." Man hielt sie für unfreundlich gegenüber dem Süden – und ich habe allen Grund, das zu glauben. All das hörte ich mit tauben Ohren, aber es erwartete mich eine köstliche, denkwürdige Stunde. Ein Gast hatte ihre Zofe mitgebracht, und von ihr hörte ich eine wunderbare Geschichte über eine gute Fee – über eine gewisse Aschenputtel, deren leiser Schritt nicht einmal einen gläsernen Schuh zerbrechen konnte.

Onkel Remus hatte noch keine Vorstellung von einer Welt voller Kinder, aber Cowper hatte bezaubernd über Hasen und ihre Zähmung geschrieben. Ich hatte eine blühende Kolonie von „kleinen Raben". Einige meiner bescheidenen Freunde wohnten in dem kleinen Spielhaus, das man für mich im Garten gebaut hatte. In dieses heilige Refugium, das man über eine Reihe winziger Stufen hinaufsteigen konnte, durfte nicht einmal Gabriella hinein. Ich konnte mich gerade so unter der niedrigen Decke aufhalten. Dort unterhielt ich eine seltsame Gesellschaft. Ich hatte keinerlei Spielzeug und nur eine Puppe, die für jeden Tag viel zu schön war. Blumen und gegabelte Stöcke dienten als *dramatische Figuren* meiner Stücke.

Ich hatte noch nie von Äsop oder Aristophanes gehört, aber schon früh war mir die Fähigkeit gegeben, die hervorragenden Eigenschaften von Fröschen zu erkennen. Ich fing einige von ihnen am sandigen Rand eines kleinen Baches, der am Ende des Gartens floss, und Milly half mir, sie in Stücke aus Musselin und Spitze zu kleiden. Ihre unschönen Gestalten verhinderten, dass sie sich als Damen verkleideten – ein Frosch hat „nicht mehr Taille als der Kontinent Afrika" –, aber mit Kappen und langen Röcken gaben sie bewundernswerte Kleinkinder ab, die auf die orthodoxeste Weise herumkrochen. Natürlich ließen ihre hervorstehenden Augen und breiten Münder etwas zu wünschen übrig; aber dies waren sehr liebe Kinder, über deren mysteriöses Verschwinden ihre Adoptivmutter außerordentlich trauerte. Könnte es sein, dass Schlangen – aber nein! Die Vorstellung ist zu schrecklich!

Meine Tante hatte eine herzliche Zuneigung zu einer Verwandten, die sieben oder acht Meilen von uns entfernt lebte. Die Sanftmut und Freundlichkeit dieser Dame machte sie zu einer gern gesehenen Besucherin, und ich konnte es nie leid werden, ihr zuzuhören, obwohl ihr Benehmen von Traurigkeit geprägt war. Sie trauerte über das Verschwinden eines lieben jungen Bruders vor Jahren. Er war einfach aus dem Blickfeld verschwunden – ihr „armer Bruder Ben!" Dies war ein großes Geheimnis, über das sie oft mit meiner Tante sprach und das meine Fantasie auf wunderbare Weise anregte.

Eines Nachts im Spätsommer heulte draußen ein kalter Sturm aus Regen und Wind und schlug gegen die Fensterscheiben. Auf dem Kamin wurde ein Feuer entzündet, und darum versammelte sich die Familie zu einem gemütlichen Abend. Plötzlich sah jemand ein Gesicht, das sich gegen das Fenster drückte, und beeilte sich, dem unwissenden Besucher die Tür zu öffnen. Dort stand, triefend auf der Schwelle, ein elend aussehender Mann. Es war Bruder Ben!

Er trug ein Bündel Decken auf dem Rücken, das er entrollte, und enthüllte schließlich zwei winzige Indianermädchen! Die verängstigten kleinen Wesen klammerten sich eng an ihn und waren erst, nachdem sie ans Feuer gebracht und mit warmer Milch gefüttert worden waren, so beruhigt, dass er sich erklären konnte. Mit einer Decke auf jedem Knie erzählte „Bruder Ben" seine Geschichte. Er war weggelaufen, um den Zwängen der Heimat zu entkommen, und hatte seinen Weg in die wilde westliche Gegend jenseits des Ohio gefunden. Freundliche Indianer hatten ihm Unterschlupf gewährt und ihm beigestanden, und schließlich hatte er eine junge Tochter ihres Häuptlings geheiratet. Als seine Kinder geboren wurden, „kam er zu sich". Er konnte die Aussicht nicht ertragen, sie unter Wilden aufzuziehen, und hatte sie daher während ihrer vorübergehenden Abwesenheit aus dem Wigwam ihrer Mutter gestohlen, und war schon auf dem besten Weg, als sein Diebstahl entdeckt wurde. Tage und Nächte verbrachte er in der Wildnis, durchquerte Flüsse, erklomm Berge und versteckte sich nachts unter Büschen. Schließlich holte er eine Gruppe heimkehrender Jäger ein und gelangte gemeinsam mit ihnen bis zur Tür seiner Schwester.

Ich habe nie erfahren, was aus ihm geworden ist, aber die Kinder wurden von ihrer Tante als ihre eigenen adoptiert. Sie waren seltsame kleine, runde Wesen, die kein Wort Englisch konnten, aber liebevoll und fügsam waren. Ich war viel mit ihnen zusammen und es machte mir Freude, sie zu unterrichten. Ich kümmerte mich nicht mehr um Gabriella oder meine Kaninchen und Frösche. Ich dachte nicht mehr an Feen und Mitternachtserscheinungen. Hier gab es genug Nahrung für die Fantasie, anders als alles, wovon ich je geträumt hatte – Romantik, die direkt vor meine Tür gebracht wurde.

Ohne Zweifel weinte die Indianermutter weit weg in Richtung der untergehenden Sonne um ihre Babys, aber niemand außer mir schien an sie zu denken. Könnte ich ihr schreiben? Könnte ich eines Tages einen Jäger finden, der nach Westen ging, und ihr eine Nachricht schicken? Vielleicht würde sie sogar zu ihnen kommen! In einer dunklen Nacht könnte ich ihr dunkles Gesicht an die Fensterscheibe gepresst sehen, wie sie hineinspähte!

Mit der Zeit wuchsen die Kinder zu großen Mädchen heran, und ihre indianischen Eigenheiten in Gesichtszügen und Hautfarbe wurden so ausgeprägt, dass es sie ständig verletzte, für Mulatten gehalten zu werden. In Virginia gab es keine Schule, in der sie glücklich sein konnten. Keine Dame ließ ihre kleinen Mädchen freiwillig mit ihnen zusammen. Offensichtlich gab es für sie in Virginia keine Zukunft. Schließlich fand ihre Tante durch unsere Quäkerfreunde eine ausgezeichnete Schule, ich glaube in Ohio, und dorthin wurden die kleinen Wanderer geschickt, wurden freundlich behandelt, erzogen und wuchsen zu guten Frauen heran, die gute Ehen eingingen.

Meine Tante unternahm viele lange Reisen – quer durch den Staat zu den White Sulphur Springs, von denen ich nichts als Menschenmassen und Unbequemlichkeiten in Erinnerung habe – nach Amherst, wo mein Vater lebte, nach Charlotte, um meinen Großvater zu besuchen, und nach Albemarle, um Freunde in den Bergen zu besuchen. Jeden Sommer nahm sie für ein paar Wochen an Hauspartys teil; an eine davon kann ich mich, damals noch ein ganz kleines Kind, noch genau erinnern.

Das Landhaus war wie alle Häuser in Virginia aus elastischem Material gebaut und konnte so eine beliebige Anzahl von Gästen beherbergen, von denen viele den ganzen Sommer blieben. Tatsächlich wurde dies erwartet, wenn ein Besuch versprochen wurde. „Mein lieber Herr", sagte der Herr von Westover zu einem abreisenden Gast, der Schutz vor einem Regensturm gesucht hatte, „Mein lieber Herr, bleiben Sie und statten Sie uns einen Besuch ab."

Der Gast führte geschäftliche Gründe an, die ihm die Zustimmung verwehrten. „Also gut", sagte Major Drewry, „wenn Sie uns nicht besuchen können, kommen Sie wenigstens für zwei oder drei Wochen."

„Wochenenden" waren in Virginia unbekannt, und ebenso ausgeschlossen war eine Einladung, die vom Gastgeber auf bestimmte Tage und Stunden beschränkt war. Manchmal ignorierte ein zufriedener Gast die Zeit völlig und blieb von Saison zu Saison. Ich kann mich an keinen vergleichbaren Fall wie den von Isaac Watts erinnern, der die Einladung von Sir Thomas Abney, eine Nacht in Stoke Newington zu verbringen, mit großer Freude annahm und zwanzig Jahre blieb, aber ich erinnere mich, dass eine Einladung für eine Nacht einem Mitglied unserer Familie ein nettes Paar bescherte, das vier Jahre blieb. Virginia wurde, so scheint es, vom Mutterland übertroffen.

Bei dieser meiner ersten Hausparty waren viele junge Leute anwesend – unter ihnen die berühmte Schönheit Anne Carmichael und die damals berühmte Dichterin und Romanautorin Jane Lomax. Zusammen mit einer Reihe kluger junger Männer sorgten sie für eine fröhliche Party. In jeder Mondnacht war es Brauch, die Pferde vor die Tür zu bringen, und alle stiegen auf und machten sich auf den Weg, um einen Nachbarn zu besuchen. Man sagte mir jedoch, dass der Zweck dieser nächtlichen Ausritte darin bestand, Miss Lomax zu ermöglichen, auf dem Mond Gedichte zu schreiben, und ich war zutiefst verblüfft, ob mir eine solche Leistung ohne die längste Feder gelingen sollte. Ich verbrachte Stunden damit, das Problem zu ergründen, und war schließlich fast so weit gekommen, die junge Dame selbst zu konsultieren – obwohl ich eindeutig dachte, dass etwas Geheimnisvolles und Unheimliches an ihr war –, als etwas geschah, das die Beziehungen zwischen ihr und mir belastete.

Ein uninteressanter Junggeselle aus der Stadt war auf der Bildfläche erschienen, zum Leidwesen der jungen Leute, deren Kreis ohne ihn vollständig war. Er gehörte zu der Klasse, die damals die heutigen „kleinen Brüder der Reichen" darstellte, oft die angenehmsten Verwandten, die die Reichen vorweisen können, aber in diesem Fall war entschieden das Gegenteil der Fall.

Man dachte, der gegenwärtige Eindringling sei „auf der Suche nach einer Frau" – er war dafür bekannt, ohne Einladung auf andere Hauspartys zu kommen – und man war bewusst entschlossen, ihm die eisigste aller kalten Schultern zu zeigen. Unsere liebenswürdige Gastgeberin machte dem jedoch entschieden ein Ende. Ich erfuhr den Stand der Dinge und ärgerte mich darüber. „Old True", wie er respektlos genannt wurde, war ein Freund von mir. Ich beschloss, mich ihm zu widmen und seine Sache gegen seine Feinde zu vertreten.

Eines Tages, als die jungen Damen im Zimmer meiner Tante zusammen waren, herrschte große Heiterkeit über die Situation in Bezug auf „den alten True", und es wurden viele Scherze zu seinem Nachteil erzählt und darüber gelacht. Zu meiner großen Freude verkündete Miss Lomax kurz darauf: „Also, Mädchen, das ist alles Unsinn! Mr. Trueheart ist einer meiner Lieblinge. Ich werde ihn sicherlich akzeptieren, wenn er mich fragt."

Ich glaubte ihr wörtlich. Ich sah, wie das Tageslicht meinen verletzten Freund fand, und machte mich sofort auf die Suche nach ihm. Er saß allein unter den Bäumen auf dem Rasen und hieß das kleine Mädchen willkommen, das über das Gras stolperte, um ihm Gesellschaft zu leisten. Auf seinem Schoß erzählte ich ihm eifrig meine erfreuliche Neuigkeit und sah, wie sein Gesicht davon erhellt wurde. Ich war vollkommen glücklich – und er, versicherte er mir, war es auch!

An diesem Abend bemerkte meine Tante eine ungewohnte Erregung in meinem Gesicht und meinem Benehmen – und nachdem sie meinen Puls und meine heißen Wangen gefühlt hatte, entschied sie, dass ich besser im Bett bleiben sollte, und schickte mich in mein Zimmer, das zufällig in einem entfernten Teil des Hauses lag. Um dorthin zu gelangen, musste ich durch einen langen, schmalen, dunklen Flur gehen. Ich durchquerte diesen Flur nachts immer mit angehaltenem Atem. In der Wand in Bodennähe waren winzige Türen eingelassen, die in kleine Öffnungen führten, die damals unter dem veralteten Namen „Kuscheltiere" bekannt waren. Ich hatte Angst, an ihnen vorbeizugehen. So weit weg von der Familie würde mich niemand hören, wenn ich schreien würde. Angenommen, etwas würde aus diesen Kuscheltieren auf mich zuspringen!

Mitten an diesem furchterregenden Ort hörte ich hinter mir schnelle Schritte. Bevor ich weglaufen oder schreien konnte, packten starke Finger meine Schultern und schüttelten mich, und ein wildes Flüstern zischte mir ins Ohr: „ *Du kleiner Teufel!* "

Es war die Dichterin, die Dame, die Verse auf dem Mond schrieb! „Old True" hatte kein Gras unter seinen Füßen wachsen lassen!

Er reiste am nächsten Morgen früh ab, und wir ebenfalls – meine Tante merkte, dass die Aufregung der fröhlichen Hausparty nicht gut für mich war.

Ich habe gelernt, dass es außer heißen Bratäpfeln noch andere Dinge gibt, die man meiden sollte. Man könnte sich die Finger verbrennen, wenn man sich in die Liebesaffären anderer einmischt.

Wir waren nicht die einzigen Gäste, die das gastfreundliche, fröhliche, laute und schlaffe Haus verließen. Unser Gastgeber hatte eine exzentrische Schwester, die wir alle als „Cousine Betsey Michie" ansprachen und die ihr eigenes Zuhause eigens verlassen hatte, um ein paar Wochen hier bei meiner Tante zu verbringen, an der sie sehr hing. Als „Cousine Betsey" von unserer geplanten Abreise erfuhr, befahl sie ihrer Zofe „Liddy", ihren Koffer zu packen – eine kleine, mit Nägeln beschlagene Schachtel, die mit Ziegenleder überzogen war – und bestand darauf, uns für den Rest der Saison als ihre Gäste zu beanspruchen.

„Cousine Betsey" war für mich eine schreckliche alte Dame – groß, männlich, „hart im Gesicht" und mit einer Warze am Kinn. Ich fragte mich, was ich tun sollte, wenn sie mich jemals küssen würde – was sie nie tat – und hatte mich entschlossen, mich so weit wie möglich von ihr fernzuhalten. Ich schuldete ihr nichts, so argumentierte ich, da sie nicht wirklich meine Cousine war. Sie benutzte eine starke Sprache und duldete nichts von all dem Singen, Tanzen und den nächtlichen Ausritten der jungen Leute. Ihr Zimmer lag direkt unter meinem. Aber in der Nacht zuvor, als ich nach meinem überraschenden Gespräch mit der Dichterin wach lag, hatte ich die galoppierenden Pferde der Gruppe gehört, die von einem Mitternachtsbesuch in „Edgeworth" zurückkehrte, und die barsche Stimme von Cousine Betsey, die ihrer Schwester zurief: „Maria, Maria! Wagen Sie es ja nicht, aus dem Bett zu steigen, um diesen Schurken das Abendessen zu geben – einem Haufen wilder Schurken, die wie wilde Indianer im ganzen Land herumtollen."

Ein schallendes musikalisches Gelächter und „Oh, Cousine Betsey!" war die Antwort einer fröhlichen Reiterin unten.

Da wir von Cousine Betsey viel über Johnsonsches Englisch hörten, lag die Annahme meiner Tante nahe, dass es sich bei diesem überraschenden Wort um „klassisch" handelte.

Eines Abends, als wir bei ihr zu Gast waren, fragte sie mich plötzlich, ob ich schreiben könne. Ich wollte ihr gerade empört zustimmen, als meine Tante mich unterbrach: „Nicht sehr gut." Sie wusste, dass ich als Sekretärin arbeiten musste.

„Sie sollte es lernen", sagte Cousine Betsey. „Meine eigene Schrift ähnelt mehr Griechisch als Englisch, da meine Augen im Stich gelassen wurden. Maria Gordon hat für mich abgeschrieben, aber so fantastische Schnörkel! Wenn *sie* es tut, wird es Griechisch in Sanskrit sein. Nun, was kann das Kind tun? Kommen Sie her, Miss. Sind Ihre Hände sauber? Ah! Waschen Sie sie noch einmal, Liebling; Sie müssen Liddy helfen, die Fuller's Pies für meine Dinnerparty morgen zu backen."

Ich war entsetzt! Aber ich stellte fest, dass die „Fuller's Pies" durchaus in meinen Händen lagen. „Pie" war nicht die amerikanische Institution, sondern der Vogel, der sich angeblich in seinem Nest versteckte. „*Je m'en vais chercher un grand peut-estre. Il est au nid de la pie*", sagt Rabelais. Was meine Hände angeht – ich bin überzeugt, dass Cousine Betseys Gäste beruhigt gewesen wären, wenn sie mit Sicherheit gewusst hätten, dass die alte Dame sie nicht mit ihren eigenen Händen zubereitet hatte! Sofort wurde eine Glasschüssel vor mich gestellt – eine Schüssel mit kochendem Wasser, einigen Mandeln und Rosinen. „Liddy" blanchierte die Mandeln im heißen Wasser und wies mich an, jede einzelne sorgfältig zu einer großen Rosine zu pressen, die sich um die Nuss herum aufblähte und sie einer Eichel oder, für den, der es gelernt hatte, einem Nest ähneln ließ. Dies waren die „Pies" (Vögel im Nest), und sie waren sehr hübsch, aufgestapelt in der urigen alten Schüssel mit dem feinen Diamantschliff. Was den so verewigt „Fuller" angeht, suchte ich verstohlen nach ihm im großen Johnson's Dictionary, das in einsamer Pracht auf einem Tisch im Schlafzimmer der alten Dame lag. Da ich ihn unbefriedigend fand, kam ich zu dem Schluss, dass Dr. Johnson doch nicht der große Mann war, den Cousine Betsey mir vorgaukeln wollte. Sie zitierte ihn bei jeder Gelegenheit als Autorität zu allen Themen. Boswells Leben über ihn, „Rasselas", „Die Reise zu den Hebriden" und „Der Wanderer" nahmen Ehrenplätze auf den Regalen ihres kleinen Bücherschranks ein. „Lies diese, Kind", wiederholte sie, „und du brauchst nichts anderes zu lesen. Sie werden dir beibringen, *Englisch zu sprechen und zu schreiben* – du brauchst keine andere Sprache – und alles andere, was du wissen musst, außer Nähen und Kochen." Bald interessierte ich mich für ihre eigenen literarischen Werke. Sie war im

Moment damit beschäftigt, einen Roman mit dem Titel „Some Fact and Some Fiction" zu schreiben, der als Fortsetzungsroman im *Southern Literary Messenger erscheinen sollte* . Ich hörte „mit offenen Ohren" zu, wie sie mit meiner Tante darüber sprach. Es sollte eine Satire auf die Allüren der Zeit werden – insbesondere auf gewisse Neuerungen in Kleidung und Sitte, die ihre Cousine „Judy", die gebildete Frau unseres verstorbenen Gesandten in Frankreich, Mr. Rives, mitbrachte und auf den Boden von Albemarle County verpflanzte; auch die Einführung italienischer Wörter in die Musik anstelle des guten alten Englisch. Die Heldin war von erlesener Schlichtheit, ihr Musselinkleid war mit einer bescheidenen Perlenbrosche und einem Rosengeranienblatt geschmückt. Ihre Sprache war schönes Johnsonian-Englisch – eine Art belebtes „Lucilla", wie die Heldin in Miss Hannah Mores „Cœlebs". Was die italienischen Wörter für die Musik anging, so prägte ich mir unbekümmert diese sarkastische Travestie ein, die mir Cousine Betsey mit klangvoller Altstimme vorsang:

Der Frosch, den er umwerben wollte,

Rigdum Bulamitty Kimo –

Mit Schwert und Rundschild an seiner Seite –

Rigdum Bulamitty Kimo.

(*Chor*)

Kimo Naro, Delta Karo!

Kimo, Naro, Kimo!

Strim Stram Promedidle Larabob Rig

Rigdum, Bulamitty Kimo!

Dies wurde als clevere Satire auf die unverständlichen italienischen Texte neuerer Lieder aufgefasst und lief über mehrere Verse und beschrieb die Werbung des Frosches um Frau Maus, bei der es sich anscheinend um eine schöne Dame mit häuslichen Gewohnheiten handelte, die in einer Mühle lebte und mit dem Spinnen beschäftigt war.

Ich war voller Vorfreude auf den großen Tag der Dinnerparty. Mrs. Rives, ihre Nichte Ella Page und die kleine Amélie Rives – benannt nach ihrer Patentante, der Königin von Frankreich – waren die einzigen geladenen Gäste. Das Haus war blitzblank. Ich füllte eine Schale mit Damaszenerrosen aus dem Garten und verschonte dabei die Microphylla-Büschel, die so hübsch über der Veranda hingen. Das Abendessen sollte um zwei Uhr sein.

Ein paar Minuten vor zwei galoppierte ein schwarzer Reiter zur Tür, stieg ab, schabte mit dem Huf nach hinten und entblößte dabei seinen mit grauer Wolle bedeckten Kopf. Dann überreichte er mir eine Notiz, die meine Tante laut vorlas:

" CASTLE HILL , Mittwochmittag.

" LIEBE COUSINE BETSEY , ich weiß, Sie werden so freundlich sein, mir zu verzeihen, wenn ich Ihnen sage, wie *enttäuscht* ich bin, dass die Stunden unbeachtet verflogen sind und wir zu spät zu Ihrem Abendessen kommen! Die jungen Damen und ich haben zusammen Byron gelesen, und Sie wissen, wie

„Geräuschlos fällt der Fuß der Zeit

Das tritt nur auf Blumen.'

Ich bin sicher, Sie verzeihen uns und hoffe, dass Sie es beweisen, indem Sie uns noch einmal fragen.

„Dein lieber Vetter,
„ JUDITH RIVES .“

Es entstand eine bedrohliche Pause, und dann sagte die alte Dame in ihrem strengsten, gebieterischsten Ton:

„Sagen Sie Judy Rives, sie soll weniger Byron lesen – und mehr Lord Chesterfield.“ Nachdem der würdevolle alte Diener sich verabschiedet hatte, wandte sie sich an meine Tante und sagte mit feinem Spott: „Es hat keinen Sinn, *ihr zu sagen* , sie solle Dr. Samuel Johnson lesen! , *Désolée* ', fürwahr! – und ‚The Foot of Time‘! Das klingt nach diesem Idioten, Tom Moore.“

Ich hatte eine sehr schöne Zeit bei Cousine Betsey. Ich half beim Beerenpflücken und beim Einsammeln der Eier aus den Nestern in der Ligusterhecke. Außerdem ernährte ich mich mehrere Tage lang regelmäßig von „Fuller's Pies“.

Was den Roman angeht, so stieß er, wenn er überhaupt erschien, beim Publikum mit einem dumpfen Knall auf. Dennoch muss Cousine Betsey auf ihre Weise eine großartige Frau gewesen sein, denn es war sie, über die Thomas Jefferson ausrief: „Gott möge sie ein Mann sein, damit ich sie zu einer Professorin an meiner Universität machen kann.“

KAPITEL V

Etwas, das der holländischen Tulpenmanie ähnelte, erfasste das südliche Land in den frühen dreißiger Jahren. Die *Morus multicaulis*, von deren Blättern sich der Seidenspinner ernährt, kann aus Stecklingen oder Ablegern vermehrt werden. Diese Stecklinge erzielten einen sagenhaften Preis. Sie zu pflanzen war der sichere Grundstein für ein großes Vermögen.

Mein Onkel besuchte Richmond zu einer Zeit, als die Manie ihren Höhepunkt erreicht hatte. Männer eilten mit Bündeln von Zweigen unter den Armen durch die Straßen, als ob sie vor einem Feind fliehen würden. Überall in der Stadt fanden Auktionen statt, und je nach den Schwankungen des Marktes gingen Vermögen verloren oder wurden gewonnen – wie heute in der Wall Street. „Ich sah den alten Jerry White mit einem Bündel Stöcke unter dem Arm herumlaufen, als ob der Teufel hinter ihm her wäre", sagte mein Onkel – der faule, rheumatische alte Jerry, der seit Jahren im Winter seine Kaminecke oder die Bank, auf der er sich im Sommer wie eine Eidechse sonnte, nicht verlassen hatte, außer zum Essen und Schlafen!

Überall im Land wurden in aller Eile lange, mit Glas überdachte Galerien errichtet, die letztjährigen Eier des *Bombyx mori* teuer erstanden und die frisch gepflückten Blätter des *Morus multicaulis* zum Schlüpfen bereitgelegt.

Mein Onkel machte sich über diesen Wahnsinn lustig, obwohl er sich als Arzt dafür interessierte. „Es tut den Leuten gut, sie aufzurütteln", erklärte er. „Es weckt ihre Leber und hält sie von Unfug ab. Es ist ein gutes Stärkungsmittel. Solange das Fieber anhält, brauchen sie weder Rinde noch Kamille."

Wir machten eine Pilgerfahrt zum entfernten Bauernhof eines der Wahnsinnigen. Mit meinen engen Röcken eng um mich geschlungen, schlich ich auf Zehenspitzen vorsichtig die Gänge zwischen den langen Tischen entlang und sah die abscheulichen, graugelben, drei Zoll langen Würmer – jeder mit einem nashornartigen Horn auf dem Kopf bewaffnet –, die um ihr Leben Blätter verschlangen. Sie mussten sich beeilen. Ihnen blieb nicht viel Zeit. Denken Sie an die Millionen tapferer Männer und schöner Damen, die auf die starken, glänzenden Fäden warteten, die zu spinnen ihr bescheidenes Schicksal war! In der Zwischenzeit genossen die faulen Motten, deren *Daseinsberechtigung* erfüllt war, in eleganter Muße den Abend ihrer Tage der Wohltätigkeit. Ich sah, wie leicht sich ihre Spinnwebenfäden in heißem Wasser auffangen und zu Knäueln aufwickeln ließen, so leicht, wie ich die Wolle für die Strickwaren meiner Tante aufwickelte.

Nichts wurde daraus! Mit der Zeit wurde der ganze *Morus multicaulis* ausgegraben und an seiner Stelle guter, vernünftiger Mais gepflanzt. Der alte Jerry fand wieder seinen warmen Sitz am Kamin, wo er zweifellos

„rückwärts über verschwendete Zeit nachgedacht“,

und viele bessere Menschen als der arme Jerry waren über seine eigene Torheit erstaunt. Kommt *Morus nicht* vom griechischen Wort für „Narr“?

Neben seiner Bibel und dem Westminster-Katechismus war mein Onkel auch der *Richmond Whig treu* . Henry Clay war sein Idol. Henry Clay zum Präsidenten der Vereinigten Staaten zu machen, war etwas, wofür es sich zu leben lohnte. Als der große Mann durch Virginia kam, ging ganz Hanover nach Richmond, um ihm die Ehre zu erweisen, auch wir waren mit von der Partie. Er war ein Sohn Hanovers, der „Mühlenjunge der Slashes“. Die alte Mutter der Präsidenten konnte, keine Angst, dem Land noch einen weiteren Sohn schenken! Außer Webster kam ihm kein lebender Mann in allem gleich, was die Welt für Größe als wesentlich erachtet – keiner war der Masse der Menschen so lieb. Und doch konnte keiner von beiden zum obersten Beamten dieser ihn verehrenden Menschen gewählt werden!

Clay war bei seinem Besuch in Richmond zuversichtlich, dass ihm diese Ehre zuteil werden würde. Mein Onkel beschloss, dass ich „den nächsten Präsidenten“ sehen sollte. Eine Prozession von Bürgern sollte ihn in einen Saal führen, wo ihn ein Bankett erwartete. Mein Onkel fand eine leere Türschwelle auf der Marschroute, und dort erwarteten wir die Ankunft des großen Mannes. „Ah, da kommt er!“, rief mein Onkel. „Schau gut hin, kleines Mädchen! Vielleicht siehst du den größten Mann der Welt nie wieder.“ Aber hinsehen war unmöglich. Die Menge drängte sich um uns, und mein Onkel holte mich auf seiner Schulter zu einem Aussichtspunkt. Ein Meer aus Hüten war alles, was ich sehen konnte! Plötzlich wurde eine Lücke in der Prozession, und ein großer Mann am Arm eines anderen blickte mit einem seltenen Lächeln zu dem kleinen Mädchen auf, lüftete seinen Hut und verbeugte sich vor ihr! Mein Onkel ließ mich diesen einen überragenden Moment in meinem Kindheitsleben nie vergessen. Bis heute kann ich die schöne Bronzestatuette von Henry Clay in der Bibliothek meines Mannes nicht ohne ein Gefühl betrachten, das aus dem Stolz dieser Stunde geboren wurde.

Ich fürchte, das kleine Mädchen liebte den Ruhm innig! Niemand hätte je das ehrgeizige kleine Herz erraten, das im nächsten Winter unter dem kirschroten Merino schlug; noch die bewussten Lippen tief in ihrer Mütze, die den Gebeten in der Kirche folgten und um Gnade für einen elenden Sünder flehten! Denn sie hatte in diesem herrlichen Sommer eine weitere strahlende Stunde, an die sie sich erinnern konnte. Diese reuigen Lippen waren von einem großen Mann geküsst worden, der den ganzen Weg von England gekommen war – einem Mann, der die Hand einer Königin geküsst hatte! Sie hatte eine vage Vorstellung von Tugend durch das Auflegen der

Hände in der Kirche. Was könnte also nicht an königlichen Eigenschaften durch das Auflegen der Lippen entstehen!

Große Gedanken wie diese erfüllten mein Herz so sehr, dass ich sie meiner kleinen Quäker-Cousine in Shrubbery Hill offenbaren wollte. Sie nahm sie ernst auf. „Oh, Sara Agnes", sagte sie, „ich fürchte, du wirst einmal ein Weltenmensch sein!" Dabei hatte sie gerade ihre Puppe Isabella in schwarze Seide und eine Spitzenmantille gekleidet! Prinzessin Isabella, die wie ich 1830 geboren wurde, galt schon damals als die zukünftige Königin von Spanien. Es war das Zeitalter der jungen Königinnen.

Unter den Fremden aus dem Ausland, die ihren Weg nach Virginia fanden, wurde in Hanover niemand mehr geehrt als der Quäker-Autor und Philanthrop Joseph John Gurney. Er war der Bruder von Elizabeth Fry, die ihr Leben der Linderung der Gefängnishorroren in England widmete.

Mein Onkel bewirtete Dr. Gurney. Das Haus war bis zum Rand mit Gästen gefüllt. Vor mir steht ein Bild der langen Esstische – das beste gold-weiße Service, die Blumen – und die süßeste Blume von allen, meine junge Tante. Sie war groß und anmutig und sehr schön – mit großen grauen Augen, dunklen Locken, die ihr Gesicht umrahmten, zarten Gesichtszügen und einem lieblichen Lächeln! Sie trug ein schmales Kleid aus Perlseide, die „Überrock"-Taille hoch gegürtet und die Ärmel oben durch Federkissen, die in den Armlöchern gebunden waren, geweitet. Ich erinnere mich, dass mein Onkel befahl, das Abendessen ruhig und in aller Ruhe zu servieren. „Diese Engländer essen bedächtig", sagte er. „Nur Amerikaner schlingen ihr Essen hinunter."

Am Abend, nachdem die Gäste gegangen waren, versammelte sich eine kleine Gruppe um die Astrallampe im Salon, und Dr. Gurney holte sein Notizbuch und seine Bleistifte hervor und begann, während er sprach, Skizzen zu überarbeiten, die er während seiner Reise angefertigt hatte. Der Salon war einfach eingerichtet. Der Virginianer jener Tage schien dem Stil seiner Möbel wenig Bedeutung beizumessen. Sein größter Stolz galt seinem Tisch, seinen erlesenen Weinen, seinen Pferden und seiner Equipage und dem perfekten Komfort, den er seinen Gästen bieten konnte. Es gab keinen Schnickschnack, es hingen keine Bilder oder Konsolen an der Wand. „Ich habe jetzt", sagte mir ein Künstler, „alles an amerikanischen Wänden hängen sehen, außer Buchweizenkuchen! Ich habe den Teller gesehen, auf dem sie serviert wurden."

In diesem Salon in Cedar Grove war nur ein Bild zu sehen – eine schöne Kopie der Schule von Athen über dem Kaminsims, die mein Cousin Charles meiner Tante als Geschenk mitgebracht hatte, als er das letzte Mal aus dem Ausland zurückkam. Sie war nicht verantwortlich für den Geschmack dieses geerbten Hauses, in dem sie nicht sehr lange gewohnt hatte. Die Wände des

Salons waren mit einer wunderbaren Darstellung einer venezianischen Szene tapeziert – gedruckt in Abständen von vielleicht vier oder mehr Fuß. Es gab ein Schloss mit Türmchen und Zinnen und eine Marmortreppe, flankiert von Rosen in Töpfen, die ins Wasser hinabführte. Diese Treppe hinunter kam das bezauberndste Geschöpf der Welt – Rosen auf ihrem Brokatkleid, Rosen auf ihrem breiten Hut – und am Fuß der Treppe streckte ein ebenfalls bezaubernder Kavalier seine Hand aus, um sie zu der wartenden Gondel zu führen. In der Ferne waren weitere Schlösser, mehr Meer, mehr Gondeln.

In diesem Raum traf der angesehene Fremde die ihm zu Ehren versammelte Gesellschaft. Wenn er beim Anblick der verzierten Wände nach Luft schnappte oder erschauderte, ließ er sich das nicht anmerken. Das kleine Mädchen auf dem Ottomanen in der Kaminecke, das ausnahmsweise lange aufbleiben durfte, hörte mit großen Augen der Unterhaltung zu, die sie nicht verstand. Es wurden wichtige Angelegenheiten besprochen – denn alle Welt war sich der Frage bewusst, die später geklärt werden musste – die Möglichkeit, die Sklaven unter den gegenwärtigen Verfassungsgesetzen freizulassen. Dies war eine kleine Versammlung der weisen Männer unserer Nachbarschaft – sie waren gekommen, um einen weisen Mann aus dem Land zu konsultieren, der ein ähnliches Problem gelöst hatte. Vielleicht hatten alle diese Männer, wie mein Onkel, geerbten Sklaven die Freiheit gegeben.

Plötzlich fand ich mich, halb träumend in der Ecke, von starken Armen an die Brust des großen Mannes selbst gezogen. Er beugte sich über den schläfrigen Kopf und flüsterte mir eine seltsame Geschichte zu – wie es einmal, weit weg über die Meere, ein kleines Mädchen „genau wie du" gab, das gern spielte und gern aufsaß und den erwachsenen Leuten zuhörte – wie eines Tages eine Dame zu ihr kam und sagte: „Mein Kind, du musst lernen und lernen, dir viele Freuden zu versagen, denn bald wirst du die Königin von England sein" – wie das kleine Mädchen weder lachte noch weinte, sondern sagte: „Ich werde brav sein" – wie die Zeit vergangen war, und sie ihr Versprechen gehalten hatte und nun zu einer reizenden Dame herangewachsen war; und tatsächlich war sie gerade erst zur Königin gekrönt worden – und wie alle froh waren, weil sie wussten, dass sie, da sie ein gutes Kind gewesen war, auch eine gute Königin sein würde.

Das ist lange her. Viele Dinge sind seitdem geschehen und in Vergessenheit geraten; die venezianische Dame und ihr Kavalier sind in unbekannte Meere gesegelt; der gute Engländer ist längst zur Ruhe gegangen; die Königin hat, so Gott will, eine unsterbliche Krone gewonnen, ist alt geworden und hat ihr Versprechen ihr Leben lang nie vergessen; und das kleine Mädchen ist auch alt geworden! Sie hat viele Träume gehabt, aber keinen schöneren als den, den sie wahrscheinlich in dieser Nacht geträumt hat – lauter Rosen und Schlösser und Gondeln und eine anmutige junge Königin, die schöner war als alle anderen.

So vergingen die ersten acht Jahre meines Lebens. Verglichen mit den darauffolgenden waren es Jahre absoluter Gelassenheit und Glücks. Sie waren nicht heiter. Dies war die Zeit, in der sich Menschen, die „Gott fürchteten und ihre Seelen retten wollten", verpflichtet fühlten, die Staatskirche zu verlassen, deren Geistliche viele eher zu Objekten des Ekels als der Ehrfurcht geworden waren. Überall um uns herum lebten Dissidenten und Quäker; mein Onkel und meine Tante waren Presbyterianer, und ich hörte in meinen frühen Jahren kaum etwas anderes als nüchterne Gespräche. Manchmal besuchten wir die stillen Versammlungen der Quäker und manchmal die alte St. Martins-Kirche, der viele unserer episkopalen Freunde angehörten. Extreme Askese lag meiner Tante und meinem Onkel jedoch ebenso fern wie extreme Ausschweifungen. Sie hielten sich streng an die Einhaltung des Sabbats und aller religiösen Pflichten. Mäßigung in Sprache und Leben, Maß, Gelassenheit – diese Dinge bestimmten das Leben in Cedar Grove.

Und obwohl ich nicht behaupten kann, dass

„Es war einmal ein Stern, der tanzte,

Und unter ihm wurde ich geboren"

Mit unsagbarer Dankbarkeit blicke ich auf eine wunderschöne Kindheit zurück und segne die Erinnerung an diejenigen, die nicht duldeten, dass „unangenehme Formen des Bösen sie überschatteten" und ihre vollkommene Unschuld beeinträchtigten.

KAPITEL VI

Als man feststellte, dass sich rund um den Grünstreifen des Albemarle County eine kultivierte und intelligente Gesellschaft herauskristallisierte, wurde es zwingend notwendig, einen passenden Namen für ein vielversprechendes junges Dorf zu finden.

Im Jahr 1761 lebte eine bezaubernde Prinzessin von Mecklenburg-Strelitz; intelligent, liebenswürdig und erst siebzehn Jahre alt. Sie hatte sich von den konventionellen Reihen der jungen Adeligen ihrer Zeit abgehoben und einen temperamentvollen Brief an Friedrich den Großen geschrieben, in dem sie ihn bat, den Verwüstungen des Krieges Einhalt zu gebieten, der damals die deutschen Staaten verwüstete. In lebhaften Farben schilderte sie das Elend, das aus der Brutalität der preußischen Soldaten resultierte.

Es scheint, dass dieser Brief die Augen des Prinzen von Wales erreichte. Er verliebte sich in den Brief, bevor er den Schreiber überhaupt kannte. Im selben Jahr, in dem er als Georg III. den englischen Thron bestieg, wurde die schöne Charlotte, Prinzessin von Mecklenburg-Strelitz, seine Frau. Charlottesville war also ein Name des guten Omens für die hübsche kleine Stadt, und drei weitere Jahre später wurde eine Grafschaft gegründet, die offenbar ausdrücklich „Mecklenburg" heißen sollte, und wieder wurde ein Stück einer anderen Grafschaft entnommen, um die Grafschaft Charlotte zu bilden. Die Kolonie Virginia war übersät mit den Namen des königlichen England: König und Königin, Charles City – Charlestown – König George, König William, William und Mary, Prinz Edward, Prinzessin Anne, Caroline, Prinz George, Henrico, Prinz William. Nicht weniger als vier Flüsse wurden zu Ehren der guten Königin Anne benannt: Rapidan, North Anna, South Anna, Rivanna. Wir könnten die Liste des House of Lords fast nach einer Liste der Grafschaften Virginias benennen.

Vierundzwanzig Jahre nachdem Prinzessin Charlotte Königin geworden war, wurde Mrs. Abigail Adams als Frau unseres Ministers am Hof von St. James vorgestellt. Leider – und vielleicht auch aus Vorurteilen – fand sie anstelle der bezaubernden Prinzessin eine „verlegene Frau, weder wohlgeformt noch schön, obwohl tapfer in Purpur und Silber gekleidet". Das Interview war kalt und gestelzt, aber die ganze „Verlegenheit" kam von Seiten des Königshauses.

Vor kurzem hatte es eine Unannehmlichkeit zwischen John Bull und Bruder Jonathan gegeben. König George jedoch, der tapfere Brite, der er auch war, brach das Eis und erschreckte Mrs. Adams, indem er ihr einen herzlichen Kuss gab! Sie konnte es jedoch nicht wagen, die Königin daran zu erinnern, dass wir Grafschaften ihr zu Ehren benannt hatten. In ihrer gegenwärtigen

Gemütsverfassung hätte sie es vielleicht als Unverschämtheit unsererseits
empfunden.

WOHNSITZ VON DR. SP HARGRAVE.

Ich bin so ungeduldig, wenn es um Landschaftsbeschreibungen geht, dass
ich sie anderen nicht gerne aufdrängen möchte. Aber ich wünschte, ich
könnte mit meinem Leser auf der elliptischen Ebene stehen, die durch das
Abholzen der Spitze des Monticello entstanden ist. Er würde, da bin ich mir
sicher, die Faszination von Berg, Tal und Fluss zu schätzen wissen, die die
ersten Siedler und später die Randolphs, Gilmers, William Wirt und Thomas
Jefferson in die Gegend um Charlottesville zog. Im Osten wird die fast ebene
Szenerie durch den Horizont begrenzt, und im Westen scheint sich das Land
Welle um Welle weiterzuwölben, bis es in den edlen Gipfeln der Blue Ridge
Mountains aufsteigt. Ein grüner Nebel zu unseren Füßen wird hier und da
von den einfachen Glockentürmen der Dorfkirchen durchbrochen, und
etwas weiter entfernt erhaschen wir einen Blick auf das klassische Pantheon
und die langen Kolonnaden der University of Virginia. Dieses Bild kann man
sich nur mit Fantasie ausmalen, aber die Realität wird die Vorstellungskraft
bei weitem übertreffen, besonders wenn der glückliche Moment bei
Sonnenuntergang eingefangen wird, wenn die Berge ihre Farbe ändern, von
Rosa über zarte Schattierungen zu Amethyst und sich schließlich tiefblau vor
dem Abendhimmel färben. Und sollte dieser Himmel dann zufällig von
leichten, flauschigen Wolken ganz in Flammen und Gold verhüllt sein – aber
ich verzichte darauf!

Diesen Ort wählte meine Tante als den besten für meine Ausbildung und
mein gesellschaftliches Leben. In den vierziger Jahren war die Stadt noch
klein, ja, sie war noch keine Stadt. Damals gab es dort vier Kirchen, zwei

Buchhandlungen, mehrere Kurzwarenläden und ein Priesterseminar für Frauen. Die Familie von Gouverneur Gilmer lebte auf einem der kleinen Hügel, Mr. Valentine Southall auf einem anderen, und wir hatten das Glück, uns einen dritten zu sichern, mit herrlicher Aussicht auf die Berge und terrassenförmig angelegtem Gelände bis zum Fuß des Hügels. Große Gärten, Grundstücke und Zierbäume umgaben alle Häuser. Die besten davon waren aus einfachem Backstein mit einheitlicher, schlichter Architektur, komfortabel und geräumig. Ein kleines Backsteingebäude am Fuße unseres Rasens war das Büro meines Onkels, und an meinem zehnten Geburtstag ließ er mich dahinter einen Baum pflanzen.

Das „Female Seminary" war der eigentliche Magnet, der meine liebe Tante anzog. Es war eine berühmte Schule, der ein ausgezeichneter und sehr beliebter presbyterianischer Geistlicher vorstand. Dort sollte ich alles lernen, was meine Tante mir nicht beibringen konnte.

Sehen Sie mich also an einem frischen Oktobermorgen, wie ich mich auf den Weg zu dem großen gemauerten Bienenstock für Mädchen machte. Ich ging mit meiner Tante zur Aufnahmeprüfung. Ihre Gedanken waren zweifellos schon ziemlich besorgt über meine ehrenhafte Leistung. Meine waren auch besorgt. Ich war mir einer leinenen Bretelle-Schürze unter meiner Pelisse bewusst und war mir über die Angemessenheit eines so kindischen Kleidungsstücks alles andere als im Klaren. Nehmen wir an, kein anderes Mädchen trägt eine Bretelle-Schürze!

Als wir jedoch den breiten, mit Ziegeln gepflasterten Weg entlang marschierten und die Stufen des großen Gebäudes hinaufstiegen, dessen viele Fenster uns wie lidlose Augen anzustarren schienen, verloren die Bretelle-Schürzen an Bedeutung.

Der Raum, in den wir geführt wurden, schien mit Hunderten von Mädchen gefüllt zu sein, und der Schreibtisch des Reverend Doctors auf einer Plattform überragte sie. Er war äußerst umgänglich und freundlich. Die Untersuchung dauerte nur wenige Minuten, ich bekam eine Liste mit Büchern und wurde an einen Schreibtisch direkt vor dem Direktor berufen. Ich lieh mir Bücher von einem anderen Mädchen, zeigte ihnen die Lektionen für den nächsten Tag und mein Schulleben begann.

Bedenken Sie, dass ich meinen zehnten Geburtstagsbaum noch nicht gepflanzt hatte. Dies waren die Bücher, die für mein Alter geeignet waren – Abercrombies „Intellectual Philosophy", Watts über die „Verbesserung des Geistes", Goldsmiths „History of Greece" und jemandes Naturphilosophie.

Ich habe mich intensiv mit diesen Themen beschäftigt, und da ich sie nicht verstehen konnte, lernte ich einige Wörter als Antwort auf die Fragen auswendig. Ein aufgewecktes, liebenswürdiges kleines Mädchen, das immer wusste, was sie lernen sollten, bot mir an, mir zu helfen. Wenn ein Sammler alter Bücher zufällig einen Band von Watts on the Mind finden sollte, der stark durchgeblättert und hier und da mit Tränen befleckt ist, und auf den ersten Seiten Bleistiftklammern sieht, die die kürzestmögliche Antwort auf die Fragen einschließen, dann gehörten dieses Buch und diese Tränen mir; und die Klammern sind die liebevollen Markierungen von Margaret Wolfe, deren Andenken ich immer in Ehren halten werde.

„Was ist Logik?" fragt das Lehrerhandbuch unten auf den Seiten.

„Logik", antwortet Dr. Watts (in auffälligen Bleistiftklammern), „ist die Kunst, die Wahrheit zu untersuchen und zu kommunizieren."

Ich hatte mehrere Monate lang mit Dr. Watts, Abercrombie *und anderen zu kämpfen*, als meine Tante widerstrebend erkannte, dass sich meine geistige und gesundheitliche Verfassung nicht verbesserte, so bewundernswert die Schule auch für andere sein mochte. Sobald sie zu dieser Schlussfolgerung gelangt war, beschloss sie, nicht mehr an großen Frauenseminaren teilzunehmen , sondern mich, so gut sie konnte, zu Hause zu unterrichten.

Gleichzeitig weiß ich, dass meine liebe Tante unter dem Scheitern all ihrer Pläne für meine Ausbildung litt. Sie hatte mir zuliebe große Opfer gebracht, indem sie ihr geerbtes Zuhause verließ. Diese Opfer waren alle vergebens. Sie muss tiefe Enttäuschung und Bedauern über den Verlust, die Mühe, die Kosten – und vor allem über meine mehr als verschwendete Zeit – empfunden haben.

Doch vielleicht war meine Schulzeit nicht völlig umsonst! Die Erfahrung hat vielleicht Früchte getragen, von denen ich nichts weiß. Außerdem *habe ich* etwas gelernt! Ich habe gelernt, dass Logik die Kunst ist, die Wahrheit zu erforschen und zu kommunizieren!

KAPITEL VII

Ich fand Lehrer in einer Vorbereitungsschule für meinen Hausunterricht. Ich war froh, dem Schulzimmer zu entkommen und arbeitete wie nie zuvor, liebte im Sommer meinen Schreibtisch unter dem Apfelbaum im Garten, liebte im Winter meinen Schreibtisch neben dem glühenden Holz im Büro meines Onkels, liebte leidenschaftlich meine Musik und interessierte mich für die anderen Studien, die mir zugewiesen wurden. Obwohl keine Auswahlprüfungen mich anspornten, machte ich dennoch gute Fortschritte. Bevor ich mein dreizehntes Lebensjahr erreichte, hatte ich mühelos Französisch lesen gelernt. Ich hatte über die zarte Geschichte von Picciola und die Leiden von Paul und Virginia geweint. Ich war mit Ulysses gesegelt und mit Calypso über die Blumenfelder gewandert. Meine Tante hatte mich zu einem Geschichtskurs verführt, indem sie mir als Belohnung jene Romane von Walter Scott erlaubte, die auf historischen Ereignissen beruhen. Meine Liebe zur Musik und mein Wunsch, darin hervorzustechen, machten mich geduldig mit dem exzentrischen, reisenden Musiklehrer, dem einzigen Pionierapostel der klassischen Musik in ganz Virginia, der mehr als einmal dafür bekannt war, um Mitternacht zu kommen und mich zum Unterricht zu rufen; und während andere Mädchen die „Schlacht bei Prag" und „Bonaparte überquert den Rhein" spielten oder die Feldzugslieder des Helden aus der Blockhütte sangen, lehrte sie mich Beethoven und Liszt lieben und die antwortenden Stimmen in diesem damals jungen Genie erkennen, dessen magische Musik weder damals noch später auf unbeachtete Ohren stieß. Ich hatte mit meiner Tante Auszüge von „The Faerie Queene" bis hin zu den Zeiten späterer Königinnen – Elisabeth und Anne – gelesen und mit der Königin angefangen, für die ich Gefühle hegte und die einem so schönen Zeitalter der Fantasie und der eleganten Schreibkunst ihren Namen gegeben hat. Ach, was für eine geistige Ausbildung hätte ich durch das Studium der Mathematik erhalten können! Wäre der Mangel an dieser Ausbildung nicht für alle offensichtlich, die so freundlich sind, sich meine Geschichte anzuhören, könnte ich Joseph Jefferson zitieren, wie Mr. William Winter ihn beschreibt: „Sehen Sie mich doch an! Ich scheine ganz gut zurechtzukommen, aber ich könnte beim besten Willen nicht eine Zahlenreihe addieren." Die einzigen Zahlen, von denen ich etwas verstehe, sind Redewendungen. Glücklicherweise habe ich mit der Addition wenig zu tun gehabt. Für meine Zwecke waren meine Kenntnisse völlig ausreichend.

Mein Französischlehrer, Mr. Mertons, ein breitschultriger, bebrillter Deutscher mit einer aufrechten Mähne aus grobem, schwarzem Haar, hämmerte mir die französische Sprache buchstäblich ein. Er hielt eine Grammatik in der linken Hand und betonte mit der rechten Faust jede Regel, wobei er hart auf das Mahagoni meiner Tante schlug. Wenn der Erfolg an den Ergebnissen gemessen werden soll, kann ich nur sagen, dass ich, obwohl ich bei Mme. de Sévigné und Dumas einen gewissen Charme wahrnahm, bei Racine und Molière ziemlich unbeholfen war; und was die gesprochene Sprache betrifft! Normalerweise gelingt es mir, durch Gesten und bewusstes Englisch einen schwachen Schimmer meiner Bedeutung zu vermitteln, wenn ich mit einem höflichen Franzosen spreche, aber völlige Finsternis überkommt ihn, wenn ich mit ihm „in einem Französisch spreche, das in Frankreich nicht gesprochen wird". Die Gabe für „verschiedene Arten von Sprachen" wurde mir nicht verliehen.

Der Musiklehrer verdient mehr als nur eine flüchtige Erwähnung. Er war einzigartig. Mr. William C. Rives fand ihn irgendwo in Frankreich und versprach ihm ein hohes Gehalt, wenn er nach Amerika käme, in der Nähe von oder in Charlottesville lebte und seine Tochter Amélie unterrichtete. Er war die Verkörperung der Sparsamkeit; ohne jeglichen Feinsinn, ohne Ahnung von Geschäften oder Ordnung oder von der Notwendigkeit, eine Schuld zu begleichen, aber er war auch die Verkörperung der Musik! Mein Onkel stellte den Sheriff immer wieder zufrieden und befreite ihn aus der Haft. Schließlich konnte er bei Tageslicht überhaupt nicht in die Stadt kommen und kam oft erst um Mitternacht zu meinem Unterricht. Meine Tante stand gerne auf und machte sich fertig, um den Unterricht zu leiten. Mein Lehrer verschwand vor Tagesanbruch. Er schuldete der ganzen Stadt Geld, das er nicht im Geringsten jemals zurückzahlen wollte. Mehr als einmal hätte sein wehrloser Rücken von den empörten Gefühlen eines Gläubigers zeugen können. Aber er war einfallsreich. Danach trug er alle seine Noten, ein dickes Paket, in einem Etui, das an das Futter seines Mantels genäht war. Sein Rücken, nicht seine Brust, brauchte einen Schutz. Es war amüsant zu sehen, wie er sich sozusagen einpackte, bevor er sich ins Freie wagte.

Aber trotz alledem schätzten wir ihn mehr als Rubine. Er war ein brillanter Pianist, ein großes Genie; er hatte bei Liszt studiert, Chopin früh geschätzt und Beethoven verehrt. Eine seiner lebhaften Unterrichtsstunden versetzte mich in einen Zustand, „in dem Geigensaiten Schwäche meine Nervosität ausdrücken", und doch hat mich keine Aufforderung zur Pflicht je so sehr mit Freude erfüllt wie sein „Koom on ze biahno". Einmal dort angekommen, erforderte die absolute Treue zur Handschrift des Komponisten und zur Position meiner Hände meine ganze Aufmerksamkeit. Die Ränder meiner Noten waren großzügig mit Abbildungen meiner Faust geschmückt – ein plumpes Bündel mit einem hervorstehenden Daumen.

Ich habe den Zauber der Musik immer sehr empfunden, selbst wenn sie jenseits meines Verständnisses lag. Eines Tages, als ich zufällig von seinem eigenen Spiel aufblickte, bemerkte er Tränen in meinen Augen. Er war in drei Sprachen wütend. „Himmel! Das ist nicht bathétique! Das ist *scherzo* ! Eh, bien! Ich blay ihm *adagio* ." Und unter geschlossenen Zähnen klang ein zischendes Flüstern sehr nach „ *imbécile* ", während er seinen Kopf zur Seite neigte, seine Brauen hochzog und das Thema auf lächerliche Weise schleppte. Einmal war ich von einer köstlichen Passage, die ich spielte, so hingerissen, dass ich das *Tempo verringerte* , damit die damit verbundene Süße lange anhalten konnte. Er tanzte buchstäblich! Er schlug wütend mit beiden Händen den Takt. „Ach! Bist *du* es selbst? Weißt du, was der große Maestro war?", und er fegte mich vom Klavierhocker und spielte die Passage richtig.

Damit ich Unterricht nehmen konnte, nahm meine Tante eines Sommers in einem Landhaus, wo er wohnte, Kost. Eines Tages erfreute ich mich an einem kleinen deutschen Lied, das ich aus der Stadt geschmuggelt hatte:

„Die Kirchenglocken läuten, das Dorf ist fröhlich,

Und Leila trägt ihr Brautgewand.

Sie hat umworben und gewonnen

Von einem stolzen Baronssohn,

Und Leila, Leila, Leila ist eine Lady!"

Während ich fröhlich mit dem Refrain fortfuhr und Leilas Fürstin und ihr Glück feierte, wurde ich von donnernden Klatschen im ganzen Haus aufgeschreckt. Herr Meerbach floh in sein Zimmer und schlug die Tür zwischen sich und meiner ungebildeten Stimme zu!

Natürlich verlor er seine Schüler. Schließlich blieben nur Amélie Rives, Jane Page, Eliza Meriwether und ich zurück. Wir mussten sein Gehalt unter uns aufbringen. „Ich hoffe, du wirst lernen, Liebes", sagte mein freundlicher Onkel. „Ich gebe dir jetzt acht Dollar pro Person für deinen Unterricht." Jane Page spielte großartig. Dieses seltene junge Genie, eine Nichte von Mrs. William C. Rives, starb jung. Auch der Rest von uns spielte gut. Mein Lehrer wollte mich nach Richmond mitnehmen, um Thalberg seine eigene schwierige, blumige Musik vorzuspielen, und war schrecklich betrübt, als meine Tante mir dies verweigerte.

Die kleine episkopalische Kirche und das Pfarrhaus lagen gleich auf der anderen Straßenseite, und der Pfarrer, Mr. Meade, gewährte mir freien Zugang zur Galerie, wo ich mit Vergnügen auf der kleinen Pfeifenorgel übte. Ich war gerade groß genug, um die Fußnoten zu erreichen. Die Kirche war besonders interessant, da Thomas Jefferson, der ein Freidenker gewesen sein soll, darauf bestanden hatte, sie zu bauen, und die Pläne dafür geliefert hatte. Bevor sie gebaut wurde, wurden im Gerichtsgebäude Gottesdienste abgehalten, die Mr. Jefferson regelmäßig besuchte und seinen Sitz zu Pferd aus Monticello mitbrachte. „Es bestand", so Bischof Meade, „aus einer leichten Maschinerie, die zusammengeklappt unter dem Arm getragen wurde und ausgeklappt als Sitz auf dem Boden des Gerichtsgebäudes diente."

Ich war dreizehn Jahre alt, als Mr. Meade mich eines Abends zu sich in die Sakristei kommen ließ. Er erzählte mir, dass in zwei Tagen die Bischofsversammlung in seiner Kirche zusammentreten sollte, und er hatte gerade erfahren, dass Miss Willy (die Organistin) einen komplett neuen Gottesdienst mit Gesängen und Hymnen arrangiert hatte. Er hatte sie gebeten, diese nicht zu verwenden, und darauf hingewiesen, dass sein Vater, der Bischof, der Klerus und sein ganzes Volk die alten Melodien kannten und liebten und nicht bei den neuen mitmachen konnten. Miss Willy war empört über seine Einmischung und drohte, mit ihrem gesamten Chor zurückzutreten, wenn er nicht nachgab. „Ich werde bestimmt nicht nachgeben", sagte der Pfarrer. „Ich habe ihr gesagt, dass ich ein kleines Mädchen kenne, das mir gerne helfen würde. Jetzt möchte ich, dass du für die Versammlung spielst, beginnend übermorgen (Sonntag) und jeden Abend während der Sitzung. Dadurch hast du die ganze Woche über Abendgottesdienste, beginnend mit drei Gottesdiensten am Sonntag. Ich werde dafür sorgen, dass bekannte Hymnen ausgewählt werden, und du brauchst keine Psalme zu singen, außer dem Benedictus und Gloria in Excelsis."

Ich begann: „Oh, ich habe Angst –" „Nein", sagte Mr. Meade, „Sie haben keine Angst; Sie werden keine Angst haben. Seien Sie einfach fünfzehn Minuten vor Beginn an Ihrem Platz und ziehen Sie den Vorhang zwischen sich und dem Publikum zu. Ich werde Ihnen einen guten Chor schicken."

Am nächsten Tag übte ich mit Eifer. Als ich an dem großen Tag an dem schwarzen Riesen Ossian vorbeikam, der das Seil unter dem Glockenturm zerrte, und die feierliche Glocke hörte, die verkündete, dass meine Stunde gekommen war, sank mir das Herz. Aber Ossian schenkte mir ein strahlendes Lächeln, das all seine prächtigen Elfenbeintasten zeigte. Er grinste, weil er für so ein kleines Mädchen wie mich die Orgel pumpen wollte!

Als ich auf der Orgelempore ankam, fand ich meinen Chor vor – mehrere mir bekannte Damen und eine Gruppe gutaussehender Studenten von der Universität. Sie blickten freundlich auf die kleine Organistin herab, deren Haare in zwei Zöpfen über ihren Rücken fielen. Ich hielt meinen kleinen Rücken entschlossen an den zugezogenen Vorhang! Nur die Spitze einer von Miss Willys nickenden Federn und ich wäre verloren gewesen!

Alles lief gut. Der Gesang war gut, er kam aus einem halben Dutzend männlicher Kehlen, ergänzt durch zwei oder drei Frauenstimmen und meine eigene kleine Flöte. Ich war bald ganz in meiner Umgebung aufgegangen und genoss meine Arbeit. Als der gute Bischof am letzten Tag nach dem großartigen alten Kirchenlied „Wie fest ist das Fundament, ihr Heiligen des Herrn" fragte, war meine Seele erfüllt, als ich hörte, wie sich die Kirche mit dem triumphalen Gesang der Gemeinde füllte, angeführt von mir und meinem improvisierten Chor.

KAPITEL VIII

Die Gesellschaft von Charlottesville bestand in den vierziger Jahren aus einigen Familien früherer Einwohner und den Professoren der Universität. Gouverneur Gilmer, Marineminister zu Tylers Zeiten, Mr. Valentine Southall aus einer alten Familie aus Virginia, der selbst in seinem Beruf als Anwalt eine herausragende Stellung einnahm, Dr. Charles Carter, Professor Tucker, William B. Rogers, Dr. McGuffey, Dr. Cabell, Professor Harrison – all diese Namen sind bis heute bekannt und geschätzt. In diesen Familien gab es junge Leute, und sie alle waren meine Freunde. Auf dem Weg, den ich so viele Jahre lang gegangen bin, habe ich niemanden getroffen, der ihnen überlegen war, und nur sehr wenige, die ihnen ebenbürtig waren.

Mein spezieller Kreis war erlesen. Er umfasste unter anderem Lizzie Gilmer (die Schöne) und ihre Schwestern; die schöne Lucy Southall; Maria Harrison und ihre süße Schwester Mary, beide begabt in Musik und Literatur; Eliza Rives und Mary McGuffey. James Southall, William C. Rives, Jr., George Wythe Randolph, Jack Seddon, Kinsey Johns, Professor Schéle de Vere, John Randolph Tucker, St. George Tucker – sie alle waren Stammgäste in meinem Haus und alle offensichtlich an mir und meiner Musik interessiert. Jedem Namen konnte ich eine Liste der Auszeichnungen hinzufügen, die ich als Anwalt, in der Literatur und in der Armee gewonnen hatte. Ich habe sie alle überlebt – und die Freundschaft jedes Einzelnen bewahrt, solange er lebte. Die Gepflogenheiten beim Bewirten unterschieden sich von denen, die heute in Mode sind. Der Nachmittagstee, der während der Revolution in Mode war – Tee war damals ein seltener Luxus –, hatte bis in die vierziger Jahre nicht überlebt. Den Nachmittagsbesuchern wurde erlesener Madeira in kleinen Gläsern und Früchtekuchen angeboten. Wenn der Kuchen tagsüber serviert wird, muss er immer *naturbelassen sein. Mit Zuckerguss überzogener Kuchen – im Abendkleid – war nur in den Abendstunden zulässig.*

Dinnerpartys verlangten eine große Auswahl an Gerichten. Sie wurden nicht *à la Russe serviert* . Zwei Tischtücher waren für eine Dinnergesellschaft *Pflicht* . Eines wurde mit den Gerichten mit Fleisch, Gemüse, Sellerie und vielen eingelegten Gurken entfernt, die alle auf einmal auf den Tisch gestellt worden waren. Die Dessertteller aus geschliffenem Glas und Silber ruhten auf dem feinsten Damast, den die Hausfrau zur Verfügung stellen konnte. Dieses Tuch wurde entfernt, das Mahagoni blieb für die abschließenden Walnüsse und den Wein übrig.

Drei Uhr war eine späte Stunde für eine Dinnerparty – das normale Familienessen fand um zwei statt. Die große silberne Terrine, die jetzt auf unseren Anrichten ein würdiges Alter genießt, hatte ihren Platz am Fußende des Tisches. Nach der Suppe erschien gekochter Fisch am Kopfende.

Ein Interview zwischen einer damaligen Washingtoner Gastgeberin und Henry, einem „erfahrenen und modischen" Caterer, ist erhalten geblieben. Als er aufgefordert wurde, für eine „vornehme" Dinnerparty mit zwölf Personen die kleinstmögliche Liste an Gerichten zusammenzustellen, reduzierte er sein Menü widerwillig auf Suppe, Fisch, acht Fleischgerichte, gedünsteten Sellerie, Spinat, Schwarzwurzel und Blumenkohl. „Kartoffeln und Rüben wären nicht vornehm." Als Fleisch gab es Truthahn, Schinken, Rebhühner, Hammelkoteletts, Bries, Austernpastete, Fasane und Kanadische Enten. „Plumpudding", schlug die Gastgeberin vor. „Nein, Ma'am! Alle Arten von Puddings und Pasteten sind aus der Mode." „Was kann ich dann am Kopf- und Fußende des Tisches haben?", fragte die Gastgeberin. „Oben in Eiskrem, unten in einer schönen Obstpyramide. Beilagen, Gelees, Vanillecremes, Puddings, Kuchen, Bonbons und Zuckerpflaumen." „Keine Nüsse, Rosinen, Feigen?" „Oh nein, nein, *Ma'am* , die sind *ganz* ordinär!"

Bei den informellen Abendessen, zu denen meine Tante den Gouverneur und Mrs. Gilmer, Mr. und Mrs. Southall sowie Professor und Mrs. Tucker einzuladen pflegte, war der Tisch reichlich gedeckt mit kalter Zunge, Schinken, gebratenen Hühnern oder Rebhühnern und eingelegten Austern, heißen Waffeln, Brötchen und Muffins, sehr dünnen Weizenwaffeln, grünen Süßigkeiten, eingelegten Pfirsichen, Pfirsichen in Brandy, Kuchen, Tee und Kaffee und im Sommer den Früchten der Saison. Diese Abendessen machten mit den Sheffield-Kandelabern und Rosenschalen einen mutigen Eindruck. Zehn Jahre später waren diese „High Teas" völlig aus der Mode gekommen und würden von einem modernen „modischen Caterer" als „vulgär" verurteilt werden. Es gab einen Kreuzzug gegen alle Kartenspiele und Tänze. Das Pendel schwang weit zurück von einer früheren Zeit, als die Bowle und die Karten den Abend beherrschten und der Tanzlehrer lange Sitzungen abhielt und von Haus zu Haus reiste. Eine regelmäßige Tanzparty mit Geigen und Cotillon zu veranstalten, war, als würde man „mit einer Kutsche mit sechs Pferden direkt durch die Zehn Gebote fahren!" Meine Tante jedoch blieb mutig und erlaubte mir kleine und frühe Tänze in unserem Salon, nur mit Klaviermusik. Der alte Jesse Scott lebte am Fuße des Hügels – aber wir wagten es nicht, ihn und seine Geige vorzustellen. Tatsächlich wurde nach unserem ersten Vergehen in der presbyterianischen Kirche eine Predigt gegen die Vulgarität und Sünde des Tanzens gehalten. Meine Tante hörte respektvoll zu, setzte den Tanz aber fort, da sie es für gut für meine Gesundheit und Stimmung hielt.

Der edelste aller Männer und einer der besten Freunde meines Onkels war Thomas Walker Gilmer, Marineminister während Tylers Amtszeit. Er wurde am Potomac durch eine Kanone getötet, als er zum ersten Mal vor Gericht stand. Mein Onkel und meine Tante fuhren sofort nach Washington, um ihn nach Hause zu holen. Kein Mann war je von allen, die ihn kannten, so geliebt und geschätzt worden. Ich habe noch nie so viel Kummer gesehen wie den seiner Frau. Sie war ein brillantes Mitglied der Washingtoner Gesellschaft gewesen und bekannt für ihren schlagfertigen Witz und ihre Schlagfertigkeit. Niemals, solange sie lebte, nahm sie wieder am gesellschaftlichen Leben teil. Mit ihren verwaisten Kindern lebte sie auf „The Hill", ganz in unserer Nähe. Diese Kinder waren immer ein Teil unserer Familie.

Mit der Zeit wurden Lizzie und ich größer und Studenten der Universität entdeckten uns und bekamen die Erlaubnis, uns zu besuchen. Lizzie, drei Jahre älter als ich, verlobte sich mit St. George Tucker, einem Mitglied unseres erlesenen Kreises. Wenn Lizzie mehr Besucher bekam, als sie an einem Abend bewirten konnte, schickte sie Susan, eine kleine Negerin, der sie Lesen beigebracht hatte, den Hügel hinunter und sagte: „Bitte, Miss Hargrave, bitte, Ma'am, Miss Lizzie, sagen Sie, sie wäre sicher froh, wenn Sie Miss Sara heraufkommen lassen und ihr bei ihrer Gesellschaft helfen." Meine Tante konnte ihr nie etwas abschlagen. Ich war zu jung, viel zu jung, aber wir nahmen unser Leben sehr natürlich und unbewusst, akzeptierten einen Gast und taten unser Bestes für ihn, egal ob er alt oder jung war. Wir wurden nie als Debütantinnen angekündigt. Kein Rubikon kreuzte unseren Weg – auf der einen Seite Schürzen und lange Zöpfe, auf der anderen Purpur und feines Leinen und aufwendige Frisuren –, der uns, wenn wir ihn bei einer Unterhaltung überschritten, in die Gesellschaft führte.

Lizzie und ich fühlten uns wie junge Gastgeberinnen und bemühten uns, uns entsprechend unserer Vorstellungen zeremoniell und konventionell zu benehmen. Einer oder zwei unserer Gäste waren bestimmt George Gordon, James Southall, „Jim" White oder „Sainty" Tucker, die für uns wie Brüder waren; und diese jungen Anstandsdamen waren sehr wachsam und streng! Die größte Sorge war, dass unsere Besucher nicht zu lange blieben. Also legten meine Tante und Mrs. Gilmer die Brenndauer einer Kerze bis zehn Uhr genau fest und alle Kerzen danach wurden auf diese Länge gekürzt. Wenn sie in den Fassungen zu flackern begannen, erwarteten wir eine gute Nacht.

Mrs. Gilmers großes Haus war in der Mitte durch einen Flur geteilt, der bis zu einer Tür an der Rückseite reichte. Auf der einen Seite befanden sich die Schlafzimmer der Familie, auf der anderen die Salons und das Esszimmer. Sie verbrachte ihre Abende in einem abgedunkelten Raum, der dem Salon auf der anderen Seite des Flurs lag, und obwohl sie es nicht übers Herz brachte, sich unter uns zu mischen, wussten wir, dass sie in der Nähe war.

Eines Abends hatten wir eine Reihe von Gästen, darunter einen Fremden, Mr. Tebbs, der von einem unserer eigenen Bandenmitglieder mitgebracht wurde, der ihn vorgestellt hatte und dann ging. Mr. Tebbs bemerkte, dass auch er bald gehen müsse, da ein Freund in der Stadt auf ihn warte. Die

Kerzen brannten herunter und wir machten lange Gesprächspausen, in der vergeblichen Hoffnung, dass der Fremde gehen würde. Plötzlich ertönte ein Alarmsignal aus dem Türklopfer und die kleine Susan eilte aus dem Zimmer ihrer Herrin, um zu öffnen. Wir hörten sie deutlich verkünden: „Bringen Sie einen Brief mit, Miss Ann", und Mrs. Gilmers träge Antwort: „Zünden Sie eine Kerze an und lesen Sie ihn mir vor." Wir versuchten, Susans Stimme zu übertönen, denn ich war mir ziemlich sicher, dass es ein kategorischer Befehl für mich war, nach Hause zu kommen, aber sie klang klar und deutlich: „Tebbs, du verdammter Schlingel! Wirst du die ganze Nacht bei Mrs. Gilmer bleiben?" Um die Sache noch schlimmer zu machen, erschien Susan sofort mit der Nachricht für den errötenden Mr. Tebbs, der sich auf der Stelle von uns verabschiedete. Wir haben ihn nie wieder gesehen! Juliet, die fünfzehnjährige Tochter, erzählte mit viel Vergnügen eine köstliche kleine Geschichte. Sie war, wie sie dachte, „erwachsen geworden", während ihre Mutter zurückgezogen lebte und selbst einen jungen Liebhaber hatte. Als der besorgte junge Mann nach Stunden in einer Mondnacht auf der Veranda unter dem Fenster ihrer Mutter saß, war er bewegt, den günstigen Moment zu nutzen und sich zu offenbaren. Juliet wollte richtig antworten und ihn entlassen, ohne ihn zu verletzen. Sie versicherte ihm, „Mama würde niemals zustimmen." Eine Stimme von drinnen entschied die Sache: „Nimm den jungen Mann an, Juliet, wenn du willst – ich habe nicht die geringsten Einwände – und lass ihn jetzt nach Hause laufen. Verriegele unbedingt die Tür, wenn du reinkommst!" Offensichtlich hatte Mrs. Gilmer wenig Respekt vor jungen Liebhabern und wollte schlafen gehen.

Das Haus der Gilmers war voller Bücher- und Bilderschätze. Wir blätterten in den großen Seiten von Hogarth und den Illustrationen von Shakespeare, was diese wertvollen Bücher sehr beschädigte. Im Keller wurde erlesener alter Madeira aufbewahrt, zu dem wir freien Zugang hatten, und wir mischten ihn mit Schlagsahne oder mit Eis, Zucker und Muskatnuss, wann immer es uns gefiel. Ein großer vergoldeter Rahmen lehnte an der Wand, von dem ein großes Gemälde entfernt worden war. Darüber spannten wir ein Netz und stellten *Tableaux Vivantes* auf, deren wir nie müde wurden. Ich war immer Rowena, der Lizzie als Rebecca, die Jüdin, ihren Schmuck schenkte. Einer der Gilmer-Jungen war ein bewundernswerter Dr. Primrose, ein anderer Moses, den wir für den Jahrmarkt ankleideten, und die anderen Kinder waren Blumenmädchen, Nonnen oder Pilger mit Stab und Muschel.

Wenn man die Möglichkeit in Frage stellt, dass diese große Familie mehrere Jahre ohne Oberhaupt auskommen und sich anständig und systematisch bewegen konnte, dürfen wir den Butler der Familie, Mandelbert, und seine Frau, Mammy Grace, nicht vergessen. Beide waren schon lange über das mittlere Alter hinaus. Sie kümmerten sich einfach um ihre untröstliche Herrin und ihre Kinder und regierten das Haus mit geduldiger Weisheit und

Freundlichkeit. Mammy Grace, die vor fünfzig Jahren in Virginia so bekannt war, sprach eigenartig, behielt die Bildersprache ihrer Rasse bei und nichts von ihrem Dialekt. Sie war aufrecht und groß und immer sorgfältig gekleidet. Sie trug ein dunkles, eng anliegendes Kleid, das sie „Habit" nannte, ein über der Brust gekreuztes Taschentuch aus kariertem Madras, eine weite karierte Schürze und eine Kappe mit einer vollen Pöbelkrone wie die von Martha Washington. Wenn sie ihren respektvollen „Knicks" machte, zeugte ihre Begrüßung „Ihr Diener, Herr" weniger von Ehrerbietung als von würdevoller Selbstachtung. Ihr einziger Fehler war, dass sie, wie ihre Herrin, nie wusste, wann die Kinder erwachsen waren. Das war manchmal peinlich. Sobald es Samstagabend acht Uhr war, wurde eine nach der anderen aus dem Salon gerufen und gehorchte sofort, aus Angst, sie könnte mehr als nur eine Andeutung des gründlichen, persönlich überwachten Bades machen, das jeden erwartete.

Mandelbert war prächtig, groß, grau und sehr stattlich. Er war in der Familie geboren und erzogen worden, ein vorbildlicher, *vornehm* aussehender Diener. Mammy Grace erreichte ein ehrenvolles Alter, aber der großzügige Konsum von gutem alten Madeira erwies sich als das Gegenteil des modernen Milchheilmittels für das Alter. Nach ein paar Jahren war kein Wein mehr im Keller – und kein Mandelbert mehr.

Die Großmutter der Gilmer-Kinder war Mrs. Ann Baker, eine hübsche alte Dame, die einen Letitia Ramolino-Turban trug, in dessen Krempe kleine Locken eingenäht waren. Sie war 1786 in Shepherdstown Passagierin auf James Rumseys Boot gewesen, als es ihm als erstem gelang, ein Schiff allein mit Dampf gegen die Strömung des Potomac anzutreiben, und zwar „mit einer Geschwindigkeit von vier bis fünf Meilen pro Stunde!" Sie war eine hübsche, kultivierte alte Dame, die Witwe eines angesehenen Mannes. Ich kann es nicht ganz sicher sagen – alle Zeugen sind verschwunden –, aber ich habe den deutlichen Eindruck, dass General Washington, wie mir gesagt wurde, mit Mrs. Baker Passagier auf James Rumseys Boot war.

KAPITEL IX

Das Jahr nach meinem fünfzehnten Geburtstag sollte für mich ein ereignisreiches werden. Im Mai desselben Jahres schrieb ich einen Brief an meine Tante, Mrs. Izard Bacon Rice, die in „The Oaks" in Charlotte County lebte. Dieser Brief, das früheste Überbleibsel meiner Kindheit, wurde mir kürzlich in die Hände gegeben, und ich wage zu hoffen, dass man mir verzeiht, dass ich dieses naive Werk hier einfüge; nicht wegen eines inneren Wertes, sondern wegen des Lichts, das es auf meine Entwicklung und meine Verbindungen im Alter von fünfzehn Jahren wirft – ein Licht, das nicht durch bloße Erinnerung gewonnen werden kann, da ein Foto der Person lebensechter sein muss als eine Skizze aus dem Gedächtnis.

" CHARLOTTESVILLE , 25. Mai 1845.

„ MEINE LIEBE TANTE , ich glaube, ich habe die Wahrheit des alten Sprichworts, nämlich: ‚Hoffnung, die sich verzögert, macht das Herz krank', vollständig auf die Probe gestellt, denn ich habe vergeblich auf eine Antwort auf meinen letzten Brief gehofft, und da diese nicht eintrifft, schreibe ich, um um eine Erklärung zu bitten.

„Ich habe heute Morgen einen Brief von Willie (Carrington) erhalten und war hocherfreut zu hören, dass Sie immer noch beabsichtigen, ‚irgendwann' nach Charlottesville zu kommen, und dass sie auch daran denkt, zu kommen. Ich freue mich riesig bei dem Gedanken, meinen *lieben* kleinen Henry und Tom in ein paar Wochen wiederzusehen. Willie sagt, dass Henry *wunderschön ist* und dass Tom ein ziemlich berühmter Verehrer geworden ist, sich wunderbar in seiner Galanterie usw. verbessert hat. Ich freue mich auf viele lange, angenehme Spaziergänge mit ihm, obwohl ich befürchte, dass ihm Charlottesville nicht gefallen wird, da er hier keine Kaninchenspuren oder Rebhühner finden wird. Ich hoffe, Sie kommen am 1. Juni und bleiben lange bei uns.

„Tante Mary geht es schon seit langer Zeit sehr schlecht, aber ich hoffe, dass es ihr ein wenig besser geht. Ich denke, Ihr Besuch wird ihr wunderbar gut tun. Wir sind alle so beschäftigt wie nur möglich: Tante und Onkel im Garten und Hof, und ich lerne Französisch, nähe, lese und mache den Haushalt für Tante Mary, wenn sie krank ist. Der Gedanke, meine engste Freundin (Lizzie Gilmer) für ein paar Monate zu verlieren, macht mich sehr traurig. Sie geht nach Staunton, und ich glaube, sie wird mir sehr fehlen. Wir haben jetzt eine sehr ruhige Zeit – da die meisten meiner Bekannten bei den jüngsten Unruhen an der Universität *weggeschickt wurden* , und ich kann ungestört von Gesellschaft studieren. Ich besuche kaum jemanden außer Lizzy und bekomme mehr Besuch von ihr als von irgendjemand anderem, da sie *jeden* Tag kommt, und oft zwei- oder dreimal am Tag. Ich werde heute Abend meinen letzten Abend mit ihr verbringen, da sie morgen abreist. Es tut mir sehr leid, dass Willie sie nicht sehen wird, da ich weiß, dass sie sich gern haben würden.

"Wer, glauben Sie, hat mich besucht? Niemand Geringeres als Dr. Schéle de Vere, Professor für moderne Sprachen an der Universität. Er hat mich *zweimal* besucht , aber leider war ich einmal nicht zu Hause, als er kam. Er ist ein Deutscher (einer aus dem Adel) und spricht unsere Sprache schrecklich gut und ist ein so unaufhörlicher *Plapperer* , dass er *mir* keine Chance lässt, auch nur eine Silbe herauszuquetschen. Letzten Sonntag ist er mit mir von der Kirche gegangen und hat unaufhörlich geplappert, sehr zur Belustigung der Gemeinde im Allgemeinen, aber besonders der beiden kleinen Jungen, die hinter uns gingen. Als er sich von uns verabschiedete, bat er Onkel um Erlaubnis, uns besuchen zu dürfen, was er auch gewährte; und er schien *sehr* dankbar und sagte, er würde ,das Vergnügen haben, die Gastfreundschaft des Doktors zu teilen und etwas von Miss Rices feiner Musik zu hören.' Was mich aber ungemein beschämt, ist, dass er mich wie ein *kleines Kind behandelt* und sich *sehr liebevoll* nach meinen musikalischen Fortschritten usw. erkundigt. Er ist auch nicht viel älter als ich, er ist erst einundzwanzig, also denke *ich* , dass er sich respektvoller benehmen könnte. Was halten Sie von all dem? Er spielt sehr gut Klavier und hat die besten Interpreten Europas gehört, also bin ich sehr zurückhaltend, für ihn zu spielen. Als er mich das erste Mal spielen hörte, wollte er mir applaudieren, wie man es bei Konzerten tut, aber ein Mitglied der Gesellschaft hinderte ihn daran, ihm zu verstehen zu geben, dass dies in diesem Land nicht üblich sei, also begnügte er sich damit, mehrmals in die Hände zu klatschen.

„Für viel mehr habe ich weder Zeit noch Papier, also auf Wiedersehen. Tante Mary schließt sich mir in Liebe an und sendet dem gesamten Haushalt des Großvaters und Tom, Henry und Onkel Izard einen Kuss.

"In liebevoller Zuneigung,
" SARA A. RICE .

„P.S.: Ich sende Lethe, Viny und Tante Chany meine besten Grüße und meine Liebe an alle Enten, Gänse, Hühner, Truthähne und Toms Hunde.

"In liebevoller Zuneigung,
„ SARA A. RICE .“

Dieser vierundsechzig Jahre alte Brief war wunderschön mit einer Feder geschrieben, klar und deutlich, ohne Radierung, mit Sand aus einer perforierten Schachtel abgewischt, ohne Umschlag und mit Wachs versiegelt. Auf dem Umschlag stand in Ziffern „Uncle Sams" Quittung für vorausbezahltes Porto in Höhe von 12½ Cent, da er damals noch keine Briefmarken herausgegeben hatte.

Phantasievolle Siegel und Oblaten mit Mottos waren bei romantischen jungen Leuten sehr beliebt. „L'amitié c'est l'amour sans ailes" war besonders beliebt; auch eine Jungfrau in einer Schaluppe, die zu einem Stern aufblickte, mit der Legende „Si je te perds je suis perdu". Die zarteste Abweisung eines Liebhabers, die je verzeichnet wurde, war die Karte der Dame mit „Mit Dank", versiegelt mit einem Vogel im Flug und „Die Freiheit ist süß!"

Die „Unruhen der letzten Zeit", für die meine Freunde „für einen Monat suspendiert" wurden, waren nicht ernster Natur. Es waren lediglich die nächtlichen Streiche boshafter Jungen, wie zum Beispiel den Namen des Mietstalls „Le Tellier" mit einem Bindestrich zu „Letel-Liar" zu ändern, seine „Kutschen" zu den Türen der Bürger zu ziehen, das Schild des Bestattungsunternehmens über der Arztpraxis anzubringen, Herrn Schéles Ponys zu lenken und auf ihren Flanken die aufgemalten Worte „So weit für heute" zu hinterlassen, die Phrase, mit der er ausnahmslos seine Vorlesungen beendete. Später blieb es dem Studenten überlassen, der mich am meisten interessierte, sie alle zu übertreffen. Er trieb eine Herde Schafe in einer dunklen Nacht die Treppen der Rotunde hinauf zur Plattform auf dem Dach und schloss dann die Falltür. Ein klagendes „Guten Morgen"-Blöken begrüßte die Fakultät und die Studenten am nächsten Tag. Unnötig zu sagen, dass der tapfere Hirte „suspendiert" wurde.

Im Spätsommer dieses Jahres fand in Charlottesville ein weiterer großer Kongress von Geistlichen statt, diesmal der Presbyterianer. Nirgendwo in Virginia konnte man ein gutes Hotel finden. Der Wirt war durch die Gastfreundschaft der Bürger ruiniert. Sobald ein netter Fremder in einem Wirtshaus „abstieg", wurde er von dem ersten Mann, der ihn erreichen konnte, als Gast angenommen.

Wenn in unserer Stadt große religiöse, politische oder literarische Versammlungen stattfanden, schickte mein Onkel eine Nachricht an den Vorsitzenden und fragte nach der Zahl der Gäste, die wir empfangen konnten. Bis sie eintrafen, waren wir so auf der *Hut*, als hätten wir Zahlen im Lotto gekauft.

Bei dieser Gelegenheit waren Lizzie und ich in großer Trauer. Sie war zwei Monate lang nicht in der Stadt gewesen und würde mich nun für längere Zeit besuchen. Wir hatten Pläne für eine schöne Woche gemacht. Jetzt würde das Haus voller Geistlicher sein – keine Musik, keine Besucher (und Lizzie war verlobt), kein „Spaß"! Meine Tante hatte Mitleid mit uns, richtete ein kleines Zimmer am anderen Ende des Flurs ein, stellte Klavier und Gitarre hinein und bat uns, es uns gemütlich zu machen.

Wir saßen in der Kirche hinter einer Reihe ernster und ehrwürdiger Senioren, als sich Dr. White über unsere Kirchenbank beugte und zu einem von ihnen sagte: „Ich freue mich, Ihnen mitteilen zu können, dass ich Sie zu Dr. Hargrave schicken kann. Er wird sich gut um Sie kümmern."

„Aber", wandte der ehrwürdige Herr ein, „ich habe meinen Sohn bei mir."

„Nehmen Sie ihn mit! Es ist genug Platz da", antwortete der Arzt.

Lizzie warf mir einen verzweifelten Blick zu. Jetzt *sind wir* ruiniert, dachten wir. Ein furchtbarer kleiner Junge, den man unterhalten und von Unfug abhalten muss.

An diesem Nachmittag sprachen wir uns in unserer kleinen Zufluchtsstadt gerade unser Beileid aus, als sich unter unseren Gästen ein schlanker junger Mann öffnete und ihm der Weg zu seinem Zimmer gezeigt wurde, indem er immer zwei oder drei Stufen auf einmal die Treppe hinaufsprang.

"Gnade!", sagte ich. "Schlimmer und schlimmer! Es gibt keine Hoffnung für uns! Ein seltsamer junger Mann soll in unserem kleinen Salon unterhalten werden!" Als meine Tante gerade hereinkam, vertrauten wir ihr unser Leid an. "Mach dir keine Sorgen, Lizzie", sagte sie, "Sara wird ihn im großen Zimmer behalten. Sie muss all ihre schönsten Bücher und Bilder herunterholen und einen Tisch in einer Ecke zu seiner Unterhaltung aufstellen. Er wird die meiste Zeit nicht hier sein. Er muss mit seinem Vater in die Kirche gehen, weißt du."

Der Name dieses unwillkommenen Eindringlings war Roger A. Pryor. Er machte sich charmant. Ich hatte meine langen Zöpfe noch nicht hochgesteckt, aber er behandelte mich wunderbar. Er war so aufmerksam, so geistreich, so liebenswürdig, dass man ihm einstimmig die Freiheit unseres Heiligtums gewährte. Er beteiligte sich voller Freude an unseren Plänen zur Selbstverteidigung. Er rannte zu einem Strauch auf dem Rasen, kam mit einer Handvoll „Wachsbeeren", die er ernst als „Munition" bezeichnete, zurück und begann, die Reichweite des Geschosses zu testen. In diesem Moment betrat einer der Feinde, der große Dr. Plumer, die Halle, und die weiche Beere erreichte genau seine würdevolle Nase. Seine Ehrwürdigkeit ließ kein Anzeichen von Intelligenz erkennen. Er war selbst ein Junge gewesen!

St. George Tucker war von unserem neuen Verbündeten ganz angetan. Er hatte mir viel zu sagen. Wie froh war ich, dass meine Tante mir eine neue rosafarbene Seidenhaube von Mme. Viglini geschenkt hatte.

Die Woche verging wie im Flug. Als um Mitternacht die Postkutsche ankam, um unseren Gast zur elf Kilometer entfernten Eisenbahn zu bringen, waren wir beide sehr *traurig* über den Abschied.

Er war sechzehn Jahre alt, sollte im nächsten Sommer am Hampden Sidney College seinen Abschluss machen und im darauffolgenden Semester an unsere Universität kommen. Ich hoffte, dass alles gut mit ihm laufen würde;

und nachdem das schrille Horn der Bühne ganz außer Hörweite war, – nun, ich hatte schon früh gelernt, den Vater aller zu bitten, auf meine Freunde aufzupassen. Es konnte nicht viel schaden, ihn namentlich zu erwähnen, und auch nicht, meiner Bitte die Worte „*für mich!* " hinzuzufügen.

zerstreut gewirkt , denn mein Onkel, der immer eine Beschäftigung für mich fand, bestand darauf, dass ich eine Geschichte schrieb. Ich wollte ihm gern eine Freude machen und überraschte ihn mit einer Liebesgeschichte. Ich glaube, ich nannte sie „Der Geburtstagsball". Ich erinnere mich an dieses Zitat, das ich als ziemlich feinfühlig und anregend empfand:

„Die Sterne eifern in eitlem Ehrgeiz ihren Augen nach." Das ist alles, woran ich mich von meiner Geschichte erinnere. Mein Onkel schickte sie an die *Saturday Evening Post in Philadelphia und sie wurde angenommen. Der Herausgeber schlug vor, auf das Honorar* zu verzichten, da ich ein junger Autor war ! Ich nahm die Ehre nur zu gern an.

Im Herbst unternahm mein Onkel mit uns eine lange Reise zu den Niagarafällen und den Northern Lakes. In New York hielten wir im Astor House am Broadway, und mein Zimmer blickte auf den gegenüberliegenden Park, wo sich scharlachrote Flamingos um einen Brunnen versammelten. Wir spazierten durch den wunderschönen Bowling Green Park, dann die elegante Promenade, tranken Tee mit Miss Bleeckers in der Bleecker Street und kauften bei Tiffany ein hübsches Türkisset, einen juwelenbesetzten Kamm und eine weiße Topasbrosche. Außerdem saß ich am Tisch neben John Quincy Adams, der inzwischen ein alter Mann war, gelähmt und kaum noch in der Lage, sein Essen an die Lippen zu führen. Er war bezaubernd fröhlich und höflich zu einer Dame mit einem süßen Gesicht, die ihn begleitete.

Ich glaube, wir nahmen in Schenectady das Kanalboot, das uns durch den Staat New York bringen sollte.

Mein Onkel war in New York von einer flammenden Bilderwerbung für palastartige Paketboote angelockt worden, die von temperamentvollen Pferden gezogen wurden, die in vollem Galopp dahingaloppierten. Als wir unser kleines Boot betraten, fanden wir es so überfüllt, dass wir uns schrecklich unwohl fühlten. Vielleicht hatten wir in unserer Unwissenheit das schöne Paket aus der Werbung nicht mitgenommen. Unser eigenes Boot kroch im Schneckentempo dahin und schaffte drei oder vier Meilen pro Stunde. Viele der Passagiere verließen es jeden Morgen und zogen es vor, vorauszugehen und bis zum Abend auf uns zu warten. Wir schafften die Reise in fünf oder sechs Tagen. Die Hitze, die Unbequemlichkeit, die Moskitos! Wer kann sich das Elend dieser Reise vorstellen? Frisch von den Bergen und den herrlichen Sonnenuntergängen von Albemarle zurückgekommen, fanden wir an der Landschaft wenig Bewundernswertes.

Was die Wasserfälle angeht, die wir so weit hergeholt hatten, so machten sie und ihr *Gefolge* mich krank. Es war alles so unheimlich und seltsam; die dunklen Wälder aus Nadelbäumen, Kiefern und Fichten; die mürrischen Indianer, die um Decken herum hockten und mit Perlen und Stachelschweinborsten stickten; die hilflosen kleinen Indianerbabys, die auf Brettern festgebunden waren und in den Bäumen schaukelten, und über allem das schwere Tosen des Wassers. Die Unermesslichkeit ihrer Kraft erfüllte mich mit Schrecken. Ich sehnte mich danach, von diesem schrecklichen Schauspiel wegzukommen.

Das Beste an einer Reise ist die Heimkehr. Das liebe, vertraute Haus – wir wussten nie, wie schön es war –, der Empfang durch liebevolle, fröhliche Diener, die Hunde außer sich vor Freude, die vollkommene Ruhe, Muße, Entspannung! Blumen, Obst und jede Menge angesammelte Post erwarteten uns. Mein scharfes Auge entdeckte ein groß umgeschlagenes Papier aus Philadelphia, und meine flinken Finger nahmen es schnell und unbemerkt aus dem Haufen des Allerleis heraus und legten es in eine Kommodenschublade in meinem Zimmer, deren Schlüssel in meine Tasche wanderte.

In der Privatsphäre meiner Schlafenszeit – nachdem ich die Tür verriegelt hatte – zog ich es hervor. Oh, was für ein alberner Blödsinn! Was für ein trauriger Müll! Ich riss es in Streifen, zündete jeden an meiner Kerze an und sah, wie alles verbrannt war – verbrannt zu kaum wahrnehmbarem Rauch und zersetztem Staub und Asche; auf der Stelle der völligen Vergessenheit überlassen!

Mein Onkel wunderte sich oft, warum die Geschichte nicht erschienen war. Es gab einen gefährlichen Moment, als er drohte, an den Verlag zu schreiben, aber ich überredete ihn, geduldig und würdevoll zu sein, und nach einer Weile war die Sache vergessen. Noch nie wurde ein Onkel von einem jungen Mädchen so gut behandelt!

Ich glaube, mein großes Plus bei ihm war mein Interesse an seiner Praxisarbeit. Ärzte stellten vor 65 Jahren ihre eigenen Rezepte zusammen und bereiteten sie selbst vor. Er freute sich über mich, als ich meine weite Schürze anzog und, bewaffnet mit Waage und Spatel, ernsthaft die Miene eines Arzthelfers annahm. Ich kannte alle seine professionellen Manöver, um hypochondrische alte Herren und nervöse alte Damen zufriedenzustellen. Ich lernte, die harmlosen Pillen herzustellen, die ihnen „so sehr" „halfen", und das Karminativum für die schmerzenden kleinen Bäuche der Babys. Seitdem wurden im edelsten aller Berufe große Fortschritte gemacht!

FRAU FANNY BLAND RANDOLPH.

An dieser Stelle möchte ich einige der radikalen Veränderungen in der medizinischen Praxis anhand von Auszügen aus einem Brief von Dr. Theodorick Bland an seine Schwester Fanny Bland Randolph illustrieren. Der Brief ist eine Kopie des Originals, das sich im Besitz des verstorbenen Joseph Bryan aus Richmond, Virginia befindet.

Die Behandlung im Jahr 1840 unterschied sich in keiner wesentlichen Hinsicht von der des Jahres 1771, als Dr. Bland – da er die Notwendigkeit einer „Auszeitbehandlung" bedauerte – dem Ehemann seiner Schwester, John Randolph, folgendes verschrieb:

„Ich gehe davon aus, dass es sich bei Herrn Randolph um eine Galleninsuffizienz handelt, eine entzündliche Erkrankung, die, wenn man ihm am Anfang ziemlich viel Blut abgenommen hätte, vollkommen aufgehört hätte. Aber wenn sein Puls nicht hart und, wie es scheint, mühsam und stark ist, würde ich nicht empfehlen, ihn jetzt zur Ader zu lassen. Wenn er jedoch stark ist und seine Kopfschmerzen heftig und das Gewicht des Magens groß ist, soll er etwa sechs Unzen Blut aus dem Arm verlieren, und wenn er davon viel Erleichterung bekommt und sein Puls danach steigt und voll und stark ist, kann ihm etwas mehr verabreicht werden. Sein Körper soll durch Glyster, hergestellt aus Hühnerwasser, Melasse, Eibischabkochung und Manna, offen gehalten werden, die einmal, zweimal oder dreimal verabreicht werden – nein, sogar viermal am Tag, wenn es die Umstände erfordern – und ihm soll Manna und Weinstein in Gerstenwasser aufgelöst werden – eine Unze Manna und eine halbe Unze Weinstein auf jeden halben Liter. Davon soll er reichlich trinken, aber vorher dazu soll er nach dem Aderlass (falls Aderlass notwendig ist) alle halbe Stunde vier Körner Brechwurzel einnehmen, bis er vier oder fünfmal reichlich erbrochen hat, und dabei reichlich Kamillentee trinken (bis zu drei oder vier Pinten in

Abständen), um die Schmerzen abzuarbeiten. Sollten die Kopfschmerzen heftig und die Augen rot und schwer sein, soll man ihm die Schläfen mit einer Schale umschließen oder Blutegel anlegen; wenn er Linderung verspürt, kann dieser Vorgang zwei oder drei Tage lang täglich wiederholt werden. Wenn Manna, Weinstein und Glyster nicht helfen, soll er fünfzehn Körner Rhabarber und ebenso viel Weinstein einnehmen und die Dosis zwei- oder dreimal im Abstand von sechs oder acht Stunden wiederholen. Sollte er an Nervenschmerzen leiden, soll ihm alle vier Stunden eines der Pulver in einem Löffel Jalop- oder Polei-Wasser verabreicht werden. Sollte er wahnsinnig, schläfrig oder in einer Art Halbschlaf dösend sein und einen schwachen, schnellen Puls haben, legen Sie Blasen auf seinen Rücken, seine Arme und Beine und Blutegel und Schröpfköpfe an seine Schläfen. Sollte seine Haut nach oder vor dem Erbrochenen heiß, trocken und ausgetrocknet sein, legen Sie ihn bis zu den Achseln in eine Wanne mit warmem Wasser mit Essig und lassen Sie ihn darin, solange er es aushält, nachdem Sie zuvor seinen Kopf darin angefeuchtet haben. Ab und zu kann er ein wenig Rotweinmolke trinken und seine Zunge mit Salbeitee, Honig und Essig abtupfen. Liebe Fanny, mit aufrichtigen Wünschen für seine sichere und schnelle Genesung und alles Liebe für ihn und Ihre lieben Kleinen,

> „Dein lieber Bruder,
> " T. BLAND ."

Es ist schwer vorstellbar, dass einer der „lieben Kleinen" John Randolph aus Roanoke war – diese Verkörperung von Genie und ungeheuerlichem Temperament. Sein Vater überlebte Dr. Blands Behandlung nur wenige Jahre. Dennoch zwingt mich die Treue zur historischen Wahrheit zu der Feststellung, dass wir keine Beweise dafür haben, dass der Arzt mit Henry St. George Tucker im Bunde war, der die Witwe fast sofort heiratete!

KAPITEL X

Viele der besten Vertreter der rein amerikanischen Gesellschaft hätte man in den vierziger Jahren in den Städten des Landes finden können. Heute sucht jeder, ob hoch oder niedrig, reich oder arm, ein Zuhause in den Städten. Nicht ohne Grund strömen alle Klassen in die Metropolen. Dort kann man Reichtum genießen, Armut lindern und Talent wertschätzen; doch der individuelle Einfluss geht dort fast verloren. Die Versuchung zur Selbstbehauptung, so abstoßend sie auch für kultivierte Gefühle ist, ist fast unwiderstehlich. Männer und Frauen müssen sich behaupten oder in Vergessenheit versinken. Niemand hat Zeit, die wackeligen Treppen hinaufzusteigen, um das Genie auf dem Dachboden zu finden. Niemand sucht den Staatsmann unter den gelassenen Anhängern des „einfachen Lebens". Hätte Cincinnatus heute noch gelebt, hätte er seine Furche bis zum Ende gepflügt. Niemand hätte ihn unterbrochen.

Die Abwesenheit von Hektik und Alltagsstress machte die kleine Stadt Charlottesville vor der Katastrophe von 1861 zu einem idealen Zuhause. Die Professoren der Universität konnten in ihrem durchschnittlichen Alter von ihren bescheidenen Gehältern leben und hatten noch etwas für die Unterhaltung übrig. Die Dorfbevölkerung war kultiviert, liebenswürdig und intelligent. Staunton schickte uns jeden Winter ihre jungen Damen, die Töchter von Richter Lucas Thompson, die schließlich alle von den Nachkommen von Charles Carroll aus Carrollton, Maryland, aufgenommen wurden. Aus der Nachbarschaft an der Buck-Mountain Road kam die Familie von William C. Rives, der zweimal unser Gesandter am Hof von Versailles war und viele Male in den Senat der Vereinigten Staaten geschickt wurde. Die „tapferen Gordons, viele", die Randolphs und Pages und Mr. Stevenson, der ehemalige Gesandte in England – sie alle lebten nahe genug, um Nachbarn und Besucher zu sein. Auf der anderen Seite des Moore's Creek, am Fuße des Monticello, lag das Haus von Mr. Alexander Rives. Dort lebte meine liebe Freundin und Brautjungfer Eliza Rives, und dort konnte ich mir ein Glas Limonade bestellen, wenn ich auf dem Weg nach Monticello war und, wie ich es oft tat, einen fremden Gast zum Haus von Thomas Jefferson führte. Wir gingen durch die verstreuten Ginsterbüsche, die die Straße säumten – ursprünglich von Mr. Jefferson selbst gepflanzt –, blieben an dem bescheidenen Denkmal über seiner Asche stehen und betrachteten ehrfürchtig die Inschrift darauf. In seiner eigenen Handschrift hatte er unter seinen Papieren die gewünschte Aufzeichnung gefunden – nicht, dass er Gesandter in Frankreich und Außenminister gewesen war, nicht, dass er zweimal Präsident der Vereinigten Staaten gewesen war, sondern einfach:

„Hier liegt Thomas Jefferson begraben, Autor der amerikanischen Unabhängigkeitserklärung, des Statuts Virginias für Religionsfreiheit und Vater der University of Virginia."

Ein paar Schritte durch den Wald würden uns zu dem Plateau bringen, von dem aus wir die herrliche Aussicht genießen konnten, die ich zu beschreiben versucht habe. Ich liebte diesen Ort, die herrlichen Berge, den Anblick des griechischen Tempels in seinem heiligen Hain zu unseren Füßen, die Atmosphäre von Geheimnis und Romantik. Einmal sah ich eine einsame *Lilie, die* ihr kaiserliches Banner an der Stelle des verlassenen Gartens entrollte. Einmal durfte ich in Abwesenheit des Besitzers ein oberes Stockwerk der Villa erkunden und erschrak, als aus einer dunklen Nische ein weißes, angespanntes Gesicht hervorblitzte. Dies war die Büste von Voltaire. Ich war ein glückliches, glückliches junges Mädchen auf diesen Ausritten, auf meinem eigenen Pferd, Phil Duval, und mir meiner kleidsamen grünen Stofftracht, meines grünen Samtturbans und meiner langen grünen Feder, die mit einer Diamantschnalle befestigt war – wie ich glaubte!

UNIVERSITÄT VON VIRGINIA.

Junge Mädchen, die in einer Universitätsstadt aufwachsen und die Freundschaft der Professorenfamilien genießen, müssen wirklich langweilig sein, wenn sie nichts von der literarischen Atmosphäre aufnehmen. Meine liebe Tante war eine versierte Anglistik-Studentin. Ihr Vater war der Freund und Nachbar von Patrick Henry gewesen, ihr Mann war einer von John Randolphs Ärzten. Meine engen Freunde, die Gilmers, Southalls und die Töchter von Professor Harrison, hatten alle Brüder, die studierten, und wir bemühten uns, mit diesen feinen jungen Burschen Schritt zu halten und sie zumindest auf englischem Boden zu treffen.

Wir hatten in Charlottesville keine Leihbücherei und waren für unsere aktuelle Literatur auf die Post angewiesen. Wir sahen *Graham's Magazine* aus Philadelphia, das *Home Journal* aus New York, den *Southern Literary Messenger* aus Richmond. Dickens' Romane erreichten uns aus London, damals in monatlichen Abschnitten erschienen, und wir warteten ungeduldig auf sie. „Oh, Sara, hat man dich Mr. Toots vorgestellt?", schrieb Maria Gordon. „Er ist so verliebt in Florence Dombey, dass er das Gefühl hat, als ob jemand ihn angreifen würde!"

Dickens gefiel uns besser als Walter Scott. Die Bemerkungen von Captain Clutterbuck und Reverend Dryasdust, die uns die Tür zum verzauberten Palast versperrten, bis sie zu Wort gekommen waren, konnten wir kaum ertragen. Natürlich konnte Dickens auch ermüdend sein, wenn er mitten in einer spannenden Geschichte innehielt, während jemand – der „Spaziergänger" oder der „Geldbote" – etwas völlig Belangloses erzählte. Meiner Meinung nach war eine Geschichte in einer Geschichte ein Ärgernis. Sie war wie ein Flicken auf einem Kleidungsstück. Das Kleidungsstück mochte selbstgesponnen und der Flicken aus Satin sein, aber es war dennoch ein Makel, etwas, das man auftrug, um eine schwache Stelle zu überdecken. Ich habe diese Geschichten damals übersprungen und überspringe sie auch heute noch!

Was Thackeray betrifft, muss ich zugeben, dass wir ihn nicht schätzten, als er als „Michael Angelo Titmarsh" auftrat. Aber wir kannten alle Becky! Sie war nur eine veredelte kleine Miss Betsy Stevens, eine zerlumpte Bergfrau, die gegen eine kleine Provision Pfirsiche verkaufte und die, wie Becky, „keine Mama" oder andere Vermögenswerte hatte und von ihrem Verstand lebte.

Vielleicht haben wir uns in unserer Einschätzung Thackerays ein wenig von seinen eigenen Landsleuten leiten lassen. Uns fiel ein englisches Papier in die Hände, das „Chawls-Yellowplush-Angelo-Titmarsh-Jeames-William-Makepeace-Thackeray, Esquire of London Town in Old England" überhaupt nicht respektvoll behandelte. Solcher Spott würde ihn bald zur Vernunft bringen! Kein Mensch könnte das überleben.

Keiner der Autoren, die zu Besuch kamen, geruhte, uns zu besuchen – Thackeray, Dickens, Miss Martineau –, alle gingen an uns vorbei. Zwar ließ sich Frederika Bremer herab, eine Nacht bei ihrem Landsmann, Mr. Schéle de Vere, *auf dem Weg* in den Süden zu verbringen, wo sie außer Bananen nicht viel zu bewundern fand. Mr. Schéle lud eine erlesene Gesellschaft ein, den einen Abend zu verbringen, den Miss Bremer ihm gewährte. Ihre Romane waren bei uns äußerst beliebt. Jeder war voller freudiger Erwartung. Während die wartende Gesellschaft sie ungeduldig erwartete, öffnete sich die Tür – nicht für Miss Bremer, sondern für ihre Begleiterin, die verkündete:

„Miss Bremer, sie bittet um Entschuldigung. Sie *ist sehr* müde und muss schlafen! Wenn sie kommt, starrt sie Sie an!"

Leider muss Tourist beim Übersetzen der Bücher helfen! „Gesicht" und „Nase", „klaffen" und „gähnen" sind zwar keine Synonyme, weisen aber zumindest eine verwandtschaftliche Beziehung zueinander auf.

Der schöne christliche Brauch, einen Weihnachtsbaum anzuzünden – um „die Herrlichkeit des Libanon, die Tanne, die Kiefer und die Buchsbaum" herbeizuzaubern, um unser Fest zu weihen – war in Virginia noch nicht verbreitet. Wir hatten viel vom deutschen Weihnachtsbaum gehört, aber noch nie einen gesehen. Lizzie Gilmer, die einen jüngeren Sohn des Hauses heiraten sollte, war mit den Tuckers sehr vertraut und brachte großartige Berichte über die Vorbereitung des ersten Weihnachtsbaums mit, den man je in Virginia gesehen hatte.

Ich durfte noch nicht an den Partys der „Erwachsenen" teilnehmen, aber unser junger Freund John Randolph Tucker wurde an Heiligabend volljährig, und meine Tante wurde stark unter Druck gesetzt, mir zu erlauben, an der Geburtstagsfeier teilzunehmen. Dies war ein denkwürdiger Anlass. „Rare Ran Tucker" war bei den Älteren ein großer Favorit, gutaussehend, angesehen und bereits für den hohen Platz vorgesehen, den er später auf der Ehrenliste seines Landes erreichte.

Meine Tante konnte nicht auf ihren Regeln für mich beharren, und ich durfte Lizzie begleiten, vorausgesetzt, ich ging als „kleines Mädchen in einem hochgeschlossenen Kleid". Mein vieldiskutiertes Kleid war aus blauer Seide, über Weiß geöffnet und vom Hals bis zum Saum mit schmalem schwarzem Samt geschnürt! Nie, nie war ein Mädchen so glücklich! Der Baum voller kleiner Körbchen mit Bonbons, jedes mit einem originellen Reim, Witz oder Gefühl verziert, war prächtig, das Abendessen köstlich, die Reden und Gedichte der beiden alten Richter (Tucker) waren treffend und witzig. Ich ging als kleines Mädchen – eine enge Freundin –, aber kein „hochgeschlossenes" Kleid hat je ein glücklicheres Herz gefangen gehalten.

Wenn ich zurückblicke, scheint es mir, dass meine Universitätsfreunde, Mr. Schéle de Vere, James Southall, William C. Rives, Jr., George Wythe Randolph, Roger Pryor *und andere* , auf einmal ein sehr großes Interesse an meiner Ausbildung zeigten. Sie schickten mir unzählige Bücher. Letzterer schenkte mir einen wunderbaren Shakespeare, außerdem Macaulays „Essays", Hazlitts „Age of Elizabeth" und Leigh Hunts „Fancy and Imagination" und kam persönlich, um sie mir vorzulesen, zusammen mit Shelley, Keats, Byron und Coleridge. Mr. Schéle schickte mir viel Musik und französische Literatur, und er kam auch, um letztere mit mir zu lesen. William C. Rives liebte meine Musik, der er stundenlang zuhören konnte . Die

Freundschaft dieser brillanten Männer blieb mir ihr Leben lang erhalten. Nur zwei wurden alt.

Die Tuckers waren eine literarisch bedeutende Familie – einer der glücklichsten und geistreichsten von ihnen war der Ehemann meiner lieben Lizzie, St. George Tucker. Alles, wirklich alles, provozierte ein Wortspiel, eine Parodie oder einen anmutigen Reim.

Als vorgeschlagen wurde, den Namen von „Competition" – einem Gerichtsdorf in der Grafschaft Pittsylvania – in „Chatham" zu ändern, holte er Bleistift und Papier hervor und schrieb sofort:

„Erlauchter Pitt, wie herrlich ist dein Ruhm,

Wenn der Wettbewerb im Namen von Chatham stirbt."

Er war ein Freund von GPR James, den er einmal beim Essen eines sehr „reifen" Käses überraschte.

„Siehst du, Tucker, ich töte wie Samson Tausende."

„Und mit derselben Waffe?", fragte St. George.

Wir hatten eine entzückende Ergänzung in unserer Gesellschaft in Powhatan Starke, der von der Ostküste kam und ein Jahr lang zunächst als Gast der Southalls und später von uns allen verbrachte. Er schien zu dem ausdrücklichen Zweck geschaffen worden zu sein, Menschen glücklich zu machen. Er brachte uns alle vor Lachen zum Krümmen, während er die Wollstränge für das Stricken meiner Tante hielt. Er brachte mir auf dem Klavier Walzer bei, die man nicht in den Büchern finden konnte, und die Polka, einen neuen Tanz mit malerischen Figuren, der gerade eingeführt wurde. Er machte bei jedem Plan zur Vergnügung mit und steigerte ihn, und schließlich verbrachte er die halbe Nacht damit, uns Ständchen zu bringen. „Die Serenade", so eine neuere Definition, „ist ein geschätzter Brauch der Brautwerbung primitiver Gesellschaften." Brautwerbung hatte 1847 nichts damit zu tun. Es war nur ein zartes Kompliment an die Damen, die die Ständchensänger unterhalten hatten. Vier oder fünf Stimmen sangen im Einklang Lieder wie „Oft in the Stilly Night", „The Last Rose of Summer", „Eileen Aroon", „Flow Gently, Sweet Afton", und eine Stimme trug Rizzios schönes Lied vor:

„Königin meiner Seele, deren sternenhelle Augen

Sind alles Licht, das ich suche,

Dessen Stimme in süßesten Melodien

Kann Liebe oder Vergebung sprechen;

Ich unterwerfe mich deiner sanften Kontrolle

Maria – Maria – Königin meiner Seele!

(*Refrain*) Mary! Mary! Königin meiner Seele!"

Beim ersten Klang der Gitarrensaiten rutschten wir aus unseren Betten, suchten unsere Schals und Pantoffeln und schlichen die Treppe hinunter. Dicht an der Tür kauernd lauschten wir auf *Vive l'amour* , das Lied, das die Serenade immer abschloss:

„Jeder Junggeselle soll sein Glas füllen,

Es lebe die Compagnie!

Und trinke auf das Wohl seiner Lieblingsbraut,

Es lebe die Compagnie!

Und gerade hier, da es sozusagen um eine Frage des Privilegs in Bezug auf individuelle Rechte geht, möchte ich meinen Leser feierlich versichern, dass ich nicht aus „Trilby" plagiiere. Die tief hängenden Früchte von Mr. Du Mauriers üppigem Obstgarten sind erstrebenswert, um Evas Töchter weise zu machen, aber diese Eva hat keinen Anlass, sie zu rauben. *Im Gegenteil!* Powhatan Starke hatte dieses Lied in den vierziger Jahren aus Paris mitgebracht und es zwanzig Jahre zuvor für uns gesungen, laut Du Maurier hatte der „vornehme Carnegie" es mit seiner hicksenden Stimme dem Laird, Taffy, Little Billie, Dodor, Zouzou und den anderen vorgetragen.

Persönlich würde ich mir die klugen Sachen, die die jungen Autoren schreiben, gern mit beiden Händen zunutze machen. Aber ich bin „stolz, wenn auch arm!" Außerdem würde ich entlarvt werden! „Mon verre n'est pas grand, mais je bois dans mon verre."

Ich weiß, ich habe nur eine Strophe dieses unsterblichen Liedes gehört. Alle anderen wurden frisch vorgetragen, sei es beim Abendessen, bei einer Abendgesellschaft oder bei einer Mondscheinserenade, je nach Gesellschaft und Anlass. Der Refrain, wie ihn der vornehme Carnegie vortrug, lautete:

"Veeverler, Veeverler, veeverler vee

Veverler Companyee."

Aber mein Freund vor zwanzig Jahren respektierte es genug, um es genau zu sagen:

„Es lebe! Es lebe! Es lebe die Liebe

Es lebe die Gesellschaft!

Nur ließ er, wie *die anderen* , manchmal das „ *r* " weg. Sie waren alle schön auszusprechen. Sie gaben dem breiten „ *a* " die ihm gebührende Vollkommenheit.

„Selbst die kleine Glocke hob ihr Haupt

Elastisch von ihrem eisigen Schritt!"

rief George Gordon, als eines der Mädchen über den Rasen stolperte. Aber selbst ihm war manchmal gleichgültig, was die Rechte des Buchstabens „ r " als Endung angeht; denn nur als Endung verachtet ihn die südliche Sprache völlig. Als er noch ein lispelndes Kind war, wurden einem möglichen Redner die Testwörter eingebläut:

„Rund um die schroffen Felsen

Der zerlumpte Schlingel rannte,"

und gelernt, den schwer fassbaren Konsonanten bis zum äußersten zu rollen.

Aber ich darf nicht länger in diesem verzauberten Tal zwischen den Bergen verweilen. Ein langer Weg liegt vor mir. Ich muss schnell weiter. Mit genau solchen unbedeutenden Ereignissen könnte ich mein Buch füllen. Die Annalen seiner Jugend liegen jedem Herzen am Herzen; bevor wir die weite Welt betreten von —

„Anstrengung, Erwartung und Verlangen —

Und etwas, das immerdar im Begriff ist zu sein."

Wir bewahren die süßen Kleinigkeiten einer glücklichen Zeit, indem wir getrocknete Rosenblätter aufbewahren. Vielleicht träumen wir durch ihren schwachen Duft von der Rose!

Es war eine arbeitsreiche und zugleich glückliche Zeit. Ich half Mrs. William C. Rives beim Bau einer Kirche; ich säumte alle Rüschen für Thomasia Woodsons Aussteuer; ich spielte *endlos Walzer* auf den Hauspartys der Henrys und Carringtons in Charlotte und sang zur großen Freude meines lieben Großvaters Wahlkampflieder zu Ehren meines alten Freundes Henry Clay, den wir wieder einmal zu unserem Präsidenten machen wollten:

„Geht aus dem Weg, ihr habt alle Pech gehabt;

Machen Sie die Strecke frei für das alte Kentucky!"

(Und hier möchte ich die Tatsache festhalten, dass mein alter Großvater mich nur einmal in meinem Leben getadelt hat. Ich hatte einen eklatanten Akt der *Majestätsbeleidigung begangen* . Ich hatte eine Nachtmütze auf die Büste von Patrick Henry gelegt!)

Aber die Einladungen meiner lieben Tante, auf mit einer Orangenblüte geprägtem und mit einem weißen Satinband zusammengebundenem Papier, wurden nun für meine Hochzeit verschickt.

Meine Bekanntschaft mit dem jungen Mann, den man heute als „den General" oder „den Richter" kennt, begann damit, dass ich Gott anflehte, er möge für ihn sorgen. In meiner presbyterianischen Ausbildung hatte ich gelernt, dass auf jedes Gebet Bemühungen folgen müssen, um es zu erfüllen. Es war ganz klar meine Pflicht, „für ihn zu sorgen". Er brauchte es.

KAPITEL XI

Zwei Jahre nach unserer Hochzeit erkrankte mein Mann schwer an einer Halsentzündung und konsultierte Dr. Green, einen hervorragenden Spezialisten aus Philadelphia. Er wurde in ein wärmeres Klima verfrachtet und durfte weder vor Gericht noch außerhalb des Gerichtssaals sprechen. Die winzige Anwaltskanzlei an einer Ecke des Court Green in Charlottesville wurde aufgegeben und wir eilten nach Petersburg, in die Nähe seines Geburtsortes. Da es für ihn absolut unmöglich war, ohne Beschäftigung zu leben, kaufte er eine Zeitung, machte sich eines Morgens auf, um Abonnenten für „ *The South Side Democrat* " zu werben, und noch vor Ablauf einer Woche war es ihm gestattet, mit der Veröffentlichung zu beginnen.

Dieser Schritt bestimmte seinen weiteren Lebensweg. Erst als er 1865 nach New York kam, praktizierte er als Anwalt.

Mit 22 Jahren wurde er ein begeisterter Redakteur. Der kleine *South Side Democrat* zeigte bald Mut und Temperament. Sein jugendlicher Redakteur steuerte sein kleines Boot direkt in das unruhige Meer der Politik, auf lokaler und nationaler Ebene, um je nach seinen Verdiensten und der Weisheit seines Piloten zu schwimmen oder zu sinken. Es wurde von den Göttern geliebt, mit dem unvermeidlichen Ergebnis – aber nicht, bis er es verließ.

STEPHEN A. DOUGLAS.

Ich erinnere mich noch an unsere erste Begegnung mit Stephen A. Douglas, der bald zu einer herausragenden Figur unserer politischen Geschichte werden sollte. Er war gerade aus Europa zurückgekehrt und reiste mit seiner ersten Frau (Miss Martin aus North Carolina) durch Petersburg. Natürlich war er froh, mit dem Herausgeber einer demokratischen Zeitung zu sprechen, da er nach dem höchsten Amt des Landes strebte. Er war 39 Jahre alt und unterdurchschnittlich groß. Aber das Wort *unbedeutend* hätte man auf ihn nie anwenden können. Es war etwas in seiner Ausstrahlung, seiner Haltung, das das verbot. Sein massiger Kopf, sein entschlossenes Gesicht machten seine geringe Körpergröße mehr als wett.

Ihm wurde immer ein unhöfliches, unkonventionelles Benehmen vorgeworfen. Er war Höfling genug, um mir mitzuteilen, dass ich der Kaiserin Eugénie ähnelte.

Uns gegenüber bemühte er sich, charmant zu sein, sprach über seine Erfahrungen in Europa – eigentlich über alles, außer über die gefährliche Sache, die ihm in der Brust brannte, seinen Hunger nach der Präsidentschaft. Wie mein Herausgeber war er als Anwalt zugelassen worden, bevor er volljährig war. Die Parallele sollte später noch einmal auftauchen. Auch Mr. Douglas war mit dreißig Jahren Abgeordneter im Kongress gewesen.

Mein Mann war Delegierter beim Demokratischen Konvent, der 1852 Franklin Pierce nominierte, und Mr. Douglas ließ es zu, dass er selbst Kandidat wurde.

Der „kleine Riese" erhielt zunächst nur 20 Stimmen, aber seine Stimmenzahl stieg stetig, bis Virginia ihre 15 Stimmen für Mr. Pierce abgab, woraufhin es zu einer „Massenpanik" kam, die die Sache entschied. Ein Autor erinnerte Douglas daran, dass übersteigerter Ehrgeiz sich selbst überflügelt, fügte jedoch trocken hinzu: „Vielleicht hat der kleine Richter nie Shakespeare gelesen und denkt nicht daran."

Ein interessantes Ereignis in Petersburg war ein kurzer Besuch von Louis Kossuth *auf dem Weg* in die Städte des Südens und Westens. Sein erklärtes Ziel war es, „die große amerikanische Republik um Hilfe zum Schutz seines Volkes zu bitten; friedlich, wenn möglich, durch den moralischen Einfluss ihrer Erklärungen; aber gewaltsam, wenn nötig, durch die physische Kraft ihrer Arme – um jegliche ausländische Einmischung in den erneuten Kampf für die Freiheit Ungarns zu verhindern."

Man wird sich erinnern, dass unser Kongress [1] nach Kossuths Niederlage und seiner Inhaftierung in der Türkei – wohin er geflohen war – den Präsidenten angewiesen hatte, eines der Schiffe unseres Mittelmeergeschwaders anzubieten, um ihn und sein Gefolge in unser Land zu bringen. Die türkische Regierung hatte keine besondere Verwendung für Gouverneur Kossuth als Gast oder Gefangenen, und so landete er am 5. Dezember 1851 um ein Uhr morgens von dem Dampfer *Vanderbilt*, der mit einem Komitee zu ihm geschickt worden war, in der Quarantänestation von New York. Obwohl es schon früh war, versammelte sich eine große Menschenmenge an Land, um ihn zu begrüßen. Ein Salut von einundzwanzig

Kanonen und eine Willkommensrede des Gesundheitsbeauftragten versicherten ihm sofort, dass er nicht zu uns gekommen war, um als besiegter Flüchtling bemitleidet zu werden, sondern um alle Ehre zu empfangen, die einem siegreichen Helden gebührt. Als sein Boot vorbeidampfte, salutierte ihm Governor's Island mit einunddreißig Kanonen, New Jersey mit einhundertzwanzig und New York – aber wir wissen, wie sich New York benehmen kann! Große und kleine Dampfschiffe pfiffen, Pistolen und Gewehre wurden abgefeuert, ungarischer Jubel wurde gebrüllt und unsere Stars and Stripes umarmten eng die ungarische Flagge. Wir kennen die New Yorker Gastfreundschaft und ihre Begeisterung, ja, ihre verrückte Aufregung, wenn etwas, was auch immer, Neues und Interessantes passiert.

Als Kossuth Castle Garden erreichte, versuchte der unglückliche Bürgermeister vergeblich, seine Rede vorzulesen. Eine Rede, in der Tat! Hunderttausende Kehlen schmerzten von einer Rede, und sie trugen sie mit Gebrüll vor!

"Es gab", so ein Reporter, "ein anhaltendes Jubelgebrüll wie Wellen am Strand." Jedes Haus war geschmückt; und als der Held auf dem Black Warrior vorbeiritt, einem Pferd, das in vielen Kriegen in Florida und Mexiko Sieger getragen hatte, war die Straße vollgestopft mit begeisterten Menschen und die Fenster voller Frauen und Kinder. Seit Lafayettes Landung hatte sich New York nie mehr der Begeisterung hingegeben. Die Geschichte der Reden, Prozessionen, Abendessen, Empfänge, Feuerwerke usw. ist zu lang, um sie auf diesen Seiten vollständig zu wiederholen.

Natürlich warf der kleine *South Side Democrat* mit den anderen seinen Hut. Als Kossuth die Stadt erreichte, hatte er bereits Ehrungen erhalten, von denen er in seinen kühnsten Träumen nicht einmal geträumt hatte, und wir taten unser Bestes, ihnen nach Kräften zu folgen. In seinem Gefolge befanden sich mehrere Damen, denen ich meine Aufwartung machte (ich bin nicht sicher, ob seine Frau unter ihnen war), und der einzige Eindruck, den sie auf mich machten, war der extremer Erschöpfung. Sie sprachen ziemlich gut Englisch, waren aber zu erschöpft, um auch nur die geringste Regung zu zeigen. Kossuth sprach perfekt Englisch. Er unterhielt sich lange mit meinem jungen Redakteur, dem er eine riesige Zigarre gab, die nie zu Asche wurde! Aber nachdem er gegangen war, kam der *South Side Democrat* zur Besinnung (er hatte sie nie völlig verloren) und äußerte eine entschiedene Meinung zugunsten der Nichteinmischung dieses Landes in die Angelegenheiten Ungarns und gab dafür gute Gründe an. Als Kossuth die Zeitung überreicht bekam, las er den Leitartikel sorgfältig durch und rief aus: „ *So jung* und doch so verdorben!" und fügte mit seinem üblichen Taktgefühl hinzu: „Ich meine natürlich politisch!"

Doch selbst auf diesem Höhepunkt des Ruhms in New York, als George Bancroft, William Cullen Bryant, Henry J. Raymond, Parke Godwin, Henry Ward Beecher, Charles A. Dana und andere ihm im Astor ein Redaktionsbankett gaben, hatte Mr. Webster die Teilnahme kühl abgelehnt.

Sein Brief wurde mit Zischen und Stöhnen aufgenommen. „Kossuth", sagte Mr. Webster in einem privaten Brief aus Washington, „ist ein Gentleman in Aussehen und Benehmen, sieht persönlich recht gut aus, ist offensichtlich intellektuell und würdevoll, in seinen Manieren liebenswürdig und anmutig. Ich werde ihn mit allem persönlichen und individuellen Respekt behandeln; aber wenn er mit mir über die Politik der ‚Intervention' sprechen sollte, werden meine Ohren tauber sein als die einer Natter."

Der Senat, der Präsident, der Kongress, alle empfingen ihn herzlich. Er speiste im Weißen Haus, wurde mit größter Ehre behandelt und erhielt einen Ehrenplatz im Senat. Doch bevor er Washington verließ, wusste jeder außer ihm selbst, dass seine Mission gescheitert war. Er erkannte es bald und bat nicht mehr um Intervention, sondern um Geld. In Pittsburgh beklagte er sich bitter, dass er nur kostspielige Bankette und alberne Paraden erhalten hatte. Der Nettobetrag der Spenden für seine Sache betrug weniger als 100.000 Dollar, und seiner Aussage in Pittsburgh zufolge blieben nur 30.000 Dollar für den Kauf von Musketen übrig. Wir hatten mit Begeisterung unsere Wertschätzung für seinen Patriotismus, seinen Mut und seine Hingabe zum Ausdruck gebracht. Wir hatten ihn *en prince bewirtet* . Wir hatten ihm ein großzügiges Geschenk gegeben. Es war nicht genug.

Die Bürger von New York beruhigten sich sehr bald, und ab Mitte Januar wurde Kossuths Name kaum noch erwähnt. Als der Kongress kam, um seine Hotelrechnung zu prüfen, schnappte er förmlich nach Luft! Die Gefolgsleute des armen Flüchtlings waren keine armen Leute gewesen. Sie hatten luxuriöse Appartements bewohnt und zweifelsfrei bewiesen, dass die Ungarn alten Madeira und Champagner schätzten. Niemand konnte den Helden selbst jedoch der Exzesse bezichtigen. Trotzdem schien er plötzlich weniger ein Held zu sein.

Ein unvoreingenommener Beobachter in Wien, Ampère, schrieb über Kossuth beim Redaktionsessen: „Er hat den schlechten Geschmack, ausgefallene Kleidung zu lieben, trug einen *Lévite* aus schwarzem Samt und kam mir viel weniger imposant vor als damals, als er, auf sein Schwert gestützt, in der Halle von Castle Garden eine Rede hielt." Ampère philosophiert auch über unseren amerikanischen Enthusiasmus — „die einzige lebhafte Unterhaltung der Masse in einem Land, in dem es wenig zu unterhalten gibt. Es ist ohne Folgen und ohne Gefahr, einfach den Dampf abzulassen (*à lâcher la vapeur*), nicht um Explosionen zu verursachen, sondern um sie zu verhindern."

„Der Amerikaner liebt Aufregung", sagt Bryce in „The American Commonwealth", „aber er ist schlau und scharfsinnig; seine Leidenschaft verdunkelt selten seine Vernunft; er behält einen kühlen Kopf, wenn ein Franzose, ein Italiener oder sogar ein Deutscher ihn verlieren würde. Doch er hat auch ein leicht erregbares Temperament und seine Emotionen können schnell und stark erregt werden. Er liebt Aufregung um ihrer selbst willen und geht, wohin er sie finden kann."

Die Kossuth-Episode hat dies anschaulich illustriert! *Sic transit gloria* – sei es Prinz oder Patriot!

Mein junger Redakteur musste den *South Side Democrat bald* der Obhut eines Pflegevaters überlassen. Er wurde nach Washington gerufen – weniger angelockt durch ein gutes Gehalt als durch das größere Betätigungsfeld – um zusammen mit John W. Forney die *Washington Union* , damals das nationale Organ der Demokraten, herauszugeben. Es war erwünscht, dass einer der beiden Redakteure aus dem Süden stammte. Mr. Forney vertrat den Norden.

KAPITEL XII

Wir hatten das Glück, angenehme Zimmer in der großen Pension von Mrs. Tully Wise, der Schwester von Henry A. Wise aus Virginia, zu bekommen. Mrs. Wise hatte eine Reihe angenehmer Leute in ihrem Haus: Professor und Mrs. Spenser Baird vom Smithsonian Institut; Professor Bairds Assistenten – Mr. Turner, ein Engländer und ein Schweizer Naturforscher, den Professor Baird mit „George" ansprach –, Mr. James Heth, Pensionskommissar, und seine Familie; Commodore Pennock und seine Frau, die Schwester von Mrs. (Admiral) Farragut, und andere. Ich darf Miss Dick nicht vergessen, deren Zimmer über meinem waren und die wie das mollige, geschäftige Vögelchen, das sie war, um uns herumschwirrte. Ein langer Tisch im Esszimmer war mit „neuen" Leuten besetzt – möglicherweise begehrenswert, aber uns unbekannt. Da waren die *neureichen* Leute aus New York, die große, kantige, breitbeinige, *altmodische* junge Frau und ihre dicke Mama; Da waren der gepflegte Regierungsbeamte und seine elegante junge Frau, ein französischer Graf, ein deutscher Baron, ein Arzt (Dr. McNalty) und eine wunderschöne junge Dame mit dunklen Augen, die immer eine Kamelie in ihrem dunklen Haar trug, Miss – nun, lassen Sie sie „Miss Vernon" sein, mit ihrem Vater. Kleinere Lichter in Hülle und Fülle – insgesamt eine große Zahl.

Dann versammelte Mrs. Wise selbst nette Männer und Frauen um sich. In ihrem kleinen Salon trafen wir Dr. Yelverton Garnett, unseren treuen Freund in seinem ganzen späteren Leben – Mrs. Garnett, Tochter von Henry A. Wise, und eine bezaubernde junge Schwester, Annie Wise. Unsere Gastgeberin war eine Witwe, von guter Geburt und edel, die allein und ohne Hilfe fünf großartige Jungen erzog, die ihr durch ihren eigenen Wert und Erfolg belohnten.

Wir hatten es uns sehr gemütlich gemacht und ich erfuhr bald, dass der „Mann hinter der Waffe", dem gegenüber ich höflich sein musste, der Oberkellner Patrick war, groß, schwarz, streng und unnachgiebig. Es hatte keinen Sinn, Patrick zu schmeicheln! Wenn man verhungert war, weil man die festgesetzten Zeiten überschritten hatte, musste man bis zur nächsten Mahlzeit fasten oder sich anderswo stärken. Ich beschwerte mich einmal bei Mrs. Wise, dass ich die schönste Stunde am späten Nachmittag für meinen Spaziergang auf der Pennsylvania Avenue verloren hatte und dass Patrick mir mit vollkommener Leichtigkeit meinen Tee aufheben konnte. Sie hörte sich die oft erzählte Geschichte mit Sympathie an.

„Nun, wissen Sie, meine Liebe", sagte sie freundlich, „Patrick – jetzt wissen Sie, dass Patrick *so* gut ist! Es gibt niemanden wie Patrick! Er hat einige Schwierigkeiten mit all den Fremden, die er bedienen muss. Ich weiß, dass Sie Patrick gern helfen würden! Ja, natürlich scheint es eine einfache Sache zu sein, Ihnen einen Keks und ein Stück kalte Zunge beiseite zu legen und den Kessel auf dem Herd warm zu halten – aber sehen Sie, Patrick – nun, er *ist* so gut, Sie werden es nicht übers Herz bringen, ihn zu belästigen! Und Liebes! Ich denke, Sie werden selbst entscheiden, hier in Washington früh zu Hause zu sein."

Diejenige, die „lieb" war, war Mrs. Wise – die edelste und beste aller Frauen.

Sehr bald wurde mir klar, dass mit all diesen Figuren auf dem Brett ein lebhaftes Spiel zu erwarten war. Miss Dick, deren Bruder bei der Regierung angestellt war, klärte mich bald auf: Das reiche New Yorker Mädchen wollte einen Titel. Sie „versuchte, den Baron zu fangen" und würde Erfolg haben, „da sonst niemand einen von beiden wollte". Miss Vernon starb vor Liebe zu Dr. McNalty. Sie befand sich im Niedergang. Wahrscheinlich war der Arzt über den Stand der Dinge nicht informiert. So ein schönes Mädchen – eine perfekte Dame! Jemand sollte mit dem Arzt sprechen. Sie (Miss Dick) konnte es nicht. Niemand würde auf eine alte Jungfer hören – „vielleicht *Sie*, Mrs. Pryor" – („Oh, um Himmels willen, nein") – also, das arme Mädchen! Der französische Graf flirtete mit der Frau des Regierungsbeamten. Ihr Mann würde *sie* herausfinden, keine Angst! Es bestand die Gefahr einer feindseligen Begegnung, bevor der Winter vorbei war. Und dann dieser abscheuliche alte Dr. Todkin mit seiner strohfarbenen Perücke! Sicherlich mochten sie und einige andere es gern, wenn die Salons dunkel blieben - aber was hatte er denn zu sagen, er hoffe, es würde eine Dame kommen, die "das Licht mochte und es *ertragen konnte*!" So eine holländische Unverschämtheit!

Ich empfing diese vertraulichen Mitteilungen von Miss Dick in meinen eigenen Räumen, denn ich lernte bald zusammen mit Mrs. Baird und Mrs. Heth, dass der öffentliche Salon nichts für mich war.

"Klatsch!", sagten sie. "Das ist mehr als nur Klatsch! Die Luft ist erfüllt von etwas Schlimmerem. Man könnte es mit einem Messer zerschneiden."

Doch es dauerte nicht lange, bis wir in unseren ruhigen Gewässern eine Welle spürten. An unserem runden Tisch saß neben mir Mr. George, der exzentrische, kleine, leidenschaftliche Schweizer Naturforscher, der mich sehr amüsierte, indem er vorgab, ein Frauenhasser zu sein.

„Nicht, dass sie mich etwas angehen würden", sagte er, „aber – nun ja, ich finde Fische interessanter. Ich verstehe sie besser."

Neben meinem Mann wurde unser besonderes Haustier, Maria Heth, untergebracht, das wir in Abwesenheit ihrer Eltern, die sich nie zeigten, unter unsere Fittiche nahmen. Der Kreis wurde durch Professor und Mrs. Baird, die kleine Lucy Baird und Mr. Turner vervollständigt. Mit der Zeit verstummte meine rechte Hand, unterbrochen von langgezogenen Seufzern. Ich nahm an, er habe ein „Exemplar" verloren oder nicht genügend Gräten in einem Fisch gefunden, den er klassifizieren sollte, oder er habe vielleicht schlechte Nachrichten von zu Hause gehört oder vielleicht Zahnschmerzen gehabt; also ließ ich ihn nach ein paar Aufsätzen meinerseits, um ihn zu ermutigen, in Ruhe. Bald war sein Platz im Vorstand frei. So ging es weiter, bis eines Morgens Maria Heth früh an meine Tür klopfte.

„Ich mache mir Sorgen um Mr. George", sagte sie. „Es tut mir leid, dass ich Sie beunruhige, aber ich fürchte, es lässt sich nicht ändern. Mama ist zu nervös, um unangenehme Dinge zu hören, und ich habe Angst, Papa aufzuregen."

„Kommen Sie zur Sache, Maria! Mr. George, sagen Sie! Und was ist dann mit Mr. George?"

„Nun, Sie wissen, dass er seit fast einer Woche vermisst wird. Es ging mich nichts an. Ich hätte nicht im Traum gedacht, dass *ich* etwas damit zu tun hätte. Aber sehen Sie, was er mir geschrieben hat! ‚Dies kommt von einem Mann mit gebrochenem Herzen. *Vergessen Sie ihn!* Sie werden ihm auf Erden nie mehr begegnen. Vielleicht – *dort drüben!* George.'"

Als Maria weiter befragt wurde, gestand sie, dass sie an dem Tag, als Mr. George verschwand, einen leidenschaftlichen Liebesbrief von ihm erhalten hatte. Sie hatte ihm kurz angebunden geantwortet. Ja, sie hatte ihm sicherlich gesagt, was sie von seiner Unverschämtheit hielt. „Natürlich bin ich betrübt, aber was konnte ich tun", sagte das arme Kind. „Du kennst meinen Bruder! Richard wäre wütend geworden. Ich musste ihn ein für alle Mal beruhigen, um Ärger zu vermeiden."

Ich ging sofort mit meinen Informationen zu Mrs. Baird. Auch sie war wegen des plötzlichen Verschwindens des jungen Naturforschers beunruhigt. Er war nicht in der Einrichtung gesehen worden, und Nachforschungen ergaben, dass er seine Räume nicht bewohnt hatte. Professor Baird war zutiefst besorgt, und es wurde eine intensive Suche nach dem Vermissten eingeleitet.

Als ich an diesem Abend von meinem Spaziergang zurückkam, fand ich auf meinem Tisch eine Notiz von Mrs. Baird. Der Ausreißer war gefunden worden. Es wäre unnötig, den Fluss zu durchsuchen oder die Polizei zu benachrichtigen. Er wurde im oberen Zimmer einer bescheidenen Herberge entdeckt, sehr schlaff und reumütig, aber „bekleidet und bei klarem Verstand". Er hatte nicht getrunken, er war nicht im Fluss gewesen. Ich habe nie erfahren, was Professor Baird mit ihm gemacht hat – wahrscheinlich hat er ihn aus dem Bett gezogen und ihn zur Besinnung gebracht. So verloren wir Mr. George (dessen Nachnamen ich nicht preisgeben darf), und seine Meinung über Frauen wurde zweifellos mächtig gestärkt – sie waren für ihn nicht zu verstehen und auf keinen Fall mit Fischen vergleichbar.

Vielleicht sollte ich die *dramatis personæ* unserer Pension nicht „in der Luft hängen lassen". Bevor ich Mrs. Wise verließ, hatte die große junge Dame aus New York den Baron sicher im Hafen festgemacht. Der Regierungsbeamte hatte den französischen Grafen offen beleidigt, und man nahm an, dass es zwischen ihnen zu einem Duell gekommen war. Offenbar war nichts dabei herausgekommen. Wenn sie kämpften, war es ein unblutiger Kampf. Die exquisite Miss Vernon war wieder aufgetaucht, dünner, blasser, aber strahlend und außerordentlich schön. Miss Dick war verwirrt. Vielleicht hatte das Mädchen es „überwunden", wie eine vernünftige Frau. Vielleicht war sie überhaupt nicht krank gewesen – nur hysterisch. Es war nicht unmöglich, dass sie eine Krankheit vorgetäuscht hatte, „um ihn zur Vernunft zu bringen". Dies waren einige der Lösungen des Problems, die Miss Dick einfielen.

Ich hätte sie aufklären können. Eines Abends sprach mich Dr. McNalty, den ich nur flüchtig kannte, im Flur an. Er hatte ein weiches weißes Päckchen in der Hand und wirkte verlegen und aufgeregt. Er bat mich, ihm einen großen Gefallen zu tun – ich wolle Miss Vernon sehen – und nicht einen Boten schicken, sondern sie selbst besuchen und ihr ein paar Kamelien von ihm mitbringen. Vielleicht hätte sie eine Nachricht. Er würde auf meine Rückkehr warten.

Würde ich das? Ich flog auf den Flügeln der Hoffnung und des lebhaften Interesses. Ich verstand die Situation. Natürlich hatte es ein Missverständnis gegeben. Möglicherweise waren seine Briefe ungeöffnet zurückgekommen. Nur eine verzweifelte Notwendigkeit konnte ihn dazu gebracht haben, sich an mich zu wenden – eine fast fremde Person. Ich war der Situation gewachsen, und als ich in Miss Vernons Zimmer geführt wurde, war ich bereit, ein beredter Fürsprecher zu sein, sollten die Umstände mich ermutigen und rechtfertigen.

Als ich zu Dr. McNalty zurückkehrte, hatte ich eine Nachricht dabei. Sie hatte die Kamelien an ihre schöne Wange gelegt und gesagt: „Sagen Sie ihm, dass seine Blumen mir etwas zuflüstern."

Ich hoffe, mein Leser wird meine Zurückhaltung verstehen, diese kleine Geschichte hier zu beenden. Wenn, wie Talleyrand erklärte, „ein Mann, der ein *Bonmot unterdrückt* , die Heiligsprechung verdient", gibt es dann keinen Nimbus für die Frau, die der Wahrheit zuliebe den *Ausgang* einer Liebesgeschichte unterdrückt? Die Versuchung ist groß, ein wenig zu übertreiben, ein wenig auszuschmücken – aber dann müsste ich mit meinem Gewissen rechnen, mit der Gewissheit, den Kürzeren zu ziehen.

Tatsächlich weiß ich nur dies über die junge Frau, die ich Miss Vernon nennen muss. Ihr wahrer Name war in der Geschichte wohlbekannt und ehrenvoll. Sie war die schönste aller dunkeläugigen Frauen, die ich je gekannt habe – natürlich sind die blauäugigen Engel eine Ausnahme – und ihre Manieren und ihre Kleidung waren so elegant wie ihr Äußeres. Sie trug kostbaren Samt, der damals sehr in Mode war, und nur ein Juwel:

„Auf ihrer schönen Brust trug sie ein funkelndes Kreuz

Die Juden küssen und Ungläubige anbeten könnten.“

Ich habe nie das Ende dieser Romanze erfahren, an der ich einen kleinen Anteil hatte. Ich wusste nicht einmal, zu welchem Geflüster Kamelien fähig sind. Wären es Veilchen gewesen – oder Rosen oder Maiglöckchen –, aber große weiße Kamelien! Ich weiß nur, dass sie sich erholte und dass Dr. McNalty mir herzlich für meinen kleinen Dienst dankte. Das ist alles.

KAPITEL XIII

Mr. Fillmore war ein Paradebeispiel für die Art von Mann, den die Amerikaner gerne in das höchste Amt befördern, das ihnen zur Verfügung steht. Er war kein Fabrikjunge gewesen, hatte weder in einer Blockhütte gelebt, noch Balken gespalten (was ihm zu Lasten ging), sondern er war Lehrling bei einem Wollkämmerer in Livingston County, New York. Danach hatte er den ganzen Tag in einer Anwaltskanzlei gearbeitet und abends studiert. Er hatte keinen Gönner. Er war im Grunde ein Selfmademan. Als er nach dem Tod von Präsident Taylor Präsident der Vereinigten Staaten wurde, passte er in das Amt, als hätte er sich eigens dafür geschaffen.

Laut Ampère, der uns 1852 so genau beobachtete: „M. Fillmore besitzt ein Gütesiegel der Einfachheit, Würde und Freundlichkeit, das mir das Gefühl gibt, als wolle er den Ruf erlangen, ein amerikanischer Präsident zu sein."

Aber niemand sagte diese schönen Dinge über die liebe Mrs. Fillmore. Sie besaß zweifellos das *Gütesiegel der Einfachheit*, aber sie trug es auf eine andere Art und Weise. Bei einem Präsidenten war es bewundernswert, bei einer schönen Frau wäre es hinreißend gewesen. Es stempelte die schlichte, unansehnliche, unelegante Mrs. Fillmore als gewöhnlich und alltäglich ab. Sie war die Seele der Freundlichkeit. „Sie hat keine Manieren", sagte eine Dame von Welt. „Sie ist absolut schlicht. Es ist kein guter Stil, so mütterlich zu ihren Gästen zu sein. Was glauben Sie, hat sie beim letzten Empfang zu mir gesagt? ‚Sie sehen blass und krank aus, meine Liebe! Bitte, suchen Sie sich einen Platz.' Denken Sie mal darüber nach! Habe ich nicht das Recht, blass und krank auszusehen, frage ich mich!"

„Sie wollte nett sein", wagte ich zu fragen. „Hätte sie zulassen sollen, dass du ohnmächtig auf dem Boden liegst?"

„Wirklich nett! Wenn sie fand, dass ich ‚in meinem Aussehen nachgelassen habe', war es ihre Pflicht, mir zu sagen, wie *gut* ich aussah! Danach wäre es mir gut gegangen. So kam ich direkt nach Hause und ging zu Bett."

Ich schwelgte geradezu in der Musik, die ich jetzt hören konnte. Bei einem berühmten Musiker, Mr. Palmer, nahm ich wieder Unterricht. Er war eine bemerkenswerte Persönlichkeit – ein großartiger Musiker und ein gern gesehener Gast bei Mr. Corcoran und anderen Häusern, wo er die Gesellschaft mit Taschenspielertricks unterhielt. Später wurde er der berühmte „Heller", der Prinz der Taschenspielertricks und der Hellsichtigkeit. Der ältere Booth, Hackett und Anna Cora Mowatt führten mich in die Faszination der Bühne ein. Für mich war nichts jemals schöner gewesen und konnte es auch nie sein als ihr Hamlet, Falstaff und Parthenia. Die Armstrongs gaben mir *freie Hand* für ihre Loge im Theater und ich sah alles. Ich frage mich, ob sich heute noch jemand an die Ravel-Brüder und ihre unvergleichlichen Pantomimen erinnert! Mrs. Baird veranstaltete eine Party und nahm die kleine Lucy mit, um „Jocko" anzusehen. In dem Stück wurde kein Wort gesprochen; kein Auge blieb im Haus trocken.

Eines Abends gesellte sich ein sympathischer Franzose, den wir kannten, zu uns in die Loge und flüsterte mir auf eine Gelegenheit hin zu: „Madame, würden Sie mir einen Gefallen tun? Dort – im Parkett, die Zweite von vorn, *voyez-vous?* Eine Dame *mit blauem Hut*?"

„Ja, ja, ich verstehe! Wer ist sie?"

„Madame" (tragisch), „diese *Demoiselle* mit dem jungen Mann ist *die Verlobte* meines Freundes!"

„Und du bist vielleicht eifersüchtig!"

„Ah, *mais non*, Madame! Ich habe gerade zu meinem Freund gesagt: , *Schauen Sie sich Ihre Verlobte an* .' Er hat geantwortet: , *Das ist wahr!* Das ist in diesem Land so üblich."'

„Und was dann?", fragte ich.

„Oh!", er zuckte mit den Schultern, und sein Spott ließ sich nicht in Worte fassen. „Ich sage: , *Eh bien, Emil* . Wenn *Sie* zufriedenstellen, dann bin *ich* es auch!' Aber, entschuldigen Sie, Madame, ist es in diesem Land *üblich* , *dass die Demoiselle* mit einem jungen Herrn ohne Anstandsdame im Theater auftritt?"

Ich flüchtete mich in die Unwissenheit: „Das kann ich wirklich nicht sagen. Ich komme aus Virginia. Ich bin noch nicht lange in Washington und die Sitten hier unterscheiden sich möglicherweise von den Umgangsformen bei mir zu Hause."

Ich war eine stolze Frau, als Mr. Pierce nach meinem jungen Herausgeber schickte, um mit ihm seine Antrittsrede zu lesen. Es handelte sich um wichtige politische Geheimnisse, die nicht mit Miss Dick geteilt und so in ihrer kleinen Pensionswelt veröffentlicht werden durften. Ich fühlte, dass ich dazugehörte, weder zu dieser noch zu irgendeiner anderen kleinen Welt. Ich gehörte zur Nation; und seltsamerweise verließ mich dieser Eindruck (oder muss ich Wahnvorstellung sagen?) nie in meinen dunkelsten, dunkelsten Tagen. Mr. Pierce mochte meinen jungen Herausgeber. Wir verehrten *ihn* ! Erst seit wir ihn verloren haben, haben wir von seinen vielen Fehlern, seinem Schwanken, seiner Schwäche und seiner Unbeliebtheit erfahren; nichts davon erschien 1852. Er war ein hervorragender Politiker gewesen, hatte seinem Land „mit Tapferkeit und Ehre" gedient und sich als einfacher Soldat im Mexikanischen Krieg gemeldet. „Seine Integrität war über jeden Zweifel erhaben und er war zutiefst religiös." Es ist ganz sicher, dass er die Nominierung nicht wünschte. In seiner Familie gab es niemanden, der über

seine Beförderung jubelte, keinen Sohn, keine Tochter, die in neuer
Schönheit erblühten, weil sie so prächtig wuchs. Nur eine kranke,
untröstliche Ehefrau, zu schwach, um die Anforderungen des
gesellschaftlichen Lebens zu ertragen, zu traurig, um an irgendetwas
außerhalb ihres eigenen Zimmers teilzunehmen. Sie versuchte es nicht
einmal. Es war sofort klar, dass unser republikanischer Hof nur dem Namen
nach ein solcher war. Nur dem Namen nach tauchte Mrs. Pierce in seinen
Annalen auf. Ich habe sie nie gesehen. Ich habe nie jemanden gesehen, der
sie gesehen hatte. Wir dachten an sie als eine Mater Dolorosa, eingehüllt in
tiefste Trauer, und wir gaben ihr einen heiligen Platz in unseren Herzen.

Ich kann meine Aufzeichnungen über diese meine frühesten Erfahrungen
mit dem Leben in Washington nicht abschließen, ohne mich voller
Dankbarkeit an all das zu erinnern, was ich der Freundschaft und Weisheit
der diskreten, kultivierten Frauen verdanke, die sich schon früh für mich
interessierten und mich führten und unterwiesen. Mrs. Spenser Baird, Mrs.
Garnett (*geb.* Wise), die reizende Annie Wise und Maria Heth waren meine
engen Freundinnen. Mrs. Garnett, eine reizende Christin, beobachtete mich
genau und hielt mich in meinem natürlichen Verlangen nach schöner
Kleidung zurück. Ich gestand ihr einmal fast unter Tränen, dass Léonide
Delarue mich dazu verleitet hatte, vierzig Dollar für einen Hut auszugeben,
woraufhin sie Bleistift und Papier hervorholte und bewies, dass der Stoff
(abgesehen von einem Stück überflüssiger Spitzenborte) für zehn Dollar zu
haben sei. Die junge englische Königin, so hieß es, könne ihre eigenen Hüte
machen. Aber ich konnte als Hutmacherin keinen Erfolg haben. Ich hatte
ein gewisses Talent, aber nicht in diesem Bereich. Um jedoch Mrs. Garnett
zu erfreuen und zu überraschen und auch die Königin nachzuahmen,
versuchte ich, als die Zeit für mich gekommen war, mir einen Winterhut zu
gönnen (wir nannten sie nicht Hüte – es waren keine Hüte!), einen aus Samt,
Satin und Federn in Hülle und Fülle zu „kreieren". Es war ein schrecklicher
Fehlschlag! Ich brachte ihn zu Madame Delarue und bat sie, mir zu sagen,
was ihm fehlte.

„ *Mon Dieu!* ", rief sie und warf verzweifelt die Hände in die Luft, „ *pesante* ."

Ich verschenkte meine „Kreation" an jemanden in meinem Dienst – an
jeden, der sich herabließ, sie anzunehmen. Mrs. Garnett war der Meinung,
ich könne es mir kaum leisten, es noch einmal zu versuchen. Sie wusste
jedoch, wie wichtig mir als Frau eines jungen Politikers die Tugend der
Sparsamkeit sein würde. Es steht nicht in den Sternen, dass ein ehrlicher
Politiker jemals reich werden kann. Ein großer Abendempfang sollte von
einem Magnaten gegeben werden, bei dem mein junger Redakteur zugegen
sein wollte. Er besuchte heimlich Harpers feines Geschäft und brachte eine
schöne „Bertha" für mich mit nach Hause, die aus drei Reihen Spitzen
gefertigt war. Ich schnappte nach Luft! Aber ich war vorsichtig. Ich nahm sie

mit offensichtlicher Freude an, ging zu Harpers, stellte fest, dass sie belastet worden war, und veranlasste ihre Rückgabe. Aber hier gab es ein Dilemma. Ich sollte an dem Empfang teilnehmen. Ich sollte ein Abendkleid und eine schöne „Bertha" tragen. „Haben Sie keine Kunstspitze?", fragte ich.

Harper hatte – und die Nachahmung war gut – den Preis für eine Menge davon, zehn Dollar. Ich machte schuldbewusst den Umtausch, warf einen prüfenden Blick auf mein Modell und kopierte es perfekt.

An diesem Abend stand ich, tapfer in meiner nachgemachten Darstellung, im Lichtschein mit meinen Vertrauten, Mrs. Clay, Mrs. Fitzpatrick und anderen um mich herum. Mein Redakteur kam näher und machte mir Komplimente über mein Aussehen. „Aber", sagte er im Stolz seines jungen Herzens, „wenn ich es nur aufrechterhalten könnte! Aber, Mrs. Clay, dieses Stück Spitze hat mich Hunderte von Dollar gekostet!" Ich erregte die verwunderten Blicke meiner gut unterrichteten Freunde, warf ihnen einen flehenden Blick zu – und als der prahlerische junge Mann ging, erzählte ich ihnen meine Geschichte. Sie sagten, ich sei eine sehr dumme Frau.

Mr. Fillmores Geschmack war so weit entwickelt, dass er Männer mit literarischem Geschmack und Können um sich scharen konnte. John P. Kennedy, ein Mann mit eleganten Leistungen, war Marineminister. Washington Irving war oft Mr. Kennedys Gast. Wir kannten diese Männer, und keiner von ihnen war intelligenter, geistreicher oder freundlicher als GPR James, der englische Romanautor, dessen Stern vor 1860 aufging und unterging. Er war der produktivste aller Schriftsteller. „Wie eine endlose Kette von Eimern in einem Brunnen", sagte einer; „so schnell einer geleert ist, kommt ein anderer nach oben."

Wir mochten Mr. James sehr. Eines Tages kam er ganz aufgeregt hereingestürzt:

„Haben Sie den *Intelligencer gesehen* ? Bei Gott, es ist alles wahr! Sechsmal ist mein Held, ein ‚einsamer Reiter', aus einem Wald aufgetaucht! Meine Güte! Ich habe es überhaupt nicht bemerkt! Stellen Sie sich das vor! Sechsmal! Nun, mit diesem Kerl ist es aus. Er muss absteigen und zu Fuß hineingehen – ein Bettler oder Einbrecher oder Hausierer oder bestenfalls ein Bettelmönch."

„Aber", schlug einer vor, „er könnte doch fahren, oder?"

„Unmöglich!", sagte Mr. James. „Stellen Sie sich einen Helden in einem Gig oder einem Curriculum vor!"

„Vielleicht", sagte einer, „hat das Wort ‚einsam' Anstoß erregt. Amerikaner mögen Exklusivität nicht. Sie sind nämlich empfindlich und achten auf Snobs."

Er machte sich darüber großen Spaß, doch in den wenigen Romanen, die er noch schreiben sollte, tauchte der einsame Reiter nicht mehr auf.

Eines Tages, nach einem angenehmen Besuch von Mr. James und seiner Frau, begleitete ich sie zum Abschied zur Haustür und hatte einige Schwierigkeiten, den Riegel zu drehen. Er bot mir meine Hilfe an, aber ich sagte nein – er sollte das Geheimnis einer amerikanischen Haustür nicht verstehen.

Als er ein paar Minuten später die Tür für einen anderen abreisenden Gast öffnen musste, kniete Mr. James draußen und erklärte lachend, er habe seine Frau an der Ecke zurückgelassen und sei zurückgekommen, um dieses Geheimnis zu ergründen. „Vielleicht erzählen Sie es mir", fügte er hinzu und war sehr amüsiert, als er erfuhr, dass sich die amerikanische Tür für einen ankommenden Gast von selbst öffnete, ihn aber ohne Umschweife nicht hinausließ. „Bei Gott, das ist ja toll!", sagte er, „das wird den Kritikern in meinem nächsten Buch gefallen." Ich erfuhr nie, ob es zugegeben wurde, denn ich muss gestehen, dass seine Bücher trotz der Anregung durch seine Anwesenheit für meinen ungeschulten Geschmack eine langweilige Lektüre waren.

Zu dieser Zeit war eine sehr hübsche und charmante Schauspielerin in der Washingtoner Gesellschaft bekannt – die Tochter einer alten New Yorker Familie, Anna Cora (Ogden) Mowatt. Sie war besonders für die Virginianer interessant, denn sie hatte Foushee Ritchie fasziniert, die bald darauf Partnerin meines Mannes bei der Redaktion des *Richmond Enquirer wurde*. Mr. Ritchie, ein eingefleischter Junggeselle, war von Mrs. Mowatts Parthenia (in „Ingomar") fasziniert und war nun mit ihr verlobt. Stolz brachte er mir ein Paar Samtschuhe mit, die sie für ihn bestickt hatte, und um sie herum als Rand ein Zitat aus „Ingomar" gearbeitet hatte: –

„Zwei Seelen mit nur einem Gedanken,

Zwei Herzen, die wie eins schlagen."

KAPITEL XIV

Ich genoss gerade in aller Ruhe eine Tasse Tee mit Mrs. Arnold Harris, als ihr Vater, der alte General Armstrong, hereinkam und mir die erstaunliche Nachricht überbrachte, dass mein Mann seine Stelle als Herausgeber der *Washington Union aufgegeben hatte* .

„Oh, dieser Junge! Er glaubt, er wüsste mehr über Außenpolitik als ich."

Ich mochte den General sehr, der mich immer väterlich und sehr freundlich behandelt hatte. Aber natürlich konnte ich nicht hören, wie über meinen Mann gesprochen wurde, nicht einmal von ihm, also drückte ich höflich mein Bedauern aus und eilte nach Hause. Es war nur allzu wahr! Der Juniorpartner hatte in der *Union* einen sehr scharfen Artikel veröffentlicht, in dem er Russlands Partei im Krimkrieg ergriff, und General Armstrong hatte von ihm verlangt, dass er „nach weiterer Überlegung" davon Abstand nahm. Er hatte abgelehnt und erklärt, er müsse entweder gemäß seiner Überzeugung schreiben oder es ganz lassen. Die Angelegenheit hätte möglicherweise geklärt werden können, wenn der General nicht mit mehr Eifer als Diskretion Vorwürfe gegen ihn erhoben hätte, er solle „es sich zweimal überlegen, bevor er auf ein hohes Gehalt verzichtet".

Es gibt ein sehr hässliches Wort in der englischen Sprache, vor dem ich als Kind Todesangst hatte. Ich hatte dieses Wort damals nirgends gelesen, außer in der Bibel oder im Katechismus. Ich hatte es nirgends gehört, außer auf der Kanzel. Ich hatte die Vorstellung, dass der Teufel, an dessen Persönlichkeit ich glaubte, vor dem ich aber nie genug Angst zu haben glaubte, jederzeit im Zusammenhang mit diesem einladenden Wort erscheinen könnte, wenn es außerhalb der Kirche ausgesprochen würde.

Erst vor kurzem wurde es von seinem Schrecken befreit, indem es bei der Überarbeitung der Bibel mit Stumpf und Stiel weggelassen wurde. Heute wird es, obwohl es für höfliche Ohren beleidigend ist, nicht mehr als eine Gefahr für die Sicherheit der Seele angesehen. Sofern der verfeinerte Geschmack es nicht verbietet, kann es in Zeiten besonderer seelischer Qual – *à lâcher la vapeur* – auf unbelebte Dinge angewendet werden: auf einen „Fleck", der nicht „aus" will, auf ermüdende „Wiederholung", auf „schwaches Lob" oder, nach allgemeinen Grundsätzen, auf ein geeignetes Vorwort für das Pronomen „es", aber niemals auf lebende Individuen! Das wäre bis zu einem gewissen Grad unhöflich – höchst unklug und würde wahrscheinlich unangenehme Folgen haben. Es besteht kein Zweifel daran, dass es gewisse geheimnisvolle Elemente der Erleichterung und des Trostes enthält, warum wird es sonst häufig von Männern und nicht selten von einigen Frauen verwendet?

Zu der Zeit, als ich dies schrieb, war es für mich noch immer ein verzweifeltes Wort böser Herkunft und bösen Omens. Selbst jetzt reagieren die Zellen meines Gehirns mit Schaudern, wenn ich es höre.

Sie können sich vorstellen, was für einen Schock ich erlitt, als ich die Antwort meines Mannes auf das Angebot des guten alten Generals erfuhr.

„Was hast du gesagt?“, hatte ich streng gefragt.

„Na gut, wenn Sie es haben *wollen* – ich sagte: , *Zum Teufel* mit dem Geld!‘“

Wir verließen Washington nicht sofort. Mein Redakteur wusste, dass er seine Position in Bezug auf Russland im Streit mit England vertreten konnte, und Mr. Gales bot ihm zu diesem Zweck die Kolumnen des *National Intelligencer* an . Er schrieb eine lange und fähige Verteidigung Russlands. Caleb Cushing traf ihn später und gratulierte ihm zu einem Artikel, der, wie er sagte, „unbeantwortet und unbeantwortbar“ war.

Er war fasziniert vom Leben als Redakteur, kaufte sofort Anteile am *Richmond Enquirer* und wurde zusammen mit William F. Ritchie Mitherausgeber. Wir hatten Präsident Pierce in sein Amt eingeführt, dessen Freundschaft viel versprach. Ich hatte in Washington bezaubernde Freunde gefunden – Mrs. Gales und Mrs. Seaton, Mrs. Crittenden, die schöne Adele Cutts (später Mrs. Douglas), Mrs. „Clem“ Clay und andere bezaubernde Frauen der Kongressabgeordneten. Aber ich verließ die Stadt nicht ungern. Meine geliebten Blue Mountains erwarteten mich. Jahrelang konnte ich nicht ohne klopfendes Herz dorthin zurückkehren. Ich fuhr für einen längeren Besuch zu meiner Tante und dem kleinen Mädchen, das ich ihr geliehen hatte (damit ihr das Herz nicht brach, wenn ich sie verließ), und ich hatte einen prächtigen Jungen, den ich meinen Freunden in Charlottesville zeigen konnte – nur den alten Leuten –, denn alle meine Mitbrüder hatten geheiratet und waren auf die Welt gekommen.

Es dauerte nicht lange, bis Mr. Pierce meinen Mann auf eine Sondermission nach Griechenland schickte. Ich konnte ihn nicht begleiten. Ich konnte weder mit meinen Babys reisen – es waren inzwischen drei – noch konnte ich sie bei meiner zarten Tante lassen. Ich reiste mit ihm bis nach Washington, wo wir einen Tag und eine Nacht verbrachten. Es war ein Abendessen anberaumt worden, um das Entfalten eines prächtigen Exemplars der *Agave Americana mitzuerleben* , das vermutlich über fünfzig Jahre alt war und nun, zum ersten Mal seit Menschengedenken, plötzlich einen großen Stiel getrieben hatte, der von einer fast einen Fuß langen Knospe gekrönt war.

Wir nahmen nicht am Abendessen teil, aber als wir um Mitternacht auf ein Klopfen an der Tür antworteten, stand dort ein Mann, der die herrliche Blume in seinen Armen trug. Ein dichter Kranz schmaler, reinweißer

Blütenblätter bildete eine Rosette, und aus der Mitte wuchs eine Feder goldener Staubblätter. Ich war entschlossen, dass diese mitternächtliche Schönheit die Morgendämmerung, die das Schließen ihrer Blütenblätter signalisiert, nicht entdecken sollte, also stellte ich sie in den großen Kamin, baute ein Gerüst aus Stöcken, Sonnenschirmen und Schirmen darum und bedeckte das Ganze mit einer Decke. Am Morgen spähte ich hinein. Sie präsentierte eine fest gedrehte Blüte, nachdem sie in einen weiteren langen Schlaf von mehr oder weniger fünfzig Jahren gefallen war. Es war diese Blume, die mein Mann mit unverschämter amerikanischer Prahlerei Königin Mathilde von Griechenland als eine gewöhnliche Blumenproduktion dieses Landes beschrieb, die nicht mit dem gewöhnlichen, nachtblühenden Cereus zu verwechseln sei, und die in ihrer Seele einen Ehrgeiz entfachte, der kaum befriedigt werden konnte.

Während mein Mann auf Mission war, verbrachte Präsident Pierce einen Tag in Charlottesville, um das Grab und das Haus von Jefferson, dem Vater seiner politischen Partei, zu besuchen. Wir waren damals auf dem Landsitz meiner Tante, und der Präsident schrieb mir, dass er bedauerte, mich nicht besuchen zu können, und lud mich ein, den einen Abend seines Aufenthalts mit ihm und einigen Freunden in seinem Hotel zu verbringen.

Ich hatte einen wunderbaren Abend. Er brachte dem jungen Botschafter in Griechenland seine herzlichste Freundschaft zum Ausdruck und schenkte mir zwei wunderschöne Bücher, die in üppiges grünes Marokkoleder gebunden und in seiner eigenen feinen Handschrift eingraviert waren, von meinem „Freund Franklin Pierce". Diese wertvollen Bücher wurden mir weggenommen, als unser Haus 1865 geplündert wurde. Sie existieren möglicherweise noch irgendwo! Auf jeden Fall in der dankbaren Erinnerung ihres ersten Besitzers.

Der Präsident hatte die Höflichkeit, seine Freude an meinem Klavierspiel auszudrücken. Ich ließ ihn Thalbergs „La Stranièra", Henselts „Gondola" und „L'Elisir d'Amour" hören und hinterließ bei ihm einen bis heute unvergessenen Eindruck von seiner Herzensgüte, seiner bezaubernden Stimme und seinem Auftreten.

Die Briefe meines Mannes aus Griechenland und Ägypten waren äußerst interessant, und ich bewahrte sie auf, um sie in Buchform zu veröffentlichen. Leider gingen auch sie 1865 verloren. Da ich mich nicht selbst schützen konnte, als ich 1865 vor den Kugeln floh, schickte ich meinen kleinen Sohn im Schutz der Nacht zurück, um die Kiste mit den Briefen an einen sicheren Ort abseits der Gebäude zu bringen und sie dort zu verbrennen. So verlor ich alle Aufzeichnungen unseres aktiven Lebens in Virginia vor dem Vorabend der Kapitulation, mit Ausnahme derer, die in den Akten der Zeitungen des Nordens aufbewahrt wurden.

wurde eine Überfahrt mit dem *Pacific gebucht*, und ich fuhr nach Petersburg, um ihn bei seiner Familie zu treffen. Der *Pacific* musste schon lange abgeholt werden, bevor wir uns gegenseitig eingestand, wie besorgt wir waren. Ich kann heute noch wie damals die Schreie der Zeitungsjungen hören: „Hier ist der *New York Herald*, und keine Neuigkeiten vom *Pacific*!", die wie ein Totengeläut der Verzweiflung wiederholt wurden, während sie durch die Straßen rannten: „ *Keine Neuigkeiten vom Pacific! Keine Neuigkeiten vom Pacific!* " Schließlich, als die Anspannung fast unerträglich wurde, rannte mein Vater, Dr. Pryor, mit dem Papier in der Hand nach Hause: „Eine gedruckte Liste der Passagiere, meine Liebe! Rogers Name ist nicht darunter!"

Es hatte Gott gefallen, ihn zu retten. Er hatte eine Überfahrt auf dem *Pazifik gebucht* und sein Gepäck vorausgeschickt. Als er Marseille erreichte, fand er seine Koffer und Pakete geöffnet vor – eine Unhöflichkeit gegenüber einem Botschafter – und er blieb ein paar Tage, um Wiedergutmachung zu erwirken, und ließ den *Pazifik* ohne ihn ablegen. Dieser unglückselige Dampfer erreichte nie seine Heimat. Die Geschichte seines Schicksals ist dort verborgen, wo so viele Geheimnisse und Schätze liegen – im Schoß der großen Meere.

Ich habe an anderer Stelle etwas über den Aufenthalt meines Mannes in Athen erzählt. Es genügt hier zu sagen, dass er das Ziel seiner Mission zur Zufriedenheit seiner Regierung und zu seinem eigenen Vergnügen und Nutzen erfüllte. Er brachte mir viele schöne Bilder und Schnitzereien für unser Heim in Richmond mit, ganz zu schweigen von Korallen, Bernstein, Mosaiken, Kuriositäten und Antiquitäten, Seide, Spitzen, Samt, Parfüms usw., zu meiner großen Zufriedenheit. Bald nach seiner Rückkehr bot ihm der Präsident die Mission nach Persien an, die er ablehnte. Wir fanden ein schönes Haus in Richmond mit reichlich Grundstücken auf beiden Seiten für die Blumen, die ich liebte. Dort ließen wir unsere Laren und Penaten unterbringen – glückliche Haushälterinnen, denen Gastfreundschaft am Herzen liegt.

Der große Tag für unsere erste große Dinnerparty war gekommen. Obwohl nur Männer anwesend waren, waren es Freunde und Nachbarn, und ich leitete die Veranstaltung, mit meinem höflichen Onkel, Dr. Thomas Atkinson, an meiner rechten Seite. Wir bereiteten unsere Abendessen aus unseren eigenen Küchen in Richmond zu. In jeder Hinsicht – so versicherte mir mein Onkel – war mein erstes Unterfangen ein Erfolg. Suppe, Fisch, Braten, Wild und Salat mit der perfekten Kälte, die ein Salat mit Selbstachtung verlangt. Plötzlich sah ich, wie einer der Kellner dem Gastgeber etwas zuflüsterte, und ein Ausdruck der Besorgnis huschte über sein Gesicht. Das Brot war „aufgebraucht"! Ich hätte mir nicht vorgestellt, zu welch enormem Brotkonsum ein Weinsäufer fähig sein könnte. Er ging zum Kopfende des Tisches und mir wurde die schreckliche Geschichte wiederholt, und es war gut, dass ich einen Arzt an meiner rechten Seite hatte! Seiner jungen Gastgeberin drohte der völlige Zusammenbruch. Was den jungen Gastgeber anging, er war der Situation edel gesinnt. „Ah! Kein Brot! Dann müssen wir Kuchen essen!" Von da an schlich sich bei allen unseren Abendessen ein Skelett in unsere Kammer – wenn man einen leeren Brotkasten überhaupt als Skelett bezeichnen kann. Bei jedem Mittag- und Abendessen, das wir gaben, hatte mein Mann Todesangst, dass das Brot ausgehen könnte – was tatsächlich wenige Jahre später geschah.

Ich mochte ein kleines Faktotum meiner Köchin sehr, das ich aus der Küche in meinen persönlichen Dienst beförderte. Da in den den Dienstboten zugewiesenen Bereichen keine Klingel oder Türklopfer das Ohr erreichen konnten, wurde George in weißes Leinen gekleidet und mit einem Fibelheft zu seiner Unterhaltung und Bildung während der Besuchszeiten an die Tür gestellt. Es fiel ihm schwer, wach zu bleiben. Mein Französischlehrer hob immer die Hände, wenn er ohnmächtig wurde: „ *Mon Dieu! Comme il dorme!* " Wenn Sie jemals Valentines Büste der Nation's Ward gesehen haben, haben Sie George gesehen; schlafend, mit dem Kopf auf der Brust und seinem Buchstabierbuch auf dem Boden. Er war von einer Schwärze, die weder durch ein Pik-Ass, einen Krähenflügel noch durch einen anderen schwarzen Vogel oder Gegenstand dargestellt werden konnte, und dieser Umstand, der die Reinheit seines weißen Leinens noch verstärkte, machte ihn zu einem attraktiven und interessanten Objekt. George hatte keine Vorstellungskraft. Er war nichts, wenn nicht buchstäblich. Eine Zeit lang war Eis in Richmond knapp. Das Wasser des James hatte eine satte altgoldene Farbe, die auf den Schlamm der roten Lehmregionen zurückzuführen war, durch die einige seiner Nebenflüsse flossen, aber es galt als gesundheitsfördernd. Wir filterten es zum Trinken und für Tee durch einen großen Vesuvstein. Einige der alten Bewohner erklärten gern, sie würden es dem klaren Wasser der Quellen vorziehen – mehrere davon befanden sich in den Parks der Stadt – und beklagten sich, dass dem Quellwasser „die Konsistenz fehlte". Zur Zeit der Hungersnot füllten wir Wannen mit diesem kühlen, schlammigen Wasser und bewahrten darin unsere Milchflaschen auf. George brachte mir einmal zu meiner Bewunderung einen schönen Salat mit, den der Koch von einem Karren gekauft hatte.

„Ins Wasser tun!", befahl ich. Bald darauf kam er mit mehreren Flaschen Milch herein – die ich ihm ebenfalls befahl, „in Wasser zu tun". Wie groß war mein Entsetzen, als der Koch in großer Hitze in mein Zimmer stürzte:

„Ich wusste, dass dieser dumme Nigger dir Ärger machen würde!"

"Warum, was hat das arme Kind getan?"

Ich nenne ihn einen kleinen Teufel ! Er hat die ganze Babymilch in das gelbe Wasser gegossen und es mit Salatblättern gewürzt!"

Wir fanden die Gesellschaft von Richmond entzückend. Die Gesellschaft des Südens wurde oft beschrieben, ihre Mitglieder wurden je nach Standpunkt gelobt oder getadelt, kritisiert oder bewundert; manchmal wurden sie gelobt als „stattlich, aber herablassend, hochmütig, aber fröhlich", mit hohem Selbstwertgefühl, das sich nicht oft in unangenehmen Egoismus ergeht; enge Freunde, großzügig, gastfreundlich; sie betrachten Konversation als eine Kunst, die es zu erlernen gilt, und statten sich mit gerade so viel Wissen über Literatur, Wissenschaft und Kunst aus, wie für eine Konversation unentbehrlich sein mag; aber gleichzeitig sind sie „kultivierte, gebildete Männer von Welt, die jedem Besucher auf seinem eigenen Lieblingsboden begegnen würden".

Die Gesellschaft von Richmond hat immer eine gewisse Abgeschiedenheit für sich beansprucht – nicht *Exklusivität* –, denn niemand, der ordnungsgemäß eingeführt wurde, konnte Richmond besuchen, ohne dass ihm zu Ehren ein Abendessen oder eine Abendgesellschaft gegeben wurde. „Eingeweiht"? Natürlich ließen sich die Entertainer manchmal „einweihen"! Das bedeutete nicht „ab und zu".

Ich erinnere mich an eine stämmige Dame mit zwei auffälligen Töchtern, die immer hübsch gekleidet waren, die es schaffte, an einem Badeort die Gunst eines unserer Bürger zu gewinnen und eine Einladung zu erhalten, ihn zu besuchen, die er eifrig annahm. Es wurde eine Abendgesellschaft veranstaltet, um sie einander vorzustellen. Nach einem Gespräch mit Madame Mère hatte ich meine Zweifel – und äußerte sie zum Missfallen eines meiner Freunde. „Unmöglich", sagte sie kühl. Nachdem sie gegangen waren, legte Mr. Price, unser führender Kaufmann, eine hohe Rechnung für Damenkleidung vor, die er Madame ohne Zögern gutgeschrieben hatte, die mit ihren Töchtern in unbekannte Gegenden aufgebrochen war. Sie wurde umgehend und ohne eine Grimasse zu verziehen von ihrem getäuschten Gastgeber bezahlt. Ich konnte mich an die süße, entschuldigende Art erinnern, in der Madame mir gesagt hatte, sie befürchte, ihre „Mädchen seien für die kleinen Veranstaltungen in Richmond etwas zu schick gekleidet. Jetzt in New York! Aber hier braucht es natürlich keine solche Prahlerei wie in New York!"

Außer einem gelegentlichen Lied eines zuvorkommenden Gastes wurde für unsere Abendgesellschaften keine Unterhaltung geboten. Unterhaltung und ein gutes Abendessen, mit dem einzigartigen Pizzini im Vordergrund – das war Anreiz genug. Nicht ganz so spirituell wie Lady Morgan, brauchten wir mehr als ein Stück Zucker, um die Stimme zu klären. Und Pizzinis Abendessen! Seine Pyramiden aus kandierten Orangen, „ *Non Pareil* " und gesponnenem Zucker; seine Eissorten, seine Weingelees, seine Blanc Manges und, ihr Götter! seine Sumpfschildkröte, eingelegten Austern und Hühnersalat! Wir versammelten uns nicht viel später als neun und blieben, so lange es uns gefiel. Manchmal spielten wir Theater – „Die Flitterwochen" oder ein anderes kleines Stück; Anna Cora Mowatt (Mrs. Ritchie) gab bezaubernde Tableaus mit Rezitationen; aber normalerweise redeten wir und redeten und redeten! „Kunst der Konversation?" Ich vermute, Kunst hat nichts mit Konversation zu tun. Wenn sie zur Kunst wird, hört sie auf, Konversation zu sein. Wir tratschten auch nicht. Über Persönlichkeiten zu reden, war völlig ausgeschlossen. Unsere Gastgeber beherrschten die Kunst der Unterhaltung perfekt.

Irgendwann in den fünfziger Jahren schrieb Charles Astor Bristed sein Buch mit dem Titel „The Upper Ten Thousand of New York". Es scheint, als hätte die Welt auf ein solches Werk gewartet. Das Thema verbreitete sich von Küste zu Küste, bis es in den letzten Jahren mit dem Mythos der Four Hundred ausgestorben zu sein scheint. NP Willis (war er nicht selbst ein bisschen ein Snob?) hat den neuen Ansatz in Mr. Bristeds Buch mit Begierde aufgegriffen und immer wieder darauf herumgeritten. Von 1852 bis zum Krieg und danach, bis zum Abklingen der Four Hundred-Welle, haben wir viel über Klassen und Gesellschaft gehört; und schließlich rückten die amerikanischen Manieren als Thema journalistischen Interesses in den Vordergrund. „Amerikanische Manieren! Verbessern sie sich in Anmut oder Würde?" Die Frage wurde einer Reihe von Männern und Frauen gestellt, auf deren Erfahrung und Offenheit man sich verlassen konnte. Die Antworten waren, bis auf eine, vage und vorsichtig. Niemand möchte als Satiriker oder Zyniker auftreten – und doch ist niemand bereit zuzugeben, dass er nichts Besseres weiß als das, was heute im Vergleich zu vor zwanzig oder mehr Jahren als Maßstab guter Erziehung gilt.

Der einzige ehrliche Mann, der im Licht der Lampe des forschenden Herausgebers auftauchte, erinnerte sich an das Kapitel, das einem Mitarbeiter bei der Vorbereitung einer „Geschichte Irlands" zugeteilt worden war. Das Thema des Kapitels war diktiert worden – „Die Schlangen Irlands" – und es erschien unter dieser Überschrift. Es war kurz und bündig – „Es gibt keine Schlangen in Irland."

„Amerikanische Manieren?", antwortete der einzige ehrliche Mann, „es gibt keine." „Amerikanische Manieren", sagte George William Curtis, „wo finden Sie sie? Wenn die High Society der allgemeine Umgang der höchsten Intelligenz ist, mit der wir uns unterhalten – das Fest des Witzes, der Schönheit und der Weisheit –, dann finden wir sie nicht in Newport. Die feine Gesellschaft ist eine Frucht, die langsam reift. Wir Amerikaner bilden uns ein, wir könnten sie kaufen."

Ausländer haben nie aufgehört, amerikanische Manieren zu kommentieren. Das Thema scheint in den fünfziger Jahren von unerschöpflichem Interesse gewesen zu sein. „Es hat keinen Sinn", sagte Max O'Rell, „immer auf die oberen Zehntausend zu starren. Sie sind auf der ganzen Welt gleich. Es sind die Millionen, die sich unterscheiden und interessant sind." Marion Crawford sagte: „Die oberen Zehn können niemals mit Künstlern, Dichtern und Erfindern fraternisieren. Diese nehmen keinen Wert auf Reichtum oder eine Position, die nicht durch absolute Genialität oder Verdienst erreicht wurde, und behandeln solche Positionen tatsächlich mit schlecht verhohlener Verachtung."

Thackeray war gern umgänglich mit den Leuten, die seine Vorlesungen gewinnbringend machten, aber er beklagt sich über die „ungewöhnliche Pracht" der Amerikaner. „Aber ich war noch nicht in der Gesellschaft", schrieb er 1852; „ich habe die oberen Zehn nicht getroffen." Ein anderer englischer Schriftsteller ging noch weiter – viel weiter – aber wir halten uns zurück. Diese harten Urteile bezogen sich ausschließlich auf die Manieren in New York, Newport und Washington. Soweit ich weiß, hat kein Curtis, Bristed oder Willis jemals Richmond besucht. Thackeray, Max O'Rell und Ampère hielten uns nie für lohnenswert – also war unsere entzückende kleine Gesellschaft, die langsam gereift war und keinen Wert auf Reichtum legte und die wirklich ein Minimum an „Witz, Schönheit und Weisheit" für Curtis' „Festival" hätte liefern können, nicht vertreten. Was die Kritik an unserem älteren Bruder auf der anderen Seite des Ozeans angeht, so sind seine kritischen Ansichten über die amerikanische Gesellschaft und die amerikanischen Sitten und Bräuche abgeschwächt, solange er seine Söhne nach Amerika schickt, um die Mütter der zukünftigen Peers seines Reiches zu finden.

KAPITEL XV

William Walker, der „grauäugige Mann des Schicksals", über den 1854 mehr gesprochen wurde als über jeden anderen Mann im Land, war mehrere Tage lang unser Gast in Richmond. Ob er gekommen war, um ein Abendessen anzunehmen, das ihm die Stadt gegeben hatte, oder ob das Abendessen das Ergebnis des Besuchs war, kann ich mich nicht erinnern. Obwohl wir wussten, dass er eine interessante Persönlichkeit war, waren wir nicht auf die Menschenmenge vorbereitet, die unser Haus jeden Tag füllte, während er bei uns war. Sie begannen früh am Tag und strömten bis in die Nacht hinein herein und blieben gebannt von der Anziehungskraft dieses wunderbaren Mannes. Da wir sie nicht zum Abendessen um drei Uhr einladen konnten (die Essenszeit in Virginia variierte damals je nach individuellem Bedarf), beriet ich mich mit meiner gesegneten alten schwarzen Köchin und deckte nach ihrem Rat jeden Tag einen Tisch mit kalten Gerichten – Zunge, Schinken, Hühner, Geflügel, Salate usw. –, zu denen alle willkommen waren. Das Büfett ergänzte diese informelle Mahlzeit gekonnt. Damals gab es alten Madeira, und anstelle der heutigen Cocktails brauten wir einen Appetitanreger, gekrönt mit „dem Kraut, das auf den Gräbern guter Virginianer wächst".

Der Markt in Richmond war für plötzliche Nachfragen nicht ausreichend. Wir waren weitgehend auf die kleinen, überdachten Landkarren angewiesen und fingen sie auf, wenn sie auf dem Weg zu den Lebensmittelhändlern vorbeifuhren, die Trocken- und Flüssigwaren gegen Geflügel, Eier und Butter der Bauern eintauschten. In dieser Zeit meiner Not war kein Karren in Sicht, aber ich kannte einen Lebensmittelhändler mit einer edlen Seele – einen gewissen Mark Downey –, den ich persönlich ansprach, und er versprach mir, mir täglich alles zu schicken, was er sammeln konnte, vom Braten eines Schweins bis zu einem Rohrvogel. Meine gute Köchin war der Gelegenheit gewachsen: „Ist dieser Gin'al noch nicht weg?", war ihr Morgengruß, und sie fügte hastig hinzu: „Nem-mine, Liebling! Wir können alle weitermachen."

In einigen biografischen Skizzen von William Walker wird er kaum besser – eigentlich nicht besser – als ein Pirat dargestellt; ein Mann mit einem grenzenlosen Verlangen nach Macht und Position, der Leben, Besitz oder sein eigenes Wort für nichts hält und schließlich zu Recht im Stich gelassen und bestraft wird. Andere stellen ihn der Nachwelt als Gelehrten, Autor, Hochschulabsolvent, Student in Heidelberg vor, aber auch als Held ersten Ranges, unvergleichlich tapfer; als Gründer von Republiken, Staatsmann, Diktator – in allen Dingen furchtlos und schneidig. Wenn ich mich dem Schatz meiner eigenen Erinnerung zuwende, finde ich einen bescheidenen, höflichen Herrn mit einem starken, aber nicht unfreundlichen Gesicht:

„Der sanftmütigste Mann

Der jemals ein Schiff versenkt oder eine Kehle durchgeschnitten hat."

Natürlich konnte ich nicht in der Menge erscheinen, die den ganzen Tag an seinen Lippen hing, aber wenn wir uns um die Abendlampe versammelten, war er nie zu müde, um mit mir zu reden – allerdings nicht über seine Eroberungen oder seine Ambitionen. Für das Ohr einer Frau hatte er sanftere Themen als diese. Eines Nachts überraschte ich meinen Mann mit der Frage: „Zu welcher Kirche gehören Sie, General?"

WILLIAM WALKER.

„Ich bin vor kurzem Katholik geworden", antwortete er ernst. „Das ist der Glaube für einen Mann wie mich! Ich habe die armen Verwundeten nach der Seelsorge ihres Priesters in großer Gelassenheit sterben sehen."

Ich erinnere mich an eine bemerkenswerte Bemerkung des Generals gegenüber meinem Mann. Er sagte, Männer seien im Allgemeinen gleichermaßen mutig. Der Unterschied zwischen ihnen bestehe darin, dass der eine Mann aufgrund seiner schärferen Sensibilität eine Gefahr erkenne, während der andere völlig unempfindlich sei. Der erstere sei wirklich mutig, während der letztere aus Mangel an Furcht gleichgültig sei. Da er selbst keine Angst haben könne, könne man sich keine höhere Autorität auf diesem Gebiet vorstellen.

Als er sich von uns verabschiedete, schenkte er mir ein perfektes Ambrotypiebild von sich, wahrscheinlich das einzig echte, das noch existiert. „Hier bin ich, Madam, und man hat mich immer einen hässlichen Kerl genannt." Ich wagte die übliche abschätzige Bemerkung, aber er schüttelte den Kopf:

„Ich fürchte, daran besteht kein Zweifel! Auf meinem Weg hierher hörte ich einen Mann in der Nähe meines Autofensters singen: ‚Wo ist der grauäugige Mann des Schicksals?‘ Als er nah bei mir war, lehnte ich mich hinaus und sagte leise: ‚ *Hier* , mein Freund!‘ ‚Freund nichts‘, höhnte er, ‚und du solltest besser deine hässliche Visage schließen.‘“

Er blickte aus dem Wagen, der ihn zum Bahnhof brachte, zurück und antwortete auf mein winkendes Taschentuch: „Auf Wiedersehen, auf Wiedersehen, meine Dame! Ich werde Nicaragua zu einem schönen Ort machen, der zu Ihnen passt!“

Gerade als wir uns in unseren eigenen Kampf auf Leben und Tod stürzen wollten, hörten wir, dass er – ebenso wie Napoleon – von den Engländern verraten worden war. Nach seiner Niederlage war er zu ihnen geflohen, um Schutz zu suchen, und war tapfer dem Tod ins Auge geblickt.

Sein Traum war es, Nicaragua zu erobern, so wie Houston Texas erobert hatte, und es dann den USA anzuschließen und so die Macht des Südens zu stärken.

Mir wurde erzählt, dass in Nicaragua und Honduras viele abergläubische Vorstellungen und Legenden entstanden sind, die sich um die Erinnerung an William Walker ranken, aber keine ist so fest davon überzeugt, dass sein Geist am Jahrestag seines Todes erscheint und so lange erscheinen wird, bis er gerächt ist. Ein Junge aus Tennessee, William G. Erwin, der jetzt dabei hilft, die Bauarbeiten am Panamakanal zu beaufsichtigen, hat die Legende in Senator Taylors Magazin erzählt, aus der ich einige Verse auswähle:

„Eine Nacht jedes Jahr werden in Honduras die Straßen für seinen Geist freigeräumt,

Ihr längst verstorbener Gringo-Präsident – der mit seinem Phantomwirt reitet.

Er fegt in aller Stille über das Land und die kauernden Eingeborenen verstecken sich,

Vom Geist William Walkers, der das Land heimsucht, in dem er starb.

So begann die wilde Geschichte: Als er im Sande starb,

Walker lächelte und sagte ihnen streng: „Bis ich mich gerächt habe, werde ich euer Land heimsuchen!“

Und nun auf schneeweißem Hengst einmal im Jahr um Mitternacht,

Über das Land, von Meer zu Meer, reitet die Gestalt, die alle gut kennen.

„Sein Haupt ist hoch erhoben, seine Klinge ist blank, sein weißes Ross verschmäht den Boden,

Dicht dahinter greift eine Phantomtruppe an – doch keiner von ihnen gibt ein Geräusch von sich;

Während sein Blut noch nach Rache an dieser mörderischen Herde schreit –

Er wird immer kommen, um sie zu warnen, dass der Tag nur aufgeschoben ist.

„An die Söhne des alten Honduras, die ihn durch die Dunkelheit betrachten,

Der grauäugige Mann des Schicksals sieht aus wie der Avatar des Untergangs.

In seinem Gesicht lesen sie eine Warnung wie die Schrift an der Wand,

„Es heißt: , *Pass auf, eines Tages werden die Gringos den Sturz ihres Häuptlings rächen!* ‘“

Mein Mann stürzte sich mit großem Eifer und großer Effizienz in den Kampf gegen die „Know-nothing-Partei" oder, wie sie sich selbst stolz nannte, die „Amerikanische Partei".

Die Grundsätze dieser Partei ergaben sich natürlich aus der Tatsache, dass die unwissenden ausländischen Wähler die Wahlen [2] in den Städten beeinflussten, dass Stimmen frei verkauft wurden und dass betrunkene Ausländer häufig die Wahlurnen kontrollierten. Man erinnerte sich an den mythischen Befehl Washingtons in einer Zeit besonderer Gefahr:

„Stellen Sie heute Nacht nur Amerikaner auf die Wache!"

Es schien vernünftig und angemessen, dass die Amerikaner, die dieses Land von den Wilden erobert und alle frühen Schlachten mit den Franzosen und Engländern geschlagen hatten, das Land regieren sollten, das sie erlöst hatten. Eins führte zum anderen, bis beschlossen wurde, eine Geheimgesellschaft zu gründen, mit dem Ziel, alle Ausländer und viele Katholiken von der Teilnahme an den Räten der Nation auszuschließen.

Dies scheint, kurz gesagt, die Wurzel der großen Know-nothing-Bewegung gewesen zu sein. Das unmittelbare und praktische Ziel war, dass Ausländer und Katholiken von allen Ämtern auf Bundes-, Staats-, Bezirks- und Gemeindeebene ausgeschlossen werden sollten und dass große Anstrengungen unternommen werden sollten, die Einbürgerungsgesetze zu ändern , sodass Einwanderer erst dann Staatsbürger werden könnten, wenn sie einundzwanzig Jahre in diesem Land gelebt hätten. Mein Mann erkannte sofort die verderbliche Tendenz dieser Bewegung, die mit unwiderstehlicher Gewalt über die Nordstaaten hinwegfegte. Überall wurden Geheimlogen gegründet, geheime Zeremonien eingeführt – Griffe, Passwörter und Zeichen. Im Land gärte es vor Aufregung, gefolgt von ungeheuerlicher Gesetzlosigkeit. Frauenbanden überfielen Kneipen, zerschlugen Gläser, zerbrachen Fässer und schütteten den Alkohol auf die Straße. Unser einziges Musterbeispiel für ähnliche Unternehmungen hätte damals leben sollen! Garrison verbrannte die Verfassung der Vereinigten Staaten bei einer Freiluftversammlung in Framingham, Massachusetts; und die Menge rief trotz einiger Zischlaute „Amen". Ein Mob drang in die Umzäunung des Washington Monument ein und zerbrach den schönen Marmorblock aus dem Concordiatempel in Rom, den der Papst als Tribut an Washington geschickt hatte. Ein Straßenprediger, der sich selbst als Engel Gabriel bezeichnete, stachelte eine Menschenmenge in Chelsea, Massachusetts, zu Gewalttaten an. Sie zerschlugen die Fenster der katholischen Kirche, rissen das Kreuz vom Giebel und zersplitterten es in Stücke. Dies waren nur einige der Ausschreitungen, die aus der Aufregung entstanden, die die Know-nothing-Partei hervorrief.

Der *Enquirer* beanspruchte immer die Ehre, die Signale, Passwörter und Zeremonien der Gesellschaft aufgedeckt und offengelegt zu haben. „Ich weiß nicht" war eine der Antworten auf den „Griff", wenn Bruder auf Bruder traf, und daher der populäre Name der Organisation. Obwohl es in Virginia nur wenige Katholiken und Einwanderer gab , widerstand es aus Prinzip der Flut der Know-Nothing-Bewegung, die bis dahin alle anderen Staaten überrollt hatte, und hielt ihr stand.

Bei der Wahl eines Gouverneurs in Virginia war die Parteistimmung groß, und der Juniorredakteur des *Enquirer* trug seine Rolle mutig und mit Elan. In den ersten Jahren seiner Tätigkeit als Redakteur widmete er sich dem Studium und beschränkte sich auf sein Büro. Ein zeitgenössischer Autor sagt über ihn: „Pryor hat offensichtlich die höchsten Standards in seiner Lektüre studiert, und seine Leitartikel waren eine Offenbarung von Stärke und Reinheit in klassischem Englisch. Es war jedoch für einen Mann seines Geschmacks und seiner Kraft unmöglich, nicht außerhalb des Heiligtums seiner Zeitung in die Politik abzudriften, und die Öffentlichkeit erkannte ihn bald als einen der fähigsten und beredtesten Redner auf den Wahlkampfveranstaltungen und in den erbitterten Diskussionen, die die Vorgänge bei jeder Versammlung der Menschen in diesen Jahren kennzeichneten. Im Gemurmel und den Drohungen des Sturms, der bald mit voller Wut über ein bis dahin friedliches und friedliebendes Land hereinbrechen sollte, fand er reichlich Gelegenheit, jene seltenen rednerischen Fähigkeiten in Debatten zu kultivieren und zu zeigen, die ihn später in die vorderste Reihe des Forums zwangen." [3] Dieser Würdigung durch einen aufrichtigen Historiker dieser Zeit kann ich nur eine Beobachtung hinzufügen: Der Erfolg war groß, die Erinnerung daran süß, aber er hatte seinen Preis! Den hohen Preis unermüdlicher Arbeit und Selbstverleugnung.

Es war eine schreckliche Zeit in Virginia. Henry A. Wise war der Anti-Know-Nothing-Kandidat für das Gouverneursamt, und mein Mann kämpfte hart und tapfer um seine Wahl. Er musste zwei Duelle austragen – nicht unblutig, aber Gott sei Dank auch nicht tödlich. Es ist unnötig, auf meine eigene Angst hinzuweisen. Sie wird von allen Frauen verstanden werden, die wie ich unter den falschen Maßstäben des „Ehrenkodex" in Ländern gelitten haben und leiden, in denen eine Missachtung dieses Kodexes Ruin und Schande bedeutet hätte. Wir waren ergebenste Anhänger von Mr. Wise und bereit, für ihn bis zum Tod zu kämpfen, da er, wie wir glaubten, an vorderster Front im Kampf für Recht, Gerechtigkeit und Menschlichkeit stand. Schließlich wurde er triumphierend gewählt, die pestilenzialische Gesellschaft ausgelöscht und für eine kurze Zeit herrschte relativer Frieden in Virginia.

Die Demokratische Partei war für die harte Arbeit meines Mannes dankbar und schenkte ihm ein wunderschönes Silberservice mit der Inschrift der Anerkennung der Partei für seine „brillanten Talente, seinen herausragenden Wert und seine ausgezeichneten Dienste".

Nicht lange danach wurde er Herausgeber von *The Richmond South* , für das ich die Ehre hatte, ein Motto auszuwählen: „ *Unum et commune periclum una salus* ." Vielleicht amüsiert eine Porträtfotografie meines „Harry Hotspur", wie er genannt wurde, diejenigen, deren freundliche Augen seiner ehrwürdigen Gestalt heute folgen. „Am Tag nach unserer Ankunft in Red Sweet Springs bemerkten wir in einer Gruppe von Herren ein Gesicht, das sich deutlich von den Gesichtern um ihn herum abhob. Er war von schlanker Gestalt mit einer Reihe von Gesichtszügen, die für ihre intellektuelle Ausstrahlung bemerkenswert waren; eine Fülle von dunklem Haar, das in langen, geraden Massen von seiner Stirn über den Kragen seines Mantels fiel, verlieh seiner gesamten Erscheinung ein studentisches Aussehen. Wir erhoben uns unbewusst, als wir seinen Namen hörten, und befanden uns in der tatsächlichen Gegenwart des weithin berühmten Herausgebers des *South* und noch dazu in so unmittelbarer Nähe! Unsere Ehrfurcht steigerte sich fast zur Beklommenheit; wir fühlten uns, als wären wir in einem Gewölbe voller brennbarem Gas eingeschlossen, das wahrscheinlich beim ersten Lichteinfall explodieren würde. Tatsächlich vergingen fünf Minuten mit einleitenden Erklärungen, bevor wir dazu gebracht werden konnten, die jugendliche Person vor uns – die als Student der Theologie oder als junger Professor der Moralphilosophie durchgehen könnte – mit dem feurigen und ungestümen Herausgeber des *Richmond South zu identifizieren* . Er gilt unserer Meinung nach als einer der fähigsten politischen Schriftsteller im ganzen Süden, und seine Artikel sollen großen Einfluss gehabt haben in die jüngste Parteikontroverse. Wir selbst betrachten sie mit Bewunderung" usw. „Seine junge Familie wird in den Augen des beiläufigsten Beobachters unweigerlich sofort Interesse wecken … Und dann seine schönen, edel aussehenden Kinder; sie könnten als Vorbilder für den kleinen Apollo dienen, für den Thorwaldsen oder Flaxman gebetet haben könnten."

Sie *waren* reizend – meine Jungs – meine drei kleinen Jungs!

KAPITEL XVI

Der Sohn eines alten Freundes aus Charlottesville hat mir kürzlich ein Stück Papier geschickt, das vergilbt und vom Alter zerbröselt ist. Der kleine Fetzen hat die Wechselfälle von einundfünfzig Jahren überstanden, und schon allein wegen der Veränderungen, die er erlebt und der Gefahren, die er überstanden hat, verdient er es, aufbewahrt zu werden. Er markiert eine wichtige Ära in unserem Leben, obwohl er nur Folgendes enthält:

" CHARLOTTESVILLE , 1. Juli 1858.

" SEHR GEEHRTE FRAU COCHRAN ,

„Kann ich Ihr Rezept für Brandy-Pfirsiche haben? Sie wissen, dass Roger im ganzen Land Reden hält und versucht, Stimmen für einen Sitz im Kongress zu gewinnen. Ich bin nicht sicher, ob er gewählt wird – aber ich *bin* sicher, dass ihm ein paar Brandy-Pfirsiche schmecken werden! Wenn er erfolgreich ist, werden sie den Ruhm des Sieges steigern – wenn er besiegt wird, werden sie ihm Trost spenden.

"Liebevoll,
„ SA PRYOR ."

In diesem Wahlkampf machte sich mein Mann einen Namen als Redner. Er warb im Bezirk seines Verwandten John Randolph aus Roanoke, und alte Männer, die seine Reden hörten, zögerten nicht, ihn für ebenbürtig mit dem exzentrischen, aber eloquenten Randolph zu erklären. Ich zitiere immer gern direkt aus den Tageszeitungen – ich lasse mir gern von meinen Landsleuten meine Geschichte erzählen – und glücklicherweise haben einige alte Männer, obwohl ich alle Memoranden verloren habe, seit dem Krieg über die berühmten Virginianer geschrieben, die sie in den fünfziger Jahren kannten. Eines aus einer Zeitung aus North Carolina habe ich aufbewahrt, aber das genaue Datum ist verloren gegangen.

„Der verstorbene Reverend Thos. G. Lowe aus Halifax war der größte Redner, den North Carolina je hervorgebracht hat. Er war redegewandt und hatte einen goldenen Mund, eine Kreuzung zwischen Chrysostomus und Fénelon. Außerdem war er politisch ein sehr ernsthafter Whig. Einmal, im Jahr 1860, fuhr er, wie wir erfuhren, von Halifax nach Henderson, eine Entfernung von etwa sechzig Meilen, um Pryor sprechen zu hören. Wir fragten ihn, was er von dem Mann aus Virginia halte. Seine Antwort war: ‚Glauben Sie, ich habe nicht drei tödliche Stunden in der glühenden Sonne gestanden, nur um ihm zuzuhören, wie er meine Partei beschimpft? Er ist wunderbar und hat den besten Wortschatz, den ich je gekannt habe.' Charles Bruce, Esq. aus Charlotte, Virginia, erzählte uns im Jahr 1870, dass er, als Pryor im Charlotte Court House sprach, ältere Herren traf, die sechzig

Kilometer in ihren Kutschen gefahren waren, um ihn zu hören, und die zueinander sagten, nachdem der große Redner seine meisterhafte Darbietung beendet hatte: ‚Eine solche Rede haben wir in Virginia seit John Randolphs Zeiten nicht mehr gehört.'"

Ein anderer aus dem alten Bezirk schreibt am 9. Juli 1891:

"Von allen Männern, die ich je sprechen hörte, machte Pryor den stärksten Eindruck auf mich. Jung, enthusiastisch, brillant; mit einem nicht unpassenden Glauben an eine hohe Kompetenz hätte er vernünftigerweise nach den höchsten Würden streben können. Er war ein geborener Redner; ein gründlicher Meister jener seltenen Überzeugungskraft, die Massen fesselt und führt. Seine Figur war aufrecht und fein proportioniert, seine Gesten leicht und anmutig, seine Gesichtszüge beweglich und ausdrucksstark für jede Schattierung von Emotionen. Aber der Charme seiner Redekunst lag in seinem wunderbar organisierten Stimmapparat, den er mit der Geschicklichkeit eines Musikexperten spielte. Kein Redner der Gegenwart kann behaupten, ihm in dem leichten Fluss der Rhetorik, der durch seine harmonisch ausgewogenen Perioden funkelte, Konkurrenz zu machen, außer wahrscheinlich Senator Daniel. Während ich ihm zuhörte, schien sich der Richard Henry Lee von Wirts grafischer Porträtmalerei in jedem Ton und jeder Geste zu bewegen und zu sprechen."

In einem anderen Artikel für den *Richmond Times-Democrat* vom 2. November 1902 heißt es:

"Ein berühmter Redner der Antebellum-Zeit war Roger A. Pryor, der noch lebt. Er hatte eine poetische Vorstellungskraft, die die Grundlage jeder wahren Redekunst ist. Sein Wortschatz war zwar blumig, aber hervorragend und hielt mit den luftigen Geschöpfen seiner überschwänglichen Vorstellungskraft Schritt. Er sprach selten, außer um eine schöne Figur zu entwickeln, und in seinen politischen Kampagnen für den Kongress im heutigen vierten Bezirk von Virginia übertraf er häufig das Verständnis seines Publikums, dessen Lesefähigkeit begrenzt war. Er verband einen logischen Verstand mit seiner poetischen Fantasie, und die Wirkung und das Produkt seines Denkens waren bemerkenswert und beeindruckend und veranschaulichten den Aphorismus, dass der Dichter immer am tiefsten in die menschliche Natur blickt. Pryor hatte das Gesicht, die Figur, die dramatische Ausstrahlung, die Haltung und den Wortschatz. Als wir ihn letzten Sommer im White Sulphur sahen, sah er aus wie der ernste und würdevolle Jurist, im Gegensatz zum typischen Politiker und Herausgeber der Feuerschluckerschule von vor fünfzig Jahren."

Während all diese schönen Reden unsere demokratischen Freunde erfreuten, war ich mit meiner lieben Tante auf ihrem Landsitz Rock Hill in der Nähe von Charlottesville sehr glücklich. Dort wurde mein lieber Sohn Roger geboren – jetzt mein einziger Sohn. Das Haus, wie ein kleines Schweizer Chalet, lag sanft an der Seite einer Anhöhe, die ihren Namen durchaus verdiente. Vom Gipfel des Hügels hatte man eine herrliche Aussicht auf die Blue Mountains und auf unbeschreibliche Sonnenuntergänge. Für den kleinen Jungen und das kleine Mädchen, die ihre Kindheit an diesem Ort verbrachten, wurde er bald zu einem Zauberland. Ein Steinbruch, aus dem die Steine für den Bau des Hauses geholt worden waren, war die Höhle von Bunyans Riesen Pope und Pagan, die „die vorbeikommenden Christen begrüßten und sagten: ‚Biegt hier ein‘“; zwei Flusskrebse, die in der großen Quelle unter den Druiden-Eichen lebten, waren die Geister des Brunnens; das Kornfeld war ein gewaltiger Wald, den man wegen der Indianer und wilden Tiere darin nur mit Furcht betreten durfte.

Diese beiden Kinder, Gordon und ihr vierzehn Monate jüngerer Bruder Theodorick, hatten das Glück, von ihrer Kindheit an bis zu ihrem neunten bzw. zehnten Lebensjahr von meiner lieben Tante betreut und unterrichtet zu werden. Sie waren zunächst keine „bemerkenswerten“ Kinder. Sie waren keine kindlichen Phänomene, die dem gefährlichen Beifall bewundernder Freunde und Verwandter ausgesetzt waren. Sie waren in jeder Hinsicht normal – reinrassig, robust und gesund; mit gutem Appetit, kühlem Kopf und schneller Auffassungsgabe. Unter der Obhut ihres weisen Lehrers wurden sie zu ungewöhnlich interessanten und intelligenten Kindern. Meine Tante verehrte die Kinder und glaubte fest daran, dass diese beiden, so sehr die Degeneration die menschliche Rasse in ihrem Evolutionsprozess auch beeinträchtigt haben mag, zumindest nach Gottes Ebenbild geschaffen worden waren. In den Worten ihrer Amme stimmte sie sie „wie kleine Harfen – nur um zu sehen, wie süß die Musik sein konnte!“ Sie lernten zusammen – Gordon verstand, dass sie den kleinen Bruder ermutigen und ihm vorlesen musste, bis er selbst lesen konnte. Im Sommer war das Klassenzimmer manchmal *im Freien* , und als Tische wurden sogar die knorrigen Zweige des Kirschbaums verwendet!

Gordon konnte schon mit drei Jahren sehr gut lesen. Bevor sie lesen konnte, lernte sie auch, Flüsse und Städte auf einer Karte zu markieren. Auch Theodorick konnte lesen, bevor er vier war. Die Kinder hatten nie eine unangenehme Aufgabe. Ich hörte einen großen Gelehrten sagen, dass man einem jungen Geist *alles* Lernen schmackhaft machen könne. Die Tante dieser Kinder machte ihren Unterricht zu einer Belohnung. „Seid jetzt brav, wenn ihr euch anzieht, dann könnt ihr Unterricht haben“, oder „Wenn Gordon und Theo nichts verlangen, gebe ich ihnen gleich nach dem Abendessen Unterricht.“ Der Unterricht wurde dank des Geschicks und der Geduld der Lehrerin zu einem Vergnügen. Sie bekamen sofort Papier und Bleistifte, farbige und weiße, und beide schrieben, bevor sie fünf waren. Ihre Lehrerin missbilligte blutrünstige Geschichten über Riesen und Kobolde.

Stattdessen bekamen sie ebenso spannende Geschichten und Geschichten aus dem Tierreich, mit dem sie in perfekter Freundschaft und Verwandtschaft lebten. Sie hatten nie Vögel im Käfig, aber Enten und Hühner, große und kleine Hunde, Katzen und Kätzchen wurden alle als Teil der Familie angesehen und trugen historische Namen. Theo nahm einmal (er war drei) ein kleines Huhn hoch, woraufhin die Glucke auf seine Schultern stieg und ihm mit ihren Flügeln einen kräftigen Klaps verpasste. Ein Diener bearbeitete die Henne mit großer Hitze, und Theo unterdrückte sein Schluchzen, um für sie zu flehen, und erklärte: „Sie wollte nicht, dass ich ihr kleines weißes Huhn liebte." Die Henne war wirklich eifersüchtig! Einmal fing sie eine Biene in der Hand und erhielt dafür einen scharfen Tadel. „Wie konntest du nur so dumm sein?", rief seine kleine Schwester. „Überhaupt nicht", sagte Theo; „ich habe oft dasselbe getan – aber dieser kleine Kerl", fügte er liebevoll hinzu, „dieser kleine Kerl hatte eine Dornenkrone im *Schwanz*!"

Ihre Tante zögerte, ob sie ihnen grauenhafte Geschichten aus der Geschichte erzählen sollte, doch das Experiment zeigte, dass das Heldenhafte sie so faszinierte, dass sie den Schmerz und das Leid, das damit einherging, völlig aus den Augen verloren. Sie verehrten die Männer und Frauen, die tapfer starben, hatten aber ihre Favoriten. Lady Jane Grey war keine, ebenso wenig wie Maria Stuart (vielleicht wegen ihrer Halskrausen), aber sie verehrten Marie Antoinette und Karl I. Sie legten großen Wert auf Ehre und Fairness. Theo war etwas über drei Jahre alt, als er sich bei mir über seine kleine Schwester beschwerte: „Ich habe einfach meinen Kopf auf den Stuhl gelegt und sie ihn abhacken lassen – denn ich bin Karl I. – und jetzt ist *sie* Marie Antoinette, und als ich ihr den Kopf abschlagen will, schreit sie und rennt weg." Sein Gerechtigkeitssinn war empört, aber die lebhafte Fantasie der kleinen Schwester machte sie nervös, ungeachtet der Tatsache, dass ein Kissen die Guillotine war! Als ich bemerkte, dass ein großer, verknoteter Stock mit Respekt behandelt wurde und zu meinem Leidwesen Theo auf mehreren Reisen begleitete, versuchte ich, ihn wegzuwerfen. Mit großer Würde teilte er mir ernst mit: „Das ist Ramses III." Er war nicht nur einer der ägyptischen Könige, sondern auch der reichste von allen. Ich wünschte, ich könnte diesen beiden faszinierenden Kindern über ihre Babyzeit hinaus folgen, aber ich kann es nicht wagen! Ich wage es nicht!

Im Spätherbst verließ ich Rock Hill, um meinen Onkel in den Oaks in Charlotte zu besuchen. Ich war allein von Richmond nach Mossingford gereist, zehn oder zwölf Meilen vom Haus meines Onkels entfernt, und dort empfing mich der alte Onkel Peter mit dem großen, hochgewölbten Wagen und einem Korb voller gebratener Rebhühner, Kekse, Kuchen und Obst. Es hatte mehrere Tage lang in Strömen geregnet, aber zu meiner Freude zogen die Wolken nun in schweren Massen davon und die Sonne schien heiß auf die wassergetränkte Erde.

„Wir müssen uns beeilen, Mistis", sagte der alte Kutscher, als wir uns darauf vorbereiteten, ein Mittagessen *im Freien zu genießen* . „Die Kälte war schon ziemlich heftig, als ich heute Morgen bei Sonnenaufgang vorbeikam."

„Aber wir müssen den Fluss nicht überqueren, Onkel Peter?"

„Um Gottes Willen, nein", rief der alte Mann. „Wenn ich den Staunton River überqueren müsste, hätte ich es aufgegeben, mich sauber zu machen, so wie ich dich sehe! Wenn wir nach Hause kommen, werden wir herausfinden, was der alte Staunton River macht. Ich wette, er ist gerade dabei, sich zu bewegen!"

„Nun, dann besteht eine gewisse Gefahr?"

„Wer redet von Gefahr? Der Fels ist mächtig hoch. Nein, es besteht keine Gefahr, aber ich traue den Felsen nicht. Ich kenne Felsen! Sie können im Handumdrehen so groß werden wie ein Fluss!"

Wir waren noch nicht weit gekommen, als uns ein schlammbespritzter Reiter überholte, unsere Pferde anhielt und leise mit dem Kutscher sprach. Bald darauf erschien er am Fenster der Kutsche. „Das ist Mrs. Pryor? Sie erinnern sich an Mr. Carrington? Ich hoffe, Sie sind wohlauf, Madam. Ich bin auf dem Weg, um für Ihren Mann zu stimmen – oder besser gesagt, ihn zu wählen. Wir haben einen schönen Tag; die Wahllokale müssen morgen nicht geöffnet bleiben. Aber ich muss mich beeilen. Wir werden bald das Vergnügen haben, unserem Kongressabgeordneten zu gratulieren."

„Einen Moment bitte, Mr. Carrington! Sind die Bäche zu hoch, als dass wir sie überqueren könnten?"

„Ich glaube nicht, Madam. Der Wagen hängt hoch und Peter kennt sich mit Hochwasser aus. Guten Morgen."

Wir mussten reißende Bäche überqueren. Mehrere von ihnen hatten die Wiesen überflutet, sodass sie wie Seen aussahen. Bei einem oder zwei floss das Wasser über den Boden des Waggons, und wir zogen unsere Füße unter uns auf den Sitzen zusammen. Meinem kleinen Theo gefiel es, aber meine arme Krankenschwester war aschfahl vor Angst. Sehr nass, sehr kalt und sehr dankbar waren wir, als wir nachts unseren Zufluchtsort erreichten. Mein lieber Onkel, Dr. Rice, war bereits da und brachte erfreuliche Nachrichten von den Wahllokalen.

Am nächsten Morgen blickten wir auf ein trübes, gelbes Meer. Die Staunton hatte ihren Ruf bewahrt, war über ihre niedrigen Ufer getreten und hatte sich großzügig über die Erde ausgebreitet. Es dauerte eine Woche oder länger, bis mein Mann sich seiner Wahl sicher war. Die dazwischenliegenden Ruhetage verbrachte er schlafend – wie der Junge, der er war!

Einige Jahre später, als er wiedergewählt wurde, waren wir mit meiner kleinen Familie in Richmond. Gordon und die beiden kleinen Jungen waren begeisterte Politiker. Natürlich war ich jetzt als Mutter zu beschäftigt, um mich mit Politik zu beschäftigen, wie ich es früher immer getan hatte. Außerdem wusste ich, dass mein Kongressabgeordneter wiedergewählt werden würde. Ich war mir inzwischen ziemlich sicher, dass er immer gewählt werden würde – also verging der Tag für mich gelassen. Ich war überwältigt von Bestürzung, als einer seiner Freunde nach Schließung der Wahllokale bei Sonnenuntergang anrief und mir mitteilte, dass eine Fackelprozession gegen acht Uhr bei unserem Haus eintreffen würde und es erleuchtet vorfinden würde.

„Beleuchtet!", rief ich aus. „Und womit beten? Es gibt nicht einmal ein halbes Dutzend Kerzen im Haus und die Geschäfte sind alle geschlossen. Außerdem wird das Baby schlafen. Es ist schlecht für Babys, aus ihrem ersten Schlaf geweckt zu werden."

Mein Freund widersprach mir nicht, aber am Abend schickte er mir einen Scheffel kleiner Rüben und eine Schachtel Kerzen mit einer Notiz, in der stand, ich solle ein Loch in die Rüben schneiden und eine Kerze hineinstecken, und sie würden meinen Zweck hervorragend erfüllen. Alle machten sich mit vollem Elan an die Arbeit, und als die Menge uns jubelnd und jubelnd umringte, strahlte jede Fensterscheibe ein Willkommen in die glücklichen Gesichter. Mein junger Kongressabgeordneter hielt eine seiner bezaubernden Reden, und dann – gingen die Lichter der letzten Wahl aus, die er feiern sollte! Zwar wurde er danach noch zweimal in den Kongress gewählt – in den Konföderierten Staaten; denn der Süden brauchte ihn in seinem Parlamentsgebäude ebenso wie auf dem Feld. In beiden Fällen gab er ihm sein ganzes Herz, seine ganze Seele und seine ganze Kraft, aber die Tage waren zu traurig für Illuminationen zu seinen Ehren.

Meine Geschichte hat nun den Punkt erreicht, an dem meine „Erinnerungen an Frieden und Krieg" beginnen. Ich werde nicht die politische Geschichte dieser Zeit erzählen – die von anderen besser erzählt wurde, als ich es je könnte. Ich werde versuchen, einige Dinge wiederzugeben, die in meinem letzten Buch ausgelassen wurden, aber wenn ich die Ereignisse des Bürgerkriegs und das Leben davor in Washington erzähle, kann ich mich in gewissem Maße wiederholen. Dafür habe ich eine gültige Entschuldigung. John Morley entschuldigt sich dafür, sich selbst aus einem früheren Buch über Edmund Burke zu zitieren, und bemerkt: „Auch wenn Sie das, was Sie zu sagen haben, *einmal gut sagen können* , können Sie es nicht *zweimal sagen* ."

Lord Morley stärkt seine Position durch ein Zitat auf Griechisch, das für mich leider Griechisch bleibt, und ich kann es mir daher nicht zunutze machen, aber ich bin froh, mich von seinem Beispiel stützen zu lassen. Und was sagt Oliver Wendell Holmes? „Es ist der Gipfel der Einbildung, wenn ein Autor Angst hat, sich zu wiederholen – denn das setzt voraus, dass jeder gelesen hat und sich daran erinnert, was er schon einmal gesagt hat."

KAPITEL XVII

Washington war in den Tagen von Präsident Pierce und Präsident Buchanan wie ein großes Dorf. Mein Stolz auf diese Bundesstadt war so groß, dass mir bei jedem Anblick des Kapitols das Herz aufging: von dem Moment an, als es wie eine weiße Wolke über Rauch und Nebel aufstieg, als ich auf dem Deck des Dampfschiffs stand (ich war gerade von meinem Abendessen heraufgerannt, um Mount Vernon zu grüßen), bis zu der Zeit, als ich von meinem Fenster aus auf den Sonnenuntergang wartete, um den Moment zu erleben, in dem eine Spitze der unvollendeten Kuppel wie ein großer, strahlender Stern glühte, nachdem die Sonne wirklich untergegangen war. Egal, ob die Sonne auf- oder unterging, da war der Stern unseres Landes – der Stern unserer Herzen und Hoffnungen.

Wenn unsere Freunde aus Virginia zu Besuch kamen, war es ein Vergnügen, eine Kutsche zu nehmen und Tage mit Besichtigungen zu verbringen; das Weiße Haus und das Kapitol zu besichtigen, das Patentamt mit seinen verschiedenen Schätzen; mit Stolz auf die reichen Geschenke von gekrönten Häuptern zu zeigen, die unser verehrter erster Präsident aus Gewissensgründen nicht annahm; zwischen den Steinen um den Sockel des unvollendeten Denkmals umherzugehen und die Inschriften der Staaten zu lesen, die sie schenkten; einen Tag im Smithsonian Institut zu verbringen und unsere Freunde dessen Präsidenten, Mr. Henry, vorzustellen sowie Mr. Spenser Baird und Mr. George, die ihr Leben dem Studium von Vögeln, Tieren und Fischen widmeten – und sie, wie Mr. George noch immer behauptete, „so viel interessanter fanden als Männer", und hastig hinzufügte: „Wir sagen nicht Damen", und dabei errötete, wie es klösterliche Gelehrte tun; interessante Dinge über Mr. George anzudeuten, der ein melancholischer junger Mann war und, wie wir wissen, großen Kummer erlitten hatte.

Washington im Jahr 1845.

Dann die Besuche auf den Galerien des Repräsentantenhauses und des Senatssaals und die Ehre, unseren Freunden aus den ländlichen Gebieten diese großen Männer vorzustellen; das lange Anhören endloser Reden, die wir nicht richtig verstanden, denen wir aber mit der ehrfürchtigen Überzeugung lauschten, dass am Ende alles gut ausgehen würde, dass jeder wirklich für das Wohl seines Landes arbeitete und dass wir dazugehörten und ein Teil von allem waren.

Dies war der Gedanke hinter allen anderen Gedanken, der alles um uns herum verherrlichte, jede glückliche Situation steigerte und uns die wirklichen Unannehmlichkeiten des Lebens in Washington ignorieren ließ: die Kälte, die vereisten Straßen im Winter; die Staubstürme und peitschenden Regenfälle im Frühling; die rasch einsetzende Hitze des Sommers; die raschen atmosphärischen Veränderungen, die uns all diese Extreme in einer Woche oder auch nur einem Tag bescherten, bis es zur Vernunft wurde, nie ohne „Fächer, Mantel und Regenschirm" zu einer Expedition aufzubrechen.

Das gesellschaftliche Leben in Washington war fast so wechselhaft wie das Klima. Am Ende jedes vierten Jahres drehte sich das Kaleidoskop, und siehe da! – ein neues Juwel im Mittelpunkt und neue Farben und Kombinationen in der Umgebung. Doch hinter dieser „wandernden Bevölkerung", wie die politischen Kreise genannt wurden, gab es eine feine Gesellschaft in den Fünfzigern von „alten Einwohnern", die sich von der bunt gemischten Menge der Stellensuchenden abgrenzte. Diese Gesellschaft war sich selbst genug, suchte nie nach Neuem, akzeptierte es aber gelegentlich mit Diskretion, Vorbehalten und viel kritischer Sorgfalt. Die Schwestern Mrs. Gales und Mrs. Seaton, die Frauen der Herausgeber des *National Intelligencer*, leiteten diese Gesellschaft. Mrs. Gales' Haus lag außerhalb der Stadt, und von dort wurde Mr. Gales jeden Tag in seiner Kutsche in sein Büro gefahren. Seine Zeitung war der Vertreter der Old Line Whigs (die Republikanische Partei wurde später gegründet) und stand in strikter Opposition zu den Demokraten. Daher war es eine besondere und unerwartete Ehre für einen Demokraten, mit Mrs. Gales und Mrs. Seaton auf ein Glas Wein und ein Stück Früchtekuchen zum „Cottage" hinauszufahren zu dürfen. Noch nie habe ich erlebt, dass diese Damen sich durch herzliche Gastfreundschaft hervorgetan hätten. Mrs. Gales war eine hübsche Frau und eine ausgezeichnete Gesprächspartnerin. Sie hatte die höfliche Ruhe, die aus Würde und Intelligenz geboren wurde, und eine gewisse Zurückhaltung, die einen auszeichnet. Sie war buchstäblich die rechte Hand ihres Mannes – er hatte seine eigene verloren – und die einzige Person, die seine linke Handschrift entziffern konnte. Wenn also etwas aus seiner Feder kam, wurde es von seiner Frau kopiert, bevor es den Schriftsetzer erreichte. Eine ausgezeichnete Ausbildung für eine intelligente Frau; die allerbeste Schulung für ein gesellschaftliches Leben, das Diplomaten aus dem Ausland, Politiker unterschiedlicher Meinungen, Künstler, Autoren, Musiker und Modedamen einschließt, deren Unterhaltung unendlich viel Taktgefühl, Klugheit und eine intime Kenntnis der spannenden Fragen des Tages erforderte.

Natürlich war bei den für jedermann zugänglichen Empfängen und Festen nichts davon erforderlich. Die Rolle der Gastgeberin bei Staatsanlässen konnte jede Frau mit normaler körperlicher Stärke, Geduld und Selbstbeherrschung, die wusste, wann sie schweigen musste, ehrenhaft übernehmen.

Die Gesellschaft Washingtons war zu der Zeit, von der ich schreibe, verhältnismäßig frei von nicht-offiziellen reichen Männern aus anderen Städten, die, müde von den eintönigen Reisen – an die Riviera, nach Ägypten, nach Monte Carlo –, von der einzigartigen Atmosphäre einer Stadt mit vielen Ausländern angezogen wurden und sich nicht kommerziellen, sondern sozialen und politischen Interessen widmeten. Da die Türen des Weißen Hauses und der Kabinettsbüros gelegentlich für alle offen standen, hatten sie Möglichkeiten, die ihnen in ihren eigenen vier Wänden verwehrt blieben. Die Gesellschaft in Washington in den fünfziger Jahren war insofern besonders interessant, als sie ausschließlich aus Männern bestand, deren Anwesenheit darauf hinwies, dass sie zu Hause von Bedeutung gewesen waren. Sie waren vom Volk gewählt oder vom Präsidenten ausgewählt worden oder aus den besten des Auslands ausgewählt worden, oder sie gehörten der US-Armee oder der Marine an oder waren Nachkommen der erlesenen Gesellschaft, die sich in der frühen Geschichte der Stadt versammelt hatte. [4]

Da ich aus Virginia nach Washington gekommen war, wo jeder Urgroßvater meinen Urgroßvater kannte und wo die Regeln der Etikette nur die der Höflichkeit und der guten Erziehung waren, hatte ich in meinem frühen Leben in Washington viele schwierige Momente, weil ich befürchtete, ich könnte gegen ein Gesetz der Vorrangstellung usw. verstoßen. Ich beriet mich klugerweise mit einer meiner „alten Einwohnerinnen“, und sie gab mir ein paar einfache Regeln, an denen sich die junge Anstandsdame eines sehr jungen Mädchens orientieren könnte: „Meine Liebe“, sagte diese Dame, „meine Liebe, Sie wissen, dass Ihr Mann nicht immer für Sie da sein kann. Es ist ganz angemessen, wenn Sie mit Ihrer Schwester zu Empfängen am Morgen und am Nachmittag gehen. Wenn Sie ankommen, schicken Sie nach dem Gastgeber oder dem Zeremonienmeister, und er wird Sie aufnehmen und vorstellen. Natürlich wird Ihr Mann Sie zu Bällen mitnehmen; wenn er beschäftigt ist, können Sie einfach nicht gehen! Ich denke, Sie täten gut daran, sich die Regel zu machen , unter *keinen* Umständen in Männerkutschen zu fahren. Es gibt hier so viele Ausländer, Sie müssen vorsichtig sein. Sie bringen nie ihre eigenen höfischen Manieren mit nach Washington. Sie orientieren sich an den Menschen, denen sie begegnen. Wenn Sie hochmütig und arrogant sind, werden sie hochmütig und arrogant sein. Wenn Sie freundlich höflich, aber zurückhaltend sind, werden sie es auch sein. Wenn Sie freimütig und ungezwungen über Persönlichkeiten reden, werden sie Ihnen irgendeinen dreisten Skandal auftischen, und nur der Herr weiß, wo das enden wird."

Nun traf es sich, dass ich gerade eine Bitte von einem Franzosen erhalten hatte, der Briefe mitgebracht hatte, in denen er darum bat, Madame und Mademoiselle zu einem Fest in Georgetown begleiten zu dürfen. Wir sollten durch die Allee der blühenden Holzäpfel fahren und uns an einer Quelle zu einem Picknick treffen. Ich habe den Namen unserer Gastgeberin vergessen, aber sie hatte ein lustiges Fest organisiert, einschließlich Musik und Tanz auf der Wiese. Ich hatte diese Einladung und die Begleitung von M. Raoul angenommen und eine Nachricht von ihm erhalten, in der er fragte, zu welcher Stunde er die Ehre haben sollte usw., und ich lief sofort nach Hause und schrieb, dass „Madame sich freuen würde, M. Raoul *à trois heures zu sehen* " – und dass Madame um das Privileg bat, ihre eigenen Pferde benutzen zu dürfen usw. Ich beeilte mich, eine offene Kutsche zu mieten, und gratulierte mir zu meinem geschickten Vorgehen.

Der Nachmittag war herrlich. Monsieur erschien auf der Stelle und wir warteten auf meine Kutsche. Die heiteren Gespanne der anderen Mitglieder der Gruppe fuhren vor und warteten auf uns. Bald darauf kam ein alter, klappriger „Nachtfalke" die Straße entlanggerumpelt, die Schmutz- und Staubnarben vieler Reisen, die Sitze zerschlissen und befleckt, die Pferde mit groben Knochen und rattenzerfressenen Mähnen und Schweifen, das Geschirr mit Stricken festgebunden – das einzige gute Merkmal war der alte Neger auf dem Bock, der trotz seines demütigenden *Gefolges* das Aussehen eines Gentlemans hatte.

Was konnte ich tun? Es war nichts zu machen!

Monsieur übergab mich, ohne eine Miene zu verziehen, übergab meine Schwester, trat selbst ein und sprach während der Fahrt kein Wort. Er führte uns ernst zum Treffpunkt, ging schweigend und ernst mit uns auf dem Gelände umher, brachte uns schweigend und ernst wieder nach Hause.

Mir wurde abwechselnd heiß und kalt und ich hätte vor Scham fast Tränen vergossen. Ich entschuldigte mich nicht – was hätte ich auch sagen sollen? Als ich an meiner eigenen Tür ankam, drehte ich mich um und bat meinen Begleiter hereinzukommen. Er lüftete seinen Hut und sagte mit einem Ausdruck tiefster Niedergeschlagenheit, der von etwas sehr Sarkastischer Bescheidenheit durchzogen war, er hoffe, dass Madame den Nachmittag genossen habe, dankte ihr für die Ehre, die er ihm erwiesen hatte, und bedauerte nur die Enttäuschung des französischen Ministers, des Grafen von

Sarartiges, der Madame nicht mit seiner eigenen Staatskutsche bedienen durfte, die ihm zu Madames Vergnügen zur Verfügung gestellt worden war!

Als er sich abwandte, war mein Verdruss so groß, dass ich beinahe vergessen hätte, meinem Kutscher sein kleines „Trinkgeld" zu geben.

Ich begann: „Oh, Onkel, wie *konntest* du nur?", als er mich unterbrach: „Nun, Mistis, sag nichts; ich wusste, dass dieser alte Leichenwagen nichts für dich war, aber es war kein weiterer Kerl im Stall. Der Boss sagte: ‚Geh, Jerry, und hol sie dir!' – und das habe ich getan! Und ich habe sie auch zurückgeholt!"

Ich habe M. Raoul danach nie wieder gesehen. Es hat keinen Sinn, über verschüttete Milch, zerbrochene Eier, französische Monsieurs oder sogar französische Grafen und Minister zu weinen. Ich reiste bald nach Virginia ab, und die Angst vor einer Begegnung mit M. Raoul linderte mein Bedauern, Washington zu verlassen.

Es tut mir leid, dass ich die brillante Gesellschaft Washingtons in den wenigen Jahren vor dem Bürgerkrieg nicht ausführlich beschreiben kann. Ich habe dies anderswo getan und muss es hier nicht wiederholen. Wären da nicht die Sorgen gewesen, die die spannenden Fragen des Tages hervorriefen, wäre ich vollkommen glücklich gewesen. Ich habe viele Freunde gefunden und gewonnen. Mein Mann wurde geschätzt, meine Kinder waren gesund und munter, mein Zuhause entzückend. Viele der brillanten Männer und Frauen, die sich in Washington versammelten, kannte ich mehr oder weniger gut, und alle waren freundlich zu mir. Präsident Buchanan bemerkte es früh und lud mich ein. „Der Präsident", sagte Mr. Dudley Mann, „bewundert Ihren Mann und wundert sich, warum Sie nicht beim Empfang waren. Er hat mich gebeten, dafür zu sorgen, dass Sie beim nächsten Empfang dabei sind." Einmal wagte ich es, ihm einen Virginia-Schinken mit Anweisungen zum Zubereiten zu schicken. Er sollte über Nacht eingeweicht, drei oder vier Stunden leicht gekocht, im eigenen Saft kalt werden gelassen und dann geröstet werden. Das schien ziemlich einfach, aber der Chefkoch verschmähte es, vielleicht weil es so einfach war. Das Gericht, eine formlose, geleeartige Masse, wurde vor den Präsidenten gestellt. Er nahm Messer und Gabel in die Hand, um dem Gericht Ehre zu erweisen, indem er es selbst zerteilte, sah es hilflos an und rief: „Nehmen Sie es weg! Nehmen Sie es weg! Oh, Miss Harriet! Sie sind eine schlechte Haushälterin! Nicht einmal eine Dame aus Virginia kann Ihnen das beibringen."

Die Glasschalen der Épergne enthielten wundervolle „French Kisses" – fünf Zentimeter große Quadrate aus kristallisiertem Zucker, die in Silberpapier eingewickelt und kunstvoll mit Spitze und künstlichen Blumen verziert waren. Ich war sehr stolz, als der Präsident bei einem Abendessen zu mir sagte: „Madam, ich schicke Ihnen ein Souvenir für Ihre kleine Tochter", und ein Kellner mir eines dieser prachtvollen Dinger reichte. Er hatte mich nach meinen Söhnen gefragt, und ich hatte ihm von meiner Tochter Gordon erzählt, die acht Jahre alt war und bei ihrer Großmutter lebte. „Sie müssen sie zu Miss Harriet bringen“, hatte er gesagt – was ich zu gegebener Zeit auch tat; ein Ereignis, dessen krönender Abschluss ein kariertes Seidenkleid, ein weißer Hut und eine Feder waren, an das sie sich bis heute stolz erinnert. Nachdem sie ordnungsgemäß bei Hofe vorgestellt worden war, war die kleine Dame viel „in der Gesellschaft“ und begleitete mich zu vielen brillanten Nachmittagsveranstaltungen.

Sie hörte den Gesprächen in der Bibliothek ihres Vaters aufmerksam zu, und als einmal ein alter Politiker traurig von einem möglichen Zerfall der Vereinigten Staaten sprach, überraschte und erfreute sie ihn, indem sie ihre Hand in seine legte und sagte: „Macht nichts! ‚Vereinigt‘ bedeutet genauso gut ‚Ungebunden‘“ – *ein kleiner Spruch*, den sie sich noch lange danach merkte und wiederholte.

Interessant war die Ankunft der ersten japanischen Botschaft in Washington, die dieses Land besuchte. Ganz Washington war verrückt nach diesem Ereignis. Ich habe an anderer Stelle von meinem kindischen Verhalten bei dieser Gelegenheit erzählt – als ich, da ich nicht viel Verstand hatte, das wenige verlor, das ich hatte. Da ich bereits durch ehrliches Geständnis für die Gesundheit meiner Seele gesorgt hatte, muss ich es hier nicht wiederholen. Ich war nervös, dass die japanischen Würdenträger mich als die überschwängliche Dame erkennen könnten, die sie *unterwegs getroffen hatte* , aber ich vermied es sorgfältig, in ihrer Gegenwart den Hut und das Gewand zu tragen, die sie gesehen hatten, und wenn sie sich erinnerten, ließen sie es sich nicht anmerken.

Washington verlor *den* Kopf! Es war etwas Lächerliches in seinem Verhalten. Es wurden so viele Feste für die Japaner veranstaltet, so viele Abendessen, so viele Empfänge, dass wir es satt hatten, ihnen beizuwohnen. „Ich weiß nicht, warum wir hierhergekommen sind“, sagte ein Senator zum anderen; „im Repräsentantenhaus wird überhaupt nichts getan.“ „ *Ich* weiß“, antwortete sein Freund ; „wir sind hierhergekommen, um die Japaner bei Tisch zu bedienen.“

Am Ende eines der Bälle, die sie veranstalteten, hatte ich mich an die Tür eines Vorzimmers gesetzt, während mein Mann auf der Straße um seine Kutsche kämpfte. Auf der anderen Seite des Raumes wartete Miss Lane mit ihrer Gesellschaft ebenfalls. Ein junger Mann, den ich in der Gesellschaft gesehen hatte, dessen Namen ich aber nicht gehört hatte, kam auf mich zu und begann eine Ansprache voller zärtlicher Anteilnahme für meine vernachlässigte Stellung – so jung, so schön, so unschuldig! Oh, wo, wo war der Schurke, der mich beschützen sollte? Warum, warum konnte ich nicht jemandem gegeben werden, der mich hätte wertschätzen können – dessen

Leben und Seele mir gehört hätten, und mehr in derselben Art und Weise. Ich rief nicht, gemäß den Bühnenregeln, „Lass mich los, Schurke!" Zuerst tat ich so, als ob ich nichts gehört hätte, aber schließlich stand ich auf, durchquerte den Raum und gesellte mich zu Miss Lane. Sie hatte nichts gehört, und ich hielt den Vorfall, obwohl neuartig und höchst ärgerlich, nicht für wichtig genug, um ihn zu untersuchen. Ich kannte ihn nicht, es bestand kein Bedarf für eine Untersuchung – kein Ruf nach Pistolen und Kaffee.

Ein paar Tage später sah ich ihn wieder auf der Gartenparty des Barons von Limbourg. Ich hatte mit Lord Lyons und dem Prinzen von Joinville auf Miss Lane angestoßen, den berühmten „Rosé"-Wein gespendet, der tausend Dollar pro Tropfen kostet, und wartete wieder im Foyer auf meine Kutsche, als mein potenzieller Verfechter wieder auf mich zukam. „Mrs. Pryor", sagte er in ruhigem, gemessenem Ton, „ich bin Leutnant …. Ich bin mir absolut sicher, dass Sie meiner Bitte nachkommen werden. Nehmen Sie meinen Arm und gehen Sie mit mir zu Miss Lane." Ich erriet sofort seine Absicht. Er ging auf Miss Harriet zu und sagte reumütig: „Miss Lane, Sie waren Zeugin meines Eindringens bei Mrs. Pryor neulich Abend und ihrer außerordentlichen Nachsicht. In Ihrer Gegenwart bitte ich sie demütig um Verzeihung." Der arme Kerl hatte General Cass' Weine als zu stark für sich empfunden. Er hatte „den Kopf verloren" – das war alles. Ich kannte jemanden, dessen Kopf ohne General Cass' erlesene Weine nicht immer ein sicherer Ort gewesen war. Die liebe Miss Lane, die durch ihren Wohnsitz am Hof von St. James so gut für ihre hohe Position gerüstet war, hatte damals und immer nur Freundlichkeit für die Frau des jungen Kongressabgeordneten aus Virginia übrig. Jahre später, als wir beide graue Köpfe hatten, sprachen wir miteinander über diese amüsanten kleinen Ereignisse in unserem Leben in Washington.

Die Erinnerung bleibt bei den wunderbaren Freunden, die mein Leben in Washington schön machten: Miss Lane, Mrs. Douglas, Lady Napier, Mrs. Horace Clarke (*geb.* Vanderbilt), die reizende Mrs. Cyrus H. M'Cormick, Mrs. Yulee, die Ritchies, die Masons, die Familie von Sekretär Cass, Mrs. Canfield, Mrs. Ledyard und meine allerliebste Lizzie Ledyard. Ach! Sie waren charmant und freundlich! Selbst nachdem die sozialen Grenzen zwischen Nord und Süd streng gezogen worden waren, hatte ich das Glück, meine Freunde aus dem Norden zu behalten. All das erinnere ich mich gern zurück und würde es gerne noch einmal aufschreiben, wenn ich *zweimal* Zeit für soziale Aufzeichnungen hätte. Ich kann auch nicht innehalten, um mehr zu tun, als auf den Geist des 36. Kongresses hinzuweisen, auf die Kämpfe, Beschimpfungen, maßlosen Reden und ehrlichen Bemühungen der weisen Mitglieder.

Die Nominierung von Lincoln und Hamlin auf rein regionaler Grundlage erregte im ganzen Land eine solche Aufregung, dass sich Senat und

Repräsentantenhaus ganz den Reden über die Lage des Landes widmeten. Aus heutiger Sicht erscheinen viele dieser Reden als hochtrabende Äußerungen von Patrioten, die sich gegenseitig um Nachsicht anflehten. Andere erschöpften den Wortschatz derber Beschimpfungen. „Niggerdieb", „Sklaventreiber" waren keine ungewöhnlichen Worte. Andere wiederum waren, obwohl weniger roh, nicht weniger beleidigend. Zeitungen berichteten nicht mehr von einer ruhigen, überzeugenden, logischen oder eloquenten Rede – dies waren zahme Ausdrücke. Die jetzt gebräuchlichen Ausdrücke waren: „ein Schwall beißender Beschuldigungen", „vernichtender Sarkasmus", „vernichtende Beschimpfung", während die Augen des Redners „vor Verachtung und Empörung glühten". Junge Abgeordnete ignorierten die Begrüßung alter Senatoren. Mr. Sewards Lächeln nach einer solchen Abfuhr war zum Verrücktwerden! Er ließ sich keine Gelegenheit für eine verächtliche Anspielung entgehen. Mein Mann war wahrscheinlich der erste Kongressabgeordnete, der „Grau" trug, ein Anzug aus heimischem Stoff, der ihm von seinen Wählern geschenkt worden war. Sofort sagte ein Mitglied aus dem Norden in einer Ansprache zur Lage des Landes: „Virginia sollte, statt sich in Schafwolle zu kleiden, besser ihr angemessenes Gewand aus Sackleinen und Asche anlegen." In pathetischem Kontrast zu diesen Szenen standen die rosigen, engelsgleichen kleinen Pagen in weißen Blusen und Batistkragen, die hin und her huschten und mit lächelnden Gesichtern dynamische Notizen und Botschaften von einem Abgeordneten zum anderen brachten. Sie repräsentierten die Zukunft, die diese Herren zu zerstören versuchten – denn viele dieser Jungen waren Söhne von Südstaatenwitwen, die selbst jetzt, unter dem freundlichsten Himmel, ein Leben voller Angst und Kampf führten. Die Frauen Washingtons waren völlig beunruhigt und drängten sich in den Galerien des Repräsentantenhauses und des Senatssaals. Vom Morgen bis zur Stunde der Vertagung saßen wir wie gebannt da und schauten zu, wie einer nach dem anderen das grelle Bild der Trennung und des Krieges zeichnete.

Als mein Mann an der Reihe war, über „den Zustand des Landes" zu sprechen, bat er um eine friedliche Lösung unseres Streits. „Krieg", drängte er, „Krieg bedeutet Witwen und Waisen." Der Ton seiner Rede war ganz auf Frieden ausgerichtet. Er richtete einen edlen Appell an den Norden, Zugeständnisse zu machen. Er prophezeite (dem Träumer), dass der Süden niemals durch Waffengewalt unterworfen werden könne! Meine Freunde aus dem Norden gratulierten mir sofort zu seiner Rede über „den Zustand des Landes" und lobten sie mit großzügigen Worten als „ruhig, frei von Beschimpfungen, eloquent im Plädoyer für Frieden und Nachsicht".

Am Abend nach dieser Rede saßen wir in der Bibliothek im ersten Stock unseres Hauses, als es an der Tür klingelte. Die Dienerschaft befand sich in einem entfernten Teil des Hauses, und wir waren so aufgeregt, dass ich zur

Tür rannte und selbst klingelte. Es schneite stark, eine Kutsche stand vor der Tür, aus der ein Haufen Schals und Wollschals hervorkam. Als wir eintraten, begann ein Diener das Bündel aufzuwickeln, das sich als Außenminister General Cass herausstellte! Wir wussten nicht, was wir davon halten sollten. Er war siebenundsiebzig Jahre alt. Jeden Abend um neun Uhr wickelte ihn seine Tochter, Mrs. Canfield, in Flanell und brachte ihn ins Bett. Was hatte ihn um Mitternacht aus dem Haus geführt? Sobald er eingetreten war, rief er, bevor er sich hinsetzte: „Mr. Pryor, ich höre schon lange von einer Sezession – und ich wollte nicht darauf hören. Aber jetzt habe ich Angst, Sir, ich habe Angst! Ihre Rede heute im Repräsentantenhaus gibt mir etwas Hoffnung. Mr. Pryor! Ich habe den Ohio überquert, als ich sechzehn Jahre alt war, mit nur einem Hungerlohn in der Tasche, und diese glorreiche Union hat mich zu dem gemacht, was ich bin. Ich bin von meinem Bett aufgestanden, Sir, um Sie anzuflehen, alles in Ihrer Macht Stehende zu tun, um die Katastrophen abzuwenden, die unser Land mit Ruin bedrohen.“

Wir hatten diese ernste Warnung unseren Freunden aus dem Süden mitzuteilen, die sich viele Abende lang in unserer Bibliothek versammelten: RMT Hunter, Muscoe Garnett, Porcher Miles, LQC Lamar, Boyce, Barksdale aus Mississippi, Keitt aus South Carolina, vielleicht mit einigen Besuchern aus dem Süden. Dann würde Susan ihre Feuer anzünden und uns die Art von Austern zeigen, die ihren „eigenen weißen Leuten“ schmecken würden, und James würde Zitronen und heißes Wasser mit einer erlesenen Marke alten Kentucky bringen.

Dies waren keine geselligen Zusammenkünfte. Diese Männer hielten besorgte Beratungen über den Zustand des Landes ab – die wahre Bedeutung und Absicht des Nordens, den halbgläubigen Plan von Richter Douglas, den Territorien zu gestatten, die heikle Frage der Sklaverei innerhalb ihrer Grenzen selbst zu regeln, das Recht auf friedliche Sezession. Die Morgendämmerung fand sie immer wieder mit nur einer Schlussfolgerung – sie standen zusammen: „ *Unum et commune periclum una salus!* “ Aber Holbeins Gespenst war bereits hinter der Tür und hatte seine Männer gezeichnet! In wenigen Monaten die schnelle Kugel für einen Enthusiasten; für einen anderen (den am wenigsten Beachteten von allen) ein glorreicher Tod auf den Mauern eines schwer erkämpften Bollwerks – er war der Erste, der seine Fahnen und den Siegesschrei erhob; für nur einen oder zwei oder drei war dieser zweifelhafte Segen der Existenz nach dem Ende des Kampfes; für *alle* Überlebenden Erinnerungen, die die nächsten vier Jahre wie die Summe des Lebens erscheinen ließen – das einzig wahre Leben – neben dem die kommenden Jahre nur ein unruhiger Traum sein würden.

Die lange Sitzung endete erst im Juni, und im Vormonat wurde Abraham Lincoln von der Republikanischen Partei zum Präsidentschaftskandidaten gewählt. Stephen A. Douglas war der Kandidat der Demokraten. Auch der

Süden und die „Old Line Whigs" benannten ihre Männer. Die Worte „unbezwingbarer Konflikt" wurden im darauffolgenden Wahlkampf häufig verwendet.

Als Urheber dieser Worte wurde stets Mr. Seward bezeichnet. Ihr wirklicher Ursprung liegt in der Ansprache von Mr. Lincoln, die er im September 1859 in Cincinnati, Ohio, hielt. Auf Seite 262 des 1860 von Follett, Foster und Company veröffentlichten Bandes mit dem Titel „Politische Debatten zwischen dem ehrenwerten Abraham Lincoln und dem ehrenwerten Stephen A. Douglas" findet sich der folgende Auszug aus der Rede von Mr. Lincoln:

"Ich habe zu Beginn dieser Bemerkungen darauf hingewiesen, dass Richter Douglas sich heftig darüber beschwert hat, dass ich die Meinung geäußert habe, diese Regierung könne ‚halb Sklaven und halb Freie nicht dauerhaft dulden'. Er hat sich über Seward beschwert, weil er eine andere Sprache verwendet und erklärt hat, es gebe einen ‚ununterdrückbaren Konflikt' zwischen den Prinzipien der freien und der Sklavenarbeit. [*Eine Stimme* : „Er sagt, das stammt nicht von Seward. Das stammt von Lincoln."] Ich werde mich sofort darum kümmern, Sir. Seitdem hat Hickman aus Pennsylvania dieselbe Meinung geäußert. Er hat Herrn Hickman nie angeprangert; warum? Es besteht trotz dieser Meinung aus Hickmans Mund eine kleine Chance, dass er dennoch ein Douglas-Mann sein könnte. Das ist der Unterschied! Es ist nicht unpatriotisch, diese Meinung zu vertreten, wenn jemand ein Douglas-Mann ist.

"Aber weder ich noch Seward noch Hickman haben Anspruch auf die beneidenswerte oder nicht beneidenswerte Ehre, diese Idee als Erster geäußert zu haben. Dieselbe Idee wurde 1856 vom *Richmond Enquirer* in Virginia geäußert, also zwei Jahre bevor sie von dem Ersten von uns geäußert wurde. Und während Douglas sich damit brüstete, dass er in seinem Konflikt mit meiner Wenigkeit im letzten Jahr diese fatale Ketzerei, wie er es gern nannte, ‚ausgelöscht' hätte, und meinte, wenn er nur die Chance gehabt hätte, in New York zu sein und Seward zu treffen, hätte er sie auch dort ‚ausgelöscht', kam es ihm nie in den Sinn, ein Wort gegen Pryor zu verlieren. Ich glaube nicht, dass Sie feststellen können, dass Douglas jemals davon gesprochen hat, nach Virginia zu gehen, um diese Idee dort ‚auszulöschen'. Nein. Mehr als das. Derselbe Roger A. Pryor wurde nach Washington City gebracht und zum Herausgeber der Douglas-Zeitung *par excellence ernannt* , nachdem er diesen Ausdruck verwendet hatte, der in uns so unpatriotisch und ketzerisch ist."

Am 6. November 1860 wurde Lincoln zum Präsidenten der Vereinigten Staaten gewählt. Am darauffolgenden 20. Dezember erfuhren wir, dass South Carolina aus der Union ausgetreten war. Als die Nachricht eintraf, waren wir alle gerade bei der Hochzeit von Mr. Bouligny und Miss Parker. Die

Zeremonie hatte bereits stattgefunden und ich stand hinter dem Stuhl des Präsidenten, als ein Tumult im Saal seine Aufmerksamkeit erregte. Er sah mich über die Schulter an und fragte, ob ich annehme, dass das Haus brenne.

„Ich werde den Grund erfragen, Herr Präsident", sagte ich. Ich ging zur nächsten Tür hinaus und dort in der Eingangshalle fand ich Herrn Lawrence Keitt, Abgeordneter aus South Carolina. Er sprang in die Luft, schüttelte ein Blatt Papier über seinem Kopf und rief: „Gott sei Dank! Oh, Gott sei Dank!" Ich packte ihn und sagte: „Herr Keitt, sind Sie verrückt? Der Präsident hört Sie und möchte wissen, was los ist."

„Oh!", rief er, „South Carolina hat sich abgespalten! Hier ist das Telegramm. Ich komme mir vor wie ein Junge, der von der Schule geworfen wurde."

Ich kam zurück, beugte mich über Mr. Buchanans Stuhl und sagte leise: „Es sieht so aus, Herr Präsident, dass South Carolina aus der Union ausgetreten ist. Mr. Keitt hat ein Telegramm." Er sah mich einen Moment lang sprachlos an. Er ließ sich zurückfallen, umklammerte die Armlehnen seines Stuhls und flüsterte: „Madam, darf ich Sie bitten, meine Kutsche rufen zu lassen?" Ich traf seinen Sekretär und schickte ihn ohne Erklärung hinein, und ich selbst sah, dass seine Kutsche vor der Tür stand, bevor ich wieder ins Zimmer kam. Dann fand ich meinen Mann, der bereits mit Mr. Keitt in die Enge getrieben war, und wir riefen unsere eigene Kutsche und fuhren zu Richter Douglas. An Braut, Bräutigam, Hochzeitstorte oder Hochzeitsfrühstück war nicht mehr zu denken.

Dies war das gewaltige Ereignis, das unser aller Leben verändern sollte: es tauschte Reichtum gegen Armut, Stärke und Gesundheit gegen Verstümmelung und Wunden, Ehre und Auszeichnung gegen Unbekannt und Erniedrigung, ererbte Häuser und Freunde gegen Exil und Einsamkeit, Glück und Leben gegen Schmerz und Tod.

Man befürchtete, die Amtseinführung des neuen Präsidenten könnte Anlass zu Aufständen oder gar Gewalt sein. Uns Südstaatlern wurde geraten, Frauen und Kinder aus der Stadt zu schicken. Ich packte hastig meine persönlichen Sachen und meinen Hausrat zusammen, damit sie mir nachgeschickt werden konnten, und nahm meine kleinen Jungen mit ihrer treuen Amme Eliza Page mit an Bord des Dampfers nach Acquia Creek. Ich blieb an Deck, so lange ich die Kuppel des Kapitols sehen konnte, und trat dann meine Heimreise an. Mein Mann blieb zurück und behielt seinen Sitz im Kongress bis zur Amtseinführung von Herrn Lincoln. Er beschrieb mir diesen traurigen Tag, der sich so sehr von der glücklichen Amtseinführung von Herrn Pierce unterschied: „Über allem schwebten ein Schatten und eine Angst." Jeder war davon bedrückt, und niemand mehr als der zum Untergang verurteilte Präsident selbst.

Wir trafen uns einige Wochen später im Haus unseres Vaters in Petersburg wieder. Und binnen kurzer Zeit war aus meinem jungen Kongressabgeordneten mein junger Oberst geworden - und außerdem Kongressabgeordneter, denn gleich nach Virginias Sezession wurde er in den provisorischen Kongress der Konföderierten Staaten von Amerika gewählt und von Gouverneur Letcher zum Oberst ernannt.

Wir verabschiedeten uns von den schönen Tagen, den Bällen (manchmal drei an einem Abend), den Besuchen, den Empfängen, den bezaubernden „Zuhause"-Treffen. Die untergehende Sonne eines solchen Tages sollte sich auf goldene Wolken betten, strahlende Vorboten eines Morgens voller Schönheit und Glück. Ach, ach! „Wen die Götter zerstören, den betören sie zuerst."

Das Schicksal Virginias entschied sich am 15. April, als Präsident Lincoln Truppen zur Unterwerfung der abtrünnigen Südstaaten forderte. Die Stimmung von Gouverneur Letcher aus Virginia war genau im Einklang mit der Stimmung, die Gouverneur Magoffin aus Kentucky auf einen ähnlichen Aufruf zur Aufstellung einer Staatsmiliz antwortete: „Kentucky wird keine Truppen für den niederträchtigen Zweck stellen, seine Schwesterstaaten im Süden zu unterwerfen!" Bis zu diesem Aufruf des Präsidenten war Virginia einer Sezession äußerst abgeneigt, und obwohl es der Ansicht war, es liege in seinem Recht, die Union zu verlassen, wollte es sich nicht verpflichten, den Konföderierten Südstaaten beizutreten. Virginia war das Land der Virginianer. Die einfachen Leute pflegten von ihr als „Die alte Mutter" zu sprechen – „die Mutter von uns allen", eine Mutter, die so geehrt und geliebt wurde, dass ihre Kinderschar edel und treu sein musste.

Ihre Söhne hatten sie nie vergessen! Sie hatte in der Revolution ehrenhaft gekämpft und später zum Wohle der Allgemeinheit ihr großartiges Territorium aufgegeben. Hätte sie dieses riesige Herrschaftsgebiet behalten, hätte sie jetzt allen anderen Staaten Vorschriften machen können. Sie gab es aus reinem Patriotismus auf – damit die Brüderlichkeit bestehen konnte, die ohne Gleichheit nicht existieren konnte – und indem sie es aufgab, behielt sie sich das Recht vor, aus der Konföderation auszutreten, wann immer sie es für ihr eigenes Wohl für zweckmäßig hielt. Es gab führende Geister, die dachten, die Stunde sei gekommen, in der sie ihr Recht einfordern könnte. Sie stand nicht auf einer Stufe mit den anderen Staaten der Union. „Virginia, New York und Massachusetts hatten sich ausdrücklich das Recht vorbehalten, aus der Union auszutreten, und lehnten ausdrücklich das Recht oder die Macht ab, der Nachwelt durch irgendeine Regierungsform die Hände zu binden." [5]

Eine starke Partei war die „Union Party", die entschieden gegen die Sezession war und bereit war, das Risiko einzugehen, innerhalb der Union für die Rechte des Staates zu kämpfen. Dieser Geist war so stark, dass jeder Hinweis auf eine Sezession mit wütender Missachtung beantwortet wurde. Ein presbyterianischer Geistlicher hatte in seiner Morgenpredigt eine Andeutung gewagt, dass Virginia seine Söhne zur Verteidigung brauchen könnte, als ein grauhaariger Ältester die Kirche verließ, sich an der Tür umdrehte und „Verräter!" rief. Dies geschah in Petersburg, in der Nähe des Geburtsorts von General Winfield Scott.

Und noch eine andere Partei war die enthusiastische Sezessionspartei, die entschlossen war, Zwang zu widerstehen; die Männer, die nichts Gutes vom Norden glauben konnten, sollten die Interessen dieses Teils mit denen des Südens kollidieren; die den bittersten Groll über all die Hohngelächter und Beleidigungen im Kongress hegten; die wie die anderen ihren eigenen Staat verehrten und bereit und willens waren, zu seiner Verteidigung zu sterben. Seltsamerweise war dies der vorherrschende Geist im ganzen Land, in ländlichen Gebieten ebenso wie in den Kleinstädten und den größeren Städten. Er schien auf einmal in jeder Brust geboren zu werden, sobald Lincoln die Soldaten forderte.

Als bekannt wurde, dass eine Mehrheit der Virginia Convention gegen einen Austritt des Staates aus der Union war, waren die Sezessionisten sehr beunruhigt; denn sie wussten, dass die Baumwollstaaten ohne die Grenzstaaten, deren Anführer Virginia war, schnell vernichtet würden. Sie waren sich jedoch absolut sicher, dass sich Virginia im Falle tatsächlicher Feindseligkeiten mit seinen südlichen Verbündeten vereinigen würde. Dementsprechend wurde beschlossen, die Regierung in Montgomery durch Volksdruck zu einem Angriff auf Fort Sumter zu bewegen. Zu diesem Zweck ging mein Mann nach Charleston und hielt vor einem riesigen und begeisterten Publikum eine äußerst leidenschaftliche und heftige Rede, in der er die Südstaatentruppen aufforderte, „einen Schlag zu führen", und ihnen versicherte, dass Virginia im Falle eines Konflikts „innerhalb einer Stunde nach der Shrewsbury-Uhr" austreten würde. Der Schlag wurde ausgeführt; Mr. Lincoln forderte Virginia auf, eine Truppenquote zu stellen, um den Aufstand niederzuschlagen, und der Staat erließ sofort eine Sezessionsverordnung. Hier ist im Wesentlichen die Charleston-Rede meines Mannes, wie sie damals in der *New York Tribune berichtet wurde* :

"Mr. Roger A. Pryor, von Zeitungen in South Carolina als der 'beredte junge Tribun des Südens' bezeichnet, wurde am Mittwochabend in Charleston ein Ständchen dargeboten. Als Antwort auf das Kompliment machte er einige Bemerkungen, unter anderem die folgenden: 'Meine Herren, was mich betrifft, wenn Abraham Lincoln und Hannibal Hamlin morgen ihr Amt niederlegen und mir ein leeres Blatt Papier geben würden, auf das ich die Bedingungen für den Wiederanschluss an die Union schreiben könnte, würde ich das Privileg verachten, die Bedingungen zu Papier zu bringen. [

Beifall.] Und warum? Weil unsere Beschwerde sich nicht auf die Unzulänglichkeit der Garantien bezieht, sondern auf die unsägliche Niedertracht der Garantiegeber; und da sie die Bestimmungen der alten Verfassung nicht erfüllen würden, werden sie noch weniger die Garantien einer besseren Verfassung umsetzen, die die Interessen des Südens berücksichtigt. Deshalb fordere ich Sie auf, jegliche Idee einer Rekonstruktion nicht zu unterstützen. [*Eine Stimme* : "Wir beabsichtigen nicht, so etwas zu tun."] Es ist die Angst vor dem, was uns in Virginia in Verlegenheit bringt, denn alle dort sagen, wenn wir vor das Dilemma einer Alternative gestellt werden, werden sie die Sache des Südens gegen die Interessen der Nordstaaten unterstützen. Wenn Sie irgendwelche Ideen für einen Wiederaufbau haben, bete ich, dass Sie sie zunichte machen. Verkünden Sie der Welt, dass South Carolina unter keinen Umständen in politischer Verbindung mit den Nordstaaten bleiben wird. Seit ich in Charleston bin, weiß ich, dass es in dieser großen Notlage gewisse Befürchtungen gegenüber Virginia gibt. Nun spreche ich nicht offiziell für Virginia; ich wünschte bei Gott, ich täte es, denn ich würde es vor Mitternacht heute Abend aus der Union werfen. [*Gelächter.*] Aber ich bitte Sie, Ihre Befürchtungen hinsichtlich der alten Mutter der Präsidenten beiseite zu legen. Geben Sie der alten Dame Zeit. [*Gelächter.*] Sie kann sich nicht mit der Behändigkeit einiger der jüngeren Töchter bewegen. Sie ist ein wenig rheumatisch. Denken Sie daran, dass man ihr verzeihen muss, dass sie den Erfordernissen der Opposition im Pan Handle von Virginia etwas nachgegeben hat. Denken Sie an die Mitglieder des Konvents, denen sie ihr Schicksal anvertraute. Aber mit diesen Vorbehalten versichere ich Ihnen, dass Virginia mit derselben Sicherheit, wie die Sonne morgen über uns aufgehen wird, Mitglied der Südstaaten-Konföderation sein wird. Wir werden sie aufnehmen, *wenn Sie nur einen Schlag ausführen* . [*Beifall.*] Ich sage nichts, um einen Einfluss auf die militärischen Operationen Ihrer Behörden zu haben, denn ich weiß nicht mehr darüber als eine alte Jungfer. Ich wiederhole nur: Wenn Sie möchten, dass Virginia auf Ihrer Seite ist, *führen Sie einen Schlag aus* !'"

Die Wirkung der Rede bestand jedoch nicht nur darin, dass Virginia die Sezessionsverordnung annahm. Sie löste auch den Angriff auf Sumter aus und hatte noch eine weitere, heute kaum bekannte Folge.

Man muss bedenken, dass die Republikanische Partei, als nur South Carolina austrat, mit Zustimmung des gewählten Präsidenten dem Süden einen Kompromiss in folgender Form angeboten hatte: „Die Verfassung darf niemals so geändert werden, dass der Kongress die Sklaverei in den Staaten abschaffen oder beeinträchtigen kann." [6] Natürlich würde sich kein Südstaat einem Vorschlag widersetzen, der die Sklaverei zum ersten Mal zu einer Institution unter Bundesschutz stellte *und* ihr ewiges Bestehen in den

Sklavenhalterstaaten garantierte. Ebenso offensichtlich war es, dass ein von Lincoln und der gesamten Republikanischen Partei unterstützter Vorschlag in jedem Nordstaat Erfolg haben würde. Die bloße Schwebe eines solchen Angebots hätte also, wenn es nicht durch einen feindseligen Akt zwischen den ausgetretenen Staaten und der Bundesregierung verhindert worden wäre, die Grenzstaaten mit Sicherheit an die Union gebunden und das Scheitern der Sezessionsbewegung sichergestellt.

Wäre der Angriff auf Sumter nicht im entscheidenden Moment erfolgt, hätte sich der republikanische Kompromiss, wie bereits angedeutet, durchgesetzt und die Sklaverei wäre in die Verfassung aufgenommen und dem Land unwiderruflich aufgezwungen worden – außer durch eine Revolution oder den freiwilligen Verzicht des sklavenhaltenden Südens auf seine geliebten Interessen. Die letztere Alternative ist eine unvorstellbare Möglichkeit; und daher würde die Sklaverei heute als anerkannte Institution der Republik existieren, wenn es nicht den „Schlag" gegeben hätte, der Feindseligkeiten auslöste und eine friedliche Lösung verhinderte.

Ich behaupte nicht, dass dieser Vollzug vom Sezessionisten Virginias gewünscht oder erwartet worden sei, sondern behaupte nur, dass er „besser baute, als er wusste", und dass die Nation ohne seine Tat heute nicht frei vom Vorwurf der Sklaverei wäre.

KAPITEL XVIII

Die „offensichtliche Tat", auf die alle warteten, war in Wirklichkeit die Verstärkung des Forts im Hafen von Charleston durch Bundestruppen gewesen. Als Fort Sumter von Beauregard eingenommen wurde, „ging der Kampf los". Mein Mann wurde zusammen mit anderen Herren von General Beauregard beauftragt, die Übergabe des Forts zu fordern und im Falle einer von ihm erwarteten Weigerung den Kommandanten der Batterie, Johnson, anzuweisen, das Feuer zu eröffnen. Als der Befehl dem Kommandanten überbracht wurde, forderte er meinen Mann auf, den ersten Schuss abzugeben; diese Ehre lehnte mein Mann jedoch ab und schlug stattdessen den ehrwürdigen Edmund Ruffin, einen überzeugten Sezessionisten, für diesen Dienst vor. Damals herrschte der Eindruck vor, dass Herr Ruffin „die erste Waffe abgefeuert" habe; jedenfalls feuerte er für ihn die letzte ab; denn als er von Lees Kapitulation hörte, tötete er sich wie Cato selbst.

Fort Sumter wurde am 12. April eingenommen und Virginia befand sich in einem Zustand wilder Aufregung und Verwirrung. Am 23. Mai ratifizierte Virginia eine Sezessionsverordnung und am frühen Morgen des 24. Mai überquerten die Bundessoldaten unter dem Virginianer General Winfield Scott den Potomac River und besetzten Arlington Heights und die Stadt Alexandria. „Die Invasion Virginias, die Verschmutzung seines heiligen Bodens", wie es genannt wurde, rief eine energische Proklamation seines Gouverneurs und einen Wutschrei seiner Presse hervor. General Beauregard erließ eine heftige Proklamation, die die Herzen der Virginianer vor Empörung entflammen ließ. „Ein rücksichtsloses und gewissenloses Heer", erklärte er, „ist in Ihren Boden eingedrungen", usw. Virginia brauchte keinen solchen Anreiz. Das Erste, Zweite und Dritte Virginia-Infanterieregiment wurden sofort in Dienst gestellt und mein Mann war Oberst des Dritten Virginia-Infanterieregiments. Er wurde mit seinem Regiment nach Norfolk beordert, um die Küste zu schützen. Ich war stolz auf seinen Oberstposten und sehr aufgeregt, weil er keine Schulterklappen hatte. Ich nahm mir vor, sie selbst zu sticken. Wir hatten uns damals noch nicht für den Stern als Abzeichen unserer Obersten entschieden, und ich nahm an, dass er den Adler tragen würde wie alle Obersten, die ich je gekannt hatte. Es gab keine Stickbänder, aber ich kaufte schwere Fransenbänder, schnitt sie in Längen und machte Adler, wahrscheinlich von einer ausgestorbenen Art, denn solche waren zu Audubons Zeiten unbekannt und wurden seitdem nicht mehr entdeckt. Sie wurden jedoch akzeptiert, bewundert und, was noch schlimmer ist, getragen.

Mein Entschluss war gefasst. Ich widerstand standhaft allen Bitten meiner Freunde und beschloss, dem Regiment meines Mannes durch den Krieg zu folgen. Ich fragte ihn nicht um Erlaubnis. Ich wollte ihm keine

Schwierigkeiten machen. Ich wollte nur seinen Kranken und Verwundeten helfen. Ich machte mich daran, eine Lagerausrüstung vorzubereiten – einen Feldofen mit rotierendem Kamin, Bettzeug, das je nach Bedarf mit Stroh, Heu oder Blättern gefüllt werden sollte, und eine Lagerkiste mit Blechgeschirr, starken Decken usw. Ein Zelt konnte man immer von Major Shepard, unserem Quartiermeister, bekommen . Bald kam die Nachricht, dass die Dritte Virginia nach Smithfield beordert worden war. McClellan blickte zur Halbinsel und Generalmajor Joseph E. Johnston behielt McClellan im Auge.

Als ich mich auf das begab, was mein Vater meine „vergebliche Suche" nannte, fand ich das Land buchstäblich voller Truppen. Der Zug, mit dem ich reiste, wurde immer wieder abgeschaltet, um ihnen die Durchfahrt zu ermöglichen. Meine kleinen Jungs hatten die beste Zeit ihres Lebens, jubelten den Soldaten zu und machten den ganzen Tag über in kurzen Abständen Picknicks. Aber kaum hatte ich Smithfield erreicht, als die guten Leute der Stadt mir gewaltsam meine Lagerausrüstung abnahmen, sie einlagerten und mich in einem Privathaus mit großem Komfort unterbrachten. Mein Oberst verließ mich bald, um zusammen mit dem ehrenwerten William C. Rives und anderen unserer alten Freunde seinen Sitz im Kongress der Konföderierten einzunehmen. Ich blieb allein in Smithfield zurück, nicht *la fille du régiment* , sondern *la mère* ! Ich hörte täglich von allen kranken Männern in den Winterquartieren und kümmerte mich um sie, so gut ich konnte. Das Lager faszinierte mich. Malerische Hütten waren aus Kiefernholz mit Rinde gebaut, und auf Lichtungen hier und da brannten ständig helle Feuer aus dem harzigen Holz. Ich kannte viele der Offiziere und erfuhr von ihnen bald, dass der tödliche Feind zu Hause mehr zu fürchten war als der Feind vorn. Smithfield war bekannt für seinen Virginia-Schinken, seinen feinen Fisch, seine Meeräschen, die in das Boot des Fischers sprangen, während er träge seine Dornenwurzel genoss, und seine großen, süßen „Yams", wie die rote Süßkartoffel genannt wurde. Es war auch bekannt für den hervorragenden Brandy. Mein Oberst erließ strenge Anweisungen, dass seinen Soldaten keine berauschenden Getränke verkauft werden sollten. Jeder Mann, der auf Urlaub in die Stadt ging, wurde bei seiner Rückkehr kontrolliert. Aber betrunkene Männer machten im Lager Ärger, und es stellte sich heraus, dass Brandy in den Läufen der Musketen und in ausgehöhlten Yamswurzeln geschmuggelt wurde, die unschuldig auf dem Boden von Körben lagen.

Daraufhin herrschte eines Morgens in Smithfield Aufruhr. Die Neger kreischten und rannten mit Eimern umher, die gefüllt werden mussten, und betrunkene Schweine stolperten durch die Straßen. Ein Trupp Soldaten war aus dem Lager abkommandiert worden, hatte alle Läden betreten und den Inhalt aller Fässer in die Gossen geleert. Im Lager hatte es eine Schlägerei unter Betrunkenen gegeben, und ein Soldat hatte einen anderen getötet!

Der Soldat wurde verhaftet und eingesperrt. Später wurde der Gefangene vor Gericht gestellt und freigesprochen – sein eigener Oberst argumentierte zu seiner Verteidigung – und völlig ernüchtert wurde er ein guter Soldat. Das schnelle Handeln des befehlshabenden Offiziers war heilsam. Es gab keinen weiteren Ärger – keine mit brennbarem Zeug geladenen Musketen mehr, keine mit Brandy gewürzten Yamswurzeln mehr.

Wenn der Oberst an der Kongresssitzung teilnahm, wurde Theo, noch nicht einmal zehn Jahre alt, oft in seiner kleinen Leinenbluse auf ein Fass gesetzt, um die Dritte Virginia auszubilden! Er hatte mit seinem Vater Militärtaktiken, Hardee und Jomini, studiert. Während ich dies schreibe, liegt sein eigenes Exemplar von Jominis „L'Art de la Guerre" vor mir, in das er stolz seinen Namen geschrieben hat. Ein Ereignis von persönlichem Interesse war die Übergabe einer blauen Seidenflagge an den Oberst, die von den Damen von Petersburg angefertigt worden war. Die Gruppe kam in einem Dampfschiff den Fluss hinunter, und ich habe ein interessantes Bild meines Obersts vor Augen, wie er mit seinem langen Haar in einer steifen Brise wehte und den tapferen Worten lauschte, die der Sprecher der lieben Frauen über ihre Hingabe zu ihm und ihrem Land sagte. Diese Flagge befindet sich heute irgendwo in diesem Land, aber nicht im Haus des Mannes, der sie verdient und besessen hat. Sie ist aus schwerer blauer Seide; auf der einen Seite das Wappen des Staates Virginia, auf der anderen die Waage des Richters. In der oberen linken Ecke steht das Wort „Williamsburg" und es bleibt Platz für die vielen weiteren Schlachten, die dem jungen Colonel bevorstehen.

Bei uns lief es prächtig, als ich eines Tages einen kategorisch angeordneten Befehl erhielt, meinen Stützpunkt zu wechseln – Smithfield am nächsten Morgen vor Tagesanbruch zu verlassen! Der Ordonnanzoffizier, der mir den Befehl überbrachte, sah äußerst überrascht aus, als ich ruhig sagte: „Sagen Sie dem Oberst, das ist unmöglich! Ich kann mich bis morgen nicht zur Abreise fertig machen."

„Madam", sagte der Mann ernst, „das geht mich nichts an, aber wenn Colonel Pryor einen Befehl gibt, ist es ratsam, streng konstruktiv zu sein."

Mein Oberst war plötzlich zurückgekehrt; als ich am nächsten Morgen bei Sonnenaufgang in einem offenen Wagen zum nächsten Depot aufbrach, waren er und seine Männer *auf dem Weg* zur Halbinsel. Sie lieferten sich am 5. Mai in Williamsburg eine Schlacht gegen McClellan – „Pryor und Anderson an der Front" –, nahmen vierhundert unverwundete Gefangene, zehn Fahnen und zwölf Feldgeschütze gefangen, schliefen auf dem Schlachtfeld und marschierten am nächsten Morgen zu ihrer gewünschten Zeit ab. Mein Oberst kümmerte sich persönlich um die verwundeten Gefangenen, und General McClellan würdigte diesen Dienst in seiner „eigenen Geschichte". Danach wurde er befördert, und meine scharlachroten Adler zogen sich vor den aufgegangenen Sternen des Brigadegenerals zurück.

Die Nachricht seiner wahrscheinlichen Beförderung erreichte mich im Exchange Hotel in Richmond, wohin ich gegangen war, um in der Nähe des Hauptquartiers zu sein und so die ersten Neuigkeiten von der Halbinsel zu erfahren. Dort verbrachte er einen Tag mit mir. Mit großem Interesse lasen wir die Ankündigung in den Zeitungen, dass sein Name vom Präsidenten zur Beförderung vorgeschlagen worden war. Am Abend nach dieser Ankündigung gab Mrs. Davis einen Empfang im Spotswood Hotel und wir nutzten die Gelegenheit, ihr unsere Aufwartung zu machen.

Eine Menschenmenge versammelte sich vor der Börse, um meinem Mann zu gratulieren. Als sie erfuhren, dass er nach Spotswood gegangen war, begab sie sich dorthin und rief ihn unter Geschrei und Jubel zu einer Rede heraus. Das war sehr peinlich, und er floh in eine Ecke des Salons und versteckte sich hinter einem Pflanzenschirm. Ich stand neben dem Präsidenten und versuchte, seine Aufmerksamkeit durch Bemerkungen über das Wetter und verwandte Themen spannender Natur zu fesseln, als eine Stimme von der Straße rief: „Pryor! *General* Pryor!" Ich konnte die Spannung nicht länger ertragen und fragte zitternd: „Stimmt das, Herr Präsident?" Herr Davis sah mich mit einem wohlwollenden Lächeln an und sagte: „Ich habe keinen Grund, Madam, daran zu zweifeln, außer dass ich es heute Morgen in der Zeitung gelesen habe." Und Frau Davis rief sofort den schüchternen Oberst herbei: „Was machen Sie da, *perdu*, hinter den Geranien? Kommen Sie heraus und nehmen Sie Ihre Ehre entgegen."

Kurz nach der Schlacht, nach der General Johnston befahl, „Williamsburg" auf sein Banner zu malen, kämpfte mein General in der Schlacht von „Fair Oaks" oder „Seven Pines" – und im Juni in der Sieben-Tage-Schlacht um Richmond. Die Geschichte dieser verzweifelten Schlachten wurde von den Generälen, die sie kämpften, oft erzählt. „Pryors Brigade" war oft an vorderster Front und immer mitten im Kampfgetümmel. Ich selbst sah, wie mein Mann sein Schwert zog und das Kommando „Kolonnenspitze nach rechts" gab, als er in die erste dieser Schlachten eintrat.

Ich verbrachte die Zeit damit, die Verwundeten im Kent and Paine's Hospital in Richmond zu pflegen, und habe an anderer Stelle die ergreifende Geschichte meiner Erfahrungen als Krankenschwester erzählt. Für die Bedürfnisse dieser schweren Stunde gab mein lieber General sich selbst hin – und seine Frau gab sich selbst hin. Jedes Leinenkleidungsstück, das ich besaß, bis auf ein Wechselstück, jedes Kleidungsstück aus Baumwollstoff, meine gesamte Tischwäsche, meine gesamte Bettwäsche, sogar die Chintzbezüge für die Möbel – alles wurde in Streifen gerissen und zu Verbänden für die Wunden der Soldaten gerollt.

Als der Kampf vorbei war, betrat ein grauer, abgezehrter, staubbedeckter Soldat mein Zimmer, warf sich auf die Couch und gab seinem Herzensschmerz nach: „Meine Männer! Meine Männer! Sie sind fast alle tot!"

Tausende Soldaten der Konföderierten wurden getötet oder verwundet. Richmond war gerettet! „Ich bin voller Hoffnung", schrieb General McClellan an seinen Kriegsminister , „der Feind ist ebenso erschöpft wie ich."

Das war er! General Lee war sich darüber im Klaren, dass seine Männer Ruhe brauchten. Meinem Mann wurden ein paar Tage Ruhe vom Dienst gewährt. Fast ohne Pause hatte er die Schlachten von Williamsburg, Seven Pines, Mechanicsville, Gaines's Mill, Frazier's Farm und Malvern Hill geschlagen. Er hatte seine Beförderung frühzeitig gewonnen, aber er hatte die Soldaten verloren, die er geführt hatte, den geliebten Kommandanten, der ihn schätzte, hatte alte Schulkameraden und Freunde an seiner Seite fallen sehen – den lieben Kerl George Loyal Gordon, der sein Trauzeuge bei unserer Hochzeit gewesen war –, alte Collegekameraden, geschätzte alte Nachbarn.

Damals und später standen ihm im Kampf Männer gegenüber, die sich in späteren Jahren als seine besten Freunde erklärten: General Hancock, General Slocum, General Butterfield, General Sickles, General Fitz-John Porter, General McClellan und General Grant. Sie hatten unter gegnerischen Bannern loyal gekämpft, und im Laufe des Krieges wurde von Zeit zu Zeit der eine oder andere besiegt; doch über allem und durchweg galt ihre Treue einem Banner, das nie aufgegeben hat: dem Banner der universellen Brüderlichkeit aller wahren Menschen.

Ich kann es nicht versäumen, die heroische Stärke und Hingabe der Frauen von Richmond in der Zeit ihrer größten Prüfung zu würdigen. Dies waren die zarten, schönen Frauen, die ich so bewundert hatte, als ich unter ihnen lebte. Nicht ein einziges Mal schonten sie sich selbst, beklagten sich nicht, zeigten keine Schwäche oder gaben der Verzweiflung nach. Die Stadt hatte „keine Sprache außer einem Schrei". Zwei Prozessionen zogen unaufhörlich durch die Straßen; eine mit den Verwundeten, die vom Schlachtfeld getragen wurden; die andere mit den jubelnden Männern, die ihre Plätze an der Front einnahmen. In den Krankenhäusern wurde alles, was diese Hingabe an selbstlosen Dienst, sanfte Pflege und Ermutigung andeuten konnte, von den lieben Frauen geleistet. Jedes Haus war für die Kranken und Verwundeten geöffnet. Oh, aber ich kann nicht alles noch einmal erzählen! Ich erinnere mich heilig und zärtlich daran, aber heute erscheint es mir so grausam, so unnötig, so böse! Ich kann nicht darüber nachdenken!

Eine schöne Erinnerung ist die an die unerschütterliche Freundlichkeit und Loyalität der Neger. In den Krankenhäusern, in den Lagern, in unseren eigenen Häusern zeigten sie uns treues Mitgefühl und halfen uns. Nicht nur zu dieser Zeit, sondern während des gesamten Krieges verhielten sie sich bewundernswert. Der leidenschaftlichste Sezessionist, den ich je kannte, war der Mann meines Generals, John. Schon früh am Tag entschied sich der Schwarze für eine ruhige Haltung in Bezug auf die Politik und widmete sich dem gegenwärtigen Bedürfnis nach Selbsterhaltung.

Es war „Domingo", einer der Köche unserer Brigade in Williamsburg, der die humorvolle Beschreibung der Selbsteinschätzung und der Gefühle eines Negers im Kampf verfasste, die später von einem gewissen „Cäsar" in Nord-Virginia ohne Scham zitiert wurde. Eine Granate war in die Reichweite von Töpfen und Kesseln geraten und verursachte, was Domingo als „Klappern" bezeichnete. Er machte sich sofort auf den Weg nach hinten.

„Was ist los, Mingo?", fragte ein anderer Diener, „warum bist du so erschrocken?"

„Ich will aus dem Schlamassel raus – *da* , wo ich bin! Da ist zu viel Pulver in diesen großen Dingern. Dieser Kerl kommt nicht allein! Und da sind auch die Minnie-Kugeln, die von hier kommen und singen: , *Wo* bist du? *Wo* bist du?' Ich werde nicht anhalten und ihnen sagen, wo ich bin! Ich bin ein 2200-Dollar-Nigger, und ich werde mir merken, was dem Herrn gehört, das bin ich!"

Ein Autor aus dem Norden erzählte die Geschichte eines Interviews mit einem Neger, der die Blockade durchbrochen hatte und in den Dienst eines Bundesoffiziers trat. Er wurde nach der Schlacht von Fort Donelson auf dem Weg ins Hinterland an Bord eines Dampfers getroffen und zu seinen Kriegserfahrungen befragt.

„Warst du im Kampf?"

„Habe ein bisschen davon probiert, Sir."

„Natürlich haben Sie Ihren Standpunkt vertreten."

„Nein, Sir! Ich laufe."

„Nicht beim ersten Brand?"

„Ja, Sir! Und ich wäre eher weggelaufen, wenn ich gewusst hätte, dass es kommt!"

„Das zeugt nicht gerade von Ihrem Mut, oder?"

„Das ist nicht mein Fachgebiet, Sir. Kochen ist mein Metier."

„Aber achten Sie denn nicht auf Ihren Ruf?"

„Eine Widerlegung ist nichts im Vergleich zum Leben."

„Aber Sie halten Ihr Leben doch nicht für mehr wert als das anderer Leute, oder?“

„Das ist mir mehr wert, Sir!“

„Dann müssen Sie es sehr hoch schätzen.“

„Ja, Sir, das tue ich – mehr als das alles! Mehr als eine Million Dollar, Sir. Was würde das einem Mann bedeuten, der das Geld dafür ausgibt? Selbstverteidigung ist für mich das erste Gesetz, Sir!“

„Aber warum sollten Sie nach anderen Regeln handeln als andere Menschen?“

„Denn jeder Mensch legt einen anderen Wert auf sein Leben. Meines ist nicht auf dem Markt.“

„Wenn alle Soldaten so wären wie Sie, hätten Verräter die Regierung vielleicht ohne Widerstand stürzen können.“

„Das ist so! Es wäre mir nicht geholfen worden. Aber ich werde mein Leben nicht aufs Spiel setzen, wenn es in diesem Jahr keine Regierung gäbe. Keine Regierung wird mich bezahlen, wenn ich jemanden verliere.“

„Also, glauben Sie, man hätte Sie sehr vermisst, wenn man Sie getötet hätte?“

„Vielleicht nicht, Sir! Ein weißer Mann kann euch nicht viel nützen, ganz zu schweigen von einem schwarzen Nigger. Aber ich habe einen mächtigen Mann vermisst, und das ist der Knackpunkt bei mir.“

KAPITEL XIX

Am 13. August 1862 verließ McClellan sein Lager bei Harrison's Landing und zog sich in die Festung Monroe zurück. General Lee zog alle seine Truppen aus Richmond ab, ließ aber zwei Infanteriekompanien zurück, um die Stadt im Falle von Kavallerieangriffen zu schützen. General Jackson schloss sich General Lee an, und die als zweites Manassas bekannte Schlacht wurde ausgetragen. Wilcox, Pryor und Featherstone waren wieder an der Front, und als der verzweifelte Kampf dieser hart umkämpften Schlacht auf seinem Höhepunkt war und die Lage für die Südstaatentruppen ungünstig aussah, hatte General Pryor das Vorrecht, vorzuschlagen, dass mehrere Batterien in eine vorteilhafte Position gebracht und ein Flächenfeuer auf die Flanke des Feindes eröffnet werden sollte, dem nichts standhalten konnte. Innerhalb von fünfzehn Minuten änderte sich das Aussehen des Feldes. Auf dem Plateau, das die Unionstruppen besetzt hielten, stand das Henry-Haus, das in die Geschichte als der Ort eingegangen ist, an dem Jacksons Brigade, „stehend wie eine Steinmauer", ein Jahr zuvor ihrem Kommandeur den Namen eingebracht hatte, der unsterblich geworden ist.

Ich glaube, es war Anfang September 1862, als General Lee Präsident Davis mitteilte, dass er vorhabe, mit seiner Armee in Maryland einzumarschieren. Bevor er eine Antwort erhalten konnte, überquerten die Südstaatler den Potomac und sangen „Maryland, mein Maryland", und wenige Tage später erreichte Jackson Frederick. „Mein Maryland" wurde ernsthaft eingeladen und lehnte es entschieden ab, seine „Küsten" von der „Ferse des Despoten" zu befreien. Die Hand des Despoten konnte mit guten Greenbacks für ihren Weizen, ihr Mehl und ihr Vieh bezahlen, während diese neuen Leute nur Geld der Konföderierten hatten. Der Gouverneur und führende Fachleute waren alle der Union treu ergeben. Die Bauern trieben ihre Herden nach Pennsylvania, und in den Mühlen war das Geräusch des Mahlens nicht leise – es hörte ganz auf. Die Konföderierten mochten Pope und McClellan auf dem Schlachtfeld besiegen; der Bauer erwies sich auf dem Weizenfeld als Herr der Lage.

Mein General war mit seiner Brigade in Frederick und hat nebenbei nichts von dem rührenden Ereignis gesehen oder gehört, an das Whittier erinnert. Der Quäkerdichter war ein Romantiker! Ich verwende kein härteres Wort. Ich bin vollkommen damit einverstanden, dass Barbara Frietchies „altes graues Haupt" für immer die Krone trägt, die er ihm aufgesetzt hat, aber ich kann „das Erröten der Scham" über Stonewall Jacksons Gesicht nicht ertragen. Er errötete oft – denn er war so zart wie eine Frau – aber errötete vor Scham nie! Rhodes sagt: „Sein Ritt durch die Straßen gab Anlass, die Geschichte von Barbara Frietchie zu erfinden. Sie ist ein Zeichen der intensiven Emotionen, die unser Urteil über den bewaffneten Feind trüben.

Obwohl Stonewall Jackson kurz zuvor die schwarze Flagge hissen wollte, war er nicht in der Lage, den Befehl zu geben, auf das Fenster eines Privathauses zu schießen, nur weil dort ‚die alte Flagge in seinen Blick fiel‘, und es ist ebenso unmöglich, dass eine Bemerkung der alten Dame Barbara, ‚Verschone die Flagge deines Landes‘, ‚eine Schamröte‘ auf seine Wangen gebracht haben könnte. Jackson gehörte nicht dem Kavaliersstand an, aber er hatte einen religiösen und ritterlichen Respekt vor Frauen.“ Er führt weiter aus, dass eine Frau, nicht Barbara Frietchie, eine Flagge schwenkte, als Jackson vorbeikam, der er keine Beachtung schenkte. Auch dass, als er durch Middletown gekommen war, ihm zwei hübsche Mädchen Unionsflaggen ins Gesicht geschwenkt hatten. „Er verbeugte sich, lüftete seinen Hut und wandte sich mit seinem ruhigen Lächeln seinem Stab zu und sagte: ‚Wir haben offensichtlich keine Freunde in dieser Stadt.‘“

Am 15. September wurde die Schlachtlinie mit der Division meines Mannes (Longstreets) vor Sharpsburg (oder Antietam) aufgestellt, und wieder waren Pryor, Wilcox und Featherstone weit vorne. Mein Mann befehligte Andersons Division in Antietam, da General Anderson verwundet worden war. Diese Schlacht gilt zusammen mit der Schlacht von Seven Pines als eine der am heftigsten umkämpften des Krieges. Unter großem Druck schickte General Pryor einmal einen Ordonnanzoffizier zu General Longstreet mit der Bitte um Artillerie. Letzterer riss den Rand aus einer Zeitung und schrieb: „Ich schicke Ihnen die Kanonen, lieber General. Dies ist ein harter Kampf, und wir sollten lieber alle sterben als verlieren.“ Während der Schlacht einigten sich die Kämpfer auf eine kurze Pause, damit die Toten und Verwundeten beider Seiten abtransportiert werden konnten. Während General Pryor wartete, näherte sich ihm ein Bundesoffizier.

„General“, sagte er, „ich habe gerade einen meiner Männer dabei erwischt, wie er die Leiche eines Ihrer Soldaten ausraubte. Ich habe ihm seine Beute abgenommen und übergebe sie nun Ihnen.“

Ohne das kleine Bündel, das in ein Taschentuch gebunden war, zu untersuchen, ließ mein Mann es ordnungsgemäß verpacken und mir zusenden. Das Taschentuch enthielt eine goldene Uhr, ein Paar goldene Manschettenknöpfe, ein paar Silberstücke und einen Streifen Papier, auf dem stand: „Schlagt zu, bis der letzte bewaffnete Feind tot ist“, und unterschrieben mit „Ein Patriot aus Florida“. Es schien keinen Hinweis zu geben, durch den ich hoffen konnte, einen Erben für diese Schätze zu finden. Ich konnte nur auf sie aufpassen.

Ich habe sie eines Tages hervorgeholt, um das Interesse einer alten Verwandten zu wecken, deren Stuhl in einem sonnigen Fenster stand. „Ich glaube, meine Liebe“, sagte sie, „auf der Innenseite dieser Ärmelknöpfe sind mit Nadeln eingeritzte Buchstaben." Tatsächlich waren es drei Initialen, grob geschrieben, aber vollkommen klar.

Lange Zeit später traf ich einen konföderierten Offizier aus Florida, der in Antietam gekämpft hatte.

„Kannten Sie jemanden aus Ihrem Staat, Captain, der in Sharpsburg getötet wurde?"

„Leider ja", antwortete er und nannte einen Namen, der genau den eingeritzten Initialen entsprach.

Das Paket mit einem Brief von mir wurde an die Adresse geschickt, die er mir gegeben hatte, und zu gegebener Zeit erhielt ich einen äußerst rührenden Dankesbrief von der Mutter des gefallenen Soldaten.

Im August hatte ich Gordon, Theo und Mary bei meiner lieben Tante gelassen, die gezwungen war, ihr Haus in den Bergen aufzugeben und nun in der Nähe von „The Oaks" in Charlotte County lebte. Außer im Landesinneren, weit weg von den Eisenbahnen, gab es keine Sicherheit mehr. Sogar dort zogen plündernde Kavalleriekompanien durch das Land, verbreiteten Schrecken und hinterließen eine Wüste, was die Nahrungsversorgung betraf.

Da ich selbst nicht mit meinen Soldaten nach Norden gehen konnte, konnte ich zumindest innerhalb der Kommunikationslinien bleiben und wählte einen kleinen Sommerurlaubsort, „Coyners", in den Blue Ridge Mountains an der Eisenbahnlinie. Dort fand ich General Elzey – der tapfer bei Bull Run und anderswo gekämpft hatte – mit schrecklich verwundetem Gesicht und bis zu den Augen verbunden. Er war mit einem Arzt zur Erholung und Genesung ins Hinterland geschickt worden. Seine brillante Frau war bei ihm; auch sein Adjutant, Captain Contee, und seine junge Braut, die den Potomac in einem offenen Boot überquert hatte, um sich ihm anzuschließen und ihr Versprechen einzulösen, ihn zu heiraten. Zu uns gesellten sich Mrs. AP Hill, General und Mrs. Wigfall, und eine reizende Tochter, die der Welt kürzlich eine interessante Geschichte ihrer Kriegserinnerungen erzählt hat. Das kleine Hotel erstreckte sich an seinem Kopfende über ein kleines grünes Tal, und dahinter erstreckte sich ein samtiger grüner Streifen, mittendrin eine Quelle und ein Bach und zu beiden Seiten ein Bergkamm. Ich hatte eine kleine Hütte, deren Fenster auf die Seite des Hügels (oder Berges) hinausgingen, und als ich nachts in meinem Bett lag, kamen mir der Mond und die Sterne, die über mir aufgingen, so nah vor, dass ich einen langen Arm hätte ausstrecken und sie von der Bergspitze pflücken können!

So anstrengend die Zeiten auch waren, so schrecklich war die Spannung, die quälenden Fragen nach Vorrang und relativer Wichtigkeit wurmten die vornehmen Damen im Hotel. Eine nach der anderen sagte zu mir: „Ich wüsste gern, *wer* diese Frau aus Maryland ist, die sich so aufspielt" oder „Wie lange, glauben Sie, werde ich Dolly Morgan noch ertragen? Sie behandelt mich doch, als wäre sie die Königin von Saba." Ich konnte nur mit der ihr gebührenden Sanftmut antworten: „Das weiß ich wirklich nicht! Ich bin nur Brigadegeneral, wissen Sie – der Rest von Ihnen ist Generalmajor – ich bin nicht befugt, das zu beurteilen."

Die Natur hatte alles für unser Glück getan. Das Klima war herrlich; das Tal war mit Moos und zartem Gras bedeckt und dicht mit Gänseblümchen und violetten Astern geschmückt. Vor Sonnenaufgang sah der Himmel, wie alle Morgenhimmel zwischen hohen Hügeln, aus, als wäre er aus Rosen. Ein kurzer Aufstieg würde uns zu einem Ort bringen, wo der Abendhimmel und die Berge in goldene Pracht getaucht wären. Aber oh, die Angst, der Schrecken, die nächtlichen Träume von Schlachten und Mord und plötzlichem Tod!

Mein kleiner Roger war hier schwer krank und viele Tage lang verzweifelte ich an seinem Leben. General Elzeys Arzt gab mir keine Hoffnung. Er riet mir nur zu Standhaftigkeit und Ergebung. Der liebe Freund meiner Kindheit, George Wythe Randolph, war Kriegsminister. Ich schrieb ihm einen Brief und flehte ihn an: „Schicken Sie mir meinen Mann, und sei es nur für eine Stunde." Er antwortete: „Gott weiß, ich möchte Ihnen gerne helfen und Sie trösten! Aber Sie verlangen Unmögliches . " Ich wusste bald, warum. Mein General war an der Front!

Erst spät – lange nachdem alle Gäste abgereist waren – konnte ich mit meinem kranken Sohn reisen. Als er in Charlottesville ankam, erlitt er einen Rückfall von Typhus und war viele Wochen lang todkrank. In der Zwischenzeit wurde sein Vater in die Nähe von Suffolk beordert, um in den an den Grenzen der Union gelegenen Grafschaften Viehfutter und Proviant zu besorgen.

Der Feind, der uns endlich besiegen sollte – der „gefräßige, ausgehungerte Wolf" – bedrohte uns bereits. General Longstreet hatte erfahren, dass in den nordöstlichen Counties von North Carolina Mais und Speck gelagert wurden, und schickte zwei Kompanien Kavallerie auf eine Futtersuche in die Region um Suffolk.

"Die Linien der Konföderierten", sagt ein Historiker, "erstreckten sich nur bis zum Blackwater River im Osten, wo eine Truppe der Konföderierten stationiert war, um den Feind in Schach zu halten." Diese Truppe wurde von General Pryor kommandiert, der nun vor einer großen Truppe der Union stand, um diese in Schach zu halten, während die Wagenkolonnen Mais und Speck für Lees Armee schickten. Dies wurde durch die schlaflose Wachsamkeit des Generals der Konföderierten erreicht. Die Unionstruppen unternahmen häufige Ausfälle aus Suffolk, wurden jedoch immer mit

Verlusten zurückgeschlagen. Es ist amüsant zu lesen, mit welcher Gelassenheit seine Kommandeure ihm befahlen, mit seiner kleinen Truppe Großes zu vollbringen.

"Ich kann", sagt General Colston, "Ihre Anforderung von zwei Infanterieregimentern und einem Kavallerieregiment nicht weiterleiten: Es ist fast sinnlos, solche Anforderungen zu stellen, da sie unbeantwortet bleiben. Sie müssen alle möglichen Mittel einsetzen, um den Feind über Ihre Stärke zu täuschen, und Sie müssen *die Blackwater-Linie bis zum äußersten halten* ." General French schreibt: "Wenn ich eine Möglichkeit hätte, Ihre Streitkräfte zu verstärken, würde ich dies tun, aber ich muss mich der höheren Autorität und den Erfordernissen des Dienstes beugen. Aber Sie müssen die Schurken so sehr ärgern wie möglich und ihnen Unbehagen bereiten. Geben Sie ihnen keine Ruhe. Überfallen Sie sie auf Schritt und Tritt."

General Pryor hätte nicht geglaubt, dass ich in sein Lager in Blackwater kommen würde. Er nahm an, dass ich bei meinen Freunden ein Quartier finden würde, aber jetzt hatte ich kein Zuhause mehr. Unser ehrwürdiger Vater hatte seine Familie nach den Schlachten um Richmond ins Landesinnere geschickt, seine Kirche in Petersburg aufgegeben und die Frauen, alten Männer und Kinder der Obhut eines Nachfolgers anvertraut. Dann war er als Kaplan in die Armee eingetreten, „wo", wie er sagte, „ich meinen eigenen Kirchenmitgliedern folgen und sie in Krankheitsfällen trösten kann, wenn ich nicht mehr tun kann."

Sobald mir die Position unserer Brigade bekannt war, holte ich die Kiste mit der Lagerausrüstung hervor, packte ein oder zwei Kisten und nahm die Waggons nach Blackwater. Die Endstation der Eisenbahn war nur wenige Meilen von unserem Lager entfernt. Der Zug der Konföderierten konnte wegen des Feindes nicht weiterfahren. Die Tagesreise war lang, denn der an den Transportzug angehängte Personenwagen war von dessen Bewegungen abhängig. Die wenigen Passagiere, die am Morgen mit mir aufgebrochen waren, waren an verschiedenen Raststätten abgereist, und ich war nun allein. Ich hatte keine Ahnung, wo wir in dieser Nacht schlafen sollten. Ich dachte, ich würde es irgendwie schaffen – irgendwo.

Wir kamen in der Dämmerung am Ende unserer Reise an. Als ich das Auto verließ, versammelten sich meine kleinen Jungen um mich. In der Nähe stand ein kleines Holzgebäude, das als Wartezimmer und Postamt diente. Die einzige Wohnstätte in Sicht war ein weiteres kleines Haus, umgeben von ein paar kahlen Bäumen. Mein erster Eindruck war, dass ich noch nie zuvor eine solche Weite grauen Himmels gesehen hatte. Die Oberfläche der Erde war eine tote, kahle Ebene, so weit das Auge reichte; und ein großer Teil davon lag unter Wasser. Ich befand mich in einer Sumpfregion, die sich endlos erstreckte, bis sie in dem einen großen „trostlosen Sumpf" des Landes gipfelte. Es waren keine Geräusche zu hören, kein Summen der Industrie oder das Brüllen des Viehs, aber ein gewaltiges Konzert erhob sich von Tausenden, nein Millionen von Fröschen.

„Jetzt", dachte ich, „ist das wirklich eine gute Gelegenheit, ,lustig' zu sein! Mark Tapleys Sümpfe konnten diese nicht übertreffen." Aber alle Eisenbahner reisten ab, und der Postmeister bereitete sich darauf vor, seine Tür abzuschließen und ebenfalls abzureisen. Mir gefiel das Aussehen des kleinen Mannes und ich wagte zu fragen:

„Können Sie mir sagen, Sir, wo ich heute Nacht eine Unterkunft finden kann? Ich bin Mrs. Pryor, die Frau des Generals, und morgen wird er sich um mich kümmern."

Mein kleiner Mann täuschte nicht über sein Aussehen hinweg. Er nahm mich in seinem eigenen Haus auf, und am nächsten Tag machte mein General auf seine Einladung hin das Haus zu seinem Hauptquartier.

Mein Aufenthalt am Blackwater war höchst interessant, aber ich kann die Geschichte hier nicht wiederholen. Es genügt zu sagen, dass unsere Sicherheit so nahe an den feindlichen Linien – er befand sich gleich auf der anderen Seite des Blackwater – durch ständige Wachsamkeit erkauft wurde.

Gegen Ende Januar hatten wir eine Jahreszeit mit warmem, feuchtem Wetter. Der Winter war offenbar vorbei; das Gras spross grün und üppig auf dem Sumpf, und die Weiden trieben Knospen. Schon am 28. Januar gab es auf dem Blackwater keine singenden Vögel, aber die Frösche waren über den Frühlingsbeginn ganz aufgeregt und ihre nächtlichen Konzerte nahmen einen jubelnden Ton an.

Eines Tages unterhielt ich mich kurz mit meinem Mann über Armeeangelegenheiten, und er bemerkte, dass unsere Südstaatensoldaten immer unruhig seien, wenn sie nicht im Einsatz seien. „Sie können im Kampf nie stillstehen", sagte er. „Sie sind bereit zu schreien und die aussichtslosesten Stellungen anzugreifen, aber wenn sie nicht vorwärtskommen können, müssen sie zurückgehen. Stillstehen können sie nicht."

Ich glaubte, Anzeichen von Unruhe bei ihrem Kommandanten zu erkennen. Oft rief er John mitten in der Nacht herbei, ließ ihn aufsteigen und schickte ihn in ein nahe gelegenes Lager; und dann hörte ich das Getrappel der Stabsoffiziere des Generals, die in sein Schlafzimmer kamen, um einen Kriegsrat abzuhalten. Am 28. Januar vertraute er mir an, dass er am nächsten Tag einen Ausfall in Richtung des Feindes machen würde. „Er wird viel zu unverschämt", sagte er; „ich bin nicht stark genug, ihn aus dem Land zu vertreiben, aber er muss seinen Platz behalten."

Ich hatte gerade Kaffee geschenkt bekommen. Dieser wurde sofort geröstet und gemahlen. Am Tag des Marsches wurden vor Tagesanbruch Feuer unter den großen Töpfen entzündet, die zur „Schweineschlachtzeit" (einer Ära im Haushalt) verwendet wurden, und viele Gallonen Kaffee wurden zubereitet. Dieser wurde gesüßt, und als unsere Männer in der Nähe des Hauses anhielten, um die Marschlinie zu bilden, gingen die Diener und kleinen Jungen mit Eimern des dampfenden Kaffees, Tassen, Schöpfkellen und Kürbissen die Linie entlang. Jeder Soldat bekam einen guten Schluck Trost und Aufmunterung. Das Wetter hatte sich plötzlich geändert. Der große Schneesturm, der in wenigen Tagen niederging, zog auf, der Himmel verdunkelte sich und der Horizont war dunkel und bedrohlich.

Nachdem die Männer abmarschiert waren, fuhr ich zum Lazarettzelt und stellte mich dem Chirurgen zur Verfügung. Wir besichtigten den Verbands- und Flusenvorrat und ich wurde mit der Anfertigung weiterer Verbände betraut.

Unterdessen entschädigte sich John, der zurückgeblieben war, für den Verlust der Aufregung des Augenblicks, indem er „die fiesen Yankees, die die Abschaffung forderten," beschimpfte und sang:

„Jeff Davis ist ein Gentleman,

Und Linkum ist ein Narr!

Jeff Davis reitet auf einem schönen weißen Pferd,

Und Linkum reitet ein Maultier" usw.

Er war nicht der einzige Mündel des Landes, der das Land verachtete – bis ins Mark, den Präsidenten und das Volk. Die speziellen Ausdrücke, mit denen er sie so gern bezeichnete, waren in seiner eigenen Rasse gebräuchlich. Einige der Ausdrücke der großen Männer, die ich in Washington kennengelernt hatte, waren genauso beleidigend und nicht ein bisschen weniger unelegant, obwohl sie in besserem Englisch formuliert waren. Ich habe das „Beschimpfen" nie gutgeheißen, aus höheren Gründen als den Anforderungen des guten Geschmacks. Ich hatte gesehen, was dabei herauskommt, und ich tadelte John, weil er meinen kleinen Jungs das beigebracht hatte. „Nein", sagte John niedergeschlagen, „ich werde nichts sagen; ich sage nur, die Yankees sind mächtig gemeine Leute."

Mein lieber General fand den Feind im „Verlassenen Haus" und lieferte ihm dort eine Schlacht. Er kann seine eigene Geschichte erzählen:

" CARRSVILLE, ISLE OF WIGHT , 30. Januar 1863.

„ AN BRIGADEGENERAL COLSTON " , PETERSBURG, VA.

„ *General* : Heute Morgen um vier Uhr hat mich der Feind unter Generalmajor Peck bei Kelley's Store angegriffen, acht Meilen von Suffolk entfernt. Nach drei Stunden heftigen Kampfes haben wir ihn an allen Punkten zurückgeschlagen und das Feld gehalten. Ihre Stärke wird durch Gefangene auf zehn- bis fünfzehntausend geschätzt. Meine Verluste an Toten und Verwundeten werden fünfzig nicht übersteigen – keine Gefangenen. Ich bedauere, dass sich unter den Toten auch Colonel Poage befindet. Wir haben dem Feind schwere Verluste zugefügt.

"Respektvoll,
" ROGER A. PRYOR ,
"Brigadiergeneral, Kommandierender."

Am 2. Februar wandte sich der General folgendermaßen an seine Truppen:

„Der Brigadegeneral gratuliert den Truppen dieses Kommandos zu den Ergebnissen der jüngsten Kämpfe.

„Der Feind versuchte im Schutz der Nacht, durch Überraschung einen unrühmlichen Sieg zu erringen, aber er fand uns an allen Punkten vorbereitet vor, und trotz seiner zahlenmäßigen Überlegenheit, die der Ihren im Verhältnis fünf zu eins überlegen war, wurde er deutlich zurückgeschlagen und war gezwungen, uns das Feld zu überlassen.

„Nachdem Sie seine Geschütze zum Schweigen gebracht und sein Fußvolk zerstreut hatten, blieben Sie von der Nacht bis ein Uhr auf dem Schlachtfeld und warteten auf die Wiederaufnahme des Angriffs. Doch er wagte es nicht noch einmal, Ihrem schrecklichen Feuer ausgesetzt zu sein.

„Wenn man das Kräfteverhältnis der beiden Parteien berücksichtigt, die Nähe des Feindes zu seiner Festung und seine Möglichkeiten, Verstärkung per Eisenbahn zu erhalten, wird das Ergebnis der Aktion vom 30. als hervorragendes Beispiel Ihres Mutes und Ihres guten Verhaltens angesehen werden.“

In einer der Zeitungen des „Feindes“ hieß es, unsere Truppen umfassten „drei Infanterieregimenter, vierzehn Artilleriegeschütze und etwa neunhundert Kavalleristen!“

Die Versuchung, „auf einem Irrtum zu beharren“, war in jenen Tagen möglicher Unzufriedenheit groß, als die Soldaten an ihre Sache glauben mussten, um sie verteidigen zu können. Einer der Zeitungskorrespondenten des Feindes erklärte, warum wir nach dem ersten Kampf nicht erneut angegriffen wurden. Er sagte: „Manche fragen sich vielleicht, warum wir nicht sofort nach Carrsville marschierten und die Rebellen erneut angriffen. Die Gründe liegen auf der Hand. Wäre er nach Carrsville gegangen , hätte Pryor den Vorteil gehabt, uns den Rückzug abzuschneiden. Die

Eingeborenen kennen jeden Nebenweg und jede Sackgasse durch die Wälder und sind immer bereit, den Rebellen zu unserem Nachteil zu helfen. Pryor kann den Blackwater jederzeit auf seiner schwimmenden Brücke überqueren. Es ist klug, einen Feind weit genug von seiner Festung wegziehen zu lassen, um seine Waffen besser erbeuten und seine Munition zerstören zu können" usw.

In einer anderen Zeitung heißt es, er sei in Carrsville massiv verstärkt worden.

Ein anderer berichtet: „Die Rebellen waren in dieser Gegend sehr mutig. Pryor hatte die Angewohnheit, den Blackwater River zu überqueren, wann immer er wollte. Dass wir ihn dieses Mal angriffen, muss für ihn eine echte Überraschung gewesen sein. Wir machten viele Gefangene!"

Er frönte dieser Gewohnheit bis zum Frühjahr und erhielt von seinen Landsleuten uneingeschränktes Lob für seinen Schutz dieses Teils unseres Staates und für die großzügigen Vorräte, die er den ganzen Winter über an Lees Armee schickte.

KAPITEL XX

Als mein General am Blackwater nicht mehr gebraucht wurde, machten ich mich mit der Feldtruhe und den kleinen Jungen wieder auf den Weg. Wir zogen von Ort zu Ort und wurden schließlich von einem Bauern als Kostgänger aufgenommen, offensichtlich ohne die Einwilligung seiner Frau. So war ich, die unglücklichste aller Frauen. Die Hausherrin hatte keine „Flüchtlinge" gewollt. Alles trug zu meinem Unbehagen und Elend bei, und mein lieber General, der mir einen kurzen Besuch aus Richmond machte, wo er im Dienst festgehalten wurde, riet mir, noch weiter ins Landesinnere zu einem alten Badeort zu gehen, den „Amelia Springs", die von einer lieben Frau aus Virginia, Mrs. Winn, betrieben wurden. Ich war kaum angekommen und von einer Reihe Flüchtlingsfrauen und einer Schar Kinder willkommen geheißen worden, als meine drei kleinen Jungen Keuchhusten bekamen und in einem Häuschen am äußersten Rand des Geländes unter Quarantäne gestellt wurden. Das kleine Hotel und die Häuschen waren voller angenehmer Frauen, aber alles war so traurig, dass niemand Lust auf Fröhlichkeit jeglicher Art hatte. Eines Abends schlug der Besitzer vor, den Ballsaal zu erleuchten und einen einsamen Geiger namens „Bozeman" – der auch der Friseur war – auf den Musikerstuhl zu setzen und uns zu zeigen, was er konnte. Junge Füße können einem guten Walzer oder einer Polka nicht widerstehen, und bald war die Tanzfläche mit sorgenlosen Mädchen gefüllt – außer dem Besitzer und dem Geiger waren keine Männer da. Kurz darauf erhielt der Besitzer ein Telegramm. Wir drängten uns unter dem Kronleuchter zusammen, um es zu lesen. Vicksburg war gefallen! Der tapfere General Pemberton war ausgehungert worden, um sich zu unterwerfen. Sicherlich und schnell zog sich die Spirale um uns zusammen. Sicherlich und schnell würden auch wir ausgehungert werden, um uns zu unterwerfen.

Mein General war in Richmond und diente dort bei einem Kriegsgerichtsverfahren, als die Nachricht aus Gettysburg die Stadt erreichte. In allen Häusern herrschte Trauer, alle waren gebrochen. Er besuchte Präsident und Frau Davis und erfuhr, dass der Präsident niemanden empfangen könne, Frau Davis sich aber freuen würde, ihn zu sehen. Es war sehr heiß und er hatte das Gefühl, dass er ihm keinen langen Besuch auferlegen dürfe. Als er jedoch aufstand, um zu gehen, bat ihn Frau Davis, die offenbar nicht allein gelassen werden wollte, zu bleiben. Nach ein paar Minuten erschien der Präsident, müde, schweigsam und niedergeschlagen. Kurz darauf kam ein lieber kleiner Junge im Nachthemd herein, kniete neben dem Schoß seines Vaters nieder und wiederholte sein Abendgebet der Dankbarkeit und der Bitte um Gottes Segen für das Land. Der Präsident legte seine Hand auf den Kopf des Jungen und antwortete inbrünstig: „Amen." Die Szene kam meinem Mann im Lichte zukünftiger Ereignisse lebhaft in Erinnerung. Mit dem kommenden Tag kam die Nachricht von der Kapitulation von Vicksburg – eine Nachricht, vor der Mr. Davis am Abend zuvor gewarnt worden war – und schon schwebte der Engel des Todes nahe, um den schönen Jungen zu umarmen und ihn aus einer Welt voller Probleme zu entführen. Die langen, schwülen Nächte verbrachte ich damit, meine kleinen Jungen während ihrer quälenden Keuchhustenanfälle zu pflegen. Ich schlief nach einer schlaflosen Nacht, als ich wie in einem Traum die Stimme meines lieben Generals hörte. Ich öffnete meine schweren Augen und sah ihn neben mir sitzen. Er bat mich inständig, die Nachrichten, die er mir brachte, mit Geduld zu ertragen – zunächst, dass er in einer Stunde zurück sein müsse, um einen Zug zurück nach Richmond zu erreichen, und dann, dass er sein Amt als Brigadegeneral niedergelegt hatte und *auf dem Weg war*, sich General Fitz Lees Kavallerie als einfacher Soldat anzuschließen. Ich habe die Geschichte der Ereignisse erzählt, die in dieser beispiellosen Tat eines Brigadegenerals gipfelten, und ich fürchte, ich habe nicht die Zeit oder den Platz, sie hier zu wiederholen. Kurz gesagt, da der Kongress empfohlen hatte, Regimenter unter Offizieren aus ihren eigenen Staaten zu stellen – um, wenn möglich, die Abneigung gegen eine erneute Einberufung in den Krieg zu beheben –, kam es im Herbst 1862 in der gesamten Armee zu einer allgemeinen Aufruhr und Veränderung. Das Zweite, Fünfte und Achte Florida-Regiment von General Pryors Brigade wurde einem Brigadegeneral aus Florida zugeteilt, das Vierzehnte Alabama und das Fünfte North Carolina Offizieren aus ihren jeweiligen Staaten. Infolge dieses Beschlusses des Kongresses blieb er ohne Brigade. Ein dauerhaftes Kommando war ihm definitiv zugesichert. „Ich bedauerte damals“, schrieb General Lee am 25. November 1862, „die Auflösung Ihrer Brigade, aber Sie wissen, dass die Umstände, die dazu führten, außerhalb meiner Kontrolle lagen. Ich hoffe, es wird nicht lange dauern, bis Sie wieder im Einsatz sind, damit das Land von Ihrem Eifer und Ihrer Aktivität profitieren kann.“ Er hatte ein Recht darauf, eine Belohnung für seine hervorragenden Dienste am Blackwater zu erwarten. Er hatte den ganzen Winter über nicht aufgehört, den Kriegsminister an sein Versprechen zu erinnern, ihm ein ständiges Kommando zu geben. Er fühlte, dass er es verdient hatte. Er hatte viele Schlachten geschlagen – Williamsburg, Seven Pines, Mechanicsville, Gaines's Mill, Frazier's Farm, das zweite Manassas und Sharpsburg, neben dem Kampf am Deserted House am Blackwater.

Am 6. April 1863 schrieb er nun einen fast leidenschaftlichen Appell an den Präsidenten selbst, in dem er flehte, man möge ihn in den aktiven Dienst schicken und ihm die Teilnahme an den Kämpfen, die bald das Schicksal meines Landes bestimmen werden, nicht verwehren. So wie ich mich kenne“, fügte er hinzu, „ist es nicht die Eitelkeit des Kommandos, die mich zu diesem Appell bewegt. Ein einziger und aufrichtiger Wunsch, etwas zum Erfolg unserer Sache beizutragen, veranlasst mich, darum zu bitten, dass ich zum

Dienst eingesetzt werde. Dass meine Position nicht die Folge eines Versäumnisses meinerseits ist, wird Sie durch den beigefügten Brief von General Lee überzeugen." Dem Brief folgten neue Versprechen. Er wurde ergänzt durch General Pryors Offizierskollegen, die nicht nur darauf drängten, dass das Land seine Dienste nicht verlieren dürfe, sondern auch bestimmte Regimenter bezeichneten, die ihm leicht zugewiesen werden könnten. Der Präsident schrieb höfliche Antwortbriefe, in denen er immer wieder seine Wertschätzung usw. versicherte und weiterhin Brigaden an neuere Offiziere übergab. Der *Richmond Examiner* und andere Zeitungen begannen nun, auf die Angelegenheit aufmerksam zu machen und General Pryor als Parteigenosse gegen die Regierung darzustellen. Da dies nicht stimmte, war er großmütig genug, dem zu widersprechen. Am 17. März 1863 schrieb ihm der Präsident Folgendes:

General ROGER A. PRYOR:

„*Allgemeines*: Ihr erfreulicher Brief vom 16. d. M., in dem Sie sich auf einen Artikel in der Zeitung „*Examiner*"beziehen, der Sie mit der Opposition gegen die Regierung in Verbindung zu bringen scheint, ist eingegangen.

„Ich habe den betreffenden Artikel nicht gesehen, aber ich bin froh, dass er zu einem so angenehmen Ausdruck geführt hat. Die gute Meinung einer Person, die so kompetent ist, öffentliche Angelegenheiten zu beurteilen, und die mich so lange und gut kennt, ist eine große Stütze inmitten vieler und schwieriger Prüfungen.

„Mit größter Hochachtung und Hochachtung,
„JEFFERSON DAVIS."

Unter den Briefen, die im Namen von General Pryor an Herrn Davis geschickt wurden, befanden sich einer von General Lee und einer von General Jackson. Beide blieben unglücklicherweise im Besitz des Präsidenten, da General Pryor keine Kopien aufbewahrte.

Im Laufe der Zeit wartete mein Mann mit der ihm gebührenden Geduld. Schließlich gab er sein Amt als Brigadegeneral und auch seinen Sitz im Kongress auf und trat als einfacher Soldat in General Fitzhugh Lees Kavallerie ein. Sein Rücktritt wurde vom Präsidenten lange Zeit zurückgehalten, „in der Hoffnung, er würde noch einmal überdacht werden", und General Pryor wurde wiederholt „der Wertschätzung des Präsidenten versichert" usw. General Jackson, General Longstreet, General AP Hill, General DH Hill, General Wilcox, General George Pickett, General Beauregard waren alle seine ergebenen Freunde. Einige von ihnen hatten, wie General Johnston und General McClellan, ähnliche Erfahrungen gemacht.

Es war eine bittere Stunde für mich, als mein General mir nach Amelia Springs folgte und mir mitteilte, dass er als einfacher Soldat in die Kavallerie eingetreten war. „Bleib bei mir und den Kindern", flehte ich.

„Nein", sagte er, „ich habe etwas damit zu tun, dass dieser Krieg ausbrach. Ich muss mich Virginia widmen. Sie braucht die Hilfe aller ihrer Söhne. Wenn es zu viele Brigadegeneräle im Dienst gibt – das kann sein –, dann gibt es sicher nicht genug einfache Soldaten."

Aber seine Stunde war vorüber. Er küsste seine schlafenden Jungen und eilte zur Kutsche, die ihn zum Bahnhof bringen sollte. Dort wartete John mit seinen Pferden (er nahm von der Regierung nie etwas anderes als eine Soldatenration an), und sie machten sich auf den Weg zu Fitzhugh Lee.

Die Gottheit, die „unsere Ziele bestimmt, wie grob wir sie auch gestalten", leitete ihn. Ich blicke mit Dankbarkeit auf diese Umstände zurück – die damals so schwer zu ertragen waren – Umstände, denen ich, davon bin ich überzeugt, das Leben meines Mannes verdanke. Selbst wenn es anders wäre, Gott bewahre mich davor, in meinem Herzen harte Gedanken über irgendeinen Mann zuzulassen.

General Lee hieß ihn herzlich willkommen:

" HAUPTQUARTIER , 26. August 1863.

„ *Ehrenwerter General oder Herr* : Wie soll ich Sie ansprechen? Verdammt, es gibt keinen Unterschied! Kommen Sie herauf und sprechen Sie mich an. Obwohl ich die Gründe bedauere, die Sie dazu veranlasst haben, Ihren Posten aufzugeben, bin ich froh, dass das Land Ihre aktiven Dienste nicht verloren hat und dass Ihre Entscheidung, ihm zu dienen, auf eines meiner Regimenter gefallen ist.

"Sehr respektvoll,
" FITZ LEE ."

Als einfacher Soldat in der Kavallerie wurde General Pryor mit den Pflichten seines Postens betraut und entschuldigte sich nie von einer dieser Pflichten.

Da ich kein eigenes Zuhause mehr hatte, wurde beschlossen, dass ich zu meinen Leuten nach Charlotte County gehen sollte. Einer meiner Söhne, Theo, und zwei meiner kleinen Töchter waren bereits dort, und dort wollte ich bis Kriegsende bleiben.

Aber wiederholte Versuche, mein Landhaus zu erreichen, scheiterten. Plünderer und Guerillas flogen durch das ganze Land. An einer Brücke über den Staunton in der Nähe von „The Oaks" hatte es Alarm gegeben, und die alten Männer und Jungen hatten den Feind vertrieben. Ich *konnte mich definitiv* nicht allein dorthin wagen.

So wurde beschlossen, dass ich in die alte Gegend meines Mannes, nach Petersburg, zurückkehren und dort bei einer Privatfamilie Unterkunft finden sollte.

Ich kam im Herbst in Petersburg an und wanderte tagelang umher, um in irgendeinem Haushalt Zuflucht zu suchen. Viele meiner alten Freunde hatten die Stadt verlassen. Fremde und Flüchtlinge hatten die Häuser einiger von ihnen gemietet, während andere mit Obdachlosen unter ihren eigenen Verwandten gefüllt waren. Es gab nirgends Platz für mich, und mein kleiner Geldbeutel wurde so knapp, dass ich mir Sorgen machte. Schließlich bot mir mein Schwager ein Haus als Aufseher in einem seiner „Quartiere" an. Die kleine Wohnung, die er mir zur Verfügung stellte, war nur als vorübergehend anzusehen; eines seiner Stadthäuser könnte bald leer stehen. Als ich zu dem kleinen Haus hinausfuhr, fand ich es kaum besser als eine Bruchbude. Wir betraten eine primitive, unverputzte Küche, die Dielen des Bodens waren lose und weit auseinander, die Erde darunter war deutlich sichtbar. In dieser rauchgeschwärzten Küche gab es keine Fenster. Eine Tür öffnete sich in einen winzigen Raum mit Kamin, Fenster und eigener Außentür; und eine kurze Treppe führte zu einem unverputzten Dachboden, so dass man die kleine Wohnung durch zwei Türen und eine Treppe betrat. Es war schon kalt, aber wir mussten uns schnell zurückziehen und draußen sitzen, während ein Negerjunge im Haus einen „Schmutzfleck" machte, um die Wespen zu vertreiben, die es seit vielen Monaten bewohnten. Mein Bruder hatte mir Bettzeug für das Kiefernbett des Aufsehers und das niedrige Rollbett darunter geliehen. Letzteres ließ, wenn es nachts herausgezogen wurde, keinen Platz mehr zum Stehen. Als das erledigt war, mussten wir alle ins Bett gehen. Als Möbel hatten wir nur zwei oder drei Holzstühle und einen kleinen Tisch. Es gab keine Vorhänge, weder Teppich noch Läufer und kein Geschirr. Es gab Holz auf dem Holzstapel und einen kleinen Vorrat an Mehl und Reis sowie ein kleines Stück Speck in der schmutzigen Kammer des Aufsehers. Dies sollte mein Winterheim sein.

Petersburg befand sich bereits praktisch im Belagerungszustand. Nicht der Zehnte der für die Flüchtlingsarmee benötigten Nahrungsmittel konnte in die Stadt gebracht werden. Unsere Hauptstraße, der Fluss, war bis auf eine kurze Strecke mit Kanonenbooten der Union besetzt. Die Märkte waren schon lange geschlossen. Die Vorräte an Lebensmitteln waren erschöpft, so dass ein Lebensmittelladen kaum etwas anderes anbieten konnte als ein oder zwei Fässer Melasse aus dem heimischen Zuckerrohr Sorghum, einer scharfen und ungesunden Süßigkeit, die anstelle von Zucker zum Trinken mit Wasser oder Milch und zum Essen mit Brot verwendet wurde. Die kleinen Jungen begannen sofort, den Haushalt zu führen. Sie stürzten sich tapfer auf den Holzstapel und fanden Gunst in den Augen von Mary und dem Mann, den ich nie anders als „Marys Ehemann" kannte. Er und Mary wurden mit der Aufsicht über das Viertel betraut und hatten eine Hütte in unserer Nähe.

Ich hatte keine Bücher, keine Zeitungen, keine Möglichkeit, mit der Außenwelt zu kommunizieren; aber ich hatte eine Nachbarin, Mrs. Laighton, eine Tochter von Winston Henry, Enkelin von Patrick Henry. Sie lebte mit ihrem Mann – einem Mann aus dem Norden – in meiner Nähe. Beide waren sehr kultiviert, sehr arm, sehr freundlich. Mrs. Laighton, als Lucy Henry – ein brillantes junges Mädchen – hatte ich zuletzt auf einer der lustigen Hauspartys ihrer Mutter in Charlotte County gesehen. Wir hatten viel gemeinsam, und ihr gutes Herz war voller Liebe und Mitleid mit mir. Ihre Gespräche waren ein Stärkungsmittel für mich. Sie spornten mich an, meine Rolle mit Mut zu spielen, da ich von dem Gott, der mich erschaffen hatte, für würdig befunden worden war, in diesem erhabenen Kampf um die Freiheit zu leiden. Sie war so wahrhaft begabt wie ihr berühmter Großvater. Ihr zuzuhören hieß zu glauben, so überzeugend und überzeugend war ihre Beredsamkeit.

Diesen Winter fehlte mir meine gute Eliza Page. Sie war krank geworden. Als einzige Dienerin hatte ich ein kräftiges kleines schwarzes Mädchen, Julia; Mary aber hatte eine Freundin, eine „Kornfeldarbeiterin“, „Anarchy“, die mir zu den ungewöhnlichsten Zeiten half. Mrs. Laighton schickte mir jeden Morgen eine Butterkugel so groß wie ein Silberdollar, mit zwei oder drei perfekten Keksen und manchmal einer Schale mit Kakis oder gedünsteten getrockneten Pfirsichen. Sie hatte eine Kuh und rührte jeden Tag, um ihre Kekse aus der Buttermilch zu machen, die viel zu kostbar war, um sie zu trinken.

Ein oder zwei Tage vor Weihnachten wurden wir von einem großen Schneesturm überrascht. Meine kleinen Jungs entzündeten ein prasselndes Feuer in der kalten, offenen Küche, rösteten Kastanien und stellten Fallen für die Kaninchen und „Schneevögel“ auf, die nie in sie hineinkamen. Sie murrten nicht über das karge Weihnachtsfest; sie waren ihrer Mutter treue kleine Kerle. Ich hatte den Tag damit verbracht, ihre Kleidung zu flicken – sie zu nähen war ein Privileg, das mir verwehrt blieb, da ich keine Materialien hatte. Ich war nicht „ganz unglücklich“! Die rosigen Wangen an meinem Kamin trösteten mich über meine Entbehrungen hinweg, und etwas in mir rebellierte stolz gegen Schwäche oder Klagen.

Am Weihnachtsabend fielen in dichten Flocken um Mitternacht die Schneeflocken, als ich plötzlich sehr krank wurde. Ich ließ Marys Mann kommen und bat ihn, nach Petersburg zu galoppieren, das drei Meilen entfernt war, und mir Dr. Withers zu holen. Ich war schrecklich krank, als er ankam, und als er am Fußende meines Bettes stand, sagte ich zu ihm: „Für mich ist das nicht so wichtig, Doktor! Aber mein Mann wird dankbar sein, wenn Sie mich am Leben erhalten."

Als ich aus einem langen Schlaf erwachte, stand er immer noch am Fußende meines Bettes, wo ich ihn zurückgelassen hatte – es kam mir vor wie vor Ewigkeiten! Ich streckte meine Hand aus und sie berührte ein kleines warmes Bündel neben mir. Gott hatte mir ein liebes Kind geschenkt!

Der Arzt sprach ernst und sehr freundlich zu mir. „Ich muss Sie jetzt verlassen", sagte er, „und leider kann ich nicht wiederkommen. Es gibt so viele, so viele Kranke. Rufen Sie all Ihren Mut zusammen, um zu helfen. Denken Sie an die Pionierfrauen und an all das, was sie überleben konnten. Diese Frau", er deutete auf Anarchie, „ist eine Feldarbeiterin, aber sie ist Mutter und sie hat sich bereit erklärt, Ihnen während der Weihnachtsferien zu helfen – in ihrer Freizeit. Und nun, Gott segne Sie und auf Wiedersehen!"

Ich schlief bald wieder ein, und als ich aufwachte, war der Engel der Stärke und des Friedens herabgestiegen und wohnte bei mir. Ich beschloss, mir selbst zu beweisen, dass ich eine große Frau sein *konnte , wenn ich dazu berufen war* . Von meinem Bett aus sahen mich meine beiden kleinen Jungen an. Sie waren am Abend zuvor über die schneebedeckten Felder zum Haus meines Bruders gebracht worden, waren aber bei Tagesanbruch aufgestanden und „nach Hause gekommen, um auf mich aufzupassen"!

Meine kleine Zofe Julia verließ mich am Weihnachtsmorgen. Sie sagte, es sei zu einsam, und ihre „Mistis" ließen sie immer ihre eigenen Plätze aussuchen. Ich engagierte „Anarchy" für 25 Dollar pro Woche für alle ihre Nächte. Aber ihre Hände, die von der Arbeit auf den Feldern verknotet waren, waren zu rau, um mein Baby zu berühren. Ich stützte mich auf Kissen und zog sie selbst an, wobei ich manchmal ohnmächtig wurde, wenn die Anstrengung vorbei war.

Drei Wochen später lag ich noch immer in meinem Bett, als einer meiner Jungs hereingerannt kam und mit verängstigter Stimme ausrief: „Oh, Mama, da kommt ein alter grauer Soldat!" Er stand da – dieser alte graue Soldat – und sah mich an, auf seinen Säbel gestützt.

„Ist das die Belohnung, die mir mein Vaterland gibt?", fragte er, und erst als er das sagte, erkannte ich meinen Mann. Er drehte sich auf dem Absatz um und ging hinaus, und ich hörte ihn rufen:

„John! John! Bring die Pferde in die Stadt und verkaufe sie! Komm nicht zurück, bis du das getan hast – verkaufe sie für jeden Preis! Hol dir einen Karren und bring Butter, Eier und alles, was du für Mrs. Pryors Wohl finden kannst."

Er war mit Fitz Lee auf diesem schrecklichen Marsch durch den Schnee nach Averill gewesen. Er hatte Kälte und Hunger erlitten, hatte ohne Schutz auf dem Boden geschlafen und seine Decke mit John geteilt. Er hatte seine eigenen Pferde benutzt, und wenn die Regierung ihn jetzt brauchte, konnte die Regierung ihn besteigen. Er hatte keinen Urlaub und meldete sich bald zum Dienst; aber nicht bevor er uns Anfang Januar in die Stadt gebracht hatte – eines der Häuser meines Schwagers war Anfang des Jahres geräumt worden. John kannte seinen Herrn zu gut, um ihn wörtlich zu nehmen, und hatte den schönen Grauen Jubal Early für ihn reserviert. Damit ich nicht wieder in die traurige Lage geriet, in der er mich gefunden hatte, kaufte er dreihundert Dollar in Gold und wies mich an, einen Gürtel anzufertigen, den ich die ganze Zeit um meine Taille tragen sollte, verborgen durch mein Kleid. Die Münzen waren eingesteppt; jede hatte einen eigenen Abschnitt, sodass ich mit der Schere eine nach der anderen herausnehmen konnte, ohne den Rest zu stören.

KAPITEL XXI

Anfang Juni standen sich die beiden Armeen von Grant und Lee in Petersburg gegenüber. Mein lieber General hatte sich still und traurig von seiner kleinen Familie verabschiedet und war zu seiner Kompanie aufgebrochen, als mein Vater mit großartigen Neuigkeiten hereinkam. „Ich habe General Lee gerade auf der Straße getroffen." „Auf der Durchreise?", fragte ich. „Überhaupt nicht! Die Linien sind genau hier aufgestellt und mit seinen Veteranen gefüllt." Mein General kam bald freudig zurück. Er würde jetzt in unserer Nähe Dienst tun.

Am nächsten Sonntag schlug eine Granate in der Presbyterianischen Kirche gegenüber unserem Haus ein. Von diesem Moment an wurden wir in Abständen und sehr heftig beschossen. Es gab keine Soldaten in der Stadt. Frauen wurden in den unteren Straßen getötet und sofort begann ein Exodus aus den beschossenen Vierteln.

Sobald der Feind seine Belagerungsgeschütze der schweren Artillerie heranbrachte, eröffneten sie ohne die geringste Vorwarnung oder ohne Gelegenheit zur Rettung von Zivilisten, Kranken, Verwundeten oder Frauen und Kindern das Feuer auf die Stadt. Das Feuer war zunächst auf den Alten Markt gerichtet, vermutlich wegen des dort befindlichen Eisenbahndepots, um das sich die Soldaten vermutlich versammelten. Doch schon bald weiteten die Geschütze ihre Wirkung aus, fegten durch alle Straßen des Geschäftsviertels der Stadt und drangen dann in die Wohngegend ein. Die Kirchtürme schienen Ziele für ihr Feuer zu sein, denn schließlich wurden alle von ihnen getroffen, um einen Teil des Feuers abzubekommen.

Personen, die den höllischen Lärm des Kreischens, Abprallens und Explodierens von Granaten nicht kennen, können sich den Schrecken und die Demoralisierung, die darauf folgten, nicht richtig vorstellen. Einige Familien, die die belagerte Stadt nicht verlassen konnten, gruben fünf oder sechs Fuß tiefe Löcher in den Boden und bedeckten sie mit schweren, mit Erde überschütteten Balken, wobei der Eingang den Batterien gegenüber lag, aus denen die Granaten abgefeuert wurden. Sie machten diese Löcher zumindest bombensicher, und dorthin begab sich die Familie, als der schwere Beschuss begann. General Lee schien zu erkennen, dass kein Teil der Stadt sicher war, denn er befahl sofort die Verlegung aller Krankenhäuser unter die Obhut von Petersburgs geschätztem Arzt Dr. John Herbert Claiborne. Es gab dreitausend Kranke und Verwundete, viele von ihnen zu krank, um sie zu bewegen. Alles, was auf Rädern fahren konnte, von einem Karren bis zu einer Schubkarre, wurde von den fliehenden Einwohnern der Stadt in Dienst gestellt. Eine lange, nicht enden wollende Schlange ging an meiner Tür vorbei, bis niemand mehr vorbeikam.

Das Schauspiel faszinierte meine Kinder, und sie lebten im Freien und beobachteten es. Eines Tages stand meine kleine Freundin Nannie mit meinem Baby, das fast so groß war wie sie selbst, im Arm am Tor, als in einiger Entfernung von ihnen eine Granate einschlug. Ein berittener Offizier zügelte sie und sprach sie an. „Wessen Kinder sind das?"

„Das ist Charles Campbells Tochter", sagte die kleine Nannie, „und das" – sie deutete auf das Baby – „ist General Pryors Kind."

„Lauf mit General Pryors Baby, dem kleinen Mädchen, nach Hause, weg von den Granaten", sagte er und drehte sich um, als er davonritt. „Grüße an deinen Vater. Ich komme ihn besuchen."

„Wer ist dieser Mann?", fragte die kleine Nannie einen Passanten.

„Warum, wissen Sie das nicht? Das ist General Lee!"

Wir lernten bald den eigentümlichen tiefen Knall der einen großen Kanone kennen, die direkt auf uns zukam. Die Jungen nannten sie „Long Tom". Manchmal ruhte oder schlief „Long Tom" mehrere Wochen lang – und holte dann die verlorene Zeit nach. Und doch gerieten wir nicht in Panik. Die Kinder schienen zu verstehen, dass es feige wäre, sich zu beschweren. Ein kleines Mädchen schrie vor Angst bei einer Explosion, aber ihre Tante, Mrs. Gibson, rief sie und sagte: „Meine Liebe, du kannst es anderen Leuten nicht schwerer machen! Wenn du große Angst hast, komm zu mir, und ich werde dich in meine Arme nehmen, aber du darfst nicht weinen."

Charles Campbell, der Historiker, wohnte in unserer Nähe, im Anderson Seminary. Er räumte den großen Kohlenkeller aus, der glücklicherweise trocken war, breitete Teppiche auf dem Boden aus und richtete ihn mit Liegestühlen und Stühlen ein. Dort suchten wir Zuflucht in völliger Dunkelheit, wenn die Feuerstürme unerträglich wurden. Mein Nachbar, Mr. Thomas Branch, häufte Sandsäcke um sein Haus herum auf und machte es so bombensicher. Eines Tages traf eine Granate einen meiner Schornsteine und bohrte sich zischend in die Haustür. Wir gingen in Mr. Campbells bombensicheren Keller und blieben dort, bis der Beschuss aufhörte.

Eines Nachts, nach einem langen, heißen Tag, waren wir so müde, dass wir tief und fest schliefen. Eliza Page, die zitternd neben mir stand, weckte mich. Sie zog mich aus dem Bett und drehte sich hastig um, um Decken um die Kinder zu werfen. Die Furien waren los! Das Haus bebte von den Erschütterungen der schweren Geschütze. Wir waren auf der Straße, auf dem Weg zu unserem bombensicheren Keller, als eine Granate keine sieben Meter vor uns explodierte. Feuer und Splitter stiegen wie eine Fontäne in die Luft und regneten in einem Regen um uns herum. Niemand aus meiner kleinen Familie wurde verletzt – und seltsamerweise hatten die Kinder keine Angst!

Ein anderes Mal fiel eine Granate in unseren eigenen Garten und vergrub sich in der Erde. Mein Baby war in den Armen seiner Amme ganz in der Nähe. Das kleine Wesen war von den Granaten fasziniert. Das erste Wort, das sie jemals aussprach, war ein Versuch, sie nachzuahmen. „Dort kommt der Vogel mit dem gebrochenen Flügel", sagten die Diener. Die Granaten machten ein flatterndes Geräusch, als sie durch die Luft flogen, und kamen mit einem furchtbaren Zischen herunter. Wenn sie mitten in der Luft explodierten, trieb eine Rauchwolke, weiß wie ein Engelsflügel, davon und die Partikel prasselten wie Hagel herunter. Nachts waren die Flugbahn der Granate und ihre Explosion genau wie bei unseren Raketen am 4. Juli, außer dass sie nicht nach oben, sondern in eine schräge Richtung abgefeuert wurden – nicht auf die Sterne, sondern auf uns gerichtet! Ich hatte nie Angst vor ihnen! Ich wurde dazu erzogen, an Vorherbestimmung zu glauben. Mut ist schließlich eine Frage der Nerven. Meine Nachbarn, Mr. und Mrs. Gibson, Mrs. Meade und Mr. und Mrs. Campbell, waren mit mir einer Meinung und wir beschlossen in aller Ruhe, in der Stadt zu bleiben. Es gab keinen sicheren Ort für uns. Mr. Branch zog mit seiner Familie weg und, soweit ich wusste, blieb keiner meiner anderen Freunde den ganzen Sommer über dort.

Nicht weit von unserer Tür verlief eine Hohlstraße, zu deren beiden Seiten sich der Hügel erhob, durch den sie geschnitten war. In diesen Hügel gruben die Neger eine kleine Lücke, in der sie den ganzen Tag auf Matten saßen, strickten, sangen und kleine Kuchen aus Sorghumhirse und Mehl sowie kleine runde Fleischpasteten verkauften.

Die Wechselgesänge mit ihrer unheimlichen Melodie sind mir noch immer im Gedächtnis. Nachts übertönte eine kräftige Stimme aus den Hütten am Berghang das dumpfe Dröhnen der Kanonen, das scharfe Zischen der einschlagenden Granaten und das Rattern und Rumpeln der Feldwagen:

„Meine Brüderin, sei nicht müde,

Der Engel hat die Nachricht überbracht.

Sei nicht müde

Denn wir gehen nach Hause!

„Ich will in den Himmel!

(*Antwort*)   Ja, mein Herr!

Ich will meinen Jesus sehen!

(*Antwort*)   Ja, mein Herr!

(*Chor*)   Meine Brüderin, sei nicht müde,

Der Engel hat die Nachricht überbracht.

Sei nicht müde

Denn wir gehen nach Hause."

Die Sorghum-Kuchen wurden in unserer eigenen Küche perfekt zubereitet, aber die Fleischpasteten waren faszinierend. Ich wäre vielleicht versucht gewesen, in sie zu investieren, wenn da nicht ein kleiner Umstand gewesen wäre. Ich sah ein totes Maultier auf der Wiese liegen, und aus seiner Seite war ein sehr ordentliches, quadratisches Stück Fleisch geschnitten worden!

Trotz unseres Hungers aßen wir nie Ratten, Mäuse oder Maultierfleisch. Wir kamen mit Erbsen, Brot und Sorghum aus. Wir konnten ein wenig Milch kaufen und mischten sie mit einem Getränk aus geröstetem und gemahlenem Mais. Letzterer war im Getreide knapp. Mr. Campbells Kinder sammelten das Getreide überall dort auf, wo die Armeepferde gefüttert wurden, wuschen, trockneten und zerstampften es als Nahrung.

Meine kleinen Jungs beschwerten sich nie, aber Theo, der darauf bestanden hatte, aus dem sicheren Zuhause seines Onkels auf dem Land zu mir zurückzukehren, sagte eines Tages: „Mama, ich habe ein komisches Gefühl im Magen! Oh nein! Es tut nicht im Geringsten weh, aber es fühlt sich an wie eine Muskatnussreibe."

Der arme kleine Junge! Seine Maschinerie musste geölt werden. Und schon bald erkrankte sein kleiner Bruder an Fieber. Mein gesegneter Dr. Withers besorgte mir die Erlaubnis, jeden Tag einen halben Liter Suppe aus dem Krankenhaus zu holen, und eines Tages gab es eine freudige Entdeckung. In der Suppe war eine Hühnerkeule!

„Ich hoffe wirklich, dass ich nicht gesund werde", schockierte mich die Aussage des kleinen Mannes.

„Oh, ist es wirklich so schlimm?", seufzte ich.

„Warum", antwortete er, „meine Suppe wird gestrichen, wenn es mir besser geht!"

Gerade in diesem Augenblick, als die Lage so schlimm war, wie sie nur sein konnte, brachte mein Mann den ehrenwerten Pierre Soulé, General DH Hill und General Longstreet zum Tee nach Hause. Ich bekam Brot und ein wenig Tee, letzterer wurde in einem gelben Krug ohne Henkel serviert. Als Mrs. Meade von meinem Bedürfnis hörte, schickte sie mir ein kleines Stück Speck. Ich hatte Mr. Soulé in der Washingtoner Gesellschaft kennengelernt – er war der anspruchsvollste und kultivierteste Mann von allen. Als wir uns um den Tisch versammelten, hob ich meinen heißen Krug mit Hilfe einer Serviette hoch und bot meinen Tee an, pur und schlicht, wobei ich den Gästen erlaubte, nach eigenem Ermessen ein oder zwei Löffel dunkelbraunen Zucker zu nehmen.

„Das ist ein großer Luxus, Madam", sagte Mr. Soulé mit einer seiner höflichen Verbeugungen, „eine gute Tasse Tee."

Wir sprachen an diesem Abend über alles, was in unserem Land schieflief, über die guten Männer, die ständig ihres Kommandos enthoben wurden, und über all die Fehler, die wir machten.

"Fehler!", sagte General Hill und schlug mit der geballten Faust auf den Tisch. "Fehler könnte ich verzeihen! Lügen kann ich nicht verzeihen! Ich könnte klarkommen, wenn wir *nur*, *nur* jemals die Wahrheit erfahren würden, die wahre Wahrheit." Aber er wurde sehr persönlich und benutzte viel stärkere Worte als diese.

Die Bilder, die mein General aus Europa mitgebracht hatte, waren früh von Washington nach Petersburg geschickt worden, und ich hatte eine der Schachteln geöffnet, die eine große Radierung von Michelangelos „Jüngstem Gericht" enthielt. General Longstreet stand lange vor diesem Bild, das in unserem Wohnzimmer hing. Er wandte sich an Mr. Soulé und General Hill und rief aus: „Oh, was hat das alles zu bedeuten? *Hier* ist das Ende für jeden von uns!" – das Ende all des Streits, des Blutvergießens, der Bitterkeit – der endgültige Sieg oder die endgültige Niederlage.

Sie redeten und redeten, diese Veteranen und der charmante, erfahrene Diplomat, bis einer von ihnen nach der Uhrzeit fragte. Ich hob den Vorhang.

„Meine Herren", sagte ich, „die Sonne geht auf. Sie müssen jetzt mit uns frühstücken." Sie lehnten ab. Sie hatten zu Abend gegessen!

In der schrecklichen Schlacht bei Port Walthall in der Nähe von Petersburg leistete mein Mann wichtige Dienste. Unter den wenigen Papieren, die ich in einer geheimen Schublade der einzigen Truhe aufbewahrte, die ich gerettet hatte, befanden sich zwei, eines unterzeichnet von Bushrod Johnson, das andere von DH Hill. In letzterem heißt es: „Der Sieg bei Walthall Junction war größtenteils General Roger A. Pryor zu verdanken. Ohne ihn wären wir wahrscheinlich überrascht und besiegt worden." Das andere von General Johnson lautet ausführlich: „Im kritischsten Moment leistete mir General Roger A. Pryor äußerst wertvolle Dienste, indem er großen Eifer, Energie und Tapferkeit bei der Erkundung der Positionen des Feindes, der Aufstellung meiner Schlachtlinie und der erfolgreichen Durchführung der Operationen und Bewegungen des Konflikts zeigte." Auf General Johnsons Ersuchen hin diente mein Mann während der Hochsommerzeit mit ihm.

Solche Briefe habe ich anstelle von Medaillen oder Bändern – nur einen Teil von vielem von ähnlicher Art; aber vielen Männern, die ebenso viel Anerkennung verdienten, wurde weniger verliehen.

Nachdem mein Mann bei allen Ereignissen rund um Petersburg im aktiven Dienst gewesen war, wurde er nun von General Lee gebeten, einen kleinen Trupp Männer mitzunehmen und etwas über die Bewegungen des Feindes zu erfahren.

„Grant weiß alles über mich", sagte er, „und ich weiß zu wenig über Grant. Sie waren hier ein Schuljunge, General, und haben auf allen Nebenwegen um Petersburg herum gejagt. Da Sie das Land besser kennen als jeder von uns, sind Sie der beste Mann für diese wichtige Aufgabe."

Ausgerüstet mit einem Passierschein von General Lee brach mein Mann zu seinen gefährlichen Erkundungsexpeditionen auf, wobei er manchmal eine Woche lang abwesend war. Während dieser Erkundungsreisen erlebte er Abenteuer, konnte nur knapp entkommen und hatte auch Gelegenheit, dem zu frönen, was schon immer sein bestimmendes Wesen war: dem Wunsch, den Unglücklichen zu helfen. Einmal brachte er mir am frühen Morgen drei oder vier Gefangene unter Bewachung, und als er auf dem Weg zu einer Stunde Schlaf an mir vorbeikam, befahl er ruhig: „Sorgen Sie dafür, dass sie gut versorgt sind."

In einem unveröffentlichten Tagebuch des Historikers Charles Campbell finde ich diesen Eintrag: „Ich traf Mrs. Pryor auf dem Weg zur Kantine, mit einem kleinen Blecheimer in der Hand. Sie sagte, sie wolle ihre tägliche Essensration holen." Diese „Tagesration", für die ich drei Dollar bezahlte, war alles, was ich hatte, außer Bohnen und Sorghumhirse, und John rebellierte offen, als er angewiesen wurde, sie meinen Gefangenen in Brotlaiben zu servieren. Er wurde jedoch überstimmt, und meine kleinen Jungs fügten sich mit bester Laune, verzichteten auf ihr eigenes Frühstück und servierten den Gefangenen.

Kein Bauer wagte es, sich innerhalb der Linien zu wagen – in den Flüssen gab es keine Fische, in den Wäldern rund um die Stadt kein Wild. Das Kanonenfeuer hatte sie vertrieben. In Petersburg gab es keinen Markt mehr. Einmal besuchte ich unter Artilleriebeschuss den Alten Markt. Am Ende eines Tisches, auf dem Kuchen und Krüge mit Sorghum-Melasse ausgestellt waren, bot ein alter Neger einen gefrorenen Kohl an!

Die Hungersnot schritt voran, aber ihre Zwillingsschwester, das Fieber, kam nur selten zu uns. Noch nie war Petersburg so gesund gewesen. Jedes Stück tierischer oder pflanzlicher Nahrung war verzehrt und die Straßen waren sauber. Schwärme von Tauben folgten den Kindern, die Brot oder Kekse aßen. Schließlich verschwanden die Tauben, da sie selbst aufgefressen worden waren. Ratten und Mäuse verschwanden. Die armen Katzen stolperten durch die Straßen und begannen zu verhungern. Zeitweise war Mehl das einzige Lebensmittel, das man sich leisten konnte, außer für die Reichen. Eine Unze Fleisch täglich galt als reichliche Ration für jedes Familienmitglied. Es war unmöglich, Nahrung jeglicher Art aufzubewahren – Kühe, Schweine, Speck, Mehl, alles wurde gestohlen und sogar brütende Hühner wurden aus dem Nest geholt.

Angesichts dieser Tatsachen konnte General Lee berichten, dass sich fast jedes Regiment seiner Armee wieder gemeldet hatte – und zwar für den Krieg! Und sehr bald berichtete er auch, dass die Armee kein Fleisch mehr hatte und nur noch Brotrationen für einen Tag! Eine unserer Zeitungen kopierte das Folgende aus dem *Mobile Advertiser*:

GENERAL ROBERT E. LEE IM JAHR 1861.

„In General Lees Zelt wird nur zweimal pro Woche Fleisch gegessen. Der General erlaubt es nicht öfter, weil er glaubt, dass der Genuss von Fleisch in der gegenwärtigen angespannten Lage des Landes kriminell ist. Sein gewöhnliches Abendessen besteht aus einem in Salzwasser gekochten Kohlkopf und einem Stück Maisbrot. Nachdem General Lee eine Reihe von Herren zum Essen eingeladen hatte, bestellte er in einem Anfall von Extravaganz ein üppiges Mahl aus Speck und Kohl. Das Abendessen wurde serviert, und siehe da, ein großes Meer aus Kohl und eine kleine Insel aus Speck oder ‚Mittelstück‘, etwa vier Zoll lang und zwei Zoll breit. Die Gäste lehnten den Speck mit lobenswerter Höflichkeit einstimmig ab, und er blieb unberührt in der Schüssel. Am nächsten Tag erinnerte sich General Lee an den delikaten Leckerbissen, der so glücklicherweise erhalten geblieben war, und befahl seinem Diener, das ,Mittelstück' zu bringen. Der Mann zögerte, kratzte sich am Kopf und gestand schließlich:

„,Mr. Robert, die Tatsache ist, dass dieser Betrag geliehener Betrag war. Wir alle hatten keinen Betrag. Ich habe ihn an den Ort zurückgezahlt, von dem ich ihn bekommen habe.'

„General Lee stieß einen Seufzer der Enttäuschung aus und stürzte sich auf den Kohl."

Im Frühherbst kostete Mehl 1.500 Dollar pro Fass, Speck 20 Dollar pro Pfund, Rindfleisch ebenso, ein Huhn gab es für 50 Dollar, Maifisch 5,50 Dollar pro Paar – den Kopf eines Ochsen mit Hörnern und allem konnte man als Gefallen im Laden für 5 Dollar kaufen. Lebensmittel waren in die Höhe geschossen. Einmal zählte ich in einer Soldatenration acht Körner Kaffee! Nach und nach zog ich aus dem Goldgürtel, den ich um die Hüften trug, und erhielt fast die letzten hundert Dollar für einen Dollar in Gold. Es waren sorgenvolle Zeiten, schwierige Zeiten – aber es waren nicht die schlimmsten Zeiten! Wir hatten noch Hoffnung. Jeder Tag, jede Stunde konnte uns den Sieg und damit die Erleichterung bringen. Wir hatten den Segen der Kameradschaft. *Una et commune periclum, una salus!* Überall um uns herum waren edle Geister , stark in Glaube und Hoffnung. Wenn wir miteinander sprachen, fielen nie entmutigende Worte.

Meine Nachbarin, Mrs. Meade, und ihre Töchter waren wunderbare Freundinnen und immer fröhlich. Soldaten durften nicht auf der Straße herumlaufen, aber eines Tages sah ich, wie Mary Meade an ihrem Tor auf der anderen Seite der schmalen Straße stehen blieb und mit einem von ihnen sprach. „Wissen Sie, was er mich gefragt hat?", lief sie herüber, um zu fragen. „Ist das nicht zu komisch? Ein Soldat mit seinem Gewehr auf der Schulter wollte wissen, ob wir einen Hund hielten und ob er gefahrlos aus dem Brunnen trinken könne!" Gegen Ende des Krieges hielten sich eine Reihe Engländer in unseren Lagern auf. Sie waren sehr umgänglich und während ihrer Zeit bei uns durch und durch Südstaatler. Ich freute mich über einen, der gegenüber in Mrs. Meades „Büro" ein Zimmer gemietet hatte. Er war ein so glühender Sezessionist, dass wir ihn mit dem üblichen Südstaatlertitel „Colonel" ehrten. Eines Morgens kam er voller Empörung herüber: „Oh, ich sage, es ist ein bisschen gemein von General Grant, Mrs. Meade zu erschrecken! Es ist eine furchtbare Schande, große Granaten in den Garten einer Dame zu schießen."

„Was würden Sie tun, Colonel, wenn Ihr Schornstein abgerissen würde, so wie meiner letzte Woche?"

„Nun", nachdenklich, „ich schätze, ich würde tapsen."

Irgendwann kam der Zeitpunkt, an dem ich spürte, dass ich die Belastungen, ständig unter Beschuss zu stehen, nicht mehr ertragen konnte. Zu meiner großen Erleichterung zog mein Schwager Robert McIlwaine mit seiner Familie nach North Carolina und stellte mir Cottage Farm, drei Meilen von der Stadt entfernt, zur Verfügung. Er hatte ein Klavier und einige Möbel im Haus zurückgelassen und war froh, dass ich darin wohnen konnte. Ich war erst seit wenigen Tagen in diesem Zufluchtsort und freute mich über die gesegnete Ruhepause vor der Gefahr, als ich erfuhr, dass General Lee sein Hauptquartier ganz in der Nähe von uns aufgeschlagen hatte.

Das ganze Gesicht der Erde schien sich augenblicklich zu verändern. Armeewagen krochen unaufhörlich in einer Staubwolke die Landstraße entlang, direkt vor unserem Tor. Weiter hinten war alles voller Leben, wo es eine weitere Landstraße gab, und eine kurze Straße, die die beiden verband, führte direkt am Brunnen in der Nähe unseres Hauses vorbei. Auch diese wurde ständig befahren; das Surren des Brunnenrades schien weder Tag noch Nacht aufzuhören. Bald hatten wir angenehme Besucher, General AP Hill, Colonel William Pegram, General Walker, General Wilcox und andere. General Wilcox, ein alter Freund und Kamerad, bat um Erlaubnis, sein Hauptquartier auf dem grünen Rasen hinter dem Haus aufschlagen zu dürfen, und mein Mann freute sich über seine Anwesenheit und seinen Schutz für unsere kleine Familie.

In weniger als vierundzwanzig Stunden befand ich mich mitten in einem Lager. Die weißen Zelte von General Wilcox' Stabsoffizieren waren dicht vor der Tür aufgespannt. „Wir sind seit acht Jahren hier – keinen Tag weniger", sagte mein Vater, und er glaubte es voll und ganz. Da dies der Fall war, holten wir alle unsere Kisten aus der Stadt, packten die Bibliothek aus und stellten sie in Regale, packten unsere Bilder aus und hängten sie auf. Ich hängte die „Madonna della Seggiola" über den Kaminsims im Wohnzimmer und Guidos „Aurora" über das Klavier. In einer der Kisten befand sich ein Babyhäuschen und eine Kiste mit Abendkleidern, die ich nicht einmal ansah, sondern im Keller aufbewahrte. Alles sah so gemütlich und heimelig aus, wir waren glücklicher als seit langer Zeit. Damit mein Kind nicht verhungerte, kaufte ich von einem kleinen Plantagenbesitzer in der Nachbarschaft eine kleine Kuh namens Rose für eine großzügige Summe Gold aus meinem Gürtel. „Wir müssen uns in diesen Zeiten alle gegenseitig helfen", bemerkte er selbstgefällig. Rose war ein großer Schatz. Das Pferd meines Generals, Jubal Early, musste seine Rationen mit ihr teilen – tatsächlich wurde Jubals Maisration manchmal für uns alle zu Maisbrei verarbeitet. John baute sofort einen Unterstand in der Nähe seines Zimmers für Rose, „denn ich kenne Soldaten! Sie stehen tagsüber auf und melken deine Kuh direkt unter deinen Augenlidern. Als wir alle in Pennsylvania waren, gaben die alten holländischen Bauern General Lee Hail Columbia, weil seine Soldaten ihre

Kühe melkten. Aber Herrgott! General Lee konnte nicht anders! Er konnte sie davon abhalten, Pferde zu stehlen, aber selbst die Königin von England könnte einen Soldaten nicht aufhalten, wenn er nach Milch verlangt. Und er braucht auch keinen Eimer; er kann in seiner Feldflasche melken und verschüttet keinen Tropfen."

John und die Jungen waren in bester Stimmung. Sie schmiedeten Pläne für Hühner, Tauben und Schweine – aber nichts davon wurde verwirklicht, außer für letztere, die ich einen Metzger überredete, mir für ein oder zwei Seidenwesten des Generals zu geben. Da wir „mindestens acht Jahre" hier sein sollten, oblag es mir, mich um die Ausbildung der kleinen Jungen zu kümmern. Schulbücher wurden für sie gefunden. Ich konnte „ein bisschen Latein und weniger Griechisch", aber ich hörte ihnen ernst zu, wie sie Lektionen in ersterem rezitierten; und sie bemerkten nie die mitternächtliche Dunkelheit meines Geistes in Bezug auf Mathematik. Was die Schweine anging, hatte ich fast meine eigene Zustimmung erhalten, sie in Würste zu verwandeln, als mir der Schmerz erspart blieb, ihr Todesurteil zu unterschreiben, weil sie wegliefen!

Ich wusste nichts von der starken Befestigungslinie, die General Grant hinter der Farm errichtete, Befestigungen, die in kurzen Abständen durch Forts verstärkt wurden. Unsere eigene Linie – vom Garten aus sichtbar – hatte weniger Forts, von denen zwei, Fort Gregg und Batterie 45, unsere unmittelbare Nachbarschaft schützten. Diese Forts waren gelegentlich eine Antwort auf eine Herausforderung, aber es gab auf keiner Seite einen Ausfallversuch.

Der schmerzlichste Umstand im Zusammenhang mit unserer Position war das nächtliche Feuer der Wachposten, das unaufhörlich wie Hagelkörner feuerte und die Angst erschütterte, dass so mancher Mann durch das Feuer der Wachposten fiel. Aber vielleicht um mich zu beruhigen, erklärten Captain Lindsay und Captain Clover aus General Wilcox' Stab, dass „die Wachposten eine gute Zeit haben. Sie feuern, ja, denn das ist ihr Beruf; aber während sie für die nächste Salve laden, ruft einer ,Hallo, Reb', woraufhin man ,Hallo, Ami' antwortet und kleine Kaffeepäckchen im Austausch für ein Päckchen Tabak hinübergeworfen werden." Nachdem ich diese Fiktion akzeptiert hatte, hätte ich es mir leicht machen können, wenn ich nicht ständig um die Sicherheit meines lieben Generals besorgt gewesen wäre. Er war nun Tag und Nacht beschäftigt, oft in Gefahr, und sammelte aus jeder möglichen Quelle Informationen für General Lee. Während einer dieser Erkundungsreisen traf er einmal eine Dame, die mit ihren Kindern vergeblich versuchte, die Linien zu durchqueren, um in ihre Heimat im Norden zurückzukehren. Vor zwei Jahren erhielt er den folgenden netten Brief:

„ REPRÄSENTANTENHAUS ,
„29. SITZUNG
" DER GESETZGEBENDEN VERSAMMLUNG VON NEBRASKA.

" LINCOLN , 19.3.1907.

„Mein lieber Richter Pryor,

„Ich kann dem Wunsch nicht widerstehen, Ihnen über einen Vorfall im Krieg zu schreiben, in dem Sie eine so edle und großartige Rolle gespielt haben. Sie haben vielleicht Mrs. Mary C. Burgess vergessen, die Sie mit drei kleinen Kindern unter großem persönlichen Risiko von der Konföderierten-Streiklinie zur Unionslinie eskortiert haben. Sie nahmen zwei Kundschafter mit. Jeder nahm ein Kind auf seinem Pferd mit, Mrs. Burgess zu Fuß. Sie hielten in einer Schlucht an und sagten Mrs. Burgess, sie solle in das offene Feld nach rechts gehen, wo sie links einen Mann auf einem grauen Pferd sehen würde. Sie solle diesem Mann ein Zeichen geben, der ihr befehlen würde, zu ihm zu kommen. Sie tat dies und kam dann zurück, um den Kindern zu folgen. Sie verabschiedeten sich von Mrs. Burgess. Sie nahm die Kinder und ging wieder zu dem Mann zu Pferd. Er brachte sie zum Hauptquartier von General Meade, wo sie den Befehl erhielt, nach City Point zu gehen, wo sie zwei Wochen festgehalten wurde, da General Grant abwesend war und sie ohne General Grants Befehle nicht weitergehen konnte. Sie werden sich erinnern, wie Mrs. Burgess zu Mrs. geschickt wurde. Cummings Haus mit einer Eskorte aus Kavallerie und Infanterie und einer weißen Fahne. Sie waren misstrauisch angesichts der Aufmerksamkeit, die Mrs. Burgess entgegengebracht wurde, und neigten zunächst dazu, sie als Spionin zu behandeln. Aber nach vielen Strapazen erreichte Mrs. Burgess schließlich New York und Freunde. Mrs. Burgess ist meine Schwiegermutter; sie lebt bei mir; sie ist dieselbe würdevolle, kultivierte Dame, an die Sie sich vielleicht erinnern. Sie ist jetzt in ihrem vierundsiebzigsten Jahr. Die großartigen Taten der Güte, die Sie ihr und den drei Kindern gegenüber erwiesen haben, haben ihnen zweifellos das Leben gerettet. Mutter Burgess sitzt hier und möchte, dass Sie wissen, dass Sie einen lebenslangen Platz in ihrer Erinnerung einnehmen. Im Namen meiner ganzen Familie und meiner selbst möchte ich Ihnen sagen, Richter Pryor, dass die englische Sprache keine Worte enthält, um unsere Bewunderung für Ihren Mut und unsere Dankbarkeit Ihnen gegenüber auszudrücken, dass Sie die einsame Frau und die Kinder beschützt haben, und die großartige Ritterlichkeit, die Sie wie ein wahrer Ritter, der Sie sind, dazu veranlasst hat, ihnen zu Hilfe zu eilen. Ich hoffe, die Ehre und das Vergnügen zu haben, Sie zu sehen und Ihnen die Hand zu schütteln. Mit den besten persönlichen Grüßen an Sie und alle, die Ihnen lieb sind, verbleibe ich

"Dein,
" HCM Burgess ,
„1568 Südliche 20. Straße.
„Lincoln, Nebraska.“

KAPITEL XXII

Am Morgen des 29. November 1864 saß ich gemütlich mit meinen kleinen Jungen und meinem kleinen Bruder Campbell Pryor an meinem Frühstückstisch. Mein ehrwürdiger Vater, Dr. Pryor, war auf seine tägliche Runde gegangen, um die Kranken und Verwundeten in den Krankenhäusern zu besuchen, und mein Mann war auf Sonderdienst für General Lee. John hatte sich früh mit einer Tasse Milch gemeldet – alles, was die kleine Rose mit ihren knappen Rationen liefern konnte. Wir hatten sie mit geröstetem Mais gekocht und mit Sorghum-Melasse gesüßt. Mit perfekten Keksen, gut geschlagen, aber ohne Schmalz oder Butter, machten wir ein Frühstück, mit dem wir zufrieden waren. Ich gönnte mir einen langen Brief an meine liebe Tante, in dem ich ihr von unserem gemütlichen Zuhause und der Aussicht auf relative Ruhe erzählte, da die Armee bald ins Winterquartier gehen würde. Ich hatte meinen Brief adressiert und wollte ihn gerade versiegeln, als General Wilcox hereinkam und mir freundlich erzählte, dass mein Mann am Tag zuvor gefangen genommen worden war!

Ich erinnere mich noch genau, dass ich einen Moment sprachlos dasaß und dann in aller Ruhe meinen Brief abstempelte! Ich wollte meiner Tante die traurige Nachricht für eine Weile ersparen. Ein paar Minuten später verkündeten klirrende Sporen an der Tür die Anwesenheit eines Stabsoffiziers.

„Madam", sagte er respektvoll, „General Lee sendet Ihnen sein herzlichstes Beileid." Durch das Fenster sah ich General Lee auf seinem Pferd Traveller am Brunnen stehen. Er wartete, bis sein Bote zurückkam – ich war zu überwältigt, um zu sprechen – und ritt dann langsam auf die Stellungen zu.

Ich hatte wenig Hoffnung auf den schnellen Austausch, den mir General Wilcox versprochen hatte. Er berichtete mir Tag für Tag von den Bemühungen, meinen Mann freizulassen, und von deren Misserfolg. General Lee autorisierte einen Brief an General Meade, in dem er die Umstände seiner Gefangennahme schilderte und seine Freilassung forderte. General Meade lehnte seine Freilassung jedoch umgehend ab.

Natürlich wandten wir uns an den Feind, um alle Informationen zu erhalten, und obwohl mein Mann mir in City Point eine Bleistiftnotiz auf die Innenseite eines konföderierten Umschlags geschrieben und seinen Wachmann (einen Bundesoffizier) angefleht hatte, sie in einer New Yorker Zeitung unterzubringen, erhielt ich sie erst 31 Jahre später. Wir erhielten jedoch bald Neuigkeiten durch eine Depesche der Nordstaatenarmee an den *New York Herald*. Die Zeitung vom 30. November 1864 enthielt Folgendes:

"Gestern erschien ein Rebellenoffizier vor unseren Linien und schwenkte ein Papier zum Austausch. Der Offizier, der die Wache befehligte, erinnerte sich plötzlich daran, dass Major Burrage vom 36. Massachusetts-Regiment vor einiger Zeit vom Feind gefangen genommen worden war, als er einen ähnlichen Auftrag erledigte, und ‚verschluckte' den Rebellen, der sich als der berühmte Roger A. Pryor herausstellte, ein ehemaliges Mitglied des Kongresses und ehemaliger Brigadegeneral der Armee von Jeff Davis. Er protestierte heftig gegen das, was er als ‚eklatanten Vertrauensbruch' unsererseits bezeichnete . Ihm wurde versichert, dass er als Vergeltung für ähnliches Verhalten seiner Freunde gefangen genommen und zur weiteren Verfügung in General Meades Hauptquartier geschickt worden sei."

Pressemeldung an *den Herald* vom 30. November aus Washington: „Roger A. Pryor wurde nach Washington gebracht und in das alte Capitol-Gefängnis eingeliefert." Später erreichte mich eine persönliche Nachricht über die *New York News* : „Ihr Mann ist in Fort Lafayette, wo ihn eine Freundin und Verwandte besuchen darf, (unterzeichnet) Mary Rhodes." Aus einer enormen Menge an Briefen, Zeitungsauszügen, Buchbesprechungen, Militärberichten usw., die seine Gefangennahme beschreiben und von den Männern verfasst wurden, die sie durchgeführt und miterlebt haben, wähle ich einen interessanten, bisher unveröffentlichten Brief aus, den mein Mann kürzlich durch meinen Bruder, den Bürgermeister von Bristol, erhielt.

" BRISTOL, TENNESSEE , 10. Juli 1908.

„ DER EHRENWERTE WL RICE
" , Bristol, Va.

„ *Mein lieber Bürgermeister* :—

"Ich komme Ihrer Bitte sehr gerne nach und gebe Ihnen eine kurze Skizze der Umstände, die dazu führten, dass ich als Offizier ausgewählt wurde, um General RA Pryor 1864 nach Fort Warren, Mass., zu bringen. Als Gedächtnisstütze habe ich meine alten Armeepapiere durchsucht und den Originalbefehl des Militärgouverneurs von Washington, DC, gefunden sowie die Quittung von General Pryor für Geld, das ich ihm übergab, als ich ihn dem Kommandanten von Fort Lafayette, NY Harbor, übergab, wohin meine Befehle später geändert wurden und die ich hiermit beifüge.

„Im November 1864 diente mein Regiment, das 39. Mass., bei der Verteidigung von Washington, und ich war als Adjutant in den Stab von General Martindale abkommandiert worden, dem damaligen Kommandeur des Militärbezirks Washington. Nachdem ich Urlaub bekommen hatte, um mein Haus in Mass. zu besuchen, bot mir Oberst T. McGowan, damals Generaladjutant des Bezirks, freundlicherweise an, mir einen Gefangenen zu übergeben und mir so die Transportkosten zu ersparen. Ich wusste nicht, wer mein Gefangener sein würde, bis ich meine Befehle erhielt, und war natürlich erfreut, als ich erfuhr, dass mein Schützling General Roger A. Pryor sein sollte, den ich seit meiner Kindheit dem Ruf nach kannte.

„Obwohl meine Befehle besagten, dass ich Brigadegeneral Wessels unterstützen sollte, sah ich diesen Herrn erst, nachdem General Pryor und ich den Zug erreicht und unsere Plätze eingenommen hatten. Dann stellte sich General Wessels vor und bat um eine Vorstellung bei General Pryor.

"Es war 21.30 Uhr abends, als wir Washington verließen, und wir erreichten New York erst am nächsten Morgen bei Tagesanbruch. Als ich meinen Gefangenen im Old Capitol Prison in Empfang nahm, riet mir der Supt., ein gewisser Colonel Wood, meiner Erinnerung nach, meinen Schützling zu bestrafen, da er ein gefährlicher Mann sei. Dies lehnte ich jedoch ab und nahm nur General Pryors mündliche Zusage an, dass er keinen Fluchtversuch unternehmen würde, solange er in meiner Obhut sei. Diese Zusage gab General Pryor gern und hielt sie gewissenhaft ein, während er bei mir war. Bei der Ankunft in Jersey City wurden wir auf gewisse Weise von General Wessels getrennt und setzten mit der Cortlandt Street Ferry nach New York über. Da es noch früh war, hielten wir zum Frühstück im Courtland Street Hotel, damals ein ziemlich protziges Gasthaus. Nach dem Frühstück und während ich mich darauf vorbereitete, das Hotel zu verlassen, um zum Qr. Mas. Gen. Dept. zu gehen, wo ich meine Befehle und mein Transportmittel finden sollte, war ich überrascht, dass die Rotunde des Hotels vollgestopft war, offensichtlich mit Freunden von General Pryor, und für kurze Zeit sah es so aus, als ob mein Gefangener von dort weggebracht werden würde. ich, aber der General wies mich an, seinen Arm zu nehmen, und wir kamen ohne Probleme durch. Beim Quarter Master General erfuhr ich, dass meine Befehle geändert worden waren, und ich wurde angewiesen, meinen Gefangenen nach Fort Lafayette, New York Harbor, statt nach Fort Warren, Boston Harbor, zu bringen. Bei der Ankunft in Fort Lafayette erwartete uns Brigadegeneral Wessels, und mit ihm setzten wir die Fähre über und übergaben unseren Gefangenen Major Burke, dem Kommandanten dieses Forts, und ließen uns dafür eine Quittung geben.

"Nach dieser Zeitspanne (44 Jahre) scheint es, als ob diese Ereignisse aus meinem Gedächtnis verschwunden sein müssen, aber ich erinnere mich noch genau an das Erscheinen des Generals, den Vorfall im Old Capitol, die Menschenmenge in der Rotunde des Cortlandt Hotels, den wundersamen Durchgang durch das Meer der "roten" Gesichter dort und das Erscheinen von Major Paddy Burke (einem sehr alten Offizier der Old Army), in dessen Obhut ich meine Verantwortung übergab. Ich erinnere mich auch an die freundlichen Bekundungen der Hochachtung, die General Pryor aussprach, als wir uns zum Abschied die Hände schüttelten, und an das Versprechen, das er mir abnahm, dass ich mich, sollte es mein Schicksal sein, während des

Krieges verwundet oder gefangen in Richmond zu werden, bei seiner dort lebenden Familie melden würde, die auf jeden Appell von mir reagieren würde. Ich hatte das Glück, die restlichen Monate des Krieges ohne Gefangennahme und ohne schwere Verwundung zu überstehen, sodass ich nicht auf die Großzügigkeit eines tapferen Feindes zurückgreifen musste, und ich nehme an, die Erinnerung an diese Reise nach New York und die Erinnerung an den jungen Offizier, der ihn begleitete, diese Reise ist aus Richter Pryors Gedächtnis längst vergangen, aber ich erinnere mich daran als eine angenehme Episode im Leben eines Jungen und ich würde mir wünschen, dass Sie dem Richter in meinem Brief meine aufrichtigen Glückwünsche zu den Ehrungen übermitteln, die er erlangt hat, und zu dem Respekt und der Liebe, die er in seinen letzten Jahren erfahren hat, und mit den besten Wünschen für sich selbst, glauben Sie mir,

„Mit freundlichen Grüßen,
„ WM. G. SHEEN .“

WGS-OMH

Herr Sheen hat meinem Bruder freundlicherweise den Befehl geschickt, auf den er anspielt:

" HAUPTQUARTIER DES MILITÄRBEZIRKS WASHINGTON

" BÜRO DES PROVOST MARSHALS

" WASHINGTON, DC , 29. November 1864.

„Sonderbefehl
Nr. 217

" *Extrakt*

„Hiermit wird angeordnet, dass *Brigadegeneral HW Wessels,* unterstützt von *Leutnant Wm. G. Sheen* , zum Old Capital Prison geht und den folgenden Gefangenen in Gewahrsam nimmt:

" *Roger A. Pryor 7. Va: Auto*

und übergeben Sie ihn zusammen mit den Begleitpapieren dem befehlshabenden Offizier im Fort Warren Boston Harbor. Lassen Sie sich dies quittieren und melden Sie die Aktion diesem Hauptquartier.

„Das Quartiermeisteramt wird für die notwendigen Transportmöglichkeiten sorgen.

„Auf Befehl von Oberst MN WISERVELL ,
„Militärgouverneur.
" GEO. R. WALBRIDGE ,
„Hauptmann und stellvertretender Marschall.“

Aus dem oben Gesagten wird ersichtlich, dass die Bundesoffiziere ihrem gefangenen Soldaten die Ehre erwiesen, von einem Bundesgeneral – Brigadegeneral HW Wessels – eskortiert zu werden, und geneigt waren, ihm zusätzlich die Auszeichnung „Eisen" zu verleihen.

Während er in Washington festgehalten wurde, entdeckte Major Leary (oder Captain) ein Mordkomplott gegen ihn, das er dem Gefangenen verriet, um seine Sicherheit zu erhöhen. Bevor er Fort Lafayette erreichte, wurde ihm offenbar mit Mord und Rettung gedroht. Ein freundlicher Freund in Washington steckte ihm eine Flasche Brandy in die Tasche seines Mantels. Sie wurde ihm bei einer Durchsuchung seiner Taschen abgenommen, ebenso wie seine Briefe und Pistolen, aber von einem Bundesoffizier zurückgegeben, der – in Anerkennung der Berührung der Natur, die die Verwandtschaft aller Menschen in allen Nationen begründet – bemerkte: „Behalten Sie sie, General! Eine Flasche Brandy ist ein ungeheures Zeichen des Trostes." Die Pistolen wurden nicht zurückgegeben und werden – soweit ich weiß – zusammen mit einem Armeeumhang in einem Museum für Kriegsreliquien in Concord, Massachusetts, aufbewahrt.

Ein Monat verging, bevor alle vom Militärgesetz geforderten Formalitäten beim Versenden der Briefe der Gefangenen durch die Linien eingehalten werden konnten. Schließlich übermittelte mir Oberst Ould eine kurze Versicherung über das Wohlergehen meines lieben Gefangenen. Er war mit zwölf anderen Gefangenen in einer Kasematte eingesperrt. Auf einem Rost befand sich eine kleine Menge Kohle, und auf diesem Feuer kochten die gefangenen Soldaten ihre mageren Fleischrationen. Ihr Brot bekamen sie von einem Bäcker. Sie lagen auf Strohmatten auf dem Boden. Sie waren froh über die Vorschrift, dass sie ihren Brennstoff aus dem Kohlenkeller holen mussten, da sie so Gelegenheit zur Bewegung hatten. Einmal täglich konnten sie auf den Wällen spazieren gehen, und die Augen meines Mannes richteten sich traurig auf die schwachen Umrisse der schönen Stadt, in der er oft ein Ehrengast gewesen war. Der Schleier, der so viel von dem Kummer und dem Kampf der Zukunft vor ihm verbarg, verbarg auch die Belohnung. Er hätte sich kaum träumen lassen, dass er einmal auf dem obersten Richterstuhl der nebelverhangenen Stadt Recht sprechen würde.

Die Gefangenen hatten keine Materialien außer Kohle und Wasser, aber aus ersterem fertigten sie Siegelringe (die sie nach ihrer Wiedererlangung ihrer Freiheit einsetzen sollten), wobei sie in eine polierte Ebenholzoberfläche Stücke einer Silbermünze einlegten, die kleine Flaggen der Konföderierten darstellten. Eine davon wurde meinem General gegeben und ging in der Stunde der großen Verluste verloren. Mit der Kohle als Bleistift gönnten sich die Gefangenen Karikaturen des Kommandanten. Jeden Morgen fiel ihm ein neues Bild an der weißgetünchten Wand ins Auge: „Burk als Baby", „Burk in seinen ersten Hosen", „Burk verliebt" usw. usw. Die Belohnung war das Gesicht des Kommandanten, wenn er sie sah.

Nach der Freilassung meines Mannes wurde sein Platz in der Kasematte durch einen „eleganten" jungen Offizier eingenommen, der sich absolut weigerte, die Erniedrigung hinzunehmen, die mit der Erbringung seiner Kohlenquote verbunden war.

„Und so", sagte der „alte Burk", „sind Sie ein zu großer Mann, um Ihre Kohle zu holen? Ich hatte General Pryor hier. Er hat seine Kohle hergebracht! Ich denke, Sir, Sie werden Ihre herbringen!"

Bevor ich mich für den Winter von meinem lieben Gefangenen verabschiede, muss ich seine unerschütterliche Standhaftigkeit unter vielen körperlichen Unannehmlichkeiten, der Kälte und dem Essen würdigen, das ihn fast umgebracht hätte. Am 20. Dezember erhielt ich eine kurze Nachricht aus Fort Lafayette: „Meine Philosophie beginnt etwas zu versagen. Vergeblich suche ich nach einem Argument des Trostes. Ich sehe keine Chance auf Freilassung. Die Bedingungen meiner Gefangenschaft schneiden mich von jeder Quelle des Glücks ab."

Später erfuhr ich, dass er krank war und im Winter oft in ärztlicher Behandlung war. Er versuchte jedoch, mir so aufmunternd wie möglich zu schreiben. Im Februar jedoch ließ es mit seiner Gesundheit und seiner Stimmung nach.

"Ich bin so zufrieden, wie es mit meiner Lage vereinbar ist. Ich fühle mich unwohl wegen meiner Sorge um meine Familie und mein Land. Jedes Unglück durchbohrt meine Seele wie ein Pfeil, und der Gedanke, dass mir das Privileg verwehrt bleibt, auch nur meinen Teil zur Befreiung von ... beizutragen, quält mich. Wie ich meine alten Kameraden um ihre Strapazen und Entbehrungen beneide! Ich habe wenig Hoffnung auf einen baldigen Austausch, und Sie können sicher sein, dass mein Misstrauen nicht ohne Grund ist. *Sofern nicht durch besondere Umstände meine Freilassung erreicht wird, werde ich hier auf unbestimmte Zeit festgehalten.* Ich kann es nicht deutlicher sagen. Obwohl dies meine Überzeugung ist, möchte ich, dass klar und deutlich klar ist, dass ich nicht möchte, dass meine Regierung für meine Befreiung irgendwelche Skrupel aufgibt. Ich bin auf alle Eventualitäten vorbereitet – ich bin gegen jedes Schicksalsspiel gewappnet."

Das Problem, mit dem ich jetzt konfrontiert war, war folgendes: Wie sollte ich meine Kinder und mich selbst ernähren? Die Rationen meines Mannes wurden gestrichen. Ich schickte das Pferd meines Generals weit ins Landesinnere, damit es bei einem Bauern untergebracht werden konnte, der seine Dienste verrichtete, da ich keine Möglichkeit hatte, ihn zu ernähren. Meine einzige Nahrungsquelle war die Ration meines Vaters als Kaplan. Ich hatte einen Teil eines Fasses Mehl, das mir ein Verwandter aus einem County geschickt hatte, das jetzt von uns abgeschnitten ist. Eine ganze Reihe meiner alten Washingtoner Diener waren mir gefolgt, um dem Beschuss zu entgehen, aber sie konnten natürlich nicht auf mich zählen, um ihren Unterhalt zu verdienen. Zu meinem Haushalt gehörten Eliza Page, Tante Jinny und Onkel Frank (alte Leute und alte Siedler) und unser treuer John. Ich erzählte John und Eliza offen von meiner Lage, aber sie entschieden sich zu bleiben.

Eines Tages erschien John mit gebrochenem Herzen und einer Haltung tiefer Niedergeschlagenheit. Er hatte eine traurige Geschichte zu erzählen. Der Verwalter des Anwesens, zu dem er gehörte, war in der Stadt, und John war beauftragt worden, mir mitzuteilen, dass alle Sklaven des Anwesens aus Sicherheitsgründen sofort auf eine Plantage in Louisiana gebracht werden sollten. Diejenigen von uns, die diese Diener für ein Jahr angeheuert hatten, sollten für ihren Verlust entschädigt werden.

„Wie denkst du darüber, John?“, fragte ich.

Der arme Kerl brach zusammen. „Es wird mich umbringen“, erklärte er. „Ich werde bald auf dieser Plantage sterben.“

All seine liebevollen, treuen Dienste, all seine Mühen für uns kamen mir in den Sinn. Ich bat ihn, mich mit dem Agenten in Verbindung zu setzen. Ich stellte fest, dass ich den Jungen nur retten konnte, wenn ich ihn kaufte! Als Preis wurde eine große Summe Gold genannt. Ich schnallte meinen Gürtel ab und zählte meine Handvoll Gold – einhundertsechs Dollar. Diese bot ich dem Agenten (der ein bekannter Negerhändler war), und obwohl es weit unter seinen Zahlen lag, stellte er mir einen Kaufvertrag aus. Wenn ich mich heute daran erinnere, scheint mir dies eine wunderbare Tat meinerseits zu sein. Damals war es das Natürlichste auf der Welt!

Bald erschien John mit einem Lächeln auf dem Gesicht und teilte mir mit Dank mit, dass er zu mir gehörte!

„Sie sind ein freier Mann, John“, sagte ich. „Ich werde Ihre Papiere ausstellen und ich kann problemlos dafür sorgen, dass Sie die Linien passieren.“

„Das weiß ich“, sagte er. „Marse Roger hat mir oft gesagt, ich sei ein freier Mann. Ich werde euch nie verlassen, bis ich sterbe. Papiere, in der Tat! Papiere, nichts! Ich gehöre zu euch – da gehöre ich hin.“

Den ganzen schrecklichen Winter über hielt er sein Versprechen und ertrug fröhlich und ohne Lohn alle Entbehrungen der Zeit. Manchmal, wenn der letzte Rest Nahrung aufgebraucht war, bat er um Geld, brach mit einem Pferd und einem leichten Karren auf und brachte Erbsen und getrocknete Äpfel. Einmal in der Woche durften wir im Verpflegungsladen den Kopf eines Ochsen mit Hörnern und allem für den ausschließlichen Gebrauch der Dienerschaft kaufen – ich wäre vorher verhungert – und die Regierung erlaubte uns eine kleine Ration Reis. Ein einarmiger Junge namens Alick, der in der Familie meines Vaters aufgewachsen war, kam jetzt herein, um seinen alten Herrn zu finden, und wurde zum Diener meines Vaters.

Die Frage: „Wie und wo kann ich Geld verdienen?" bedrückte mich Tag und Nacht und wurde mit der erschreckenden Wahrheit beantwortet, dass es für mich nirgends eine Chance gab, weil ich meine Kinder nicht verlassen konnte.

Während ich in einer schlaflosen Nacht über diese Dinge nachdachte, schoss mir plötzlich ungebeten ein Gedanke durch den Kopf:

„Warum öffnen Sie nicht die Truhe aus Washington? Vielleicht findet sich dort etwas, das sich verkaufen lässt."

Am nächsten Morgen holten John und Alick früh den Koffer aus dem Keller. Tante Jinny, Eliza und die Kinder versammelten sich darum. Er war voll mit meiner alten Washingtoner Pracht. Es waren ein halbes Dutzend oder mehr weiße Musselinkleider, mit Volants und vielen Metern Valenciennesspitze besetzt; es gab ein reiches Bajadere-Seidenkleid, das vollständig mit Guipure-Spitze besetzt war; ein grünes Seidenkleid mit Goldstickereien; ein blau-silberner Brokat – diese letzten Abendkleider. Es gab eine Papierschachtel mit den schattigen Rosen, die ich auf Lady Napiers Ball getragen hatte, dem Ball, auf dem Mrs. Douglas und ich uns in Tüllkleidern gekleidet hatten. Eine andere Schachtel enthielt die Garnitur aus grünen Blättern und goldenen Trauben, die zu der grünen Seide gehört hatte, und noch eine andere die blau-silbernen Federn für den Brokat. Ein mit Pelz besetzter Opernmantel; ein langer purpurner Samtumhang; eine purpurne Kohlenhutmütze aus Samt, besetzt mit weißen Rosen; ein Taschentuch aus Spitzenspitze, Valenciennes-Spitze, Brüsseler Spitze; und auf dem Boden der Truhe ein Päckchen *himmelblauen* Zephyr, das Erinnerungen an meine lange gehegte Leidenschaft für das Stricken von Schals und „Mariposas" aus Zephyr weckte – das war die Sammlung, die ich entdeckte.

Ich riss die ganze Spitze von den Abendkleidern ab und machte große Kragen und Unterärmel, die damals in Mode waren. John fand ein geschlossenes Kurzwarengeschäft, das bereit war, saubere Papierkartons zu verkaufen.

Meine erste Rate wurde an Price's Laden in Richmond geschickt und sofort verkauft. Ich verkaufte die Seidenkleider ohne die teuren Verzierungen; aber als ich die Musselin-Volants von der Spitze befreit hatte, sah ich rohe Kanten, die keine Schönheit, nicht einmal eine Konföderierte, hätte tragen können. Ich rollte die Kanten dieser Volants – es waren zehn oder zwölf an einigen

Kleidern – und säumte sie mit einer Spirallinie aus blauem Zephyr. Ich stickte eine zierliche Ranke aus blauen Vergissmeinnicht auf Mieder und Ärmel, mit einem einfach hinreißenden Ergebnis!

Nachdem ich alle meine Spitzen zu Kragen, Manschetten und Ärmeln verarbeitet und meine Seidenkleider, Opernmäntel und Spitzentaschentücher verkauft hatte, widmete ich mich dem Beschneiden der Ränder der Kunstblumen und dem Aufteilen der langen Kränze und Girlanden in Büschel für Hüte und *Anstecksträuße* .

Eliza und die Kinder waren von diesem Teil meiner Arbeit begeistert und baten darum, mithelfen zu dürfen – alle außer Tante Jinny.

„Liebling", sagte sie, „denkst du nicht, dass du in diesen schwierigen Zeiten Besseres tun könntest, als die armen jungen Lämmer in Richmond dazu zu verleiten, das goldene Kalb anzubeten und sich vor dem Mammon zu verneigen? Wir beten, dass wir nicht in Versuchung geführt werden, und du verführst sie ganz sicher zur Eitelkeit."

„Das kann sein, Tante Jinny, aber ich muss alles verkaufen, was ich kann. Wir müssen uns anziehen, wissen Sie, ob Krieg ist oder nicht."

„Ja, mein Kind, das stimmt; aber uns wird gesagt, wir sollen die Lilien bedenken. Gott der Allmächtige sagt uns, wir müssen uns in das Gewand der Gerechtigkeit kleiden, und Er –"

„Du scheinst immer sehr eng mit Gott, dem Allmächtigen, verbunden zu sein", unterbrach Eliza ihn in großem Zorn. „Jetzt lauf einfach nach Hause und überlasse meiner Mistis ihre Arbeit. Wie würdest *du* aussehen, wenn du nichts anhättest außer einem Gewand der Rechtschaffenheit?"

Nachdem ich die hübschen Seidenkleider von ihren Verzierungen befreit hatte, was sollte ich mit den Kleidern selbst anfangen? Schließlich beschloss ich, sie zu besticken. Der Eifer, mit dem ich arbeitete, kannte keine Pause. Ich brauchte keine Ruhe. General Wilcox, der jeden Abend bis spät in die Nacht im Sattel saß, sagte zu mir: „Ihre Kerze ist das letzte Licht, das ich nachts sehe – das erste am Morgen."

„Ich sollte nie schlafen", sagte ich ihm.

Eines Tages befragte ich Eliza, wie man eine konföderierte Kerze herstellt. Wir wussten, wie man sie herstellt – indem man ein Baumwollseil viele Male durch geschmolzenes Wachs zieht und es dann um eine Flasche wickelt. Wir konnten an das Wachs kommen, aber unsere Lage war ungeschützt. Die Zelte der Soldaten waren dicht um uns herum, und wir vermieden es peinlichst, unsere Bedürfnisse zu offenbaren, damit sie sich nicht unseretwegen verleugneten. Eliza dachte, wir könnten die Abwesenheit der Offiziere ausnutzen und unsere Arbeit beenden, bevor sie zurückkamen. Wir stellten unsere Kerze hinter der Küche her; aber als ich an diesem Abend neben ihrem schwachen Glühwürmchenlicht saß und nähte, hörte ich einen Schritt im Flur, und eine hastig ausgestreckte Hand legte ein Päckchen aus braunem Papier auf das Klavier neben der Tür. Es war eine Soldatenration Kerzen!

Natürlich konnte ich keine Schuhe für meine Jungs finden. Ich machte kleine Stiefel aus Teppich, der mit Flanell gefüttert war, für mein Baby. Ein Paar hielt gerade mal drei Tage. Eine große bronzene Brieftasche aus Saffianleder fiel mir in die Hände, aus der ich Stiefel für meine kleine Mary machte. Alick, der auf den Feldern herumstreifte, um das Kraut „Ewiges Leben" zu sammeln, aus dem wir Hefe machten, fand zwei oder drei Ledertaschen, und ein Soldat, ein Schuhmacher, fertigte Schuhe für jeden meiner Jungs an.

Mein größtes Bedürfnis war der Stahl, den wir Frauen vor unserem Korsett tragen. Ich litt so sehr unter dem Mangel an dieser gewohnten Stütze, dass Captain Lindsay sich vom staatlichen Büchsenmacher ein Paar davon anfertigen ließ – das beste, das ich je hatte.

Es kam die Zeit, als der verkäufliche Inhalt der Washington-Truhe aufgebraucht war. Dann zerschnitt ich den Frack meines Mannes und entwarf gut sitzende Damenhandschuhe mit Stulpen aus dem Futter aus gewässerter Seide. Aus einem Futter aus grauem Flanell machte ich graue Handschuhe, und diese Handschuhherstellung brachte mir Hunderte von Dollar ein. Dreizehn kleine Flanellstücke blieben übrig, nachdem die Handschuhe fertig waren. Aus diesen zusammengestückelt machte ich ein Paar Unterhosen für meinen Willy, meinen jüngsten Sohn.

Die Linien um uns herum waren jetzt so eng gezogen, dass mein Vater nach kurzen Abwesenheiten von ein oder zwei Tagen nach Hause zurückkehrte. Aber während eines schweren Schneefalls Anfang Dezember machten wir uns Sorgen, weil er länger weg war. Schließlich erschien er zu Fuß, ohne Hut und erschöpft. Er war von einer Kavalleriegruppe gefangen genommen worden. Er hatte ihnen von seiner Nichtkampfposition erzählt, aber als er um Freilassung bat, schüttelten sie den Kopf. Nachts bereiteten sie sich alle darauf vor, auf dem Boden zu biwakieren, wiesen ihm einen geschützten Platz zu, gaben ihm ein gutes Abendessen und Decken und überließen ihn seiner Ruhe. Als die Nacht voranschritt und alles still wurde, hob er vorsichtig den Kopf, um sich umzusehen, und zu seiner Überraschung befand er sich in einiger Entfernung von der Wache – aber sein Pferd war an einen Baum gebunden, innerhalb des Kreises um das Feuer. Mein Vater verstand den Wink und ging unbehelligt davon, „was beweist, meine Liebe", sagte er, „dass ein Geistlicher in Kriegszeiten nicht so viel wert ist wie ein gutes Pferd."

KAPITEL XXIII

In der Kolonie waren zwei sehr bescheidene, arme Frauen aus den Granaten entkommen und drängten sich um General Lee, die mich oft besuchten. Eine von ihnen war die stolze Besitzerin einer Kuh namens „Morning-Glory", die sie mit den Abfällen aus der Lagerküche fütterte und dafür eine kleine Menge Milch erhielt, die sie zu unglaublichen Preisen verkaufte. Ich habe Morning-Glory nie gesehen, aber ich hörte oft morgens und abends ihr freundliches Echo auf das Brüllen meiner kleinen Rose. Wenn man es interpretiert hätte, hätte man vielleicht einen Ausdruck der Überraschung darüber verstanden, dass eine von beiden noch am Leben war, so knapp war ihre Futterration.

Eines Tages erspähte ich, als ich die staubige Straße herunterkam, die schlaffe, sonnenbedeckte Gestalt von Morning-Glorys Herrin. Sie ließ sich auf den nächsten Stuhl sinken, schob ihre Kattunhaube zurück und enthüllte ein von Tränen verschleiertes Gesicht und ungewöhnlich zerzaustes Haar.

„Guten Morgen, Mrs. Jones! Kommen Sie zum Feuer! Es ist ein kalter Morgen."

„Nein, ich bin nicht Cole! Es ist – es ist" (schluchzend) – „es ist Mornin'-Glory!"

„Nicht krank? Wenn sie es ist, werde ich –"

„Nein, Mornin'-Glory wird nie mehr krank sein."

„Oh, Mrs. Jones! *Nicht tot!* "

„Die Streikposten haben mich die ganze letzte Nacht wach gehalten, und ich bin nachts aufgestanden und rausgegangen, um zu sehen, wie es Mornin'-Glory geht, und sie – sie – sie hat mich genauso angeschaut! Und ich habe tief und fest geschlafen, bis die Sonne aufging, und als ich meinen Eimer holte und rausging, um sie zu melken – da *waren ihre Hörner und Schnauben!* "

Die arme Frau brach völlig zusammen, als sie mir die grausige Geschichte erzählte. „Oh, wie böse! Wie war es möglich, sie auszuziehen und niemand hat es gehört?", rief ich voller Wut.

„Ich weiß nichts, Miss Pryor, außer dem, was ich Ihnen sage. Erzählen Sie mir von den Yankees! Soldaten sind Soldaten, und wenn Sie *das sagen* , können Sie genauso gut sagen, Teufel sind Teufel."

Meine andere arme Nachbarin war lange Zeit Rentnerin meines Vaters. Sie war eine verlassene Witwe mit vielen Kindern, hoffnungslos und hilflos. Mein Vater war verzweifelt, als sie auftauchte, „um dem Beschuss zu entkommen". Sie fand ein kleines unbewohntes Haus in unserer Nähe und richtete einen Haushalt ein, der vollständig davon gedeckt wurde, dass sie gelegentlich einen Soldaten auf Krankenurlaub beherbergte und seine Rationen als ihren Lohn nahm. Wie Mrs. Jones war sie eine häufige Besucherin an meinem Kamin. Eines Morgens, nach einigen ungewöhnlichen Demonstrationen schüchterner Schüchternheit, platzte sie heraus: „Ich weiß gleich, was Sie sagen werden! Sie werden mir sagen, dass Ma'y Ann eine Närrin ist, und ich werde nicht sagen, dass Sie nicht im Recht sind."

„Also, was ist Mary Anns Torheit? Ich dachte, sie wäre zu einem vernünftigen Mädchen herangewachsen."

" *Vernünftig! Ma'y Ann!* Diese hübschen Mädchen sind nie vernünftig! Nein, Melissy Jane ist die Vernünftige unter meinen Kindern. Ich sagte Ma'y Ann, sie hätte nichts, was man einkleiden könnte, und sie stand auf und sagte, sie wüsste, dass Miss Pryor einen der Kirchenleute ihres Vaters in Lumpen einkleiden lassen würde."

„Das werde ich bestimmt nicht, Mrs. Davis! Mary Ann wird, nehme ich an, den Soldaten heiraten, den Sie betreut haben. Sagen Sie ihr, sie könne sich wegen eines Hochzeitskleides an mich wenden. Wann soll es sein?"

„Genau wie Dr. Pryor sagt – morgen, wenn es passt."

Ich sah mir sofort das Bündel mit Washingtoner Prachtsachen an und fand eine lavendelfarbene Pina oder „Ananas"-Musselin, die noch nicht zum Verkauf vorbereitet war. Dies war ein zartes Kleid, mit lavendelfarbener Seide besetzt und mit Engelsärmeln, die mit weißer Seide gefüttert waren. Dies schickte ich der zukünftigen Braut – in Anbetracht ihrer Bedürfnisse und ihres Standes ein höchst unpassendes Hochzeitskleid, aber alles, was ich hatte! Es gelang mir, einen Beitrag zum Hochzeitsessen zu leisten, einen großen Kürbis, den ich John abpresste, der ihn „gefunden" hatte. Melissy Jane, unscheinbar genug, um brillant „vernünftig" zu sein, schien sich des Geschenks anzunehmen – die schlampigste, unansehnlichste und insgesamt wenig vielversprechendste der armen weißen Klasse, die ich je gesehen hatte; und mein Vater, der das große Glück sah, das der verlassenen Familie durch die Anwerbung eines kräftigen, aufrichtigen konföderierten Soldaten zuteil wurde, zögerte nicht, die Trauungszeremonie durchzuführen. Ungefähr eine Woche später tauchte Mrs. Davis wieder auf, schlaffer denn je und deprimierter denn je.

„Ich hoffe, niemand ist krank?", fragte ich.

„Nein, die Kinder sind so fröhlich wie sonst. Mary Ann scheint nicht gerade ermutigt zu sein. Sieht aus, als wäre sie nicht versöhnt." „Warum, was fehlt der armen Mary Ann?"

„Ja, er hat sie verlassen! Er ist einfach abgehauen und hat nichts gesagt. Wir alle wissen nicht einmal, zu welcher Firma er gehört."

„Mrs. Davis!", rief ich voller Empörung, „das darf nicht geduldet werden. Dieser Mann muss gefunden und zur Erfüllung seiner Pflicht gezwungen werden. Das kann ich schon schaffen!"

„Ich weiß nicht, ob ich ihn fangen will", seufzte die arme Frau. „Wenn Sie die Männer gefangen nehmen, wenn sie wollen, werden sie bald davonkommen – *shu!* Lassen Sie ihn los! Er hat mir keinen Cent oder eine Ration Fleisch und Essen bezahlt, seit er verheiratet war. Jedenfalls", fügte sie stolz hinzu, „ *Ma'y Ann ist verheiratet!* Die Leute können es ihr jetzt nicht an den Kopf werfen, da sie eine alte Jungfer ist" – was beweist, dass mütterliche Ambitionen keiner Lebenslage eigen sind.

Wenn ich zurückblicke und diese harten Zeiten noch einmal durchlebe, kommt es mir fast wie ein Wunder vor, dass wir tatsächlich von der geringen Portion Nahrung leben konnten, die uns zugeteilt wurde. Wir konnten von einem Tag auf den anderen kaum wissen, wie wir ernährt werden sollten. „Unser tägliches Brot gib uns heute" – diese Bitte war unsere einzige Zuflucht. Und so sicher wie der Tag kommen würde,

„Wer die Raben füttert,

Ja, sorgt vorsorglich für den Spatz,"

würde uns beweisen, dass wir in seinen Augen mehr wert sind als viele Spatzen.

General Lee kam jeden Sonntagmorgen an meiner Tür vorbei, auf dem Weg zu einer kleinen Holzkapelle, die näher an seinem Quartier lag als die St. Pauls-Kirche. Ich habe ein Bild von ihm in Erinnerung, in seinem verblichenen grauen Mantel und Schlapphut, wie er an stürmischen Morgen den Kopf vor dem Schneeregen senkte. Manchmal war seine Cousine, Mrs. Banister, aufgrund der Umstände dazu verpflichtet, ihn zum Essen einzuladen. Einmal bekam sie von einem Freund vom Land einen Truthahn geschenkt, und General Lee willigte ein, ihn mit ihr zu teilen. Sie gab ihm beim Essen eine mäßige Portion, denn es gab nur einen Truthahn – wie Charles Lambs Hasen – und viele Freunde! Mrs. Banister beobachtete, wie der General einen Teil seines Anteils des Truthahns auf eine Seite seines Tellers legte, und sie bedauerte seinen Appetitverlust. „Madam", erklärte er, „Colonel Taylor geht es nicht gut, und ich würde mich freuen, wenn ich ihm das bringen dürfte."

Nach einer ungewöhnlich milden Jahreszeit dachte John an die Fische in den Teichen und Flüssen, aber in Richmond oder Petersburg war kein Angelhaken zu verkaufen. Er bastelte aus einer raffinierten Anordnung von

Nadeln Haken und machte sich mit meinen Jungs auf den Weg. Aber das Wasser war zu kalt, oder die Fische waren durch das Feuer flussabwärts getrieben worden. Die übliche Rettung für den Angler mit leerem Fangkorb – ein Besuch beim Fischhändler – kam nicht in Frage. Es gab keinen Fischhändler mehr.

Unter diesen Umständen können Sie sich vorstellen, wie ich mich fühlte, als ich die folgende Nachricht erhielt:

„ MEINE LIEBE MRS. PRYOR , General Lee wurde durch einen Besuch des ehrenwerten Thomas Connolly, irischer Abgeordneter aus Donegal, geehrt. Er wagt es, Sie zu bitten, so freundlich zu sein, Mr. Connolly ein Zimmer in Ihrem Cottage zur Verfügung zu stellen, wenn dies ohne Unannehmlichkeiten für Sie möglich ist.“

Natürlich konnte ich Mr. Connolly ein Zimmer geben, aber ebenso sicher konnte ich ihn nicht verköstigen! Der Bote, der mir die Nachricht brachte, beruhigte mich hastig. Er hatte die Anweisung, auszurichten, dass Mr. Connolly sich mit General Lee anlegen würde. Ich überließ Mr. Connollys Zimmer John, der sich bald in seinen Dienst einließ. Der MP erwies sich als äußerst angenehmer Gast, ein gutaussehender irischer Gentleman mit einem unwiderstehlich humorvollen, heiteren Gesprächsstoff. Er kam oft zu unserem Kekstoasten vorbei und versicherte uns, dass wir besser versorgt seien als der Oberbefehlshaber.

„Sie hätten heute ‚Onkel Roberts‘ Abendessen sehen sollen, Madam! Er hatte zwei Kekse und gab mir einen.“

Ein anderes Mal war Mr. Connolly in Hochform.

„Wir hatten heute ein herrliches Abendessen! Jemand hat ‚Onkel Robert‘ eine Schachtel Sardinen geschickt.“

General Lee wurde jedoch nicht vergessen. An schönen Morgen kam eine ganze Prozession kleiner Neger in allen erdenklichen Formen an meiner Tür vorbei, und jeder brachte ein Geschenk der Bäuerinnen mit: Buttermilch in einem Blecheimer für General Lee. Die Armee war von Skorbut bedroht, und Buttermilch, Maisgrütze und jedes Gemüse, das man bekommen konnte, wurde ins Krankenhaus geschickt.

Mr. Connolly interessierte sich für die Lateinstudien meiner Jungs. „Ich gehe nach Hause“, sagte er, „und erzähle den Engländerinnen, was ich hier gesehen habe: zwei Jungen, die Cäsar lesen, während die Granaten donnern, und ihre Mutter sieht furchtlos zu.“

„Ich bin zu sehr damit beschäftigt, den Wolf von meiner Tür fernzuhalten“, sagte ich ihm, „als dass ich mich um die Blitze kümmern müsste.“

Der Wolf war nicht mehr vor der Tür! Er war hereingekommen und hatte sich am Herd niedergelassen. Außer dem, was ich mit meiner Nadel verdienen konnte, hatte ich nur die Armeeration meines Vaters, auf die ich mich verlassen konnte. Mein treuer John suchte nach Futter, und ich hatte Grund, daran zu zweifeln, ob es klug war, zu genau nachzufragen, woher gelegentlich ein halbes Dutzend Eier oder ein kleiner Sack Mais kam. Letzteres zerstampfte er auf einem Holzklotz zu Maisbrei. Mehl war sehr wertvoll, weil man daraus gesünderes Brot machen konnte als aus Weizenmehl – Mehl war nicht mehr erhältlich, aber wir waren nie ganz ohne Mehl. Wie ich bereits sagte, konnten wir gelegentlich für fünf Dollar den Kopf eines Ochsen vom Versorger kaufen, da alle anderen Teile des Tieres für die Armeerationen verfügbar waren. Durch Selbstverleugnung unsererseits hofften wir inständig, unsere Armee unterstützen und schließlich unsere Sache gewinnen zu können. Wir waren uns damals des wahren Zustands der Dinge in der Armee nicht völlig bewusst. Unsere Männer waren vom Hunger so erschöpft, dass die kleinste Wunde tödlich endete. Es kam zu Wundbrand, und dann konnte nichts mehr getan werden, um den Tod zu verhindern. Lange zuvor hatte Admiral Porter in Vicksburg festgestellt, dass in den Brotbeuteln vieler toter Soldaten nichts weiter als eine Handvoll gerösteten Mais zu finden war. Jetzt erduldeten *wir* eine härtere Belagerung. Der Monat Januar brachte uns Schneeregen und Sturm. Unsere Hungersnot wurde von Tag zu Tag schlimmer. In bitterkalten Jahreszeiten hatten wir kein Holz zum Verbrennen und keinen anderen Brennstoff. Ich begann, die besten Obstbäume auf dem Gelände zu fällen, und General Wilcox schaffte es, mir eine Ladung Latten von einem Zaun zu schicken, der bis dahin von den Soldaten verschont geblieben war. Die arme kleine Rose konnte nur eine Tasse Milch geben, so klein war ihre Ration; aber wir dachten nie daran, das treue Tier in Rindfleisch zu verwandeln. Die Offiziere in meinem Hof ließen ihr jeden Tag etwas vom Futter ihrer Pferde übrig.

Die Tage waren so dunkel und freudlos, die Nachrichten aus der Ferne so entmutigend, dass es schwer war, der Familie zuliebe eine fröhliche Haltung zu bewahren. Und nun begannen jeden Morgen die alarmierenden Nachrichten über Desertionen während der Nacht. General Wilcox fragte sich, wie lange seine Brigade bei einer Rate von fünfzig Desertionen alle vierundzwanzig Stunden zusammenhalten würde!

Der einfache Soldat hatte sich nicht gemeldet, um das Recht auf Sezession zu erringen, nicht aus Liebe zu den Sklaven – er hatte keine Sklaven –, sondern einfach, um der Invasion des Südens durch den Norden zu widerstehen, einfach, um die Unterwerfung zu verhindern. Der einfache Soldat war nicht immer intellektuell oder kultiviert. Er kümmerte sich wenig um Politik, noch weniger um die Sklaverei. Er kümmerte sich jedoch um seinen eigenen Boden, seinen eigenen kleinen Bauernhof, sein eigenes bescheidenes Heim, und er war bereit zu kämpfen, um den Eindringling davon zu vertreiben. Lincolns Emanzipationsproklamation spornte ihn nicht im Geringsten an. Der Neger, ob frei oder Sklave, war für ihn ohne Belang. Sein Streit war ein regionaler, und er kämpfte für seinen Bereich.

In einem Krieg machen sich die Massen selten Gedanken über den Inhalt des Streits. Ihre Kampfeslust und ihr Mut werden durch die Begeisterung ihrer Kameraden oder durch das eigene persönliche Unrecht und die Gefahren, denen sie ausgesetzt sind, geweckt und angespornt.

Jetzt, im Januar 1865, erkannte der einfache Soldat, dass die Sache verloren war. Er konnte ihr Schicksal an der Hungersnot um ihn herum, an den Gesichtern seiner Offiziere und an den Nachrichten aus dem Ausland erkennen. Seine Frau und seine Kinder litten. Ihnen gegenüber war er nun verpflichtet. Also schlich er sich in der Dunkelheit davon und fand unter unendlichen Gefahren und Schwierigkeiten den Weg zurück an seinen eigenen Herd. Er desertierte, aber nicht zum Feind.

Aber was sollen wir über den Soldaten sagen, der unerschütterlich auf seinem Posten blieb, *obwohl er wusste,* dass die Sache, für die er in den Tod gerufen wurde, verloren war? Heldentum kann keine höhere Stufe erreichen als diese. Nur sehr wenige der intelligenten Männer unserer Armee hatten am Ende die geringste Hoffnung auf unseren Erfolg. Einige, wie Mr. William C. Rives, hatten am Anfang keine.

Eines Nachts lasteten all diese Dinge schwerer auf mir als sonst – das Streikfeuer, die Hungersnot, die militärischen Hinrichtungen, die liebe Person, die „krank und im Gefängnis" war. Ich seufzte hörbar, und mein Sohn Theodorick, der neben mir schlief, fragte nach dem Grund und fügte hinzu: „Warum kannst du nicht schlafen, liebe Mutter?"

„Nehmen wir an", antwortete ich, „Sie wiederholen etwas für mich."

Er begann sofort: „Erzähl mir nicht in traurigen Zahlen" – und wiederholte den „Psalm des Lebens". Ich konnte nicht schlafen; das waren mutige Worte, aber nicht stark genug für die Situation.

Er hielt inne, und dann durchbrach seine junge Stimme die Stille:

„Lobe den Herrn, meine Seele, und alles, was in mir ist, lobe seinen heiligen Namen" – so geht es am Ende dieses wunderschönen Psalms der Anbetung und des Glaubens weiter, der seit neunzehn Jahrhunderten in Wahrheit ein Psalm des Lebens ist.

Dass General Lee sich unserer Lage sehr bewusst war, wurde durch ein Gespräch mit General Gordon bewiesen. Noch vor Tagesanbruch am 2. März ließ General Lee General Gordon holen, der sich mit seinem Kommando an einem entfernten Teil der Front befand. Als General Gordon

ankam, war er sehr bewegt, als er General Lee am Kaminsims in seinem
Zimmer stehen sah, den Kopf auf die verschränkten Arme gesenkt. Das
Zimmer war nur von einer einzigen Lampe schwach beleuchtet und im
Kamin erlosch ein schwelendes Feuer. Die Nacht war kalt und General Lees
Zimmer kühl und freudlos.

"Ich habe nach Ihnen geschickt, General Gordon", sagte General Lee mit
niedergeschlagener Stimme und in einem niedergeschlagenen Benehmen,
"um Ihnen den Stand unserer Angelegenheiten mitzuteilen und mit Ihnen zu
beraten, was wir am besten tun sollten. Ich habe hier heute Abend Berichte
von meinen Offizieren erhalten. Ich stelle fest, dass ich von allen
Waffengattungen kaum 45.000 Mann unter meinem Kommando habe. Diese
Männer verhungern. Sie sind bereits so geschwächt, dass sie kaum noch
einsatzfähig sind. Viele von ihnen sind verzweifelt, rücksichtslos und
ordnungswidrig geworden wie nie zuvor. "Es ist schwierig, Männer unter
Kontrolle zu halten, die unter Nahrungsmangel leiden. Sie brechen auf der
Suche nach Nahrung Mühlen, Scheunen und Lager auf. Fast verrückt vor
Hunger desertieren sie in großer Zahl und gehen nach Hause. Meine Pferde
sind in ebenso schlechtem Zustand. Der Pferdevorrat im Land ist erschöpft.
Es ist für mich inzwischen genauso schlimm, wenn ein Pferd getötet wird
wie ein Mensch. Ich kann einen Kavalleristen, dessen Pferd stirbt, nicht
wieder besteigen. General Grant kann in zehn Tagen zehntausend Mann aufs
Pferd setzen und um Ihre Flanke herum vorrücken. Wenn er mir morgen
mitteilen würde, dass ich unbehelligt aufbrechen könnte, hätte ich nicht
genug Pferde, um meine Artillerie zu bewegen. Er wird mir wahrscheinlich
keine solche Nachricht schicken, obwohl er mir gestern mitteilen ließ, dass
er wüsste, was ich jeden Morgen zum Frühstück esse. Ich ließ ihm ausrichten,
dass ich nicht glaube, dass das so sein könnte, denn wenn er es wüsste, würde
er mir sicher etwas Besseres schicken.

„Aber nun wollen wir uns die Zahlen ansehen. Wie gesagt, ich habe 45.000
hungernde Männer. Hancock hat 18.000 in Winchester. Um ihm
entgegenzutreten, habe ich nicht eine einzige Vidette. Sheridan ist mit seiner
schrecklichen Kavallerie unbehelligt und ohne Widerstand den James
entlangmarschiert und hat die Eisenbahnen und den Kanal abgeschnitten.
Thomas kommt aus Knoxville mit 30.000 gut ausgerüsteten Soldaten, und
ich habe, um ihm entgegenzutreten, insgesamt nicht mehr als 3.000. Sherman
ist mit 65.000 Mann in North Carolina. Ich habe also 45.000 arme Kerle in
schlechtem Zustand gegenüber 160.000 starken und selbstbewussten
Männern. Diese Kräfte zusammen mit denen von General Grant machen
über eine Viertelmillion aus . Um zu verhindern, dass sie sich alle zu meiner
Vernichtung vereinen, und um Johnstons und Beauregards Männer
hinzuzurechnen, kann ich nur 60.000 Mann entgegentreten. Sie werden jeden
Tag schwächer. Ihre Leiden sind schrecklich und erschöpfend. Meine Pferde

sind kaputt und kraftlos. General Grant kann jeden Tag unsere Flanke umzingeln und unsere Vorräte aufgebraucht."

Als Ergebnis dieser Konferenz ging General Lee nach Richmond, um einen weiteren Versuch zu unternehmen, unsere Regierung zu Friedensverhandlungen zu bewegen. Als er von einem völlig fruchtlosen Auftrag zurückkam, sagte er:

„Ich bin ein Soldat! Es ist meine Pflicht, Befehle zu befolgen." Und dann wurden die letzten verheerenden Schlachten geschlagen.

Es berührt mich, jetzt zu wissen, dass mein geliebter Kommandant es danach übers Herz brachte, sich mir zuzuwenden und mir Trost zu spenden. Niemand wusste besser als er, was ich alles versucht und ertragen hatte, und mein Herz segnet sein Andenken um seiner selbst willen. In diesem schrecklichen Moment, als er von seiner fruchtlosen Mission nach Richmond zurückgekehrt war, als der Angriff auf Fort Steadman bevorstand, als seine schmale Linie Grants immer größer werdendem Heer gegenüberstand, das sich über zwanzig Meilen erstreckte, als die Männer so ausgehungert und abgemagert waren, dass die kleinste Wunde den Tod bedeutete, als seine eigenen persönlichen Entbehrungen unvorstellbar waren, konnte General Lee eine halbe Stunde für meinen Trost und meine Ermutigung aufbringen.

Cottage Farm lag an der Straße zwischen dem Hauptquartier und Fort Gregg – der Festung, die General Grant zu diesem Zeitpunkt in Schach hielt – und ich sah General Lee fast täglich zur Arbeit oder zur Batterie 45 gehen. Ich war eines Morgens, etwa Mitte März, wie gewohnt in meinem kleinen Wohnzimmer beim Nähen, als ein Ordonnanzoffizier hereinkam und sagte:

„General Lee möchte Mrs. Pryor seine Aufwartung machen." Der General war gleich hinter ihm. Sein Gesicht strahlte vor Vorfreude, mir seine guten Neuigkeiten mitteilen zu können. Mit der vornehmen Höflichkeit und Freundlichkeit, die sein Benehmen immer auszeichnete, erkundigte er sich freundlich nach meinem Wohlergehen, nahm mein kleines Mädchen in die Arme und begann mir sanft seine Neuigkeiten mitzuteilen:

„Wie lange, Madam, war General Pryor bei mir, bevor er Urlaub bekam?"

„Ich glaube, er hatte nie eins", antwortete ich.

„Habe ich mich denn nicht gut um ihn gekümmert, bis wir hier, so nah bei Ihnen, unser Lager aufgeschlagen haben?"

„Sicher", sagte ich und war verwirrt, was diese Vorbemerkungen bezweckten.

„Ich erinnere mich", fuhr er fort, „ich habe ihn für ein oder zwei Tage zu Ihnen nach Hause geschickt, und Sie haben zugelassen, dass die Yankees ihn fangen. Jetzt kommt er zurück, um wieder auf Bewährung bei Ihnen zu sein, bis er ausgetauscht wird. Sie müssen in Zukunft besser auf ihn aufpassen."

Ich war zu überwältigt, um mehr zu tun, als ein paar Worte des Dankes hervorzustammeln.

Schließlich fügte er hinzu: „Was werden Sie sagen, wenn ich dem General erzähle, dass Sie mich den ganzen Winter über nicht ein einziges Mal besucht haben?"

„Oh, General Lee", antwortete ich, „ich hatte zu viel Mitleid, um mich Ihrer Buttermilch-Verfolgung anzuschließen!"

„Verfolgung!", sagte er, „solche Dinge erhalten uns am Leben! Gestern Abend, als ich mein Hauptquartier erreichte, fand ich auf meinem Tisch eine Karte, an der eine Hyazinthe befestigt war, und diese Worte: ‚Für General Lee, mit einem Kuss!' Jetzt", fügte er hinzu und klopfte auf seine Brust, „habe ich hier meine Hyazinthe und meine Karte – *und ich will meinen Kuss finden* !"

Er amüsierte sich über den ernsten Blick meiner kleinen Tochter, als sie ihm ins Gesicht blickte.

„Sie haben eine wunderbare Vorliebe für Soldaten", sagte er. „Ich kannte ein kleines Mädchen, das freiwillig alle seine hübschen Locken hergab, damit sie wie Custis aussehen konnte! , *Vielleicht* schneiden sie mir die Haare wie Custis', sagte sie. Custis! Dessen rasierter Kopf ihn in niemandes Augen besser macht als in ihren."

Sein Benehmen war die Vollkommenheit von Ruhe und Einfachheit. Während er mit mir sprach, erinnerte ich mich, dass ich von dieser merkwürdigen Gelassenheit gehört hatte. Sogar in Gettysburg und bei der Explosion des Kraters hatte er keinerlei Aufregung oder Bestürzung gezeigt. Ich wusste damals nicht, wie ich es heute weiß, dass nichts jemals der Qual dieses Augenblicks nahe gekommen war, als er zu mir kam, um mir ein ermutigendes und aufmunterndes Wort zu sagen, nachdem er alle Hoffnung auf den Erfolg der Sache aufgegeben hatte.

Nachdem wir eine Weile geredet und meinem Mann eine freundliche Nachricht geschickt hatten, um ihn bei seiner Rückkehr zu begrüßen, stand er auf, ging zum Fenster und blickte über die Felder – die Felder, durch die er wenige Tage später seine letzten Gräben grub!

Ich war bewegt zu sagen: „Nur Sie, General, können mir sagen, ob es sich für mich lohnt, die Pflugschar in diese Felder zu stecken."

„Pflanzen Sie Ihre Samen, Madam", antwortete er und fügte nach einem Moment traurig hinzu: „Es wird eine Belohnung sein, wenn Sie es tun."

Ich bekam eine Antwort. Ich dachte damals, er hätte wenig Hoffnung. Heute weiß ich, dass er keine hatte.

Wie wir gesehen haben, hatte er bereits gegen weiteren Widerstand protestiert – gegen das nutzlose Vergießen von Blut. Sein Protest war unbeachtet geblieben. Jetzt musste er seine Kräfte sammeln, um bis zum Ende durchzuhalten.

Zwanzig Tage später lag sein Hauptquartier in Schutt und Asche; er hatte seine ausgehungerte Armee über den Appomattox geführt, ihnen gesagt, sie hätten ihre Pflicht getan und hätten nichts zu bereuen, und sich für immer von ihnen verabschiedet.

KAPITEL XXIV

Der Tag rückte näher, an dem der Ehemann und Vater unserer kleinen Familie in sein eigenes Heim und zu seinen eigenen Leuten zurückkehren sollte. Auf Bewährung entlassen und noch nicht ausgetauscht, konnten wir auf einen kurzen Besuch von ihm hoffen. John war in heller Aufregung über die Aussicht auf ein einladendes Festmahl. Erbsen, Bohnen, Mehl, Sorghum-Melasse – diese konnte er in kleinen Mengen bekommen. Aus den Erbsen konnte man eine nahrhafte Suppe kochen, und wenn er nur ein Ei „fände", könnte er es mit Sorghum mischen und es in einer ungekürzten offenen Kruste zum Nachtisch backen. Aber der Fleischgang!

Gerade in diesem kritischen Moment wagte sich eine unglückliche Ente auf einem seiner Streifzüge zu nahe an Johns habgierige Hand. Er briet sie perfekt und schenkte sie mir, damit ich sie bis zur Ankunft des Generals sorgfältig aufbewahre. Ich versteckte sie daher in einem kleinen Safe mit Maschendrahttüren und deckte sie vorsichtig mit einem Tuch ab, damit kein Kind oder Besucher in unwiderstehliche Versuchung geriet.

Wir waren alle voller Erwartung und Aufregung, als eine Dame vorfuhr und um Obdach bat, da sie „von den Frontlinien vertrieben" worden war. Obdach und Unterkunft konnte ich bieten, indem ich Steppdecken auf dem Boden des Salons ausbreitete – aber ach, meine Ente! Musste meine kostbare Ente auf dem Altar der Gastfreundschaft geopfert werden? Ich spähte in den kleinen Safe, um mich zu vergewissern, dass ich sie verstecken konnte, und siehe da, sie war weg! Erst am nächsten Tag, als sie mit triumphaler Geste vor meinen Mann gestellt wurde (unser ungebetener Gast war gegangen), entdeckte ich, dass John sie gestohlen hatte! „Na, da ist die Ente!", rief ich aus.

„Natürlich ist hier die Ente!", sagte John respektvoll. „Enten haben jede Menge Verstand. Sie wissen genauso gut wie Menschen, wann sie sich verstecken müssen."

Wir fanden unseren freigelassenen Gefangenen blass und dünn vor, aber inbrünstig dankbar, wieder zu Hause zu sein. Mr. Connolly und die Offiziere um uns herum kamen abends vorbei, waren gespannt, seine Geschichte zu hören, und brachten ihre Freude über seine Freilassung zum Ausdruck. Meine Freunde in Washington wollten mir ein paar Geschenke schicken, aber mein Mann lehnte ab und nahm nur zwei Dosen Ananas an. Mr. Connolly ließ die „Jungs im Hof" rufen und half mir, das Obst in Portionen aufzuteilen, damit jeder etwas bekam. Es wurde auf allen Untertassen und Buttertellern serviert, die wir finden konnten, und Mr. Connolly selbst reichte das Tablett herum und rief: „Oh, Jungs! Es ist einfach das *Beste*, was Sie je gegessen haben!" Dann holte jeder Soldat seine Dornenwurzel hervor und versammelte sich um den Reisenden, um seine Geschichte zu hören. Seine Geschichte war spannend – von seiner Gefangennahme, seiner Inhaftierung, seinen Kameraden; und schließlich über das unerwartete Ergebnis der Bemühungen seiner Freunde aus der Zeit vor dem Bürgerkrieg, Washington McLean und John W. Forney, um seine Freilassung.

Diese Freunde in Washington stellten fest, dass er als Geisel für die Sicherheit eines Unionsoffiziers festgehalten wurde, den die konföderierte Regierung mit dem Tode bedroht hatte. Diese Lage brachte General Pryor in eine sehr gefährliche Lage. Die Führer der Südstaaten waren geneigt, an einigen prominenten Unionssoldaten in ihren Gefängnissen Rache zu nehmen, und Stanton war bereit, an der Leiche von „Harry Hotspur" Rache zu nehmen. Washington McLean, der Herausgeber und Eigentümer des *Cincinnati Enquirer* , hatte meinen Mann kennengelernt, als er im Kongress war, und ihn „lieb und lieben gelernt", wie es einer ausdrückte. Als Mr. McLean die Schwere der Lage seines Freundes erkannte, wandte er sich zunächst an General Grant, der sich entschieden weigerte, General Pryors Freilassung in Betracht zu ziehen, und beschloss, sich an Mr. Stanton zu wenden. Er fand Mr. Stanton in der Bibliothek seines eigenen Hauses, mit seiner Tochter in den Armen, und es kam zu folgendem Gespräch:

„Das ist ein bezauberndes Kaminbild, Herr Minister! Ich wette, die kleine Dame schert sich nicht um den Krieg oder den Kriegsminister! Sie hat ihren Vater, und der erfüllt all ihre Ambitionen."

„Wahrere Worte hast du nie gesagt, nicht wahr, Liebling?", sagte er und drückte den Lockenkopf fest an seine Brust.

„Nun, Stanton, dann werden Sie meinen Auftrag verstehen. Dort unten im alten Virginia gibt es Lockenköpfe, die ihre strahlenden Augen ausweinen, weil sie einen Vater haben, den sie genauso lieben, wie dieses hübsche Baby Sie liebt."

„Ja, ja! Wahrscheinlich schon", sagte Stanton.

„Nun – da ist Pryor –"

Doch bevor noch ein Wort gesagt werden konnte, stieß der Kriegsminister das Kind von seinem Schoß und donnerte: „Er soll gehängt werden! Verdammt sei er!"

Aber er hatte die Rechnung ohne seinen Gastgeber gemacht, als er annahm, dass Washington McLean gegen dieses Urteil keine Berufung einlegen würde. Mit einem Empfehlungsschreiben von Horace Greeley ausgestattet, besuchte Mr. McLean Mr. Lincoln. Der Präsident erinnerte sich an General Pryors durchweg großzügige Behandlung der Gefangenen, die zu verschiedenen Zeiten in seine Obhut geraten waren, insbesondere an seine

Gefangennahme des gesamten Lagers der verwundeten Bundessoldaten, der Chirurgen und des Sanitätskorps in Manassas und seine sofortige Freilassung auf Ehrenwort. Mr. Lincoln hörte aufmerksam zu und erließ, nachdem er alle Fakten ermittelt hatte, einen Befehl, in dem er Colonel Burke, den Kommandanten von Fort Lafayette, anwies, „Roger A. Pryor in die Obhut von Colonel John W. Forney, Sekretär des Senats, zu übergeben, damit er ihn bei Bedarf vorführen könne."

Mit diesem Befehl bewaffnet besuchte Mr. McLean Fort Lafayette, wo er seinen Freund in der Kasematte mit anderen Gefangenen eingesperrt vorfand. Mr. McLean sorgte sofort für seine Freilassung und begleitete ihn nach Washington und zum Haus von Colonel Forney.

Wie man heute weiß, konnte Stantons Rache nicht einmal ein Befehl des Präsidenten aufhalten. Als er von der Freilassung von General Pryor erfuhr, kannte seine Wut keine Grenzen. Er erließ sofort den Befehl, den Gefangenen zu fassen, wo immer er auch gefunden wurde, und verkündete seine Absicht, ihn als Reaktion auf die Drohungen der Südstaatenführer zu hängen. Colonel Forney wurde über diesen Sachverhalt informiert, und auf seine Bitte hin ging sein Sekretär, John Russell Young, später Gesandter in China, in die Redaktionen der verschiedenen Washingtoner Zeitungen und gab jeder Zeitung einen kurzen Bericht darüber, wie General Pryor an diesem Abend durch Washington gekommen und auf Ehrenwort in die Rebellenlinien eingedrungen war. Tatsächlich befand er sich zu dieser Zeit im Haus von Colonel Forney und blieb dort noch zwei weitere Tage. Stanton jedoch wurde zu der Annahme verleitet, seine Beute sei ihm entkommen, und er gab deshalb seine Jagd auf.

Zu dieser Zeit wurde John Y. Beall, ein Offizier der Konföderierten, zusammen mit General Pryor eingesperrt, da er, wie man annahm, in eine Verschwörung verwickelt war, die darauf abzielte, Hotels und Museen in New York in Brand zu setzen und Züge entgleisen und in Brand zu setzen. Der junge Beall beteuerte seine Unschuld, wurde aber schließlich verhaftet, vor ein Kriegsgericht gestellt und zum Tode durch den Strang verurteilt. Er entstammte einer einflussreichen Südstaatenfamilie und genoss südlich der Mason- und Dixon-Linie hohes Ansehen. Einige Beamte der Konföderierten teilten Kriegsminister Stanton mit, dass sie, wenn Beall gehängt würde, einer Reihe prominenter Nordstaatensoldaten, die sich zu dieser Zeit in ihrem Gewahrsam befanden, den Strick um den Hals legen würden. Aber der strenge Stanton war unerbittlich und ließ nur ausrichten, dass er Pryor hängen würde, wenn die Drohung in die Tat umgesetzt würde. Mr. McLean interessierte sich für das Schicksal des jungen Beall und meinte, dass seine Hinrichtung wahrscheinlich verhindert werden könnte, wenn General Pryor sich persönlich für ihn an Präsident Lincoln wenden würde. Zu diesem Zweck bat Mr. McLean Mr. Lincoln telegrafisch, General Pryor ein Gespräch zu gewähren, woraufhin umgehend eine positive Antwort kam. Am nächsten Abend besuchten General Pryor, Mr. McLean und Mr. Forney das Weiße Haus und wurden vom Präsidenten freundlich empfangen. General Pryor legte sofort Fürsprache für Captain Beall ein; doch obwohl Mr. Lincoln aufrichtiges Mitgefühl für den jungen Mann und eine extreme Abneigung gegen dessen Tod bekundete, sah er sich gezwungen, der Versicherung von General Dix in einem gerade erhaltenen Telegramm nachzugeben, dass die Hinrichtung für die Sicherheit der Städte im Norden unabdingbar sei. Mr. Lincoln lenkte das Gespräch dann auf die jüngste Konferenz in Hampton Roads, deren Fehlschlag er mit tiefstem Bedauern bedauerte. Er sagte, wenn die konföderierte Regierung der Wiederherstellung der Union und der Abschaffung der Sklaverei zugestimmt hätte, hätte die Bevölkerung des Südens für den Verlust ihrer Neger entschädigt und wäre durch eine allgemeine Amnestie geschützt worden, aber Mr. Jefferson Davis habe die Anerkennung der Konföderation zur *unabdingbaren Voraussetzung* aller Verhandlungen gemacht. Damit, erklärte er, sei Mr. Davis für jeden Blutstropfen verantwortlich, der im weiteren Verlauf des Krieges vergossen werden sollte, ein vergebliches und böswilliges Blutvergießen, da es damals für jeden vernünftigen Menschen offensichtlich war, dass die Armeen des Südens schnell vernichtet werden mussten. Er ging so leidenschaftlich und ausführlich auf dieses Thema ein, dass General Pryor daraus schloss, er hoffe immer noch, die Bevölkerung des Südens würde Mr. Davis' Vorgehen rückgängig machen und die Friedensverhandlungen wieder aufnehmen. Tatsächlich erklärte er in Worten, er könne nicht glauben, dass die sinnlose Sturheit von Mr. Davis die Meinung des Südens wiedergebe. General Pryor war sich darüber im Klaren, dass Lincoln von ihm verlangte, führende Männer des Südens zu diesem Thema zu befragen. Dementsprechend beriet sich der General nach seiner Rückkehr nach Richmond mit Senator Hunter und anderen prominenten Männern der Konföderation, doch sie versicherten ihm einstimmig, dass gegen Herrn Davis nichts unternommen werden könne und dass der Süden nur auf die bevorstehende und unvermeidliche Katastrophe warten müsse.

Die unvermeidliche Katastrophe schritt zügig voran.

Am Morgen des 2. April standen wir alle früh auf, um bestimmte Dinge, die wir plötzlich erworben hatten, vorzubereiten und an Dr. Claibornes Krankenhaus zu schicken. Ein alter Freund meines Mannes, ein Bauer, hatte einen Wagen mit Erbsen, Kartoffeln, Trockenfrüchten, Maisgrieß und etwas Speck beladen und uns das als Willkommensgeschenk geschickt. Man hatte uns von der Verbreitung von Skorbut in den Krankenhäusern erzählt und eine Menge Maisgrieß und auch Trockenfrüchte gekocht, um sie zusammen mit den Kartoffeln zur Linderung der Kranken zu schicken.

Mein Mann sagte bei unserem frühen Frühstück zu mir:

„Wie fest Sie schlafen können! Die Kanonenschüsse letzte Nacht waren furchtbar. Sie haben das Haus erschüttert."

„Oh, das ist nur Fort Gregg", antwortete ich. „Diese Kanonen feuern unaufhörlich. Ich berücksichtige sie nicht. Sie waren so lange in einer Kasematte eingesperrt, dass Sie den Geruch von Pulver vergessen haben."

Unser Vater, der an diesem Morgen zufällig bei uns war, sagte:

„Übrigens, Roger, ich war bei General Lee und habe ihm gesagt, Sie scheinen zu glauben, dass Sie mitgehen sollten, wenn Ihre Division sich bewegt. Der General sagte nachdrücklich: ‚Das wäre ein Verstoß gegen sein Ehrenwort, Doktor. Ihr Sohn weiß sicher, dass er nicht mit der Armee marschieren kann, bis er ausgetauscht wird.'"

Das war für mich eine große Erleichterung, da ich eine andere Konstruktion befürchtet hatte.

Nach dem Frühstück begab ich mich in die Küche, um nachzusehen, ob die Eimer für das Krankenhaus gefüllt wurden, und um Alick und John auf ihren Botengang zu schicken.

Bald darauf wurde mir die Nachricht überbracht, dass ich mich meinem Mann anschließen müsse, der zu der Festung hinter dem Garten hinausgegangen war. Ich fand einen niedrigen Erdwall, der während der Nacht noch näher an unserem Haus aufgeschüttet worden war, und auf dem er stand. Mein Mann streckte seine Hand aus und zog mich neben sich auf die Brustwehr. Neger kamen vorbei und schoben ihre Karren mit den Spaten, die sie gerade benutzt hatten. Unten war eine Ebene, und Krankenwagen sammelten sich und hielten in Abständen an. Dann erstreckte sich eine schmale graue Linie unter dem Schutz des ersten Erdwalls und der Forts. Fort Gregg und Batterie 45 feuerten mit aller Kraft, beantwortet von Gewehren entlang der ganzen Linie. Während wir das alles betrachteten, schien der Wald gegenüber lebendig zu sein, und eine Division von Blauröcken trat heraus – Musketen glänzten und Banner wehten in der Morgensonne. Mein Mann rief aus: „Mein Gott! Was für eine Linie! Sie werden hier sofort kämpfen. Lauft nach Hause und holt die Kinder in den Keller."

Als ich das kleine Lager hinter dem Haus erreichte, herrschte das größte Durcheinander. Zelte waren abgebrochen und ein Wagen war gerade damit beladen.

Captain Glover ritt auf mich zu und beschwor mich, sofort aufzubrechen. Ich erinnerte ihn an sein Versprechen, mich nicht überraschen zu lassen.

„Wir sind selbst überrascht", sagte er. „Glauben Sie mir, Ihr Leben ist hier keinen Augenblick sicher." Er klopfte sich auf die Brust und fuhr fort: „Ich habe Depeschen dabei, die beweisen, was ich sage."

Ich rannte ins Haus und machte mich mit meinen beiden kleinen Kindern barhäuptig auf den Weg zur Stadt. Ich bat die Diener, zu bleiben. Wenn es heiß wurde, hatten sie den Keller, und vielleicht würde ihre Anwesenheit ihre eigenen und meine Güter retten, sollte der Tag gegen uns sein. Die Neger wären jedenfalls in Sicherheit.

Der Morgen war schwül und warm, und als wir die staubige Straße hinauffuhren, bedauerte ich den Verlust meines Hutes. Plötzlich begegnete mir ein Herr, der mit hoher Geschwindigkeit aus der Stadt kam. Es war mein Nachbar, Mr. Laighton.

Er hatte seine Frau und die kleinen Mädchen an einen sicheren Ort gebracht und kam zurück, um mich abzuholen. Da wir nun außer Reichweite der Musketen waren, schlug er vor, dass ich mich mit den Kindern im Schatten eines Baumes ausruhen sollte, und er würde zum Haus zurückkehren, um zu sehen, ob er etwas retten konnte – was schlug ich vor? Ich bat ihn, Wechselkleidung für die Kinder und meinen Medikamentenschrank mitzubringen.

Während wir auf seine Rückkehr warteten, rannten ein paar verängstigte Pferde die Straße hinauf, einem von ihnen lief Blut aus den Nüstern. Als Mr. Laighton schließlich zurückkam, brachte er die Nachricht mit, dass er meinen Mann gesehen hatte, dass meine Jungen bei ihm in Sicherheit waren, dass alle gekochten Vorräte für die vorbeiziehenden Soldaten ausgebreitet waren und dass weitere vorbereitet wurden; außerdem hatte er versprochen, sich um mich zu kümmern und dem General die Freiheit zu lassen, diese Dinge umsichtig zu verteilen. John hatte das Silber in den Buggy gelegt und Eliza hatte einen Koffer gepackt, für den er zurückkommen sollte. Es stellte sich heraus, dass es sich um den französischen Koffer handelte, in dem Eliza Wechselkleidung schickte.

Als Mr. Laighton fragte, wohin er mit uns gehen sollte, hatte ich keinen Vorschlag. Nur wenige meiner Freunde waren in der Stadt, die voller Flüchtlinge war. Meine liebe Mrs. Meade oder Mr. Charles Campbell würden uns im Notfall sicher Unterschlupf gewähren. Ich beschloss, langsam durch die überfüllten Straßen zu fahren und nach einem Zeichen einer zu vermietenden Unterkunft Ausschau zu halten. Bald trafen wir einen Mann, der uns zu einem leeren Haus führte, und dort ließ Mr. Laighton uns allein, nachdem er das Silbergeschirr auf der Veranda abgestellt hatte. Gegen Mittag erhielt ich meine ersten Nachrichten vom Kriegsschauplatz. John und Alick erschienen, wobei letzterer Rose an einem Strick führte. John sollte zurückkehren (er war gekommen, um mir ein paar Kekse und meine

Champagnergläser zu bringen!), aber Alick rebellierte entschieden. Zurückgehen! Nein, *Mama* , nicht, wenn er wüsste, dass er Alick hieß. Seine Mama hatte ihn nie dazu erzogen, in einem Kampf zu sein! Und als er davonging, um Rose einen Eimer Wasser zu geben, teilte er ihr mit, dass „Sie und ich, Rose, die einzigen Leute sind, die ich hier irgendwo sehe, die vernünftig sind."

Die Nachbarn entdeckten uns bald und zu meiner Freude stellte ich fest, dass Mrs. Gibson, Mrs. Meade und Mr. Bishop – einer der Ältesten meines Vaters – in ihren eigenen Häusern waren, ganz in der Nähe meiner provisorischen Unterkunft. Unser Vater, so erfuhr ich später, war beim Lazarettdienst seines Korps und war in den Hinterhalt geschickt worden. Ich schickte John zurück auf die Farm und befahl strengstens, auf die Flagge aufzupassen. Er sagte mir, sie sei sicher. Er hatte sie unter einigen Zaunlatten im Keller versteckt. Über die Schlacht hatte er keine Neuigkeiten, außer dass „Marse Roger alles auf der Erde verschenkt. Alle Geschenke des Bauern werden in Kürze weg sein."

Am Abend kamen meine kleinen Jungs, Gesandte ihres Vaters, mit vertraulichen Nachrichten herein. Der Tag war gegen uns verlaufen. General Lee hielt die Stellung durch unseren Garten. Die Stadt würde um Mitternacht kapitulieren. Ihr Vater gab all unsere Lebensmittelvorräte und sein gesamtes konföderiertes Geld an die einfachen Soldaten, eine Tatsache, die sie offensichtlich am meisten beeindruckte.

Die spannende Geschichte der darauffolgenden Ereignisse habe ich bereits an anderer Stelle erzählt. Da ich gezwungen war, vieles zu wiederholen, muss ich mich jetzt beeilen und nur kurz die Wiederergreifung meines Mannes, seine Freilassung auf Ehrenwort und die weitere Wiederergreifung jedes Mal schildern, wenn die Besatzungstruppen durch eine neue Division ersetzt wurden.

An dem Tag, als die Unionstruppen in die Stadt einmarschierten, sah ich, wie unser kostbares Banner im Triumph an der Tür vorbeigetragen wurde. Die lieben Petersburger Frauen hatten es angefertigt und ihrem tapferen Verteidiger übergeben; es kehrte unter Rufen und Spottgesängen als Gefangener zurück! Als die Truppen vorbeizogen, sangen sie ihre Schlachthymne:

„John Browns Körper verrottet in der Erde,

Während wir weiter marschieren!

Oh, Ruhm, Halleluja,

Während wir weiter marschieren!"

Und weiter unten wurde die Melodie von vorrückenden Soldaten aufgegriffen:

„Hängt Jeff Davis an einen sauren Apfelbaum,

Während wir weiter marschieren.

Oh, Herrlichkeit, Halleluja" usw.

„Der alte Onkel Frank steckt hinter dieser Sache", sagte Alick. Und ach! Wir hatten Grund zu der Annahme, dass der schlaue alte Herr – den wir im Keller versteckt zurückgelassen hatten, wo er flehte: „Um Gottes Willen, Jinny, bring mir ein Glas Wasser" – sich Gunst erworben hatte, indem er das Versteck unseres Banners verriet.

Früh am Morgen waren deutsche Soldaten in unser Haus gestürmt und forderten Gefangene. Mein Mann wurde zum Hauptquartier abgeführt und das von Lincoln persönlich auf einer Visitenkarte geschriebene Ehrenwort respektiert. Der Morgen war voller aufregender Ereignisse. Unser englischer „Colonel" kam früh: „Um uns zu verabschieden, Madam! Es ist eine Schande! – und alles nur eine Frage von Brot und Käse – nichts als Brot und Käse!"

Wir saßen den ganzen Tag im Wohnzimmer und beobachteten die prächtig ausgerüstete Truppe, die auf dem Weg vorbeimarschierte, um Lee gefangen zu nehmen. Bald wurde bekannt, dass wir dort waren. In den nächsten Tagen bekamen wir Besuch von alten Freunden aus Washington. Unter anderem bekam mein Mann Besuch von Elihu B. Washburne und Senator Henry Wilson, der später mit General Grant Vizepräsident der Vereinigten Staaten wurde. Sie statteten uns lange Besuche ab und sprachen freundlich und ernsthaft über den Süden.

Bald darauf traf Mr. Lincoln ein und ließ meinen Mann rufen. Doch General Pryor entschuldigte sich und sagte, er sei ein auf Bewährung entlassener Gefangener, General Lee befände sich noch im Einsatz und er könne keine Besprechung mit dem Oberbefehlshaber der gegnerischen Armee abhalten.

Die großartigen Truppen marschierten unaufhörlich. Uns sank das Herz. Wir hatten nur eine Hoffnung – dass General Lee sich Joseph E. Johnston anschließen und seinen Weg in die Berge Virginias finden würde, jene Bollwerke der Natur, die uns Schutz bieten könnten, bis wir uns ausruhen und neue Leute rekrutieren könnten.

Die Nachricht vom Tod von Präsident Lincoln erreichte Petersburg am 17. April. Da er erst wenige Tage zuvor bei uns gewesen war, offensichtlich bei bester Gesundheit und in all der Freude über den Triumph der Bundeswaffen, war die Gemeinde von der Katastrophe unsagbar schockiert. Dass er durch die Hand eines Mörders gefallen war und dass die Tat von einem Konföderierten und offenkundig im Interesse der Konföderierten begangen wurde, waren Umstände, die uns beunruhigten und uns die Befürchtung weckten, dass der gesamte Süden für das grausame Ereignis verantwortlich gemacht werden würde. Am Tag, nachdem uns die tragische Nachricht erreichte, verabschiedeten die Menschen von Petersburg in einer öffentlichen Versammlung Resolutionen von General Pryor, in denen sie den Tod des Präsidenten bedauerten und seine Ermordung verurteilten – Resolutionen, die der aufrichtigen und allgemeinen Stimmung Virginias Ausdruck gaben. Ich frage mich, ob die Tugenden Abraham Lincolns – wie sie sich in seinem Geist der Vergebung und Nachsicht zeigten – in irgendeinem Teil des Landes mehr verehrt werden als in genau dem Teil, der das Schlachtfeld des Kampfes um die Unabhängigkeit seiner Herrschaft war. Mein Mann ist jedenfalls davon überzeugt, dass der Süden niemals die Schande und das Leid des Carpetbag-Regimes erleiden musste, wenn er am Leben geblieben wäre.

KAPITEL XXV

Während der militärischen Besetzung von Petersburg war mein Zustand äußerst unangenehm. Ich war mit meinen Kindern allein, als General Sheridan mein Haus als Adjutantenbüro beanspruchte. Uns waren so beunruhigende Gerüchte über von Plünderern in den benachbarten Countys verübte Gewalttaten zu Ohren gekommen, dass mein Mann eine Verlängerung seines Ehrenworts erhalten hatte, um seine Schwestern in Nottoway County zu besuchen. Seine ersten Informationen über sie erhielt er, als er ihre Kleidung in einem von deutschen Soldaten gelenkten Wagen fand, die, mit Pistolenschüssen herausgefordert, flohen und ihre Beute zurückließen. Das Schicksal seiner Schwestern wurde einige Zeit lang nicht entdeckt. Sie hatten Mittel und Wege gefunden, sich zu verstecken, als die Diebe auftauchten.

General Sheridan hielt mich unterdessen zehn Tage lang in zwei Räumen gefangen, und die Erfahrung dieser Tage war sehr anstrengend. Am Tag seiner Abreise rief er mich an, um mir „seine Aufwartung zu machen", und obwohl ich ihn höflich empfing, war er sich durchaus bewusst, dass ich die Demütigung, die er mir zugefügt hatte, und die Aufzeichnungen, die er vor meiner Begegnung mit ihm gemacht hatte, zu schätzen wusste. Er dankte mir für die Geduld, mit der ich Tag und Nacht den unaufhörlichen Lärm, das Getrappel und die Verwirrung im Büro des Adjutanten ertragen hatte, und entschuldigte sich für die Politik, die er während des gesamten Krieges verfolgt hatte. „Es war das Beste, was man tun konnte", teilte er mir mit. „Die einzige Möglichkeit, diese Rebellion niederzuschlagen, bestand darin, sie ohne Handschuhe anzufassen."

Ich antwortete nicht. „Die gepanzerte Hand kann Frauen und Babys zerquetschen", dachte ich, „aber niemals, niemals den Geist töten!"

Schließlich reisten sie jedoch ab – und hinterließen mir eine riesige Gasrechnung und ein Haus voller Schmutz und Staub. Mein Mann, der immer noch auf Bewährung entlassen wurde, kam am Ende seines Urlaubs zu mir zurück und meldete sich bei den Behörden.

Wir hatten General Warren kennengelernt, der von Sheridan abgelöst worden war und nun ohne Kommando war. Wir schlossen ihn sehr ins Herz. Er verbrachte viele Stunden mit uns. Taktvoll, mitfühlend und freundlich, betrübte oder beleidigte er uns nie. Eines Abends nahm er schweigend Platz. Dann sagte er:

„Ich habe Neuigkeiten, die für Sie schmerzlich sein werden. Es schmerzt mich, es Ihnen zu sagen, aber ich glaube, Sie würden es lieber von mir als von einem Fremden hören – General Lee hat kapituliert."

Das war ein furchtbarer Schlag für uns. Alles war vorbei. All das Leid, das Blutvergießen, der Tod – alles umsonst!

General Johnstons Armee wurde am 26. April in North Carolina General Sherman übergeben. Das Banner, das die Armeen des Südens durch Feuer und Blut zum Sieg und zur Niederlage geführt hatte, in Zeiten des Hungers, der Kälte und der Freundlosigkeit; das Banner, das viele Ehemänner und Liebhaber in hoffnungsloser Hoffnung hochgehalten hatten, bis es ihnen aus den leblosen Händen fiel; das Banner, das unter dem sterbenden Jungen in Gettysburg gefunden wurde, der lächelnd Hilfe abgelehnt hatte, aus Angst, es könnte entdeckt werden – das Banner tausender Geschichten wurde für immer eingerollt, und niemand war zu arm, um ihm Ehrerbietung zu erweisen.

Mein lieber General war erst frei, als Johnston kapitulierte. Seine Flagge war noch im Einsatz, aber man erlaubte ihm, nach Richmond zu gehen, zwanzig Meilen entfernt, um dort irgendeine Arbeit zu suchen, die unseren gegenwärtigen Bedarf deckte. Meine Diener kamen von der Cottage Farm, und jeder bat darum, zu bleiben und mir zu dienen, „für das Gute“, das ich ihnen „bereits getan“ hatte, aber das konnte ich natürlich nicht zulassen. Mein treuer John protestierte leidenschaftlich gegen die Annahme seiner Freiheit, aber ich bestand fest darauf, dass er zu seinem Vater nach Norfolk zurückkehren sollte. Er hatte fünf Dollar in US-Dollar verdient; ich hatte fünf weitere, die meine kleinen Jungs bei einer kleinen Zigarrenspekulation verdient hatten. Diese gab ich ihm.

„Lass dich morgen hier nicht sehen, John. Schreib mir aus Norfolk.“

Am nächsten Morgen war er weg, und ich erhielt einen dankbaren Brief von seinem alten Vater, der jedoch seine gewisse Besorgnis über seine „Armeegewohnheiten“ zum Ausdruck brachte.

Wir hatten bald Grund, die Abwesenheit der Schutzsoldaten zu bedauern. Fast im selben Moment marschierte ein großer, kantiger junger Mann mit einem Gewehr auf der Schulter herein. Ich war allein, und er kam mit bedrohlichem Gesichtsausdruck auf mich zu.

„Was willst du hier?“, fragte ich.

„Ich will Whisky – hörst du? *Whisky!*“

„Das kriegst du nicht!“

„Wall, ich schätze, Sie müssen es auftreiben! Ich werde das Haus durchsuchen.“ „Suchen Sie weiter“, bat ich ihn munter. „Suchen Sie weiter, und ich werde die Polizeiwache rufen, damit sie Ihnen hilft!“

Er drehte sich um und marschierte hinaus. An der Tür schoss er mir einen parthischen Pfeil zu.

„Mist! Du hast eine verdammte Zunge im Kopf, wenn du keinen Whisky hast."

Ich erzähle diese Geschichte, weil mein Mann sie immer gut fand – zu gut, um sie zu vergessen!

Nun war die Zeit gekommen, in der ich für meine Familie Rationen einziehen musste. Ich konnte das nicht stellvertretend tun. Ich musste meinen Antrag persönlich vortragen. Als ich am frühen Morgen durch die Straßen ging, dachte ich, ich hätte nie einen schöneren Tag erlebt. Wie konnte die Natur ihr Blätterdach aus blühenden Magnolien und Robinien ausbreiten, als wäre nichts geschehen? Wie konnte sich der Weinstock über der Tür meines alten Hauses mit schneeweißen Rosen bedecken, wie konnten die Vögel singen, wie konnte die Sonne aufgehen, als ob solche Dinge unsere gebrochenen Herzen jemals wieder erfreuen könnten?

Meine lieben kleinen Söhne verstanden, dass sie mich überallhin begleiten sollten, also traten wir gemeinsam am Schreibtisch des Regierungsbeamten ein und kündigten unseren Auftrag an.

„Haben Sie den Treueeid geleistet, Madam?", erkundigte sich der Herr.

„Nein, Sir." Ich war durchaus bereit, den Eid abzulegen.

Der junge Offizier sah mich einen Moment lang ernst an und sagte, während er den Befehl aufschrieb:

„Und ich werde es auch nicht von Ihnen verlangen, Madam!"

Nach diesem angenehmen Zwischenfall war ich besser gelaunt und rief Alick zu. Ich bat ihn, sich mit dem größten Korb, den er finden konnte, zu bewaffnen und meine Bestellung zum Kommissar zu bringen.

„Wir werden alle möglichen guten Sachen haben", sagte ich ihm, „frisches Fleisch, Obst, Gemüse und alles."

Als der Junge zurückkam, war er schlaff und hatte ein trauriges Gesicht. Mein erster unwürdiger Verdacht war, dass er vielleicht meine Vorräte für den Alkohol beschlagnahmt hatte – wofür mein armer Alick eine Schwäche hatte –, aber er erklärte es mir bald.

„Ich habe diesen stinkenden Fisch vergraben! In deiner Gegenwart würde ich ihn nicht herbringen. Und hier ist das Essen, das sie mir geben."

Haarige Raupen sprangen durch das Essen! Ich drehte mich zu meinem Tisch um und schrieb:—

„Ist dem kommandierenden General die Art der Ration bekannt, die heute
an die mittellosen Frauen von Petersburg ausgegeben wurde?

[Ich unterschreibe selbst] „ MRS. ROGER A. PRYOR .“

Dies gab ich Alick mit der Anweisung, es General Hartsuff zusammen mit
der Mahlzeit zu überreichen.

Alick kam ohne Antwort zurück, aber ein paar Minuten später stand ein
großer Ordonnanzoffizier vor mir, tippte an seine Mütze und überreichte
mir eine Nachricht.

„Generalmajor Hartsuff bedauert, dass er nicht alles wieder *gutmachen kann* ,
was ihm so falsch erscheint. Er schickt das beigefügte Dokument. Eines
Tages wird General Pryor es zurückzahlen.

" GEORGE L. HARTSUFF ,
"Generalmajor Kommandierender."

Die Notiz enthielt einen offiziellen Zettel:

„Der Quartiermeister und der Kommissar der Potomac-Armee werden
hiermit angewiesen, Frau Roger A. Pryor mit allem zu versorgen, was sie
verlangt oder benötigt, und zwar auf das Privatkonto von

" GEORGE L. HARTSUFF ,
"Generalmajor Kommandierender."

Ohne lange zu überlegen, schrieb ich die folgende Antwort und schickte sie
zurück:

„Frau Roger A. Pryor ist dem großzügigen Angebot von Generalmajor
Hartsuff durchaus nicht abgeneigt, aber *er hätte wissen müssen* , dass die den
mittellosen Frauen von Petersburg zugestandene Ration ausreichen musste
für

„ FRAU ROGER A. PRYOR .“

Als ich allein dasaß und verschiedene Pläne für unseren Lebensunterhalt
durchdachte – den Verkauf des wertvollen Ehrendienstes (ein Angebot der
Demokratie von Virginia nach dem edlen Kampf meines Mannes gegen den
„Nichtwissenismus“), die Möglichkeit, selbst eine Beschäftigung zu finden –
, erregte das Klirren des Kettengeschirrs an der Tür meine Aufmerksamkeit.
Dort stand eine hübsche Equipage, aus der eine wirklich sehr feine Dame
ausstieg. Sie kam geschäftig herein, ihr spitzenbesetztes Taschentuch vor die
Augen gedrückt, und stellte sich als Mrs. Hartsuff vor. Sie trug ein prächtiges
Kleid aus violetter Seide und Spitze und eine winzige *Fanchon*- Haube, die
unter einem riesigen Haarkissen dahinter zusammengebunden war, der erste
der modischen *Chignons* , die ich je gesehen hatte – eine Frisur, die

„Wasserfall“ genannt wird, eine Übertreibung des üppigen, aufgebauschten „Dutts“ der Engländerinnen vor ein paar Jahren. Mir wurde auf einmal bewusst, dass ich in den Augen dieser Dame nichts mehr ähneln musste als der hölzernen Mrs. Noah, die in den „Archen Noah“ der Kinder über die Tiere wacht. Riesige Reifröcke waren damals in Mode. Meine waren schon lange von mir verlassen worden und hatten nie meine eigene Zustimmung dazu bekommen, mir wie andere etwas von einer freundlichen Weinrebe zu leihen. Mein Kleid war aus schokoladenfarbenem Kattun mit weißen Flecken. Mein Haar! Ich hatte es mir mitsamt den Wurzeln ausgerissen, als ich zur Zeit der erbitterten Schlacht von Port Walthall (sechs Meilen von Petersburg entfernt), von der ich gehört hatte, im Delirium war , da meine Sinne durch das Fieber geschärft waren.

Mrs. Hartsuff begann hastig: „Oh, meine liebe Dame, wir im Hauptquartier sind in solcher Not! George ist verzweifelt! Sie lassen sich von ihm nicht helfen! Was soll er nur tun?“

„Ich bin dem General wirklich dankbar“, versicherte ich ihr. „Aber sehen Sie, es gibt keinen Grund, warum er mehr für mich tun sollte als für andere.“

„Oh, aber es *gibt* einen Grund. Du hast mehr gelitten als die anderen. Du wurdest aus deinem Zuhause vertrieben! Dein Haus wurde geplündert. George weiß alles über dich. Ich habe dir einen Korb mitgebracht – Tee, Kaffee, Zucker, Cracker.“

„Ich kann es nicht annehmen, es tut mir leid.“

„Aber was willst du tun? Willst du verhungern?“

„Sehr wahrscheinlich“, sagte ich, „aber irgendwie wird es mir nicht viel ausmachen!“

„Oh, das ist ganz, ganz schrecklich!“, sagte die Dame, als sie das Zimmer verließ. Am nächsten Tag wurde die Ration geändert. Alle Frauen von Petersburg erhielten frisches Fleisch, Kaffee, Zucker und Gemüsekonserven. Am ersten Morgen, als sie sie erhielten, traf ich die Frau von General Weisiger, die mit einem Korb dahertrottete. „Gehen Sie Ihre Rationen holen?“, fragte ich sie. „ *Nein* , wirklich nicht! Ich gehe mit den einzigen fünf Dollar, die ich auf der Welt habe, zum Marketender! Ich werde, so viel ich kann, Korinthen, Zitronen, Rosinen, Zucker, Butter, Eier, Brandy, Gewürze kaufen –“

„Mercy! Willst du einen Lebensmittelladen eröffnen?“

„Nicht im Geringsten“ – feierlich – „Ich werde einen *Früchtekuchen backen* !“

Weniger, könnte man meinen, hätte eine hungernde Frau zufriedenstellen sollen! Der kleine Vorfall ist charakteristisch für das Temperament der

Südstaatlerin. Sie kann genauso geduldig wie jede andere unter der Fessel eines harten Schicksals liegen, aber sobald die Fessel sich hebt, ist sie bereit für ein Fest.

Alle Bürger, die vertrieben worden waren, kehrten nun zurück – darunter auch die Besitzer des Hauses, in dem ich wohnte, und ich war gezwungen, nach Cottage Farm zurückzukehren. General Hartsuff, bei dem ich um eine Wache bat, sagte sofort:

„Es ist Ihnen unmöglich, zur Cottage Farm zu gehen. Dort leben fünfzig oder mehr Neger. Sie können dort nicht leben."

„Ich muss! Es ist mein einziger Schutz."

„Gut, dann erlaube ich Ihnen eine Wache, und Mrs. Hartsuff sollte Sie am besten selbst hinausführen, das heißt, wenn Sie sich dazu herablassen können."

Ich bemerkte nicht, dass Mrs. Hartsuff hereingekommen war und hinter mir stand. „Und ich denke, George", sagte sie, „Sie sollten Mrs. Pryor ein Pferd und einen Wagen geben, anstatt ihrer eigenen, die gestohlen wurden." Bevor mein Gewissen sich dazu durchringen konnte, zu protestieren, dass ich kein Pferd und keinen Wagen besessen hatte, rief der General aus: „Schon gut, schon gut! Madam, Sie werden den Wachmann vor Ihrer Tür vorfinden, wenn Sie ankommen. Sie gehen heute Abend? Gut – guten Morgen."

Mrs. Hartsuff erschien pünktlich am späten Nachmittag mit einem Krankenwagen und vier Pferden, und wir brachen in aller Pracht auf. Sie war sehr fröhlich und umgänglich und ließ mich versprechen, dass sie mich oft besuchen würde. Während wir in prächtigem Galopp dahingaloppierten, kamen wir an einer Reihe müde aussehender, staubiger Soldaten der Konföderierten vorbei, die auf dem Weg nach Hause dahinhumpelten. Sie traten zur Seite, um uns passieren zu lassen. Der Anblick traf mich zutiefst. Hier nahm ich die schöne Equipage des Invasionskommandanten an – ich, der nichts getan hatte, ging weiter in mein gemütliches Zuhause, während sie, die armen Kerle, die lange Jahre des Kampfes und des Hungers ertragen hatten, traurig zu Fuß zurückkehrten und vielleicht kein Zuhause fanden, das ihnen Schutz bot. „Nie wieder", sagte ich mir, „sollte das passieren! Wenn ich nicht helfen kann, kann ich zumindest mit ihnen leiden."

Doch als ich Cottage Farm erreichte, fand ich ein Zuhause vor, um das mich kein Soldat, so verlassen er auch sein mochte, hätte beneiden können. Vor meinen Augen bot sich ein Bild der Verwüstung. Die Erde war gepflügt und zertrampelt, Gras und Blumen waren verschwunden, die Kadaver von sechs toten Kühen lagen im Hof, und in den Ecken des Hauses hatte sich unsäglicher Dreck angesammelt. Die Abendluft war schwer vom Geruch verwesenden Fleisches. Als die Haustür aufging, schwärmten Millionen Fliegen heraus.

„Wenn ich das wäre", sagte Mrs. Hartsuff und zog ihre Röcke so eng um sich, wie es ihre Reifröcke erlaubten, „würde ich über diese Schwelle fallen und sterben."

„Ich werde nicht fallen", sagte ich stolz. „Ich werde zu meinem Schicksal stehen."

Drinnen herrschte Dreck und Trostlosigkeit. Fette Schweinestücke lagen auf dem Boden, Melasse tropfte aus den Regalen der Bibliothek, wo Flaschen ohne Korken standen. Schmutzige, übelriechende Blechdosen waren auf dem Boden verstreut. Nichts, nicht einmal eine Blechschöpfkelle, um aus dem Brunnen zu trinken, war im Haus zurückgeblieben, außer einem Stuhl, dessen Boden herausgeschnitten worden war, und einem Bettgestell, das mit Bajonetten zusammengehalten wurde. Bilderrahmen waren an der Wand aufgestapelt. Ich untersuchte sie eifrig. Keiner war leer. Ein Familienporträt einer alten Dame hing an der Wand, mit einem Säbelhieb quer über ihr Gesicht.

Zu meiner großen Freude erschien Tante Jinny, voller Mitgefühl und Einfallsreichtum. Sie versammelte uns in ihrer Küche, während sie das sauberste Zimmer für uns fegte und Steppdecken auf dem Boden ausbreitete. Später am Abend kam ein Krankenwagen von Mrs. Hartsuff. Sie hatte mir eine Blechdose mit Brot- und Butterbroten, etwas Tee, ein Feldbett und Feldbettwäsche geschickt.

Der Wachmann, ein großer, hochgewachsener Kerl, kam zu mir, um Befehle zu erhalten. Seine Anwesenheit machte mich nervös und ich wünschte, ich hätte ihn nicht mitgebracht. Ich wies ihn an, die ganze Nacht auf der Straßenseite des Hauses Wache zu halten, während ich in der entgegengesetzten Richtung Wache halten würde. Die Kinder schliefen bald auf dem Boden.

Im Laufe der Nacht machte ich mir immer mehr Sorgen wegen der fremden Neger. Tante Jinny schätzte, dass es nicht mehr als fünfzig waren. Sie hatten alle Toiletten außer der Küche besetzt. Wenn sie nur den Wachmann überwältigten und uns alle umbrachten!

Alles war ruhig. Ich hatte nicht die geringste Lust zu schlafen – ich dachte nach, dachte an alles, was mir die alte Frau erzählt hatte: an die Plünderung des Hauses, an das Graben im Keller auf der Suche nach Schätzen, an die Fackel, die zweimal auf das Haus gerichtet und zweimal wieder weggezogen worden war, weil ein Offizier die schattige Wohnung als vorübergehende Unterkunft haben wollte. Plötzlich schreckte mich ein schriller Schrei aus der Küche auf, eine Tür öffnete sich plötzlich und schloss sich wieder, und eine

Stimme rief: „Gott sei Dank! Gott sei Dank, dem Allmächtigen!" Dann war alles still.

War das ein Signal? Ich hielt den Atem an und lauschte, dann stand ich leise auf, schloss die Läden und verriegelte sie, schlich zur Tür und verriegelte sie von innen. Ich könnte meine Kinder beschützen, bis der Wächter kommen würde.

Offenbar hatte er es nicht gehört! Wahrscheinlich schlief er auf der Bank in der Veranda den Schlaf eines ungestörten Gewissens. Und meine Kinder schliefen mit ungestörtem Gewissen. Es war so dunkel im Zimmer, dass ich ihre Gesichter nicht sehen konnte, aber ich konnte sie berühren und ihnen die nassen Locken aus der Stirn streichen, während sie in der bedrückenden und erhitzten Atmosphäre lagen.

Ich nahm meine Wache am Fenster wieder auf und presste mein Gesicht dicht an die Lamellen der Fensterläden. Ein blasser Halbmond hing tief am Himmel und wandte sein Gesicht von einer leidenden Welt ab. In einiger Entfernung konnte ich das frisch ausgehobene Soldatengrab sehen, das Alick entdeckt und gemeldet hatte. In den ersten Stunden der Nacht hatte es heftig geregnet, und ein steifer Arm und eine steife Hand ragten jetzt aus dem flachen Grab. Morgen würde ich den flehenden Arm ehrfürchtig bedecken, ob er nun blau oder grau gekleidet war, und die Stelle markieren. Jetzt, während ich mit meinem faszinierten Blick darauf saß, dachte ich an die Zehntausende, an die Hunderttausende nach oben gerichteter Gesichter unter dem grünen Rasen des alten Virginia. Starke, in jungen Jahren erwachsene, ernste, hochmütige Männer von Genie, Männer, die ihr Land zu seiner eigenen Verteidigung in Zeiten der Gefahr ausgebildet hatte – sie waren gestorben, weil dieses Land in seiner Weisheit kein besseres Mittel ersinnen konnte, um einen Familienstreit zu schlichten, als die Massentötung seiner Söhne durch das Schwert. Und nun? „Erst wenn der Himmel nicht mehr ist, werden sie erwachen und aus ihrem Schlaf erweckt werden."

Und dann, als ich in Einsamkeit und Angst über ihren frühen Tod trauerte, erinnerte ich mich an die weißgekleideten Seelen unter dem Altar Gottes - die Seelen, die „aus großer Trübsal gekommen waren", und *weil* sie so gelitten hatten, „werden sie weder mehr hungern noch dürsten; ... und Gott wird alle Tränen von ihren Augen abwischen."

Und dann, als der blasse, qualvolle Mond hinter den Bäumen versank und die rote Morgendämmerung aus dem Osten heraufströmte, kehrte der Engel der Hoffnung zurück, der „seine weißen Flügel ausgebreitet und sie für eine kurze Zeit davongejagt" hatte. Und die Hoffnung hielt einen Engel an der Hand, der stärker war als sie und der mir eine Botschaft überbrachte: „In der Welt habt ihr Bedrängnis; aber seid guten Mutes, ich habe die Welt überwunden."

Die Sonne ging gerade auf, als ich meine gute alte Freundin aus ihrer Küche kommen sah, und ich öffnete die Fensterläden, um sie zu begrüßen. Sie hatte mir eine Tasse köstlichen Kaffee gebracht und war sehr betrübt, weil ich nicht geschlafen hatte. Hatte ich etwas gehört?

„Natürlich weiß ich, dass du verdammt warst, das zu hören", sagte Tante Jinny, während sie sich um die Kinder kümmerte. „Das war Schwester Winny! Sie war mitten in der Nacht fröhlich, und Gott weiß, was sie getan hätte, wenn Frank sie nicht gepackt und in die Küche zurückgezogen hätte! Frank und ich sind wegen Schwester Winny ziemlich überfordert und entmutigt. Sie betet den ganzen Tag ununterbrochen, aber Gott rechnet nicht damit, die ganze Nacht gestört zu werden. Hat er nicht dafür gesorgt, dass wir alle schlafen und ein bisschen Ruhe haben? Schwester Winny muss ihr Glück für sich behalten, wenn die Leute versuchen, sich auszuruhen."

Der Wachmann kam nun zu meinem Fenster und sagte, er „vermute", dass er „einen weiteren Gurt anlegen müsse. Die verdammten Nigger weigerten sich zu gehen. Vielleicht ändern sie ihre Meinung, wenn sie die Pistolen sehen."

„Oh, Sie würden doch nicht schießen, oder?", sagte ich in großer Verzweiflung. „Rufen Sie sie alle zur Hintertür und lassen Sie mich mit ihnen sprechen." Ich befand mich in der Gegenwart von etwa fünfundsiebzig Negern, Männern, Frauen und Kindern, alle mit nach oben gerichteten Gesichtern, sehr interessiert daran, was ich ihnen sagen sollte. Ich sprach freundlich mit ihnen und erklärte ihnen meine Anwesenheit, indem ich sie bat zu bleiben, wenn sie helfen würden, den Hof aufzuräumen, mit dem Ergebnis, dass Abram und Beverly, zwei alte Männer, die meinen General in seiner Kindheit gekannt hatten, sich verpflichteten, zu den von mir vorgeschlagenen Bedingungen bei mir zu bleiben.

Zu meiner großen Freude kam mein lieber Mann aus Richmond zurück. Dort gab es keine Hoffnung auf eine lukrative Beschäftigung. Er hatte keinen Beruf. Er hatte all das wenige Jura, das er an der Universität gelernt hatte, vergessen. Er war Redakteur, Diplomat, Politiker und Soldat gewesen und hatte sich in allen vier Bereichen hervorgetan. Diese waren ihm nun für immer verschlossen! Es schien auf der ganzen Welt keinen Platz für einen Rebellen zu geben.

KAPITEL XXVI

Es war fast unmöglich, unser Leben wieder aufzunehmen. Alle Bande, die uns mit der Vergangenheit verbanden, waren zerschnitten, und es bestand keine Hoffnung auf Wiedersehen. Wir saßen schweigend da und blickten auf eine Landschaft, die hier und da von Schornsteinen übersät war, die Wache hielten über geschwärzten Haufen, auf denen unsere Nachbarn glückliche Heime errichtet hatten. Nur einer war noch da, Mr. Greens, hinter einer kleinen Schlucht auf der anderen Straßenseite.

Wir hatten zum Glück keine Lust zu lesen. Ein paar Bücher waren gerettet, nur solche, die wir kaum brauchten. Eines Tages kam ein Soldat mit einem schönen Band herein, den Jefferson Davis, nachdem er seinen Namen hineingeschrieben hatte, dem General geschenkt hatte. Der Soldat bat den früheren Besitzer ruhig, den Wert des Bandes zu steigern, indem er unter die Inschrift seine eigene Unterschrift schrieb, und als ihm seine Bitte erfüllt wurde, ging er mit dem Band unter dem Arm davon. „Er hat einige Schwierigkeiten gehabt", sagte mein Mann, „und er kann genauso gut glücklich sein, wenn ich es nicht kann!"

Als die verschiedenen Brigaden aus unserer Nachbarschaft wegzogen, wurden uns einige einfache Möbelstücke zurückgegeben, die aus dem Haus mitgenommen worden waren, aber nichts Schönes oder Wertvolles, keine Bücher oder Bilder – nur ein paar Stühle und Tische. Ich hatte eine detaillierte Liste aller Gegenstände erstellt, die wir verloren hatten, mit nur diesem Ergebnis. Nach einiger Zeit bekamen wir Neuigkeiten von unserer Vollblutstute Lady Jane. Ein Brief mit ihrem Foto kam von einem Offizier aus Neuengland:

" AN HERRN PRYOR ,

" *Sehr geehrter Herr* , eine sehr schöne Stute, die Ihnen gehört, kam in mein Lager in der Nähe von Richmond und ist jetzt bei mir. Es würde ihren Wert erheblich steigern, wenn ich ihre Abstammung bekommen könnte. Bitte schicken Sie sie so bald wie möglich und seien Sie so freundlich,

"Mit freundlichen Grüßen,

"— —.

„P.S.: Die Stute erfreut sich bester Gesundheit, wie Sie sicher gerne hören werden."

Obwohl mein General eigentlich dazu neigte, freundlich zu sein, war das ein bisschen zu viel! Der Stammbaum wurde nicht gesendet, aber später schickte der freundliche Besitzer von Lady Jane ihr Foto. Auch sein eigenes – auf ihrem Rücken.

Bald kamen viele Touristen an unserem Haus vorbei, um die Orte in unserer Nähe zu besuchen, die heute historisch sind. Sie besuchten uns häufig und behaupteten, sie seien gemeinsame Bekannte. Das konnte uns nicht anders als missfallen. Ihre mitfühlende Haltung beleidigte uns, so traurig und stolz wir auch waren.

uns sehen wollten und nicht, wie sie vorgaben, Informationen über die historischen Orte auf der Farm erhalten wollten. Noch weniger wollten sie auf schändliche Weise über uns triumphieren. Ein Junge, der einer Fliege die Flügel ausreißt, ist sehr daran interessiert, ihr Verhalten zu beobachten. Nicht, dass er grausam wäre – ganz im Gegenteil! Er ist nur neugierig, wie sich das Geschöpf unter sehr ungünstigen Umständen benimmt. Eines Tages kam ein Geistlicher mit einer Empfehlungskarte von Mrs. Hartsuff vorbei, die, wie ich mir vorstelle, wenig Urteilsvermögen in Bezug auf Geistliche hatte. Dieser hier war ein selbstgefälliger kleiner Mann, glatt, salbungsvoll und gepflegt, mit Pecksniff'scher Selbstachtung, die aus jeder Pore seines Gesichts sickerte.

„Nun, gnädige Frau", begann er, „ich hoffe, ich finde Sie demütig unter der Züchtigungsrute des Herrn liegend. Ich hoffe, Sie können sagen: ‚Es ist gut, dass ich geplagt wurde.'"

Da ich gerade keine passende Antwort parat hatte, nahm ich seine fromme Ermahnung schweigend entgegen. Das kann man bei einem Geistlichen immer ohne Bedenken tun.

„Es gibt Zeiten", fuhr der gute Mann fort, „in denen der Übertreter bestraft werden muss; doch wenn man die Rute im richtigen Geist trägt, kann sie am Ende Segen bringen."

Etwas Ähnliches entlockte mir die Frage: „Gibt es auf der anderen Seite niemanden, der die Rute braucht?"

„Oh – nun, meine liebe Dame! Sie müssen bedenken! Sie waren im Unrecht in diesem unglücklichen Kampf, oder, ich sollte sagen, diesem höchst gerechten Krieg."

„ *Væ victis!* ", rief ich aus. „Unsere Häuser wurden überfallen. Wir stehen auf unserem eigenen Boden!"

Mein ehrwürdiger Bruder wurde rot im Gesicht. Er stand auf, verbeugte sich und schickte mir einen parthischen Pfeil:

„Kein Dieb fühlte je den Strick ziehen

Mit guter Meinung vom Gesetz."

Glücklicherweise war mein General gerade nicht da. Wie Douglas hatte er viel durchgemacht, aber …

„Zuletzt und am schlimmsten, um stolz zu sein

Um das Mitleid der Menge zu ertragen"—

das war mehr, als er ertragen konnte.

Die unangenehmen Gerüche im Haus ließen sich nie unterdrücken oder wegspülen. Erst im Oktober konnte ich mir erlauben, im Haus auch nur einen Bissen zu essen. Ich nahm meine Mahlzeiten unter den Bäumen ein, es sei denn, der Regen trieb mich in den Schutz der Veranda. Ich litt schrecklich unter dem Mangel an Beschäftigung. Ich hatte keinen Haushalt zu führen, keine Kleidungsstücke zu flicken oder anzufertigen. Meine kleine Lucy konnte die Sonne nicht ertragen und saß den ganzen Tag ruhig neben mir. Ich hätte ihr einen Sonnenhut machen können, aber ich hatte keinen Stoff, keinen Fingerhut, keine Nadeln, keinen Faden und keine Schere. Schließlich entdeckte ich in der Tasche eines meiner Washingtoner Mäntel mein silbernes Kartenetui mit der Trinity Church auf der einen Seite und dem Kapitol in Washington auf der anderen – Gegenstände, die mir jetzt nicht mehr lieb und teuer waren. Ich ließ mich von Alick in meinem kleinen Bauernkarren zum Marketender fahren und tauschte ihn gegen einen kleinen Strohhut „Shaker" ein, den man sicher für weniger als einen Dollar hätte kaufen können. So geschützt fand das kleine Mädchen ein Spielhaus unter den Bäumen. Ein guter alter Freund, Mr. Kemp, lud die Jungen ein, ihn auf Reliquienjagd-Expeditionen zu der schmalen Ebene zu begleiten, die an jenem schicksalshaften Aprilmorgen vor nur drei Monaten die gegnerischen Linien geteilt hatte. Seile wurden um ausgestorbene Granaten geschlungen und sie wurden hereingeholt, um an der Tür Wache zu halten. Die Granaten waren kurze Zylinder, mit einem spitzen Ende wie eine Kerze, bevor sie angezündet wird. Unzählige Minié-Kugeln wurden aus dem Sand gegraben. Eines Tages brachte Mr. Kemp eine große Kuriosität mit – zwei zusammengeschweißte Kugeln, die aus gegnerischen Gewehren abgefeuert worden waren.

Die schwülen Tage begannen und endeten mit Stunden lustlosen Ertragens, gefolgt von unruhigem Schlaf. In einer Ecke stand eine Tüte mit Armee-Schneide, sodass die Kinder nie hungrig waren. Bald saßen auch sie um uns herum, zu lustlos zum Spielen oder Reden. Eine große Armee großer, hellbrauner Wanderratten überrannte jetzt den Hof. Sie gingen vor unseren Augen in die Ecke und bedienten sich an der Armeeration. Wir rührten keinen Finger, um sie zu vertreiben. Nach einer Weile erschien Alick mit einer riesigen schwarz-weißen Katze.

„Das ist nur ein kleiner Monat, den ich aushalten kann", sagte Alick. „Die Yankees haben alles gestohlen und das ganze Land umgegraben – und die Juden kommen die ganze Zeit und stechen den Brunnen nieder, lassen Ketten und Enterhaken fallen, um zu sehen, ob wir alle Silber versteckt haben – aber ich muss die Frechheit dieser fremden Ratten ertragen."

Alick musste sich ergeben. Schon in der ersten Nacht nach der Ankunft seiner tapferen Katze kam es in dem Raum, in dem die Kekse aufbewahrt wurden, zu einem Handgemenge, ein Stuhl wurde umgeworfen und eine fliegende Katze stürmte durch den Flur, verfolgt von drei oder vier riesigen Ratten. Die Katze suchte Zuflucht auf einem Baum, stieg im richtigen Moment heimlich herab, stahl sich davon und überließ dem Feind das Feld.

Natürlich konnte dieses Leben nur ein Ergebnis haben. Wir litten wochenlang an Malaria, und jetzt legte sich ein Kind nach dem anderen fieberkrank auf die „Paletten" auf dem Boden. Dann erlag ich der Krankheit und wurde schwer krank. Unser einziger Krankenpfleger war mein lieber General; und nicht in all den Jahren, in denen er sich nie vor seiner Pflicht drückte, keinen Marsch verlor, nicht auf seinem eigenen Pferd ritt, wenn seine Männer zu Fuß kämpften oder wenn eines unterwegs ausfiel, und nie eine der Schlachten verlor, in denen er sie persönlich führte – nicht in all diesen schweren Zeiten war er edler, großartiger als in seinen langen und einsamen Wachen neben seiner kranken Familie. Und die alte Negerin, meine gesegnete Tante Jinny, stand uns höchst edel bei. Meine einzige fiebrige Vision war die eines Ebenholz-Idols.

General und Mrs. Hartsuff hatten schreckliche Angst vor den Südstaatenfiebern, schickten uns aber vom Tor aus mitfühlende Botschaften. Doch sobald ich ihn empfangen konnte, suchte Captain Gregory, der Generalkommissar, ein Gespräch mit mir. General Hartsuff hatte ihn geschickt, um mir mitzuteilen, dass es für General Pryor absolut notwendig sei, Virginia zu verlassen. Er war nie begnadigt worden. Es gab Männer an der Macht, die ständig auf Bestrafung und Vergeltung hindeuteten. General Hartsuff hatte ihn angesprochen und sich vehement geweigert, seine Familie zu verlassen.

„Wo, oh, wohin könnte er gehen?", flehte ich. „Er denkt manchmal an New Orleans."

„Madam", sagte Captain Gregory, „Ihr Mann hat eine Zukunft vor sich. New York ist der richtige Ort für ihn."

„Er wird niemals, niemals einwilligen, dorthin zu gehen", sagte ich. „Nun, dann müssen wir ein wenig Diplomatie walten lassen. Schicken Sie ihn über das Meer, damit er seine Schüttelfrostanfälle los wird. Denken Sie an meine Worte – sobald er sich in New York registriert, werden sich Freunde um ihn scharen. *Schicken Sie* ihn einfach – und zwar schnell. Ich komme von General Hartsuff.“

Mein Theo hörte diesem Gespräch zu, und als Captain Gregory ging, flehte er mich an, ihm zu gehorchen. Ohne Rücksprache mit seinem Vater spannte er das alte Pferd, das mir General Hartsuff gegeben hatte, vor den kleinen Karren, und wir machten uns auf die Suche nach einem Makler, der uns eine kleine Summe leihen würde, und als Pfand für die Rückzahlung meine Uhr und meinen Diamantring erhielt.

Nach mehreren Fehlschlägen fanden wir einen entgegenkommenden Bankier, der mir gegen meine vorgeschlagene Sicherheit dreihundert Dollar lieh. Als ich sein Büro verließ, suchte meine Hand instinktiv nach meiner kleinen Uhr, um die Uhrzeit zu erfahren. Sie war weg! – ich hatte versprochen, meinen General nach New York zu schicken. Ich kaufte etwas Chinin und befahl dem Schneider meines Mannes, unverzüglich einen Anzug anzufertigen, um die abgenutzte graue Konföderiertenuniform zu ersetzen. Es war schwierig, den Träger davon zu überzeugen, das Angebot anzunehmen – das nur für die Seereise gedacht war, um die Schüttelfrostanfälle zu vertreiben, die ihn alle drei Tage so unerbittlich schüttelten. Nichts lag mir ferner als ein ständiger Wohnsitz in New York.

KAPITEL XXVII

Man ging davon aus, dass mein Mann nur eine Woche abwesend sein würde. Der folgende Brief aus New York erklärt seine Verzögerung:

„Ich hatte vorgehabt, gestern abzureisen, aber unser Freund, General Warren, hat mich für Sonntag zum Abendessen eingeladen. Ich fand ihn in einem schönen Haus in einem schicken Viertel der Stadt. Mrs. Warren hat sich freundlich nach Ihnen erkundigt. Sie hat zwei bezaubernde Schwestern im Alter unseres Gordons.

"Was werden Sie denken, wenn ich Ihnen sage, dass mehrere Herren mir vorschlagen, mich hier niederzulassen? Darf ich es dann wagen, dem Löwen in seiner Höhle entgegenzutreten – dem Douglas in seiner Halle? Gewiss nicht in seiner Halle, es sei denn, er lädt mich ganz besonders ein, aber ich könnte mit der Zeit in einem Gerichtssaal mit ihm ringen. Ich habe Lust, es zu versuchen. Die Welt liegt vor uns, wir müssen wählen. Ich möchte nicht, dass der Douglas herausfindet, dass ich alles Jura vergessen habe, was ich je wusste. Und ich möchte auch nicht, dass mein guter alter Professor Minor (falls er die NY-Berichte liest) eine ähnliche Entdeckung macht."

Kurz auf diesen Brief folgte ein weiterer.

"Ich bin noch nicht sicher, wann ich zurückkomme. Ich wollte heute Morgen abreisen, aber Mr. Ben Wood von den *News* hat mich gebeten, noch ein oder zwei Tage zu bleiben, damit er mit mir sprechen kann. Was das bedeutet, weiß ich nicht genau. Ich vermute, er wird eine Verbindung zu seiner Zeitung vorschlagen. Ende der Woche können Sie mich bei sich erwarten."

Den letzten Teil der Woche verbrachte er noch in New York. Anfang Oktober schrieb er:

"Ich habe Mr. Woods Vorschlag *vorläufig akzeptiert* . Die einzige Schwierigkeit, die ich sehe, ist die Tatsache, dass sie mir eine Begnadigung verweigern. Wenn sie erfahren, dass ich für die *News schreibe* , schicken sie mich vielleicht zu John Mitchell. Ich habe gehört, dass in Washington ständig Anklagen gegen mich erhoben werden. Was auch immer sie sind, sie sind falsch und erfunden, um irgendeinem finsteren Zweck zu dienen. Dennoch bin ich entschlossen, mich nicht durch eine unterwürfige Unterwerfung zu erniedrigen. Ich habe nie um ‚Begnadigung' gebeten und beabsichtige, mich ihnen ohne weitere Annäherung zu nähern.

„Ich freue mich so, dass Ihnen die Schachtel gefallen hat. Schimpfen Sie nicht mit mir wegen meiner Extravaganz. Sie haben lange genug für die bloßen Anständigkeiten des Lebens gelitten. Ich werde wie ein Biber schuften und habe jetzt kein anderes Ziel, als den Lebensunterhalt für meine liebe Frau und meine Kinder zu verdienen. Ehrgeiz! Der Ehrgeiz meines

Lebens ist es, meinen Lieblingen ein angenehmes Leben zu ermöglichen. Möge Gott mir bei diesem Unterfangen beistehen!

„Mein Zimmer ist in der 47 West 12th Street. Dorthin müssen Sie meine Winterkleidung schicken – und wir müssen versuchen, was auch immer noch unerledigt ist, die Jungen zur Schule zu schicken."

Doch nach ein oder zwei Wochen war er angesichts der Lebenshaltungskosten in New York entmutigt und schwankte erneut.

„Ich habe das Gefühl, dass ich eine lange Trennung von meiner lieben Familie – meinen geliebten Kleinen – nicht ertragen kann. Und doch, wie kann ich sie hier ernähren? Ist es nicht ein grausames Schicksal, das uns auseinanderreißt, wenn unsere Freude aneinander so ziemlich die einzige Quelle des Glücks ist, die uns auf dieser Welt noch bleibt? In diesem hoffnungslosen Trott werde ich die ganze elastische Energie meines Geistes verlieren. Ich kann nicht ohne Sie leben! Raten Sie mir, meine Verbindung mit den *News aufrechtzuerhalten* ? 25 Dollar pro Woche sind eine erbärmliche Summe, aber wie kann ich es besser machen? Wenn ich meiner Familie nur die Annehmlichkeiten des Lebens verschaffen kann! Das ist mein einziges Lebensziel – Ruhm, Ehrgeiz, Amt, all diese Dinge habe ich für immer aufgegeben. Ist es nicht hart, dass man bei einem so vernünftigen Unterfangen scheitern sollte? Ich kann hier jederzeit weggehen, meine Verbindung mit der Zeitung ist die eines bloßen Mitarbeiters. Ich bin überhaupt nicht für ihren Verlauf verantwortlich, sondern nur für meine eigenen Artikel."

Anfang Dezember schrieb mir mein Mann den folgenden Brief:—

„Ich leide immer noch an Schüttelfrost und Fieber – so schlimm war es noch nie. Ich habe jeden zweiten Tag Schüttelfrost und während dieser Zeit – ungefähr zwei Stunden – werde ich von schrecklicher Übelkeit gequält, gefolgt von Fieber. So verbringe ich jede Woche zwei Tage. Dr. Whitehead behandelt mich und hofft, mir Linderung zu verschaffen, aber in der Zwischenzeit ist es sehr ärgerlich, so heimgesucht zu werden, wenn man gerade in den Kampf zieht.

„Denn ich *bin* in den Kampf eingetreten! Die Würfel sind gefallen – und ich werde hier bleiben, ‚untergehen oder schwimmen, überleben oder untergehen'. So ist alles gekommen.

„Als ich eines Abends spät mit Mr. Ben Wood im *News*-Büro saß, wandte er sich an mich und sagte ziemlich abrupt: ‚General, warum üben Sie nicht den Anwaltsberuf aus? Sie würden 10.000 Dollar im Jahr verdienen.‘ Ich antwortete: ‚Aus dem besten aller möglichen Gründe – ich bin kein Anwalt.‘ Er erwiderte: ‚C und T sind das auch nicht; und trotzdem verdienen *sie* 10.000 Dollar im Jahr.‘

"Natürlich war die Vorstellung, dass ich jemals eine so große Summe verdienen könnte, zu absurd, um auch nur einen Augenblick darüber nachzudenken. Trotzdem legte Mr. Wood Berufung ein, und da McMasters vom *Freeman's Journal dies durchsetzte*, hinterließ es einen bleibenden Eindruck bei mir. Ich sagte Ihnen damals nichts davon, weil ich bis vor wenigen Wochen noch keine Entscheidung in der Angelegenheit getroffen hatte. Aber gerade dann erhielt ich eine Einladung von Mr. Luke Cozzens, mir vorübergehend einen Schreibtisch in seinem Büro zu nehmen und seine Bibliothek zu nutzen. Seit ich in die Stadt gekommen bin, habe ich mir in meiner Freizeit Bücher geliehen und Jura studiert, und jetzt beschloss ich, die Zulassung zur Anwaltschaft zu beantragen! Der Antrag wurde von James T. Brady gestellt, dem bedeutendsten unserer forensischen Redner. Ich musste eine eidesstattliche Erklärung über meinen Wohnsitz im Staat und einige andere formelle Fakten abgeben, aber meine Unkenntnis des Rechtsverfahrens war so groß, dass ich die eidesstattliche Erklärung nicht verfassen konnte, was Richter Barnard bemerkte und freundlicherweise für mich verfasste. Daraufhin stellte der ehrenwerte ... John B. Haskins – mein ehemaliger Kollege im Kongress – wurde beauftragt, mich hinsichtlich meiner juristischen Kenntnisse zu prüfen. Unter seiner Führung gingen wir in ein Restaurant. Als wir uns gesetzt hatten, begann er mich in sehr feierlichem Ton zu „prüfen". Er fragte mich: „Was sind die wesentlichen Voraussetzungen für die Verhandelbarkeit eines Schuldscheins?" Ich war bereit, diese Frage zu beantworten, und ich beantwortete sie zu seiner Zufriedenheit.

„Nach einer ‚richterlichen Pause' fragte er ernst: ‚Was nehmen Sie?'

„Auch hierauf war ich vollkommen vorbereitet und zu seiner vollsten Zufriedenheit zu antworten.

„Er stellte mir keine weitere Frage. Er war offensichtlich mit dem gesunden Menschenverstand meiner letzten Antwort zufrieden. Wir kehrten zum Gericht zurück, und er sprach sich für meinen Antrag aus!

„Ein unüberwindliches Hindernis für meine Praxis war immer noch die Unfähigkeit, ein Büro zu finden, denn mein Schreibtisch bei Mr. Cozzens war meiner neuen Würde nicht angemessen. Diese Schwierigkeit wurde durch das Angebot von Mr. Hughes (einem englischen „Sympathisanten") beseitigt, mir die Nutzung eines seiner beiden Zimmer in Tryon Row für den Nominalpreis von 1 Dollar pro Monat zu überlassen. Sowohl er als auch ich haben seitdem erfahren, dass dies als unerwünschter Ort gilt – eine Tatsache, die wir nicht wussten, aber hier muss ich bleiben, bis ich mich bessern kann. Mein Zimmer ist vollkommen leer – ein teppichloser Boden, ein einfacher, unbedeckter Tisch und drei Stühle – einer für mich und die anderen für mögliche Klienten. Hier habe ich mein bescheidenes Schild ausgehängt und um die Schirmherrschaft der Öffentlichkeit geworben. „Ich habe begonnen, regelmäßig die Gerichte zu besuchen und habe die führenden Anwälte gehört. Ich bin nicht eitel, wie Sie wissen, aber – *ich habe keine Angst vor ihnen!* Aber wann, wann werde ich eine Chance haben? Die größte Schwierigkeit auf meinem Weg ist das Vorurteil gegen „Rebellen“, und ich muss leider feststellen, dass es nicht weniger wird. Ich hoffe, es nach einer Weile abzubauen, wenn ich in der Zwischenzeit nicht verhungere. Es ist mein letzter Versuch – und ich bin entschlossen, Erfolg zu haben oder dabei umzukommen. Mehrere New Yorker Zeitungen haben freundlich und lobend über meinen Aufenthalt hier gesprochen, aber ein albernes Grinsen in der *Boston Post* – das ich dumm genug bin zu ertragen – hat mich zutiefst getroffen, so unbedeutend und leichtfertig es auch sein mag: „Der Rebell Pryor hat in New York ein Büro für die Ausübung des Anwaltsberufs eröffnet, aber er hat noch keinen *Rap bekommen*.“ – (RAP).

„Suchen Sie jetzt nach uninteressanten Briefen. Von nun an heißt es für immer lernen, *lernen, lernen*! Ich schreibe jetzt nachts, mit trägem Kopf. Meine Kinder – meine lieben Kinder! Wie ich sie liebe! Gott segne sie!“

Er schrieb am 28. Dezember:

„Meine Aussichten hier hatten sich ein wenig aufgehellt, als mir ein Fall versprochen wurde, der mir mit der Zeit zweihundert Dollar eingebracht hätte, aber ein freundlicher Priester (und er war klug) überredete die Parteien, sich außergerichtlich zu einigen, und so wurden meine Hoffnungen zunichte gemacht. Aber ich bin vorläufig als Anwalt für die National Express Company tätig, womit ich vielleicht etwas verdienen kann. Zu Weihnachten waren meine Gedanken in meinem einsamen Büro bei meinem kostbaren Haushalt auf der Cottage Farm. Wie sehr bedauerte ich, dass mein Geldmangel es mir nicht erlaubte, ein paar Weihnachtsgeschenke zu schicken, aber wir müssen diese Entbehrungen ertragen, bis es glücklichere Tage gibt. Ich sehnte mich danach, zu Dir zu fahren – aber ich hatte kein Geld, um die Reisekosten zu bestreiten. Liebste Sara, lass uns diese Prüfungen mit aller möglichen Tapferkeit ertragen. Wenn Du nur glücklich bleiben kannst, kann ich meinen Teil der Last tragen.“

Im Februar schrieb er mir:—

"Heute mache ich eine Abrechnung meiner Einkünfte seit meinem Aufenthalt in New York. Ich wurde ungefähr am 1. Dezember als Anwalt zugelassen. Ich praktiziere also seit ungefähr zweieinhalb Monaten. Meine Einnahmen für diverse kleine Dienstleistungen betragen 356 Dollar, und ich bin bei einer Expressfirma angestellt. Ich frage mich, ob das so aussieht, als wären wir über den Berg. Leider musste ich eine Schuld begleichen, die ich mir in Fort Lafayette zugezogen hatte und für die ich Geld bereitgestellt hatte, die aber von einem unehrlichen Quartiermeister im Fort unterschlagen wurde. Dann haben die kleinen Schulden, die wir hatten, als wir Washington verließen – und die, wie Sie sich erinnern, von der konföderierten Regierung „konfisziert" und für die wir Zahlung verlangten – einfach darauf gewartet, dass ich Arbeit bekomme, und diese muss ich umgehend bezahlen. Ich bin jedoch zuversichtlich. Gott gebe, dass meine Erwartungen in Erfüllung gehen.

„Mir wird ein wenig Geld geschuldet und ich habe einige zweifelhafte Forderungen, und das Gericht und die Anwälte behandeln mich mit ausgesprochener Höflichkeit. Ich lerne intensiv und bin bei der Erfüllung meiner Pflichten so gewissenhaft wie möglich. Ich möchte zumindest Erfolg verdienen – und das ist der sicherste Weg, ihn zu erreichen. Küss die Mädels!

"Hingebungsvoll,
"RAP

„P.S.: Ein Kunde unterbricht mich! Sei nicht deprimiert, Sallie! Ein Lichtschimmer erhellt unseren Horizont, der weiß Gott lange genug dunkel war. Nächsten Sommer müssen wir unser *Zuhause haben* , und wird es nicht ein glückliches Zuhause sein? Gott gewähre es. Gott segne uns alle."

Leider verkündete der nächste Brief das Verblassen des „Lichtschimmers" in Dunkelheit und Enttäuschung.

„Ich dachte, ich hätte diese Woche zwei *gute Fälle, aber meine Klienten entschieden sich, nicht zu klagen. Oh, wie müde ich dieses* Lebens bin! Aber es gibt kein Entkommen, und ich darf nicht verzagen. Motiviere die Jungen zu Fleiß in ihren Studien. Ist Billy immer noch schelmisch? Und Lucy zurückhaltend? Ach, Fan! Mein Augapfel, wie ich dich liebe! Wie sehr sehne ich mich danach, euch alle zu sehen! Der helle, der glückliche Tag wird bald kommen, darum bete ich. Nur der Himmel weiß, wie sehr ich mich nach meiner Familie sehne; aber meine erste Pflicht ist, sie zu ernähren, und bis das erreicht ist, muss ich auf jede persönliche Befriedigung verzichten.

„Ich bin davon überzeugt, dass das Haupthindernis für meinen Erfolg das Vorurteil gegen ‚Rebellen' ist. Das ist furchtbar, und ich spüre seine Auswirkungen jeden Tag. Ich wurde kürzlich als Schiedsrichter eingesetzt, um die Fakten in einem Antrag auf die Entlassung eines Gefangenen durch das *Habeas-Corpus -Verfahren zu berichten* . Als mein Name als Schiedsrichter bekannt gegeben wurde, stand einer der Anwälte auf und protestierte vor Gericht, dass er nicht vor einem Rebellen erscheinen würde, dessen Hände noch rot vom Blut der Loyalität sind. Daraufhin lehnte ich die Ernennung natürlich ab. Trotzdem muss ich weiterarbeiten und darf mich nicht entmutigen lassen. Die Erinnerung an den kleinen Haushalt auf der Cottage Farm belebt und stützt mich in meinen Schwierigkeiten. Möge Gott uns segnen und uns gedeihen lassen!

"Hingebungsvoll,
"RAP"

Meine liebe Tante war inzwischen mit meinen kleinen Mädchen bei mir. Eines Nachts wurde ich von einer Stimme geweckt, die unter meinem Fenster zu mir sprach. Da stand ein Neger. „Mr. Green möchte Sie sofort sprechen, Madam", sagte er. „Er glaubt, er liege im Sterben, und er sagt, er müsse *Sie unbedingt* sehen. Ich habe eine Nachricht mitgebracht."

Die Notiz eines Verwandten von Herrn Green bestätigte die Aussage des Mannes und fügte hinzu: „Lassen Sie sich durch nichts davon abhalten zu kommen. George wird sich um Sie kümmern."

Meine Tante war angesichts einer so seltsamen und kategorisch klingenden Aufforderung etwas nervös, aber schließlich beschlossen wir, dass ich gehen musste. Sie konnte mich im Mondlicht auf Schritt und Tritt sehen, den Pfad hinunter, über die kleine Brücke am Grund der Schlucht und den Anstieg dahinter hinauf. Also zog ich mich hastig an und ging.

Ich fand das Haus in Dunkelheit und Stille. Die Dame, die mir geschrieben hatte, nahm mich mit in ihr Zimmer und flüsterte mir ihre Geschichte zu. Mr. Green war schwer krank und in großer Not, weil er kein Testament gemacht hatte. Das Haus war voller Verwandter, die sich versammelt hatten, weil sein Tod erwartet wurde. Er wollte alles, was er besaß, seiner Frau und seiner jüngsten Tochter Nannie hinterlassen. Für die anderen hatte er vorgesorgt – ihnen ihren Anteil gegeben. Er konnte nicht heimlich einen Anwalt aus der Stadt rufen. Er war furchtbar besorgt, schlaflos und unglücklich.

Heute Abend war er allein mit seiner Verwandten, die ihn pflegte, und er hatte sie auf sein Kissen gezogen und sie gebeten: „Schicken Sie nach Mrs. Pryor – *jetzt* und schnell. Sie wird für mich schreiben."

Ich kannte ihn nur vom Sehen und war natürlich überrascht. Aber ich zögerte nicht. Ich wurde sofort in sein Zimmer geführt und im Licht einer einsamen Kerze, die in einer Ecke auf dem Boden brannte, konnte ich schwach den grauen Kopf und die geschlossenen Augen des Kranken erkennen. Er schlief friedlich und wir wagten nicht, ihn zu wecken. Man gab mir Feder, Tinte und Papier und ich, auf Ellbogen und Knien in der dunklen Ecke liegend, schrieb ein Testament, in dem ich getreulich die Worte wiederholte, die ich erhalten hatte. Es begann mit: „Im Namen des allmächtigen Gottes – Amen – ich, William Green" usw. Dann warteten wir schweigend auf das Erwachen des Kranken. Sehr behutsam teilte ich ihm meinen Auftrag mit und las zweimal, was ich geschrieben hatte, und fragte ihn immer wieder: „Sind Sie sicher, dass Sie Ihren anderen Kindern nichts hinterlassen wollen?" „ *Nein, nein, nein!* ", antwortete er. Ich legte meinen Arm unter ihn, hob ihn hoch und das Papier wurde auf ein Kissen vor ihm gelegt. Er sah sich hilflos um. Seine Brille! Wir legten sie hin, und mit der Feder in seinen zitternden Fingern unterschrieb er seinen Namen und sprach die wahrscheinlich letzten Worte seines Lebens: „Drei Zeugen!" Sein Verwandter unterschrieb, ich unterschrieb und die schwarze Krankenschwester unterschrieb mit ihrem Zeichen.

„Jetzt schicke ich dich nach Hause", sagte sein Freund, als wir das Zimmer verließen. „Nein", sagte ich, „ich kann nichts im Geheimen tun. Ich muss bleiben und seinen Verwandten erzählen, wie ich hierhergekommen bin."

Sehr früh versammelten sie sich alle und ich sagte: „Ihr Vater hat mich gestern Abend gerufen, um sein Testament zu schreiben. Wenn es einem von Ihnen missfällt, denken Sie daran, dass er nur meine Hand benutzt hat. Er wusste genau, was er tat."

„Ich bin sicher, dass es für mich in Ordnung ist", sagte einer. „Ich habe immer gewusst, dass mir dieser Ort überlassen werden soll."

„Ich weiß nichts, was ich preisgeben könnte", versicherte ich ihr.

An diesem Tag starb Mr. Green. Sein Testament wurde zur Testamentsvollstreckung zugelassen und nie angefochten.

Anfang Februar verkündete der alte Abram, der treue Diener, in dessen Obhut mein Mann mich zurückließ, dass wir alle unsere Mittel auf der Cottage Farm erschöpft hätten. Rose, die kleine Kuh, war gestorben, die Rüben und Kartoffeln, die Abram aufgezogen hatte, waren alle weg, die beiden Schweine, die er aufgezogen hatte, hatten ihr Schicksal längst erfüllt, und die staatlichen Rationen waren eingestellt worden. Er „könnte sich selbst durchschlagen, aber es hatte keinen Sinn zu behaupten", er könne „sich um Mistis und die Kinder kümmern, nicht so, wie man sich um sie kümmern sollte."

„Wir dürfen nicht verzweifeln, Abram", sagte ich. „Wir werden die Kinder ernähren, keine Angst! Ich muss etwas planen, um zu helfen."

„Planen ist egal, Mistis, es sei denn, Sie haben etwas, woran Sie arbeiten können. Was sollen wir alle für Holz tun?"

„Das, was Sie die ganze Zeit getan haben, nehme ich an."

„Nein, das ist unmöglich. Wir haben Fort Gregg und Batterie 45 niedergebrannt. Soweit ich weiß, gibt es dort keine weiteren Befestigungen."

„Befestigungsanlagen!", rief ich. „Aber, Abram! Du hast doch sicher nicht die Befestigungen niedergebrannt!"

„Es ist so, wie ich es dir gesagt habe, Mistis. Der Stock des Herrn liegt jetzt auf deinem Holzstapel."

„Nun, Abram", sagte ich ernst, „wenn wir unsere Befestigungen zerstört und
unsere Brücken niedergebrannt haben, ist es an der Zeit, unsere Basis zu
verlegen. Wir werden in die Stadt ziehen."

Natürlich konnten wir ohne Nahrung oder Brennstoff und ohne Abram
nicht auf dem Land leben. Die Felder waren eine trostlose Wüste, ohne
Zäune, die eine mögliche Ernte schützten oder das Vieh in Grenzen hielten.
Abram sah keine Hoffnung in der Bewirtschaftung – nichts, woran er
„arbeiten" konnte. Er war ein Flüchtling von einer niederen Plantage
gewesen und war nun geneigt, seine Kinder in den Dienst zu stellen und im
Alter in sein altes Zuhause und zu seinem alten Herrn zurückzukehren, der
ihn so gern willkommen hieß. Er war ein großartiger alter Mann. Ich zweifle
nicht daran, dass er einen warmen Platz in der Brust dieses anderen Abram
hat, des treuen, aber nicht um ein bisschen treueren als er.

Am Nachmittag vor unserer Abreise von Cottage Farm war das Wetter so
herrlich mild, dass ich durch den Garten und das Gelände ging und an das
große Drama dachte, das sich an diesem Ort abgespielt hatte. In den unteren
Grafschaften von Virginia kommt der Frühling früh. Das Gras sprießt
bereits, und an den Bäumen rund um den Brunnen, der General Lee so oft
erfrischt hatte, zitterten zarte junge Blätter. Der Frühling war gekommen, um
alle Narben mit seinen sanften Fingerspitzen zu berühren. Über den ganzen
kampfzerstörten Boden, über das Grab des jungen Soldaten, der so lange
unter meinem Fenster gelegen hatte, über den von Kugeln und Granaten
gepflügten Weg hatte er eine zarte Blüte wie ein Lächeln auf die Lippen der
Toten gelegt.

Einen Großteil meiner letzten Nacht auf der Cottage Farm verbrachte ich
am Fenster, von dem aus ich in jener sorgenvollen Nacht meiner ersten
Heimkehr zugeschaut hatte. Das Haus war verunreinigt, geplündert und
entweiht worden – und doch verließ ich es mit Bedauern. In diesen Mauern
war mancher harte Kampf mit Krankheit, Not und Verzweiflung
ausgefochten worden. Es kam mir wie eine lange, dunkle Nacht vor, in der
weder Sonne noch Mond noch Sterne erschienen waren; in der wir einfach
nur ausharrten und uns dabei selbst beobachteten, eifersüchtig, dass uns
nicht die natürliche Wiederkehr jugendlicher Hoffnung und Lebenskraft
überraschen und diejenigen entehren könnte, die für uns gelitten, geblutet
und gestorben waren.

KAPITEL XXVIII

Im März schrieb mir mein Mann einen herzlichen Glückwunschbrief zu meinem Erfolg, alle unsere Kinder zusammenzubringen, und schickte mir eine Summe, die ich dafür verwenden sollte, sie in die Schule zu schicken. Damit ich meinem Mann helfen konnte, unser Schicksal zu verbessern, überredete ich sieben Kinder meiner Nachbarn, bei mir Musikunterricht zu nehmen. Die Jungen wurden bei Mr. Gordon McCabe angemeldet – dem gebildeten Herrn und Gelehrten, der in England und zu Hause so bekannt und beliebt ist. Meine Tochter Gordon besuchte eine ausgezeichnete Schule, deren Rektor Professor Davis war. Die älteren Kinder waren von Reverend William Hoge unterrichtet worden, der Pfarrer der Brick Church in der Fifth Avenue in New York gewesen war. Sie waren gut in Griechisch, Latein und Mathematik unterrichtet und nahmen ihre neuen Möglichkeiten eifrig wahr. Bevor wir abreiste, machte Virginia Gordon ihren Abschluss an ihrer Schule, und die Jungen nahmen die Ehrungen ihres versierten Lehrers entgegen – Theo gewann den ersten Preis – den Pegram-Preis, der zum Gedenken an Mr. McCabes Oberst verliehen wurde, „der mit all seinen Wunden an der Front starb". Der Vater der Kinder sehnte sich noch mehr – wenn das möglich war – nach seinem Zuhause. Er schreibt am 15. März:

„Bitte Gordon, sich fleißig meinen Büchern zu widmen – oder dem, was davon übrig ist. Sie muss Wilsons ‚Essay on Burns' lesen, Macaulays Essays – Jeffrey, Wilson und Sydney Smith. Sie muss Russells ‚Modern Europe' studieren und Pope, Cowper und andere Dichter lesen. Ich wünsche mir, dass sie das brillanteste Mädchen der Gegenwart wird. Diese Leistungen werden ihr vielleicht mehr nützen als andere, die nur zur Schau gestellt sind. McCabe wird die Jungs antreiben.

„Ich weiß, ich habe Ihnen mutlose Briefe geschrieben, aber ich verzweifle nicht! Mich deprimiert nur meine körperliche Schwäche und meine sehr großen Schwierigkeiten, *aber ich habe vor, hier zu bleiben!* Dies ist mein letzter Versuch im Spiel des Lebens, und wenn ich jetzt versage, ist alles verloren. Ich schreibe wieder für die *News*. Ich brauche das Geld, um uns zu ernähren. Das Gesetz ist so langsam – so unsicher, dass ich fast verzweifle. Wenn ich eine kleine Farm auf dem Land hätte und kaum genug zum Leben, wäre ich zufrieden, *vorausgesetzt*, ich könnte meine Familie und die Freude ihrer Gesellschaft haben. Sie können sich nicht vorstellen, wie elend mein Leben hier ist. Es ist genug, um mich verrückt zu machen. Ich kann es kaum ertragen. Ich vertraue darauf, dass Ihre christliche Stärke es Ihnen ermöglicht, unser Unglück besser zu ertragen als ich. Sie haben die Kinder! Roger hat mir einen süßen Brief geschrieben, für den ich ihm danke. Ich vertraue darauf, dass sie sich alle ein wenig um mich kümmern! Armer Papa, so einsam und traurig ohne sein Zuhause! Küsse sie alle von mir. Ich liebe sie mehr als alles andere auf der Welt."

Die Stunde vor der Morgendämmerung ist, wie man uns sagt, immer eine dunkle Stunde. Dies war in der Tat eine dunkle Stunde, aber die Morgendämmerung war nahe. Leider vergingen noch viele Nächte der Dunkelheit, viele Morgen mit unruhigem Morgengrauen, bevor die Sonne an besseren Tagen klar aufging! Das sensible Gemüt meines Mannes reagierte ebenso schnell auf den Humor einer Situation wie auf Pathos und Tragik. Sehr bald nach dem traurigen Brief erhielt ich Folgendes:

„Der Rebell Pryor hat endlich einen ‚*Klatsch* ‘ *abbekommen – einen Klaps mit eindeutiger Bedeutung. Ich habe einen Anruf von einem echten* Klienten bekommen! Ganz unerwartet kam heute Morgen eine kräftige und offensichtlich schroffe Person herein und fragte mich, während sie mich ansprach: ‚Heißen Sie Pryor?' Ich musste die schädliche Tatsache anerkennen! ‚Nun', sagte er, ‚mein Name ist ‚France'. Ben Wood hat mich zu Ihnen geschickt, um einen Fall zu vertreten, den ich vor Gericht habe. Jetzt habe ich so viele Klagen wie jeder andere in den Vereinigten Staaten, und die Erfahrung hat mich gelehrt, nie einen Anwalt zu beauftragen, bis wir uns über den Betrag geeinigt haben, den ich für seine Dienste bezahlen muss.'

„Ich stimmte dem zu, fügte jedoch hinzu, dass ich, da ich seinen Fall nicht kenne, keine Angaben zu den Anstellungsbedingungen machen könne.

„Er antwortete: ‚Ich lebe in Baltimore. Ich stehe an der Spitze aller Lotteriegeschäfte in den Vereinigten Staaten. Mein Geschäft ist gescheitert und ich versuche, gemäß Ihrem Zwei-Drittel-Gesetz entlastet zu werden.' Nun hatte ich noch nie vom Zwei-Drittel-Gesetz gehört und hatte keine Ahnung, was er meinte, aber Sie können sicher sein, dass ich diese Tatsache meinem potenziellen Klienten nicht mitteilte. An diesem Punkt machte ich einen Fehltritt. Ich sagte: ‚Mr. France, Sie wissen, dass ich erst seit sehr kurzer Zeit in New York praktiziere und natürlich bin ich mit den Gebührensätzen hier überhaupt nicht vertraut.' Mir kam sofort der Gedanke, dass er daraus nicht nur auf meine Unkenntnis der Gebühren, sondern auch der Gesetze selbst schließen würde. Glücklicherweise schien ihm dieser Gedanke zu entgehen. Meine Absicht war natürlich, die Höhe der Gebühr nicht selbst festlegen zu müssen. Ich wollte ihn um fünfzig Dollar bitten, aber ich hatte schreckliche Angst, dass der Vorschlag ihn aus dem Büro treiben würde und ich nicht einmal fünfundzwanzig bekommen würde, die ich gern angenommen hätte. Ich bat ihn, die Gebühr zu nennen, mit der Versicherung, dass ich sie, was auch immer sie sein mochte, annehmen würde.

„Er antwortete: ‚Ich *schätze nie* ‘ (er sprach das ‚*Preis* ‘ *aus*) ‚die Arbeit eines Menschen.' Dennoch beharrte ich darauf, ihm die Last des Angebots aufzubürden. Er wurde wütend und schäumte ein wenig, sagte aber schließlich:

„Little Owen' (ein sehr fähiger englischer Anwalt, der sich in New York niedergelassen hat und auf Konkurs- und Insolvenzverfahren spezialisiert ist) – ‚Little Owen hat alle Vorladungen zugestellt und alle anderen erforderlichen Unterlagen vorbereitet, und alles, was Sie tun müssen, ist, am Tag der Antragsrückgabe in drei Wochen die Frage meiner Entlassung zu erörtern. Nun – ich werde mit Ihnen dieselbe Vereinbarung treffen, die ich mit Mr. Owen getroffen habe – nämlich fünfhundert Dollar in bar und eintausend, wenn Sie meinen Antrag beschaffen.'

"Mit äußerster Würde und dem Anschein von Widerwillen sagte ich: ‚Mr. France, Sie haben mein Wort, dass ich jedes Angebot von Ihnen annehmen würde, und natürlich werde ich dieser Summe zustimmen, wie unzureichend die Entschädigung auch sein mag.' Er griff in seine Taschen und zog fünfhundert Dollar in Scheinen heraus, die er mir gab und die ich Ihnen durch Bob McIlwane schicken werde. Lassen Sie mich wissen, wenn Sie sie erhalten. Ich habe vor, die Tausend zu gewinnen! Erwarten Sie keine langen Briefe mehr! Von dieser Stunde bis zum Tag der Verhandlung werde ich an kein anderes Thema auf Erden denken, von keinem anderen träumen als an das Two Thirds Act!"

Er argumentierte und gewann. Das Gericht und die Anwälte behandelten ihn freundlich, und der Richter sagte: „Es ist ein großes Privileg, ein gutes Argument von einem fähigen Anwalt zu hören!" Bald wurde er in anderen Fällen eingesetzt. Seine Briefe zeigten jetzt die hoffnungsvollste Stimmung. „Ich bin überwältigt", schrieb er mir, „von Aufträgen für die Southern Express Company. Sie beschäftigen mich Tag und Nacht, haben mir aber bisher kein Geld eingebracht. Ich hoffe jedoch, irgendwann ein Honorar zu bekommen, das mich für all meine Arbeit entschädigt, also bin ich ermutigt, weiterzuarbeiten. Ich bin mir des Erfolgs sicher! Ich fühle ihn in mir. Lassen Sie uns alle Segel setzen und nicht in Verzweiflung schmachten. Haben Sie jemals jemanden gekannt, der ehrlich lebte, hart arbeitete und sein Talent einsetzte, um in irgendeinem Unterfangen des Lebens zu scheitern? Ich denke, wir haben die nötigen Fähigkeiten; was den Rest angeht, bin ich mir sicher; meine Gesundheit ist perfekt. Auf die Schwäche, die mich so bedrückte, ist perfekte Gesundheit und Kraft getreten."

Und das alles nur wegen der tausend Dollar Gebühr (von der er die Hälfte bereits schuldete) von Mr. France, dem Lotteriehändler! Wo immer er auch ist – und ich hoffe, er lebt noch, um diese Worte zu lesen –, ich wünsche ihm jetzt und immer meinen dankbaren Segen.

Was die Express Company anbelangte, so zerschmolzen die glänzenden Hoffnungen dieser Seite wie das grundlose Gewebe eines Traums. Die Firma wurde hoffnungslos zahlungsunfähig und zahlte ihrem hart arbeitenden Berater für die versprochene Gebühr von dreitausend Dollar nichts.

Der Winter 1866/67 war geprägt von wechselnden Hoffnungen und Enttäuschungen. Die große Arbeit im Interesse der Express-Gesellschaft hatte nichts gebracht.

"Die Express Company ist zahlungsunfähig und nicht mehr zu retten [schrieb mir mein Mann]. Das bedeutet für mich einen Verlust von 3000 Dollar – und verzögert die Wiedervereinigung mit meiner Familie hier auf unbestimmte Zeit. Ich bin jedoch nicht bestürzt, *im Gegenteil!* Mein gegenwärtiger Impuls ist, den Verlust durch außerordentliche Anstrengungen wiedergutzumachen. *Arbeit, Arbeit, Arbeit* ist meine Pflicht und Bestimmung; Ihr Wohlergehen ist das Ziel, das mich antreibt. Ich denke an nichts anderes – ich wünsche mir nichts anderes. Ich bin einstimmig zum Mitglied des Manhattan Clubs gewählt worden – einer Vereinigung zum Zwecke des gesellschaftlichen Vergnügens – aber natürlich sind die Kosten ein gewaltiges Hindernis für mich. Ich nehme manchmal als Gast von Herrn Schell teil und werde mit großer Freundlichkeit empfangen.

„Ich habe Miss Augusta Evans, die Autorin, kennengelernt und bin beeindruckt von ihrer Herzensgüte und ihrer Hingabe an das Lernen. Ihr Aussehen ist äußerst ansprechend – braunes Haar, die Farbe Ihres – heller Teint – blaue Augen (glaube ich), eine schöne Stirn und ein gut entwickelter Kopf, eine schlanke und anmutige Figur und von Ihrer Größe. Der Ausdruck ihres Gesichts ist ernst, fast traurig, obwohl er aufleuchtet, wenn sie lebhaft spricht. Sie ist gut, bescheiden, aufrichtig, fromm. Ihre Hingabe an die ‚verlorene Sache‘ ist fanatisch. Ich denke, ihr Geist ist unregelmäßig entwickelt, aber sie hat unendlichen Ehrgeiz und wird sich verbessern.

„Ich hatte auch das große Vergnügen, Ristori zu sehen und ihr hinter den Kulissen vorgestellt zu werden. Ihr Schauspiel ist eine Offenbarung. Ich konnte kein einziges Wort ihrer Sprache verstehen, aber ihre Stimme, ihre exquisite Artikulation, ihr ausdrucksstarkes Gesicht und ihre Gesten erzählten meinen ungeschulten Augen und Ohren die Geschichte eloquent. Wie sehr sehnte ich mich nach dir! In deiner Abwesenheit muss mir jede Freude vergiftet sein.

"Ich habe mich bereit erklärt, die Verteidigung eines unglücklichen episkopalischen Pfarrers zu übernehmen, der in einem Omnibus verhaftet wurde, weil er einer Dame die Tasche gestohlen hatte! Er wollte gerade die Bühne verlassen, als ihn eine Stimme festnahm: ‚Haltet diesen Mann auf! Er hat meine Brieftasche gestohlen.‘ Die Brieftasche wurde bei ihm gefunden. Es ist durchaus nicht unmöglich, dass der Dieb sie in die Tasche meines Klienten gesteckt hat. Obwohl er also bitterarm ist und mir für meine Mühe nichts zahlen kann, habe ich mein Mitgefühl und werde mein Bestes für ihn tun. Stellen Sie sich das vor! Ein episkopalischer Pfarrer!"

Später:-

„Mein unglücklicher Klient ist endlich auf Kaution freigekommen. Ich bin immer mehr von seiner Unschuld überzeugt, aber ob ich sie im Prozess beweisen kann, ist eine andere Frage. Die Beweislage gegen ihn ist fast eindeutig. Der Fall ist so schlimm, dass ich kaum erwarten kann, dass der Richter ihn freispricht. Ich kann ihn jedoch vor einer Jury freisprechen."

Zwei Monate später schrieb er:

„Ich habe es abgelehnt, in den Fall des anglikanischen Pfarrers weiter einbezogen zu werden, aus Gründen, die ich nicht einmal Ihnen gegenüber offenlegen sollte. Er ist jetzt der schützenden Obhut eines Anwalts anvertraut, dessen Verteidigung Wahnsinn wäre!

„Einige Zeitungen beeilten sich, zu verkünden, dass ‚der Rebell Pryor im Strafverfahren gegen – durch andere Anwälte ersetzt wurde‘, und man vermutete, dass die Veröffentlichung von den Freunden des Gefangenen ausging, um einem eingebildeten Vorurteil gegen einen ‚Rebellen‘-Anwalt zu entgehen. Die Wahrheit ist, dass ich von meinem Klienten Tatsachen erfuhr, die mich dazu veranlassten, mich aus dem Fall zurückzuziehen – Tatsachen in schriftlicher Form. Ich lehnte empört jede weitere Verbindung mit – ab. Seine Freunde schrieben mir und flehten mich an, ihm beizustehen, und man vermutet, dass sie, als sie mich hartnäckig fanden, die Zeitungsbehauptung angezettelt *haben* ! Wenn das so ist, haben sie sich mit der niedrigsten Undankbarkeit verhalten, denn ohne mich – Dienste, die niemand außer mir hätte leisten können – wäre er schon längst im Staatsgefängnis. Ich habe seinen Fall freiwillig und gegen ihren Widerspruch aufgegeben – und zwar aus anderen Gründen als aus Mangel an Belohnung. Was meine Gründe sind, werden weder Sie noch sonst jemand jemals erfahren. Sie sind jedoch schriftlich und in meinem Besitz. Natürlich wissen sie, dass ich es tun werde. schweige, es sei denn, ich werde gezwungen, anders zu handeln."

Der Name dieses unglücklichen Geistlichen wird verschwiegen, damit die Unschuldigen nicht leiden. Er wurde beschuldigt, ein versierter Dieb zu sein und in seiner linken Hand eine kleine Schere versteckt zu haben, die er so geschickt manipulierte, dass er die Taschen (die damals in den weiten Röcken der Frauenkleider getragen wurden) aufschnitt und geschickt Geldbörsen und Brieftaschen entwendete. Sein Fall wurde von Monat zu Monat verschoben – und schließlich durfte er die Stadt verlassen und nach Hause in den Süden gehen, wo er bald darauf starb – man vermutete, dass er verrückt war.

Das Ende des Jahres 1866 brachte der schwer bedrängten kleinen Familie in Petersburg keine neuen Hoffnungen. Durch größtmögliche Sparsamkeit und fleißige Arbeit – tagsüber unterrichten und nachts nähen – wurde der Wolf von der Tür ferngehalten und die Schulgebühren der Jungen bezahlt. Gelegentlich kamen kleine Summen von dem herzkranken Arbeiter in New York – herzkrank wegen seiner eigenen geschwächten Kraft und Gesundheit und dem Verlust vieler Tage durch Schmerzen und Krankheit, aber auch wegen seiner großen Sorgen um die Zukunft seines Heimatstaates.

Aber zu Weihnachten erfrischte uns sein Besuch alle und wir konnten die Zeit nutzen, indem wir ihn anflehten, den Plan, in New York zu leben, aufzugeben. Wir waren dagegen sehr abgeneigt. Es bestand wenig Hoffnung, dass wir jemals in dieser Stadt mit ihrem teuren Leben und den hohen Mieten leben könnten. Mein Mann verzichtete darauf, mich in dieser heiligen Zeit durch seinen Widerstand zu betrüben. Nach seiner Rückkehr nach New York schrieb er mir:

" NEW YORK , 23. Januar 1867.

" MEIN LIEBSTER ,

„Ich schicke Ihnen 200 Dollar, von denen Sie 197 Dollar für Ashwell, den Marketender aus dem Norden, bezahlen müssen. Das ist der Rest des Geldes, das Sie ihm schulden, um das silberne Tablett einzulösen, von dem Sie sich getrennt haben, um Schuhe für die Gefangenen zu kaufen. Lassen Sie sich von ihm eine Quittung in voller Höhe geben, holen Sie sich das Tablett und stellen Sie es wieder an seinen Platz im Dienst. Ich bin sehr in Bedrängnis, diesen Betrag aufzubringen. Wir hatten eine furchtbar langweilige Saison. Die guten Berichte der Kinder trösten mich. Sagen Sie ihnen, dass ich mich freue, von den guten Fortschritten in ihren Studien zu hören, und dass ich mich besonders über Theos ‚perfektes‘ Rundschreiben freue. Mein Herzenswunsch ist, dass die Kinder in allen Dingen perfekt sind. Bitte schreiben Sie oft über sie. Gordon schreibt bezaubernd, aber ihre Briefe können Ihre nicht ersetzen. Tatsächlich liebe ich Sie alle jeden Tag meines Lebens mehr und mehr, und ich würde alles opfern, um bei Ihnen zu sein. Nächsten Frühling *müssen Sie* zu mir kommen. Lassen Sie uns das Experiment machen. Durch harte Arbeit und strenge Sparsamkeit können wir unsere Schwierigkeiten vielleicht überwinden. Wir müssen uns daran erinnern, dass wir arm sind, und müssen dementsprechend handeln. Wir müssen uns damit zufrieden geben, bescheiden zu leben. *Alles* ist erträglicher als das Leben, das wir jetzt führen. Geschäfte aller Art sind hier äußerst langweilig, aber ich bekomme etwas Übung. Ich habe neulich einen Einspruch eingelegt und wurde dafür sehr gelobt – der Oberste Richter bemerkte erneut: „Es ist erfrischend, ein gutes Argument von einem guten Anwalt zu hören.“

„Hingebungsvoll, RAP"

5. März 1867.

„ MEINE LIEBSTE , morgen schicke ich Dir einen beglaubigten Scheck über 50 Dollar. Wäre es doch mehr! Seit einem Monat bin ich in großer Geldnot, aber ich hoffe immer noch auf bessere Zeiten. Mein Einkommen ist sehr unsicher. Glaub nicht, dass ich auch nur im Geringsten daran denke, mein Experiment hier aufzugeben. ‚Ich beabsichtige, es auf dieser Linie bis zum Ende durchzukämpfen'. Meine Praxis wächst langsam, aber sicher und basiert, glaube ich, auf der Überzeugung meiner Kompetenz. Gott sei Dank habe ich das, was ich erreicht habe, wenn auch nur wenig, durch meine eigenen, ununterstützten Anstrengungen und ohne die geringste Verpflichtung gegenüber einem Menschen erreicht. Ich habe keinen Gönner. Ich habe nie um Aufträge geworben. Meine einzigen Künste sind Arbeit und Hingabe an das Studium. Diese Hilfsmittel mögen langsam wirken, aber sie sind sicher und lassen meine Würde und Selbstachtung unangetastet. Ich bin mir nicht bewusst, seit meinem Aufenthalt in New York einen Gefallen erhalten zu haben – und wenn der Sieg errungen ist, werde ich eine unaussprechliche Genugtuung empfinden, wenn ich mit Coriolanus sagen kann: , *Allein* ich habe es getan!' Wenn ich von 'Gefallen' spreche, meine ich damit meinen Beruf. Persönliche Freundlichkeiten habe ich dankbar empfangen - wenn auch nicht in vielen Fällen. Richter - drängte mir ständig seine Versprechen auf, bis ich ihm schließlich sagte, ich brauche keine Hilfe und würde keine Unterstützung annehmen. Natürlich ist er beleidigt. Lassen Sie ihn! Alle seine Bekundungen der Wertschätzung sind als ein eigennütziges Vorhaben angelegt, mich in seinen Dienst zu drängen.

„Und jetzt noch ein Wort. Du musst zu mir kommen. Ich kann nicht ohne dich leben. Ist Armut nicht besser als eine solche Existenz? Können wir hier nicht bescheiden leben, aber zufrieden in der Gegenwart des anderen? Ich sehe keine Möglichkeit für mich, in Virginia eine Anstellung zu finden. Lass uns etwas von unserem Stolz und Ehrgeiz abbauen und uns damit zufrieden geben, arm und unauffällig zu leben. Wir können zumindest durch unsere gegenseitige Liebe und Bewunderung am Leben erhalten werden. Was kümmert uns die Welt?

„Hingebungsvoll, RAP"

Auf diese tapferen Worte folgte eine sehr langweilige Zeit. Mein armer General litt sehr unter neuralgischen Kopfschmerzen; es kamen keine neuen Fälle in seine Praxis. Er schreibt:

„Ich kann es nicht erklären! Alles sieht so viel weniger vielversprechend aus – aber jetzt *muss ich wirklich* hier bleiben. Ich habe kein Geld, um wegzugehen! Noch nie war ich so krank im Herzen. Ich fürchte oft, ich kann es nicht mehr ertragen. Ich würde zu Ihnen kommen – so elend ich auch bin –, wenn ich nicht kein Geld hätte, um meine Ausgaben zu bezahlen. In Wahrheit habe ich keinen Cent auf der Welt! Gestern hatte ich einen Dollar, aber als ich einen armen kleinen Jungen traf, der etwa so groß war wie Willy und sich gerade den Arm gebrochen hatte, gab ich ihm den Rest meines Vermögens . Warum mein Vermieter mir vertraut, weiß ich nicht. Aber er scheint Vertrauen in mich zu haben und ist bereit zu warten, bis ich etwas verdiene.“

Diesem Brief folgte bald ein weiterer – er schrieb mir tatsächlich jeden Tag – und er beeilte sich zu sagen:

„Ich schämte mich für meinen letzten Brief, aber die Wahrheit ist, dass mein ‚Geschäft‘ bedrückend stagniert – aus welchem Grund, kann ich nicht raten. Ob es das Ergebnis eines Unfalls ist oder aus Gründen, die ein endgültiges Versagen voraussagen, kann ich nicht behaupten zu bestätigen. Wenn nicht bald eine Brise weht, werde ich zum Stillstand kommen. Was dann? Meine Familie ist ausschließlich von meinem spärlichen Einkommen abhängig. Wenn sie scheitern, sehe ich keine Hoffnung in anderer Richtung. Diese Befürchtung tötet die Seele in mir. Die Katastrophe verfolgt mich wie ein Gespenst und verdunkelt meinen Geist mit einer ständigen Düsternis. Nur Gott weiß, was passieren wird – aber ich sollte nicht in diesem Ton sprechen. Ich werde in meinen Bemühungen nicht nachlassen. Im Gegenteil, ich habe in meinem Leben noch nie so hart gearbeitet. So Gott will, könnten meine ernsthaften Bemühungen, meine geliebte Familie zu ernähren, doch noch erfolgreich sein. Für sie arbeite ich, und sie verdienen jeden Segen reichlich. Dieser Gedanke ermutigt mich mehr als alles andere. Möge Gott sie segnen!

"Hingebungsvoll, RAP

„PS: Ich sehe, ich habe die Sünde wiederholt, für die ich Entschuldigungen gesucht habe. Die derzeitige Flaute in meiner Praxis führe ich auf die allgemeine Stagnation des Geschäfts zurück. Vielleicht kommt bald wieder etwas Luft.

"Ein unwillkommener Windhauch anderer Art weht jetzt in meiner Nähe. In ziemlich unmittelbarer Nähe des 'Waverly' wütet ein riesiges Feuer, und ich habe die Befürchtung, dass es dort zu einem Umzug kommen könnte. Das Winter Garden Theatre und das Southern Hotel stehen in Flammen. Wie sehr würden die Jungs das Schauspiel genießen! Ich schätze, es gibt fünfzig Dampfmaschinen, die ihre Ströme ausstoßen, und Tausende von Menschen, die zuschauen. Heute haben wir zum ersten Mal Anzeichen dafür, dass der Frühling naht, und während sie mein Büro streichen, möchte ich durch die Stadt schlendern und den Sonnenschein genießen."

Er lebte nun schon seit anderthalb Jahren in New York und hatte die große Sommerhitze in dem überfüllten Viertel ertragen. Abgesehen von einem

Besuch in Virginia und einem gelegentlichen Sonntag in Fordham, wo er seinen alten Kongresskameraden, Mr. Haskins, besuchte, hatte er seine engen Räume zu keiner Erholung verlassen.

KAPITEL XXIX

Im April verkündete mein Mann jubelnd, er habe „acht kleine Fälle" auf dem Kalender; am 14. Mai schrieb er:

„Ich habe bis über beide Ohren mit der Arbeit zu kämpfen, den Fall von Frau … für die Verhandlung vorzubereiten. Es ist unendlich mühsam, *aber* wenn ich gewinne, beträgt mein Honorar 2.000 Dollar – ansonsten nichts."

Er hat tatsächlich gewonnen! Im Juli erhielt er sein Honorar! Innerhalb von zwei Wochen hatte ich alle meine kleinen Angelegenheiten in Petersburg geregelt, meiner tränenreichen kleinen Gruppe von Musikschülern Lebewohl gesagt, meine Tante Mary mit meinem Gordon und der kleinen Mary nach „The Oaks" in Charlotte County geschickt, um dort den Rest des Sommers zu verbringen, meine schwarze Wäscherin Hannah davon überzeugt, dass New York ein Paradies auf Erden sei, und mich mit ihr und fünf meiner kleinen Kinder dorthin aufgemacht.

An einem heißen Julimorgen waren wir noch vor Sonnenaufgang in City Point und warteten auf die *Saratoga* , eines von zwei Dampfschiffen, die alle zwei Wochen aus Richmond nach New York fuhren. Die *Saratoga* und ihr Partner, die *Niagara* , hatten damals Vorfahrt ohne Konkurrenz und konnten ungehindert ihr eigenes Tempo fahren. Sie fuhren auf dem Weg, den heute die vielen schönen Schiffe der Old Dominion Line befahren, und sie fuhren allein, abgesehen von ein oder zwei Clyde-Booten.

Während wir warteten, schnaufte unsere kleine, laute Lokomotive ungeduldig vor sich hin. Der Schaffner hoffte auf einen möglichen Passagier für die Rückfahrt nach Petersburg und war zu früh am Ende seiner kurzen Fahrt angekommen.

City Point – vor kurzem noch ein strategisch wichtiger Ort, wo die großen Schiffe der Bundesarmee vor Anker lagen, wo General Grant Mr. Lincoln empfangen hatte und wo General Butler lange Zeit sein Hauptquartier eingerichtet hatte – war jetzt still und verlassen. Vor zwei Jahren war das letzte von General Butlers Kanonenbooten abgedampft. Kein Schattenbaum, keine Hütte zeugte mehr von der Besetzung durch die Bundestruppen. Eine ungeschützte Plattform bot dem Reisenden den einzigen Platz zum Ausruhen, während er auf das Boot wartete, es sei denn, er konnte sich mit den staubbedeckten Sitzen in dem verlassenen kleinen Wagen und der begrenzten Sicht aus dem schmalen, schmutzigen Wagenfenster zufriedengeben. Draußen auf der Plattform, auf seinen eigenen Bänken sitzend, konnte der Reisende die Weite des edlen James River sehen, der sich hier zu einem Meer verbreiterte, als er die schlammigen Wasser des Appomattox in seinen Schoß aufnahm. Landwärts war außer einer ununterbrochenen Wüste aus staubigen Straßen und unbebauten Feldern kaum etwas zu sehen.

In geringer Entfernung deutete eine dünne Rauchfahne auf eine kleine Blockhütte und die Anwesenheit von Bewohnern hin. Außerhalb der Hütte gab es ein „Feld" mit Mais und Kohl, und eine Wassermelonenranke wucherte herum und suchte nach dem süßen Wasser, um die prallen grünen Melonen zu füllen, die sie hervorgebracht hatte. Eine misstrauische Henne führte ihre Brut so weit wie möglich von der Maschine weg, und ein Schwein in einem übelriechenden Pferch sprang an den Seiten seines Gerstenkorns herum und verlangte lautstark nach seinem Frühstück. Bald darauf kam eine träge Negerin aus der Hütte, beugte sich über den Kohl, wählte ein großes Blatt aus und band es sich mit einem Stoffstreifen um die Stirn. Sie schlenderte auf uns zu und bemerkte, dass es „ein verdammt heißer Tag werden würde". Sie sagte, sie sei früh aufgestanden, um das Boot vorbeifahren zu sehen. Ihr Sohn Jim war Küchenjunge auf der *Saratoga* und durfte das Boot nicht verlassen, aber sie konnte ihn sehen und ihm „Hallo sagen". Sie „dachte wirklich, Schwester Hannah habe Glück gehabt, dass sie nach Hause gehen durfte" (Hannah war ziemlich reumütig und weinerlich, da sie sich gerade von ihrem eigenen Jim getrennt hatte). „Sie würde selbst ganz sicher nach Hause gehen", wenn sie nicht „wegen des Schweins und der Hühner und so im Pint bleiben müsste." Sie war wie die beiden alten Jungfern in Dickens' lustiger Geschichte, die in einem überfüllten Viertel an der Themse unter den größten Unannehmlichkeiten lebten, aber nicht einmal die Möglichkeit eines Umzugs in Betracht ziehen konnten – was sie sich durchaus leisten konnten –, weil es so mühsam war, „die Bibliothek" zu bewegen, eine kleine Sammlung von Büchern, die jede fähige Marktfrau leicht in ihrem Korb hätte tragen können.

Meine eigenen Sachen waren eigentlich weniger wichtig als die meiner neuen Bekannten. Ihre waren die komplette Einrichtung eines Hauses – eines Hauses, das ihren Bedürfnissen genügte. Meine waren die traurigen Trümmer eines Hauses, das mit den Schätzen bereichert worden war, die man in einem wohlhabenden und glücklichen Leben sammelt: nur das, was ein guter Nachbar und ein treuer Diener vor der Plünderung unseres Hauses auf der Cottage Farm gerettet hatte – ein paar beschädigte Bücher, eine Kiste mit heiligem Silber und eine Truhe, die für meine eigene Kleidung und die knappe Garderobe meiner Kinder ausreichte. Ich war auf dem Weg, um in New York den Haushalt zu führen, mit einem Silberservice und ein paar regen- und schlammbefleckten Büchern, die unser guter John auf der Farm aufgesammelt hatte.

Mein Herz war schwerer als meine Kisten, während ich auf das Boot wartete. All die traurigen, unheilvollen Briefe, die mein General mir geschrieben hatte, kamen hoch und erfüllten mich mit Zweifel und Angst. Er hatte ein

möbliertes Haus gemietet und das erste Viertel der 1800 Dollar bezahlt, die
es uns kosten sollte. Diese Summe erschien mir einfach enorm, aber er hatte
wochenlang in ganz New York nach dem bescheidenen kleinen Heim seiner
Träume gesucht. Dieses Haus lag weit draußen auf einer Avenue in Brooklyn.
Ich hatte Angst davor! Ich befürchtete, dass in die 2000 Dollar tatsächlich
ein sehr großes Loch gerissen worden war. Außerdem war mir das Herz
schwer, Virginia zu verlassen – das liebe alte Virginia, für das ich die
übermäßige Zuneigung hegte, die der Apostel so streng verboten hatte. Sechs
Jahre voller Kummer und Unglück hatten Früchte getragen. „Wahrlich",
dachte ich:

„Ganz rückwärts, als ich mein Auge warf

Scheint dunkel und trostlos:

Und nach vorn kann ich nicht sehen

Ich zweifle und habe Angst."

Und dann hatte ich mich gerade von meiner lieben Tante und meinen kaum
noch lieberen Töchtern, von alten Freunden und Nachbarn, von liebevollen
Dienstboten verabschiedet. Und ich war *müde* – todmüde!

Doch das Boot, das mit seinen großen Schaufelrädern das schlammige
Wasser des James aufwühlte, näherte sich. Der Kapitän und ein oder zwei
Frühaufsteher lehnten sich über die Reling. Meine kleinen Jungs rannten
fröhlich über die Gangway, sobald sie zu Wasser gelassen wurde. Hannah
klammerte sich unter Tränen an ihre Bekannte, die sie seit einer Stunde
kannte. Die Gangway wurde eingeholt, die großen Schaufelräder drehten
sich, und wir machten uns auf den Weg zu unserem neuen Zuhause.

„Auf Wiedersehen, Dixie", riefen meine Jungs.

„Noch nicht, junge Herren", sagte der Kapitän. „Wir sind noch in den
Gewässern von Dixie und werden es bleiben, bis wir das Meer erreichen."

Während wir an Deck saßen und den Fluss hinunterdampften, ließen die
Passagiere gespannt den Blick über die Ufer schweifen und erzählten von
den Ereignissen des letzten Krieges. Als ich das letzte Mal diesen Fluss
hinuntergefahren war, war jeder Punkt aufgrund seiner kolonialen und
revolutionären Assoziationen interessant. Jetzt waren all diese Dinge in
seiner späteren Geschichte vergessen. Jeder Ort war als Schauplatz
irgendeines Triumphs oder einer Besetzung der Nordarmee gekennzeichnet
– einer Katastrophe oder Demütigung des Südens.

Es waren nur wenige Passagiere da – drei bezaubernde junge Damen mit
ihrer Mutter, die nach einem Besuch bei der Familie Cullen in Richmond
nach Hause zurückkehrten; eine Gruppe Lehrer, die in den Urlaub nach New

England fuhren; eine bequeme Negermammy mit ihrem Korb, die immer wieder voller Stolz wiederholte, dass sie „gerade aus Mobile, Alabama" stamme, zu der Hannah mit Ehrerbietung und Respekt aufblickte; und ein halbes Dutzend oder mehr Touristen aus New York, die von einer Besichtigung der historischen Orte in und um Richmond zurückkehrten. Unter diesen letzteren war ein alter Bekannter, ein Südstaatler, der sofort ein Gespräch mit mir suchte. Er hatte vor und während des Krieges in New York gelebt. Er konnte sein Erstaunen über das verzweifelte Unterfangen, das mein General unternahm, nicht verbergen. „Warum, warum wählen Sie ausgerechnet New York als Zuhause?", fragte er.

„Fragen Sie das verwelkte Blatt", antwortete ich, „warum es vom Winterwind an einen Ort und nicht an einen anderen getrieben wird."

„Aber praktisch", antwortete er etwas gereizt, „aus Gründen der Klugheit und des gesunden Menschenverstands –"

„Sie meinen also", unterbrach ich sie, „dass für meinen armen General in New York wenig Hoffnung besteht."

„New York –", sagte er langsam und mit Nachdruck, „Sie werden feststellen, dass New York *für erfolglose Menschen keine Verwendung hat*."

Diesen Gedanken begleitete mich mit Sorge in meiner Kabine. Dort angekommen, während meine unruhigen Kinder schliefen, wurde mir klar, welch verzweifeltes Unterfangen wir da wagten. Nichts war je so gewesen, wie ich es mir gewünscht hatte. Mit dem Krieg, seinen Ursachen, seinen Zielen und seinen Zwecken hatte ich nichts zu tun. Ich hatte nur mit der Armut, dem Kummer, den Verlusten und der Verbannung aus der Heimat zu tun.

Eine ungebetene Vision, die ich schon oft von mir gestoßen hatte, drängte sich nun auf. Mein früheres Zuhause – alles Blumen, Musik und Schönheit, mein opulentes Leben, die Hingabe geehrter Freunde – *das* war mein Erbe! Darum war ich zu Unrecht betrogen worden. Na ja! Es war eine alte Geschichte – die Geschichte eines anderen Paradieses, eines anderen Nachgebens gegenüber sündigem Ehrgeiz, eines anderen Schwertes, eines anderen Abschieds von Glück und Heimat, um Schwierigkeiten, Armut und Gefahr zu begegnen! Dann: „Die ganze Welt lag vor ihnen, wo sie einen Ruheort wählen konnten – und die Vorsehung ihr Führer." Ja! *Die Vorsehung ihr Führer!* Dies, dies war der Anker ihrer Hoffnung und musste auch meiner sein.

Wir wurden noch vor Tagesanbruch durch ein Durcheinander an Deck geweckt – das Ziehen schwerer Seile, hastige Schritte, lautes Geschrei. Ich warf mir meinen Umhang über und stieg hinauf, wo ich meine kleinen Jungs bereits an Deck fand, voller Abenteuerlust. Es schien, als hätten wir unsere

Gefährtin, die *Niagara* , in einem beschädigten Zustand getroffen, ihr ein Kabel zugeworfen und sie nun „umgedreht", um sie in den Hafen von Norfolk zu bringen. Die aufgehende Sonne sah uns langsam mit der *Niagara* im Schlepptau zurückkehren; aber ein paar Meilen vor Norfolk zeigte sie, dass sie ohne uns weiterfahren konnte, und wir setzten unsere Weiterreise nach New York fort.

Spät am Abend richteten sich alle Augen aufs Land – und plötzlich tauchte die Skyline von New York aus dem Nebel auf. Sie unterschied sich sehr von der Skyline von heute. Damals sahen wir nur die unregelmäßige Linie von bescheidenen Wohnhäusern unterschiedlicher Höhe, die hier und da von den nach oben ragenden Fingern der Kirchen unterbrochen wurde. Es gab keine „Brooklyn Bridge", die den East River überspannte, keine babylonischen Türme der modernen Wolkenkratzer, keine große Freiheitsstatue – wie eine Bronzefigur auf einem Treppenpfosten – mit ihrer Fackel und dem Sternenkranz. (Ich habe Miss Liberty nie bewundert. Ich sympathisierte immer mit dem betrübten Bildhauer, der ausrief, als sein Blick von der Riesin getroffen wurde: „Wenn dies die Freiheit ist, dann gebt mir den Tod.")

Nach langer Verzögerung wurden wir in unsere eigene Koje „gezerrt", und die „liebe alte schwüle Atmosphäre" von New York stürmte auf meine widerwilligen Sinne ein: die Atmosphäre war nach einem glühend heißen Sommertag verdichtet und gewürzt mit Kohlenrauch, Straßenschmutz und den Abfällen von verrottendem Obst und viel Kohl.

Aber alles war vergessen, als wir die schmächtige Gestalt meines Generals auf dem Pier erblickten! Er sah sehr dünn und blass aus und brauchte uns wirklich. Er führte uns, eine Gruppe von acht Personen, zum Abendessen in ein benachbartes Restaurant. Dann setzten wir über die Fähre und erreichten in den Pferdekutschen durch viele Meilen beleuchteter Straßen unser kleines Zuhause weit weg am äußeren Rand von Brooklyn.

Am Morgen nach unserer Ankunft standen wir früh auf, um uns umzusehen. Wir waren in einem neuen, schäbigen Haus, schmal wie eine Leiter und voll mit unansehnlichen Möbeln. Hannah erklärte sich bereit, auf die Kinder aufzupassen, und ich machte mich auf die Suche nach einem Markt. Nachdem ich mehrere Blocks in verschiedene Richtungen gelaufen war, kam ich zu dem Schluss, dass kein Markt in der Nähe war, und begann, an meiner Fähigkeit zu zweifeln, ein Abendessen zuzubereiten. Ein dicker, stur wirkender Polizist schlenderte an mir vorbei, als ich mich wagte:

„Können Sie mir sagen, Herr Offizier, wo ich einen ehrlichen Metzger finde?"

„Ich werde gehängt, wenn ich einen kenne", antwortete er.

Ich überlegte. Wir hatten Kekse und Cracker mitgebracht. Ich musste Milch finden.

„Können Sie mir dann sagen, wo ich reine Milch bekommen kann?"

Mein Polizist pfiff! Ich weiß nicht, was an meinem Aussehen ihn dazu verleitete, mich zu „verarschen", aber mit einem drolligen Augenzwinkern sagte er:

„Jetzt schauen Sie mal, Lady! Wenn Sie ein bisschen weitergingen , kämen Sie nach Flatbush, und dann würden Sie die merkwürdigen Viecher sehen, die bis zu den Knien im stehenden Wasser stehen und deren Hufe verfaulen. Und Sie würden sicher nichts von ihrer Milch wollen!"

Die Nachbarschaft war dünn besiedelt; eine Reihe unbebauter Grundstücke umgaben unser Haus, das in einer Reihe von einander gleichenden Häusern stand. Ich dachte mir, dass die Leute, die in diesen Häusern lebten, hin und wieder essen mussten! Und so ging ich immer weiter, bis ich eine Querstraße erreichte, auf der Autos fuhren. Dort fand ich einen Stand mit Kuchen und Äpfeln, vor dem eine Frau saß und strickte. „Meine gute Frau", sagte ich freundlich, „sind Ihre Kuchen *schlicht?* "

Sie ließ ihre Arbeit fallen und starrte mich wütend an. „ *Klan* , nicht wahr? Glaubst du, ich hab Dreck hineingetan?" Ihr Benehmen war so bedrohlich, dass ich mich umdrehte und floh. Ihre Stimme verfolgte mich – „Und ihr Geschwätz" (imitiert), „‚Mein guter Mensch'! ‚Mein guter Mensch', indade! – ihr Aussehen!"

Was mein Fehler gewesen war, konnte ich mir damals nicht vorstellen. Heute weiß ich, dass ich unbewusst ein Verhalten an den Tag legte, das mein Äußeres nicht rechtfertigte. Als ich in eine neue Durchgangsstraße einbog, stieß ich auf einen Lebensmittelladen mit Obst und Gemüse vor der Tür. Dort erfuhr ich voller Schrecken, wie viel Lebensmittel in diesem Teil der Welt kosten. Zu Hause konnte ich ein Huhn für 25 Cent kaufen – hier musste ich 30 Cent für ein Pfund davon bezahlen! Heidelbeeren (der Lebensmittelhändler nannte sie „Blaubeeren") konnte man zu Hause für ein paar Cent pro Liter kaufen. Hier verlangte man 20 Cent für eine flache Schachtel mit verwelkten Exemplaren. Für 50 Cent konnte man in Petersburg ein großes Beefsteak kaufen. Ich kaufte ein Babysteak für 1,50 Dollar und machte mich damit auf den Heimweg.

In der Ecke des unbebauten Grundstücks hinter unserem Haus stand eine kleine Hütte, eine Art Hausbesetzer. Zwei oder drei Kinder spielten im Dreck vor der Tür, und neben ihnen aß eine Ziege Papier. Ah! Nicht weit entfernt war eine Kuh an einen Baum gebunden!

Eine freundlich aussehende Irin antwortete auf mein Klopfen. Ich erzählte ihr offen mein Dilemma und sie zeigte mir sofort ihr Mitgefühl. Ihr Name war Mrs. Foley und sie melkte ihre Kuh morgens und abends in meinen Augen, direkt hinter meinem Haus, sodass ich sicher sein konnte, dass die Milch rein war. „Und gleich danach werden Sie sehen, wie die Ziege fetter wird", versicherte sie mir. Und die alte Mrs. Foley war mir die ganze Zeit, die ich in ihrer Nähe lebte, ein großer Trost.

Ich muss gestehen, dass die Tage im Juli und August ziemlich anstrengend waren. Die Hitze war extrem und deprimierend. Wir waren so weit vom Büro meines Generals entfernt, dass seine lange Reise morgens und abends in Begleitung von Theo für beide anstrengend war. Ich unterrichtete Mary und Roger, aber die Kinder waren sehr lustlos und unglücklich. Sie fanden keinen Spaß daran, den langweiligen Bürgersteig einer heißen, trostlosen Straße auf und ab zu gehen. Die Einsamkeit, verstärkt durch das ferne Summen der Stadt, die traurigen Nebelhörner und Pfeifen auf dem Fluss und die nicht weniger deprimierenden Klänge der unaufhörlichen Klaviere um uns herum, bedrückte uns alle. Wir schienen nichts zu finden, woran wir uns festhalten konnten, nichts, wofür es sich zu leben lohnte.

Eines Tages fand ich Hannah, wie sie Tränen in ihre Wannen regnen ließ, während sie unsere Wäsche wusch, und da ich keine Lust hatte, meine Taschentücher mit anderen Tränen als meinen eigenen zu benetzen, versuchte ich, sie zu trösten. Schließlich gestand sie, dass sie New York nie gesehen hatte. Sie wusste nicht, ob es „ *dort* " war – denn sie hatte es „niemals zu Gesicht bekommen". Außerdem schrieb Jim ihr, um sie zu fragen, was sie vom Central Park hielt, und sie „schämte sich wirklich, Jim zu sagen, dass sie davon gehört, aber nie einen Fuß hineingesetzt hatte."

Ich hatte eine Eingebung. „Hannah", sagte ich, „es gibt ein Steak zum Abendessen. Du kannst in wenigen Minuten ein Steak grillen und Kartoffeln und Reis kochen. Komm, lass die Wannen stehen, lauf hoch und zieh dich an und hilf mir mit den Kindern. Wir werden alle in den Central Park gehen, einen angenehmen Nachmittag verbringen und rechtzeitig zum Abendessen zurück sein."

Wir waren eine große Gruppe und konnten erst gegen zwei Uhr losfahren, nachdem wir hastig zu Mittag gegessen hatten. Aber die Sommernachmittage waren lang und wir hatten keine Bedenken. Ich hatte keine Ahnung von der Entfernung und kannte auch keinen Weg zum Park, außer der Pferdebahn und der Fähre auf unserer Seite, einem Spaziergang die Wall Street hinauf zum Broadway und dem schwerfälligen Broadway-Omnibus mit zwei Pferden für den Rest des Weges. Um vier Uhr kamen wir in Sichtweite des Central Parks! Eine schwarze Gewitterwolke zog auf und wir stiegen bei strömendem Regen von unserer Kutsche. Natürlich mussten wir zurückkehren, ohne den Park gesehen zu haben, aber zu unserer Freude fanden wir eine Reihe von Pferdebahnen, die am Tor auf zurückkehrende Passagiere warteten, und klatschnass suchten wir in einer dieser Bahnen Schutz und machten uns bald auf den Heimweg. Am Ende unserer Reise standen Theo mit Regenschirmen da – die jetzt nutzlos waren, denn durchnässter hätten wir kaum sein können – und sein Vater! – Nun, sein Vater war fast nervös erschöpft! Hannahs Stimmung war danach schlechter als je zuvor. Sie verlor jedes Interesse an der Arbeit und verbrachte einen Großteil ihrer Zeit damit, über das Tor ihres Wohnbereichs zu beugen und auf die Straße zu starren. Einmal fragte ich sie, was sie da anschaute.

„Dieses arme weiße Ding brüllt ‚Seifenfett‘“, antwortete sie. „Meine Güte! Ich frage mich, ob das alte Ding eine Frau hat!“

Wir waren beide verblüfft über die Straßenschreie. Ein Mann, den wir fanden, schrie *nicht* : „Frank Potter“, „Frank Potter“, sondern „Lumpen, Flaschen“. Aber ein anderer Schrei, „Pi- *ap* , – Pi- *ap* “, verwirrte uns sehr. Schließlich brachte Hannah einen sehr harten, knotigen, grünen Apfel herein, den der „Pi-ap“-Mann ihr als Probe seiner Waren gegeben hatte. „Sehr gut ist sein ‚Pi-ap‘“, erklärte sie. Meine unwissende Intelligenz wurde hell. „Aber Hannah“, sagte ich, „er meint Pie-Äpfel!“ „Guter Gott, allmächtiger Gott!“, rief sie aus. „Das ist *das* Beste, was sie tun können!“

Im August flehte sie darum, nach Hause geschickt zu werden. Vergeblich flehte auch ich darum. Ich fühlte, dass dies der Tropfen war, der das Fass zum Überlaufen brachte! Was konnte ich in dieser fremden Stadt tun, wo ich keine treue Person hatte, die ich gelegentlich mit den Kindern zurücklassen konnte? Ich bot alles an – mehr Freiheit, mehr Lohn.

Hannah sagte ernst: „Du weißt, dass ich dich und die Kinder mag – aber ich kann nicht bleiben. Ich habe *Angst* zu bleiben! Ich kann nicht an einem Ort leben, wo die Leute sonntags den ganzen Tag Klavier spielen. Ich muss weg. Irgendetwas wird an diesem gottverlassenen Ort passieren.“ Dann, nach einer nachdenklichen Pause, fügte sie nachdenklich hinzu: „ *Die Wassermillionen sind zu Hause reif!* Ich habe Jim geschrieben, er soll mir eine besorgen – eine große – und sie in eine Wanne mit kaltem Wasser legen, bevor ich komme.“

Mit Hannah verlor ich die letzte Verbindung, die mich mit dem alten Virginia meiner Kindheit verband, meine letzte Bekanntschaft mit den freundlichen alten Negern und ihrem so ausdrucksstarken, so charakteristischen Dialekt.

Ich nahm ihren Platz mit einer Irin ein, die mir viele Jahre lang treu diente und mir immer ihr Mitgefühl aussprach für alles, was ich „mit diesem Neger im Haus“ erlitten hatte. Ihre Verachtung für den Neger kannte keine Grenzen. Sie erfuhr nie, wie sehr ich um meinen Verlust trauerte.

Der Schmerz des Abschieds von Freunden, die Zweifel an der Zukunft, die Träume von meinem alten Zuhause erfüllten mein Herz mit Qual; aber ich hatte nur einen verzehrenden Wunsch – den lieben Menschen zu unterstützen und zu stärken, der so viele Kämpfe ausgefochten hatte und nun mit dem harten Kampf ums Dasein konfrontiert war. Ihm zuliebe fröhlich zu sein, starke Hände auf mein eigenes gebrochenes Herz zu legen – das war die Aufgabe, die ich mir stellte.

KAPITEL XXX

Im November ging eine lange, langweilige Zeit zu Ende. In der kleinen Anwaltskanzlei – dem Mittelpunkt all unserer Hoffnungen – waren keine Aufträge eingegangen. Wir hatten keine Freunde unter unseren Nachbarn gefunden, denen wir natürlich auch keine Avancen gemacht hatten. Die Stille wurde jedoch eines Abends durch den Besuch eines gepflegten, gutaussehenden jungen Mannes unterbrochen, der unter vielen Entschuldigungen um ein Gespräch mit General Pryor bat.

„Die Reporter haben uns also entlarvt", sagte mein General, aber er irrte sich. Sein Besucher hatte „es gewagt, um Rat zu bitten – nicht unbedingt um Rechtsberatung" –, aber er wollte die Meinung des Generals zu einer Angelegenheit erfahren, die für ihn und seine Frau von unendlicher Bedeutung war. „Zweifellos hatten wir seine Frau singen gehört" – das hatten wir – „sie war eine gute Musikerin, aber man konnte nicht von Musik leben."

Dem stimmte mein Mann bereitwillig zu. Er hatte eine tief verwurzelte Abneigung gegen das Klavier und glaubte, es sei eine Erfindung des Teufels in einem Moment ungewöhnlicher Boshaftigkeit gewesen.

„Die Frage, die ich stellen möchte, General", sagte der junge Mann, „lautet: Würden Sie mir raten, in die Politik, in die Anwaltsbranche oder ins Kaffeegeschäft zu gehen?"

„Das Kaffeegeschäft, ganz entschieden", sagte mein Mann; „ich habe die anderen beiden ausprobiert und habe von beiden eine schlechte Meinung." Der Interviewer ging, vollkommen zufrieden damit, ins Kaffeegeschäft einzusteigen. Durch das offene Fenster konnten wir die Worte eines Liedes des „feinen Musikers" hören, der sozusagen eine Lösung des Problems präsentierte:

„Es ist Zeit für den Mäher, seine Sense zu wetzen

Denn es ist fünf Uhr morgens."

Wir erfuhren nie, in welchem Ausmaß die Politik und der Anwaltsberuf gelitten hatten, noch wie viel das Kaffeegeschäft gewonnen hatte. Eines war sicher: Ich brauchte die Anregung der schönen Sängerin, die so freimütig der Brise lauschte, nicht; denn meine Sense war immer schon vor fünf Uhr morgens in Betrieb. Wenn „die Sonne am Morgen hereinschien", fand er mich immer aufgestanden und angezogen und bereit für seine Begrüßung.

Damals – wie viele Male zuvor und danach – schien unsere Lage zu verzweifelt, um uns auszuruhen. Oft war nach unserem dürftigen Frühstück kein einziger Brocken Essen in der Speisekammer übrig. Eine Maus hätte unsere Gastfreundschaft vergeblich gesucht. Der Lebensmittelhändler an der Ecke hatte uns einmal Lebensmittel im Wert von 25 Dollar anvertraut, aber er hatte sich in die Eingangshalle gesetzt und blieb dort, bis er bezahlt wurde! Die bittere Erfahrung wiederholte sich nie. Aber so sicher wie die Raben geschickt wurden, um Elias zu füttern, schickte uns die Macht, die uns mehr wertschätzt als viele Spatzen – viele Raben – jeden Tag etwas; eine kleine Gebühr für eine juristische Dienstleistung oder für einen Artikel, der für die *News geschrieben wurde*. Mein General brachte diesen Schatz nach Hause, Anne wurde auf eine fliegende Botenfahrt geschickt, um „ein bisschen Schnickschnack" zu holen – und Mr. Micawber versammelte nie eine hoffnungsvollere Brut um seine plötzlich erworbenen Fähigkeiten als unsere eigene.

Einmal kam Mr. John R. Thompson, Herausgeber des *Literary Messenger* und später des *New York Evening Post* , frisch aus England, wo er mit Carlyle, Tennyson und Dickens verkehrt hatte, zum Abendessen. Ich hatte ihm nicht viel anzubieten außer einem Keks und einem Glas Bier. Es machte ihm nichts aus. Er hatte Edgar Allan Poe gekannt und viele andere verarmte Genies, die die Seiten des *Literary Messenger* für zu erbärmliche Summen bereichert hatten, um sie hier zu erwähnen. Die Nöte der Gelehrten waren ihm vertraut und minderten sein Interesse an den Menschen selbst nicht. Sicherlich waren sie interessanter, wenn sie in Ermangelung eines anderen Schutzes als der Sterne (und es könnte noch Schlimmeres geben) durch die mitternächtlichen Straßen gingen, wie Johnson oder Savage oder Goldsmith oder andere aus der Grub-Street-Bruderschaft; dennoch waren die Opfer einer Revolution elend genug, um die Fantasie zu befriedigen. Elend ist schließlich malerischer als Glück und Bequemlichkeit.

John Mitchell, der irische Patriot, war ein weiterer Besucher, der die englische Regierung wetterte und erklärte, er werde noch leben, um „der alten Hexe auf dem britischen Thron die Krücken wegzuschlagen"; eine Rede, der ich mich trotz aller Höflichkeit nicht zuhören konnte. Man hatte mir beigebracht, die gute, junge Königin zu lieben, von der mir der englische Philanthrop Joseph John Gurney erzählt hatte, als ich als achtjähriges Kind im Haus meines Onkels in Virginia auf seinem Schoß saß. Ein angenehmer alter deutscher Herr, den wir in Washington kannten, kam ebenfalls aus New York, um uns zu besuchen. „Oh, Pryor, Pryor", rief er aus, „ *wie* konnten Sie Madam an diesen melancholischen Ort bringen *?*"

Der Ort wäre für uns das Paradies gewesen, wenn Gott uns nur Brot für unsere Kinder gegeben hätte. Wir hatten Angst, dass wir nie mehr haben würden – vielleicht nicht dieses. Die Gesellschaft – ausschließlich aus „Adullamiten" wie uns – war nicht förderlich für Hoffnung und Fröhlichkeit. Zu dieser Zeit waren nur sehr wenige Südstaatler in New York. Wir waren

Pioniere. Tatsächlich waren sie alle – wie die Anhänger Davids – „in Not, verschuldet und unzufrieden".

Gerade in dieser sorgenvollen Zeit erhielt ich einen Brief von meiner lieben Tante Mary. Sie fühlte, dass sie unheilbar krank war. Solange sie noch Kraft hatte, würde sie kommen, Gordon sicher in das Haus ihres Vaters bringen und dann in meinen Armen sterben! In ein paar Tagen würde sie in New York ankommen und ich musste sie am Schiff abholen und dafür sorgen, dass sie zu einer Kutsche gebracht wurde.

Das waren überwältigende Neuigkeiten. Wie konnte ich meiner Mutter, die mehr als Mutter war, Trost spenden? Uns blieb nur noch eines. Wir mussten unser Silberpfand verpfänden – ein Ehrenpfand mit einer edlen Inschrift, das, wie wir uns erinnern, meinem General von der Demokratischen Partei Virginias geschenkt worden war, nachdem er einen tapferen Kampf gegen die Gefahr geführt hatte, die von der „Know Nothing"-Partei drohte. Dieses Silber war sehr wertvoll. Verkaufen konnten wir es nicht, aber vielleicht konnten wir uns ein paar hundert Dollar leihen und es als Sicherheit geben. Die Idee eines Pfandleihers kam uns nie. Mir kommt es heute so vor, als hätte ich damals noch nie von einem Pfandleiher gehört!

Doch wie wir uns erinnern, war es nicht sehr viele Jahre zuvor, als ich fünfzehn Jahre alt war, als diese liebe Tante, die mich aufgezogen hatte, plötzlich entdeckt hatte, dass das Kind eine Frau war. Sie musste die Welt sehen. Sie musste zu den Niagarafällen reisen, alle großen Städte besuchen und ihre Museen, Bibliotheken, Theater und was nicht alles sehen; sie musste Hüte von Mme. Viglini in New York, Kleider von Mrs. McComas in Baltimore haben – und Juwelen von Tiffany. Von letzterer hatte mir mein Adoptivvater schöne Türkise, Rubine, weiße Topasketten und juwelenbesetzte Kämme gekauft. Sicherlich, dachte ich jetzt, wird dies der Ort sein, an dem man sich an mich erinnern und etwas Freundlichkeit finden könnte. Also begab ich mich dorthin und trug meine Bitte vor. Mir wurde natürlich gesagt, dass die Firma das Silber sehen müsse. Natürlich konnte sich keiner der Herren, die mit mir sprachen, daran erinnern, jemals zuvor von mir gehört zu haben. Ich musste das Silber schicken und dann zurückkommen, um meine Antwort abzuholen. Also verpackte ich es, schickte es und erschien am dritten Tag – eine sehr wehmütige Gestalt – am Silberschalter. Ein großer junger Mann, dessen Namen ich später erfuhr, sagte mit einiger Arroganz zu mir: „Madam, wir haben Ihr Silber gewogen und geben Ihnen 540 Dollar dafür."

„Ich hoffe, ich werde es bald einlösen", antwortete ich.

„Lösen Sie es ein! Madam, dies ist kein Pfandhaus! Wir *kaufen* Silber."

„Bekomme ich es dann nicht wieder zurück?"

„Ganz bestimmt nicht!" Ich zögerte. Ich war verzweifelt – aber oh, ich musste mich für immer von diesem heiligen Erbe für meine Kinder trennen!

„Sie sollten sich darüber im Klaren sein", sagte mein großer junger Mann – und er sah für mich riesig aus – „dass Sie nie wieder Gelegenheit haben werden, Silber zu verwenden. Sie sollten es ebenso gut zuerst wie zuletzt in den Schmelztiegel gehen lassen. Natürlich werden Sie von nun an gezwungen sein, bescheiden zu leben, und –"

Aber ich war in großer Wut gegen ihn aufgestanden. Errötet und empört erwiderte ich: „Sie irren sich, Sir! Ich werde mein Silber wieder verwenden! Ich werde nicht immer bescheiden leben", und verließ den Laden.

Aber als ich wieder einmal auf dem Bürgersteig stand und mir der scharfe Novemberwind ins Gesicht blies, erinnerte ich mich an meinen lieben Kranken. Ich erinnerte mich an mein kaltes Haus, in dem es weder eine Heizung noch einen Ofen gab, sondern nur offene Kamine zum Heizen. Ich wusste damals genauso gut wie heute, dass die Firma in keiner Weise für die unhöfliche Ausdrucksweise ihres Vertreters verantwortlich war. Ich war nur zufällig einem Fanatiker begegnet, einem Hasser des Südens – und das war nicht das erste Mal. Vielleicht würde es mir besser ergehen, wenn ich zurückkehren und einen anderen Angestellten suchen würde. Aber nein! Ich würde zuerst umkommen.

Gerade in diesem Moment erinnerte ich mich daran, dass mein lieber alter Vater, der Kaplan war, bei seinem Abschied gesagt hatte: „Wenn du jemals einen Freund brauchst, kannst du dich an *meinen* Freund in New York wenden – Henry Corning."

Dies führte mich zu einem Adressbuch in einer nahegelegenen Drogerie, wo ich „Corning" und die Adresse einer Bank am Broadway fand. Ich begab mich dorthin und wurde in ein Privatzimmer geleitet, wo ein ehrwürdiger Herr aufstand, um mich zu begrüßen und mir einen Sitzplatz anzubieten. Ich war sehr müde und unglücklich, aber ich erzählte mein Anliegen so gut ich konnte.

„Ich habe nicht das Vergnügen, Ihren Vater zu kennen", sagte der Herr und sah mich freundlich durch seine Brille an (und mein Mut schwand dahin), „aber", fügte er hinzu, „ich glaube, mein Neffe, Henry Corning, ist Ihr Mann. Ich habe ihn über den Reverend Dr. Pryor sprechen hören. Ich werde Ihnen seine Adresse geben. *Mein* Name ist Jasper Corning."

Ich bin sicher, dass ich Tränen in den Augen hatte, als er aufsah und mir einen Zettel reichte, denn er fügte freundlich hinzu: „Ich bin sicher, Henry wird Sie nicht enttäuschen. Verzweifeln Sie nicht! Gott ist gut."

Eine weitere Omnibusfahrt brachte mich schweren Herzens zur Tür von Mr. Henry Corning in der Madison Avenue. Er saß an seinem Schreibtisch im Erdgeschoss – und ohne ein Wort der Antwort auf meine einfach erzählte Geschichte drehte er sich zu seinem Schreibtisch um und schrieb einen Scheck über 500 Dollar!

„Ich werde Ihnen das Silber sofort schicken", sagte ich – aber er verbeugte sich nur und erlaubte mir mit den Worten „Meine Grüße an Ihren Vater" zu gehen.

Ich rief nach meiner Rückkehr bei Tiffany an, gab an der Rezeption eine Bestellung auf, bezahlte die Frachtkosten und ließ das Silber an Mr. Corning adressieren.

Als es ein Jahr später an der Zeit war, es einzulösen, sah ich Mr. Corning wieder, dankte ihm für seine Freundlichkeit und sagte: „Ich bin jetzt bereit, das Silber einzulösen." Er sah mich mit einem Augenzwinkern an und fragte: „Welches Silber?" „Sicher", rief ich voller Besorgnis, „sicherlich haben Sie es erhalten."

„Na gut", antwortete er, „wenn Sie das sagen, ist es wohl in Ordnung. Ich habe Ihr Silber nie gesehen. Dort in der Ecke steht eine Schachtel. Die Schachtel wurde nicht geöffnet, seit Sie es geschickt haben."

Der Wunsch meiner lieben Tante ging in Erfüllung. Sie starb in meinem Haus. Sie war lange krank. Durch die Freundlichkeit eines Freundes aus dem Süden wurde ich Dr. Rosman vorgestellt, der sie mit Hingabe und Geschick behandelte. Er war der sanfteste und freundlichste Arzt. Er bewunderte und schätzte sie, und sie war wirklich in jeder Hinsicht eine *Grande Dame*; höflich, würdevoll und schön, selbst mit sechzig Jahren.

„Wenn Glaube und Hoffnung, die niemals von ihr weichen,

Hatte ihre gerechte Seele gereift, um bei Gott zu wohnen,

Ihre Almosen und Taten und all ihre großen Bemühungen

Waren nie verloren, noch wurden sie ins Grab getreten."

Sie lebt, so vertraue ich in aller Bescheidenheit, in ihren beiden Adoptivkindern weiter, die ihr alles verdanken, was sie sind oder jemals sein möchten.

Der Kampf, die Wunden, die Niederlagen, die wir durch die Hände der anderen erleiden, können alle unter die Kategorie der Schlachten eingeordnet werden – Schlachten, bei denen die endgültige Niederlage oder der Sieg in unseren eigenen Händen liegt – in dem Schaden oder dem Nutzen, der unserer Seele zugefügt wird. Wenn der Kampf auf dem Schlachtfeld zu Ende ist, sollten auch Feindseligkeit, Hass und Bitterkeit enden; aber leider können die Schlachten der Vorurteile, der Ressentiments wegen unverzeihlicher Verletzungen noch Jahre andauern. Einige davon muss ich aufgrund meiner Geschichte aufzeichnen, aber wie der alte Thomas Fuller so merkwürdig sagt: „Diese Schlachten sind hier eingefügt, nicht mit der Absicht (Gott kennt mein Herz), die abscheuliche Erinnerung an gegenseitiges Unrecht aufrechtzuerhalten, damit der Groll bestehen bleibt, wenn die Häuserbrände aufgehört haben, sondern nur, um unsere Dankbarkeit gegenüber Gott zu steigern, dass so viel Streit im Schoß eines so schönen Landes gewütet hat und doch so wenige Narben zurückbleiben.“

KAPITEL XXXI

Während diese traurigen Tage und Nächte der Schwere über uns hingen, waren wir uns schmerzlich bewusst, dass einige unserer eigenen Leute die Position meines Mannes in New York missverstanden. Unser Weggang von Virginia wurde damals übelgenommen, und jetzt war General Pryors erklärte Überzeugung, dass die Rettung des Südens nur durch die Zustimmung zum Unvermeidlichen und die uneingeschränkte Ausübung von Gerechtigkeit gegenüber den Negern sichergestellt werden könne, höchst unannehmbar. Dies geschah, bevor den Negern das Wahlrecht zugestanden worden war; in der Zeit zwischen dem Fall der Konföderation und der Rekonstruktionszeit – einer Zeit, in der der Süden in einem Zustand der Verbitterung und Aufregung war, der eine mögliche Wiederaufnahme des Konflikts ankündigte – schrieb ihm einer von General Pryors Freunden über die Stimmung gegen ihn und die Sache.

Die folgende Antwort auf diesen Brief wurde von meinem Mann an den *Richmond Whig geschickt* und stellt ihn damit der Welt vor, zu einer Zeit, als solche Ansichten entschieden gegen die Gefühle vieler seiner persönlichen Freunde waren. Es erforderte Mut, diesen Brief zu schreiben. Seitdem wurden die prophetischen Worte durch nachfolgende Ereignisse voll und ganz bestätigt, und die unwillkommenen Ansichten werden heute vom Süden voll und ganz unterstützt. Sie sind voller Weisheit, die heute vielleicht genauso nötig ist wie damals, als sie geäußert wurden.

" NEW YORK , 5. Oktober 1867.

" SEHR GEEHRTER HERR , ich wurde vor dem Erhalt Ihres Briefes darüber informiert, dass eine bestimmte Zeitung aus Virginia mich als ‚Radikalen' gebrandmarkt und mir auf andere Weise Ansichten unterstellt hatte, die den Interessen des Südens feindlich gesinnt seien. Aber ich habe es verschmäht, dieser albernen Geschichte zu widersprechen, da sie auf der Autorität der verantwortungslosen Person beruhte, die sie verbreitete. Da Sie sagen, dass mein Schweigen als eine Art Zustimmung zu dem Vorwurf ausgelegt wird, ermächtige ich Sie, die Anschuldigung mit der äußersten Energie empörter Ablehnung zurückzuweisen. Ich bin nicht so eitel, zu glauben, dass meine Meinungen für irgendjemanden von geringster Bedeutung sind; aber da sie in Kontroversen geraten sind und Anlass gegeben haben, mich einer unverdienten Kritik auszusetzen, werde ich Ihnen sehr offen und freimütig sagen, in welcher Beziehung ich zur aktuellen Politik stehe.

„Zunächst einmal habe ich also weder mit Politik noch mit Parteien das geringste Interesse oder Verbindung. Nach dem Untergang der Konföderation habe ich für immer auf alle politischen Bestrebungen verzichtet und beschlossen, mich fortan der Sorge für meine Familie und der

Ausübung meines Berufs zu widmen. Aber trotz alledem habe ich die Pflichten eines guten Bürgers nicht verworfen. Als ich meinen Treueeid auf die Union erneuerte, tat ich dies in gutem Glauben und ohne Vorbehalt; und so wie ich diesen Eid verstehe, hält er mich nicht nur von Handlungen offener Feindseligkeit gegenüber der Regierung ab, sondern verpflichtet mich auch, mein Möglichstes für ihr Wohlergehen und ihre Stabilität zu tun. Während es mir also unmittelbarer darum geht, dass der Süden zu seinem früheren Wohlstand zurückkehrt, bin ich bestrebt, dass das ganze Land und alle Klassen auf der Grundlage gemeinsamer Interessen und brüderlicher Rücksicht wiedervereinigt werden. Und dieses Ziel kann meines Erachtens nur erreicht werden, indem allen Klassen die uneingeschränkten Rechte zugestanden werden, die ihnen durch die Gesetze garantiert werden, und indem die Unterschiede, die den Norden und den Süden in feindliche Teile geteilt haben, so schnell und vollständig wie möglich ausgelöscht werden.

„Mit dieser Überzeugung habe ich, obwohl ich nicht vorgebe, politisch aktiv zu sein, nicht gezögert, meinen Freunden im Süden in privaten Gesprächen offen zu raten, ‚die Situation zu akzeptieren‘, ihre Ideen an die veränderte Lage anzupassen, die Rechte der farbigen Rasse anzuerkennen und zu respektieren, Beziehungen des Vertrauens und des guten Willens gegenüber den Menschen im Norden zu pflegen, sich der nutzlosen Agitationen politischer Debatten zu enthalten und ihre Energien für die weitaus anspruchsvollere und nützlichere Arbeit der materiellen Wiedergutmachung und Entwicklung einzusetzen. In dem Bemühen, dem Süden diese Lektion des umsichtigen Verhaltens einzuschärfen, habe ich Argumente wie diese vorgebracht: Dass der Neger in keiner Weise für die Katastrophen verantwortlich ist, die wir ertragen müssen; dass er sich uns gegenüber immer freundlich und unterwürfig verhalten hat; dass er Anspruch auf unser Mitgefühl und auf die Unterstützung unserer überlegenen Intelligenz bei dem Bemühen hat, ein höheres Niveau moralischer und intellektueller Entwicklung zu erreichen; dass die Annahme, er sei als Vorwurf an die Menschheit und als Stolperstein für den Fortschritt der Zivilisation auf diese Bühne gestellt worden, darin bestehen, die Weisheit und Güte der Vorsehung anzuzweifeln; dass es angesichts der relativen Zahl der beiden Rassen im Süden der reinste Wahnsinn wäre, einen Kastenkonflikt zu provozieren; mit einem Wort, dass es für den Frieden, die Ruhe und den Wohlstand des Südens absolut notwendig ist, dass die emanzipierte Klasse ihre Rechte nach dem Gesetz ungestört genießen kann und aufgeklärt wird, um die Pflichten und Interessen der sozialen Ordnung und des Wohlergehens zu verstehen. Aber es scheint mir, dass das Haupthindernis für eine vollständige und herzliche Wiedervereinigung zwischen dem Norden und dem Süden in dem Misstrauen und der Abneigung liegt, mit der die Menschen dieser Teile einander begegnen. Während ich also einerseits die Menschen im Norden des guten Willens versichere, mit dem der Süden seine Verpflichtungen in der Union wieder aufnimmt, hielt ich es andererseits für nicht verkehrt, meinen Freunden im Süden gegenüber zu protestieren, dass die Masse der nördlichen Gemeinschaft von weitaus gerechteren und liberaleren Gefühlen uns gegenüber beseelt ist, als wir zu vermuten geneigt sind.

„Und so habe ich, indem ich den offensichtlichen Teil der Wiederaufbauarbeit anderen überlasse und mich sorgfältig aller politischen Verbindungen und Aktivitäten enthalte, gehofft, das Übel, das ich dem Süden zugefügt habe, in gewissem Maße und auf ruhige Weise wiedergutzumachen, indem ich jede geeignete private Gelegenheit wahrnehme, diese Ratschläge der Mäßigung und Großzügigkeit vorzuschlagen. Leidenschaft, zu der wir in Wahrheit reichlich provoziert wurden, trieb uns zur Sezession; die Vernunft muss uns zurück auf den Weg des Friedens und des Wohlstands führen.

„Es mag schwierig sein, unsere Herzen von dem Groll und den Vorurteilen zu befreien, die der Bürgerkrieg hervorgerufen hat. Doch solange unser Geist nicht durch ein philosophisches Verständnis der Erfordernisse unserer Situation erleuchtet wird, werden wir nie die Ruhe wiederfinden, nach der der müde Geist des Südens so sehnlichst lechzt.

"Auf die Gefahr hin, persönlich beleidigt zu werden und auf Kosten persönlicher Interessen - und Sie wissen, dass es sowohl Beleidigungen als auch Opfer mit sich bringt, so zu sprechen, wie ich es tue - bin ich entschlossen, all meine Energie und Intelligenz in das unaufhörliche Bemühen zu stecken, Frieden und guten Willen unter den Menschen der kürzlich kriegführenden Staaten zu fördern. Was das Land braucht, was insbesondere der Süden braucht, ist Ruhe; Freiheit von den Qualen politischer Agitation und Muße, um seine erschöpften Energien wieder zu regenerieren. Die Erfahrungen der letzten sechs Jahre sollten dem amerikanischen Volk diese höchst heilsame Lektion eingeprägt haben - eine Lektion, die früher oder später jede Nation im Laufe ihrer eigenen Geschichte lernt - dass der Bürgerkrieg die Summe und Vollendung allen menschlichen Elends ist. Ich bekräftige feierlich die Integrität der Motive, die mich damals antrieben, doch ich erinnere mich nie an die Namen der edlen Männer, die in unserem Konflikt gefallen sind; ich blicke nie ins Ausland auf unsere verwüsteten Felder und zerstörten Häuser; ich denke nie an die allumfassende Zerstörung in in die wir verwickelt sind, die traurige Verfinsterung unserer Freiheiten und die düsteren Aussichten der Zukunft, ohne innerlich den Entschluss zu fassen, alle meine Fähigkeiten in den Dienst der Öffentlichkeit zu stellen und eine weitere Katastrophe dieser Art zu verhindern und zu diesem Zweck in allen Klassen und Teilen des Landes einen Geist der Nachsicht und des guten Gefühls zu fördern.

"Dies, mein lieber Herr, sind die Meinungen, die ich in sehr kurzer und dogmatischer Form zum aktuellen Zustand der Südstaaten und zur für sie in der gegenwärtigen Lage geeigneten Politik vertrete. Sie sind das Ergebnis sorgfältiger und gewissenhafter Überlegungen, einer eingehenden Beobachtung der Stimmung im Norden und einer äußersten und unverminderten Sorge um das Wohlergehen der Gemeinschaft, mit der ich durch die stärksten Bande kindlicher Hingabe verbunden bin. Mit der allergrößten Aufrichtigkeit der Überzeugung glaube ich, dass die Menschen im Süden durch ein Verhaltenssystem, das diesen Vorschlägen entspricht, einen Wohlstand und ein Glück erreichen können, wie sie es noch nie erlebt haben; im Gegenteil bin ich ebenso fest davon überzeugt, dass sie durch einen vergeblichen und ungeduldigen Widerstand gegen eine Ordnung der Dinge, die sie nicht ändern können, und gegen ein Schicksal, dem sie nicht entgehen können, das Elend ihrer gegenwärtigen Lage unendlich verschlimmern und sich darüber hinaus selbst Katastrophen auferlegen werden, deren Vorstellung entsetzlich ist.

„Ich bin nicht vertraut mit der Einteilung der Parteien, aber wenn diese Meinungen mich zu einem ‚Radikalen' machen, dann bin ich ein ‚Radikaler'; denn es sind bewusst die Meinungen von

„Mit freundlichen Grüßen,
„ ROGER A. PRYOR ."

KAPITEL XXXII

Im Frühjahr 1868 zogen wir nach Brooklyn Heights in der Nähe der Fähre, viel näher an der Arbeitsstelle meines Mannes in der Liberty Street. New York hatte damals noch nicht seinen Arm über den East River ausgestreckt und Brooklyn – bereits die drittgrößte Stadt der Union – in seinen Schoß aufgenommen. Die beiden Städte, die jetzt dem Namen nach eine sind, waren bereits 1867 praktisch eins in ihren Interessen. Eine große Menge der Bewohner Brooklyns überquerte jeden Morgen die Fähre auf dem Weg zu ihrer täglichen Arbeit in New York. Brooklyn war ein riesiges, überwuchertes Dorf; eine Stadt der Kirchen, eine Stadt der Häuser und unzähliger Kinder. Jedes Jahr im Mai marschierte eine gewaltige Armee – Tausende und Abertausende – dieser Kinder unter den Fahnen ihrer jeweiligen Sonntagsschulen durch die Straßen – ein einzigartiges Schauspiel, das eine Pilgerfahrt dorthin wert war, vorausgesetzt, man konnte sich mit einem unsicheren Stand auf einem überfüllten Bürgersteig zufrieden geben; denn diese Kinder hatten das „Vorfahrtsrecht" – und da sie ihr Recht kannten, wagten sie es, es zu verteidigen.

1867 waren die Straßen so verlassen – waren nicht alle für diesen Tag in New York? –, dass kleine Kinder sie als absolut sicheren Spielplatz betrachteten. Es gab keine Hochbahnen, keine Straßenbahnen, keine Autos, keine Fahrräder, kein elektrisches Licht, keine Telefone.

Unser Umzug war durch eine Reihe von Schwierigkeiten gekennzeichnet. Vier meiner jüngeren Kinder fanden, dass dies ein durchaus geeigneter Zeitpunkt war, sich den Masern hinzugeben. Hastige Besuche in einem nahe gelegenen Auktionshaus brachten uns ein paar notwendige Möbelstücke, die wir liehen – denn wir konnten sie nicht kaufen. Der Auktionator sollte sie besitzen und sie zurückfordern, wenn er nicht innerhalb einer bestimmten Zeit bezahlte. Ein kleiner Raum wurde für die Bücher, die die Plünderung unseres Hauses überlebt hatten, in Regale gestellt, und zu unserer großen Zufriedenheit stellten wir fest, dass sich die viel benutzten Bücher – Nachschlagewerke – als zu sperrig oder zu schäbig erwiesen hatten, um gestohlen zu werden. Diese und andere abgenutzte, viel gelesene Bücher wurden zum Kern einer großen Bibliothek und nehmen heute in ihren zerschlissenen Einbänden Ehrenplätze ein, die neueren Leuchten von respektablerem Aussehen verwehrt sind. Als wir nach Brooklyn Heights zogen, war uns nicht bewusst, dass wir in das Zentrum der wohlhabendsten Gesellschaft der Stadt hinabgestiegen waren. Hätten wir das gewusst, hätte es uns nichts bedeutet. Unsere extreme Armut verbot uns jede Erwartung, am gesellschaftlichen Leben teilzuhaben, selbst wenn wir das Gefühl gehabt hätten, das geringste Recht auf Anerkennung zu haben. Wir hatten nie etwas von dem sozialen Ehrgeiz gewusst, von dem wir in späteren Jahren so viel hören – und jetzt noch weniger achteten wir darauf. Wir „baten unsere Mitmenschen um Erlaubnis, arbeiten zu dürfen“, und baten um nichts weiter.

Wir stellten bald fest, dass die Menschen um uns herum in Wohlstand und Eleganz lebten – aber das war nicht unsere Sache! Wir hatten in ihrer Welt keinen Platz und wollten auch keinen. Unser instinktiver Impuls war es, unseren wahren Zustand zu verbergen, und deshalb vermieden wir es, aufzufallen. Manchmal überkam mich eine große Welle der Trostlosigkeit und Einsamkeit – eine unaussprechliche Sehnsucht nach Gesellschaft. Zu dieser Zeit gab es unterhalb der Cortlandt Street eine Brücke über den Broadway. In Zeiten großer Depression begleitete ich meinen Mann manchmal in sein Büro, stieg die Stufen zu dieser Brücke hinauf und blickte auf das ruhelose Meer vorbeiziehender Menschenmengen. Ein so widerwärtiges Gefühl der Einsamkeit überkam mich, dass ich das Gefühl hatte, mir breche das Herz. Alles erschien uns in dieser großen, unbekannten Welt so trostlos, so hoffnungslos. Wir wussten, dass wir nicht nur Fremde, sondern auch Ausländer, Ausgestoßene waren.

Der liebe kleine Willy kam eines Tages zu mir und riet mir, den Namen seines Terriers, „Rebell“, zu ändern – ein Name, den er aufgrund seiner eigenen Veranlagung und keineswegs zu Ehren der „verlorenen Sache“ getragen hatte. „Die Jungs werden ihn steinigen“, sagte Willy; „ich werde ihn auf der Straße ‚Prinz‘ und zu Hause ‚Rebell‘ nennen.“ An einem anderen Tag wurden seine jüngeren Schwestern in den Garten eines Nachbarn gelockt und dort von den Kindern des Hauses informiert, dass wir nicht auf der Straße leben dürften – dass wir „Rebellen und Sklaventreiber und schreckliche Menschen“ seien ! Diese schmerzlichen Vorfälle waren an der Tagesordnung. „Mama hat mir gesagt“, sagte einer der Kleinen, „dass Gott uns liebt. Werden uns alle anderen hassen?“ Es dauerte jedoch nicht lange, bis die kleinen Rebellen Freunde wurden und ihnen all ihre Ungeheuerlichkeiten verziehen wurden.

Die guten Leute von Brooklyn nahmen damals ihre Pflastersteine weg und verlegten einen Holzbelag auf der Pierpont Street, und faszinierende Holzklötze wurden in Abständen auf der Straße aufgestapelt. Natürlich bauten die Jungen sofort ein Dorf aus winzigen Häusern daraus, und eines Tages wartete ein Komitee von aufgeweckten Burschen – Tom und Charley Nichols und Dr. Schencks Jungen – auf mich mit der Bitte, meine kleinen Mädchen dürften „herauskommen und den Haushalt führen“. Die kleinen Mädchen, fügten sie galant hinzu, dürften die Jungen aussuchen! Das war nicht schwer. Die kleinen Haushälterinnen gingen mit Tom und Charley weg. „Sag mal“, sagte einer der stolzen Immobilienbesitzer mit einem unverfälschten Bewusstsein für den Platz der Frau im Haushalt, „gibt dir deine Köchin ein paar Kartoffeln und Äpfel? Wir haben um die Ecke ein herrliches Feuer."

„Sicher, und ich lasse dich das nicht tun", sagte Anne aus dem Kellerfenster. „Brennt der Laden, in dem du danach bist, nieder?" – aber ein „Bitte, Anne, Liebes" von der kleinsten Haushälterin klärte die Sache. Ein Feuer auf der Straße wäre heute im Stadtteil Brooklyn ein seltsames Schauspiel.

Eine Familie gesunder Kinder, die gut erzogen wird, kann nicht unglücklich sein, selbst unter den deprimierendsten Umständen. Meine eigene kleine Brut weigerte sich entschieden, unglücklich zu sein. Sie hatten buchstäblich nichts, was sie mit Geld hätten erwerben müssen, aber ihr eigener Einfallsreichtum glich alle Mängel aus. Auf dem freien Platz hinter unserem Haus stand ein Kirschbaum, der nie Früchte trug, aber eine Fülle grüner Blätter und Blüten hervorbrachte. Dort beschlossen die Kinder, eine Menagerie einzurichten. Sie füllten sie bald mit den „herumstreunenden" Tieren auf der Straße. Es waren „Rebel", der Terrier; „Vixen", der Dackel; „Tearful Tommy", die Katze; „Desdemona", ein weißes Kaninchen; und „Othello", ihr schwarzer Ehemann, den sie von einem Händler gekauft hatten; und „Fleetwing", die Taube, die vertrauensvoll in eine von Rogers Fallen gegangen war. Da es weder Palisaden noch Käfige gab, wurde Fleetwing an den Kirschbaum gebunden. Ein breiter Musselinfaden hätte ihr schlankes Bein verletzen können, da ein Seil ihr das Leben schwer machen konnte.

Eines Tages hörte ich Wehklagen und aufgeregtes Bellen in der Menagerie. Fleetwing hatte ihren Namen verdient und schwebte ruhig durch den blauen Äther wie ein Drachen mit einem sehr langen Schwanz – ihre Musselinfessel schleifte hinter ihr her. Wir hofften, sie würde zurückkehren, aber das tat sie nie. Othello und Desdemona waren sehr interessant. Sie kamen immer wie Kinder mit dem Nachtisch an den Tisch und hüpften auf dem Tischtuch von Ecke zu Ecke, um ein paar Selleriestücke zu ergattern; aber als die Feuer angezündet wurden, atmete Desdemona Kohlengas aus dem Register ein, fiel um und verschied. Othellos Trauermantel drückte angemessene Trauer und Respekt aus, aber sehr bald experimentierte auch er mit dem Register und folgte seiner Gehilfin.

Es kam die Zeit (mit diesen gesunden Kindern, die ich ernähren musste), als ich, wie Mrs. Cadwalader, meine Kohlen mit List besorgen und zum Himmel um mein Salatöl beten musste – mit dem Unterschied, dass ich nur um das tägliche Brot betete. Lange und schmerzlich grübelte ich über das schreckliche Problem nach – wie ich meine Familie am Leben erhalten konnte, ohne das liebe Familienoberhaupt zur Verzweiflung zu treiben. Lernen, Arbeiten, unablässiges Lernen und Arbeiten vom frühen Morgen bis spät in die Nacht war sein täglicher Teil. Erst wenn das letzte Mittel versagt hatte, sollte er etwas von meinen häuslichen Sorgen erfahren.

Schließlich beschloss ich, zu einem würdevollen alten Herrn zu gehen, den ich hinter dem Tresen eines benachbarten Lebensmittelladens beobachtet hatte, und ihm die Wahrheit zu sagen. Aber ich erinnerte mich an mein New Yorker Erlebnis mit dem Silber. So sei es! Ich hatte mehr als einmal eine Abfuhr ertragen – ich konnte sie wieder ertragen.

Ich erzählte Mr. Champney – so hieß der alte Herr –, dass ich die Frau von General Pryor sei und dass wir hierher in den Norden gezogen seien, dass der Beruf meines Mannes nicht genug für unseren Lebensunterhalt abwarf und dass wir auch keine unmittelbare Hoffnung auf ein besseres Schicksal hätten. Ich hoffte jedoch, irgendwann, nicht bald, aber sicher, wenn wir am Leben blieben, für den Unterhalt meiner Familie aufkommen zu können, und dass wir ohne Nahrung ganz sicher *nicht* überleben würden.

Er wollte wissen, ob ich die Mutter der Kinder sei, die er in seinem Laden gesehen hatte. Ich bejahte dies, und ohne weitere Unterredung zog er ein kleines gelbes Sparbuch hervor und reichte es mir. „Verwenden Sie es nach Belieben, Madam", sagte er; „ich werde Sie nie um einen Penny bitten! Sie werden mich bezahlen. General Pryor wird mit Sicherheit Erfolg haben." Er hielt sein Wort. Sein deutscher Gepäckträger Fred kam jeden Morgen zu mir, um meine bescheidenen Bestellungen abzuholen, und schenkte mir jede erdenkliche Aufmerksamkeit. An jedem von mir geforderten Abrechnungstag bemerkte mein Gläubiger höflich, es gebe „keinen Anlass zur Eile"! Sein Name, „ST Champney", war von da an mit meinen Kindern „der St." – und als solcher bleibt er mir in Erinnerung.

Die Stadt Brooklyn war fast so schnell gewachsen wie die Städte im Westen – Chicago, Seattle und andere – und eine große Zahl armer Menschen drängte sich auf der Suche nach einem Zuhause in die Stadt. Immer wiederkehrende Fälle von Not und Obdachlosigkeit riefen die guten Frauen von Brooklyn Heights auf den Plan – Mrs. Bulkley, Mrs. Packer, Mrs. Alanson Trask, Mrs. Eaton, die Frau eines Professors des Packer Institute, Mrs. Rosman, Mrs. Craig und andere – und sie beschlossen schließlich, ein Heim für freundlose Frauen und Kinder zu gründen. Sie mieteten ein kleines Fachwerkhaus in einer der oberen Straßen und nach wenigen Monaten war das Haus überfüllt. Mrs. Eaton, die der Himmel schon früh als meinen guten Engel gesandt hatte, hatte sich nach einer Gelegenheit gesehnt, meine Einsamkeit und Isolation zu lindern, und sie verschaffte mir eine Einladung, mich der Frauengesellschaft anzuschließen. Ich war bald interessiert und verbrachte einen Teil des Tages mit den elenden Begünstigten der Wohltätigkeitsorganisation. Schließlich war unser kleines Haus unklugerweise überfüllt und die Kinder wurden krank. Mrs. Packer nahm eines der armen kleinen Babys, das im Sterben lag, zu sich nach Hause und pflegte es mit größter Zärtlichkeit. Ich bot einer der Frauen Unterschlupf, und andere wurden von den verschiedenen Mitgliedern der Gesellschaft aufgenommen, bis wir ihnen eine sichere Unterkunft bieten konnten. Wir beschlossen, ein großes Haus zu kaufen, und machten uns mit großem Eifer an die Arbeit. Ich hatte das Glück, das jetzige Haus in der Concord Street zu entdecken, das schöne alte Bache-Anwesen, das verkauft werden sollte, um einen Biergarten zu errichten. Ich wurde gebeten, eine Petition an die Legislative für eine Mittelzuweisung zu verfassen, was ich in der eindringlichsten Sprache tat, die mir zur Verfügung stand. Mrs. Packer ging damit nach Albany, und uns wurden sofort 10.000 Dollar zugesprochen. Jeder von uns (wir waren erst fünfzehn) machte sich mit einem kleinen Sammelbuch bewaffnet daran, die Stadt zu erkunden. Wir brauchten noch 20.000 Dollar, um unser Haus zu kaufen.

Ich ging schweren Herzens fort – denn ich war die einzige, die ihre Subskription nicht mit 500 Dollar überschrieben hatte. Ich sammelte nur ein paar jämmerliche Summen. Niemand wollte mir zuhören – niemand kannte mich! Ich ertrug es, so lange ich konnte, und eines Abends verkündete ich meinem erstaunten General, dass ich vorhatte, ein Konzert zu geben. Er teilte mir in angestrengtem Englisch mit, dass er mich für verrückt hielte.

Ich machte mich jedoch an die Arbeit. Ich engagierte einen professionellen Vorleser, der seine Dienste anbot; überredete eine Deutschlehrerin, mir ihre Schüler zu leihen; und sah mich dann nach einem „Star" um. Bei meinen Nachforschungen erfuhr ich, dass Madame Anna Bishop in New York lebte. Einst eine sehr berühmte Primadonna, war sie jetzt „auf Eis gelegt", obwohl ihre Stimme immer noch gut war. Sie war dick geworden und konnte in „The Dashing Young Sergeant", der vor fünfzehn Jahren so galant „davonmarschierte", keine Sensation mehr erzeugen.

Ich suchte Madame Bishop auf. Sie nahm meinen Vorschlag freundlich auf. Würde sie einen Abend für die armen, freundlosen Frauen spenden? „ *Geben Sie* , meine liebe Dame! Ich gebe nichts. Bin ich nicht selbst eine freundlose Frau? Aber ich komme für 100 Dollar und bringe meinen Begleiter mit. *Er soll seinen Abend* spenden . Aber ich singe nie umsonst."

Ich engagierte Madame – und dann war ich wirklich eine vielbeschäftigte Frau. Ich mietete einen Saal und zwei Klaviere, schrieb Programme und Anzeigen und ließ rosafarbene Karten malen: „Soirée, Musikalisch und Literarisch". Ich entdeckte einen Floristen in der Nähe meines Saals und überredete ihn, mir alle seine Pflanzen zu leihen. Ich schrieb Einladungen an meine Platzanweiser und schenkte jedem ein Kristallherz als Abzeichen. Dann ging ich am großen Abend nach Hause, zu Tode müde und vollkommen sicher, dass es mit einem Misserfolg enden würde. Mein General, der ganz derselben Meinung war, versuchte mich zu trösten, indem er sagte, dass ich es das nächste Mal besser wissen würde. Er ging früh in den

Saal und als ich ankam, lief er auf der Straße vor der Tür auf und ab. „Der Saal ist vollgestopft", verkündete er, „es gibt kaum Stehplätze."

Es fehlten nur noch acht Minuten bis zur angekündigten Anfangsstunde, und Madame Bishop war noch nicht da. Mrs. Gamps Geigen-Illustration wäre wieder nur ein schwacher Ausdruck meiner selbst gewesen. Mir blieb fast das Herz stehen. Aber endlich kam der erwartete Wagen – Madame, ihre Zofe und ihre Begleiterin. Zu meinem erleichterten Ausruf warf sie den Kopf zurück und lachte herzlich: „Oh, ihr Amateure! Jetzt setzt euch einfach hin und genießt die Musik. Wir werden schon mit dem Programm weitermachen."

Der Vorverkauf der Karten hatte 100 Dollar eingebracht. Diesen gab ich Madame in einem Umschlag. Alles lief gut. Sie war wirklich sehr gut – sehr temperamentvoll. Der fesche junge Sergeant marschierte mit all dem Elan früherer Tage davon. Alle waren zufrieden. Als ich Madame dankte, drückte sie mir ihre eigene Spende in die Hand – 50 Dollar. Am nächsten Tag trug ich 500 Dollar in mein Sammelbuch ein und konnte, so bestätigt, meinen Kollegen gegenübertreten. Dieses Heim für freundlose Frauen und Kinder in Brooklyn ist eine großartige und nützliche Wohltätigkeitsorganisation. Und edel waren die Frauen, die ich kennen und lieben lernte und die dort mit mir arbeiteten. Sie machten mich zu ihrer Schriftführerin und mochten alles, was ich für sie tat.

Einige Frauen, die früher im Süden hohe Positionen innehatten, fanden vorübergehend Zuflucht in diesem Heim. Die Welt wäre überrascht, wenn ich ihre Namen nennen würde! Im tiefsten Winter fand ich einmal eine Frau mit einem der ältesten Namen Virginias. Sie saß auf einer Kiste neben einem feuerlosen Ofen und wärmte ihr Baby an ihrer Brust. Ihr Mann war auf Arbeitssuche gegangen! Sie hatte kein Feuer, keine Möbel, kein Essen! Eine andere, die einer stolzen Familie aus South Carolina gehörte, fand ich auf einem Dachboden in New York. Sie hatte seit zwei Tagen nichts gegessen! Diese und andere Sorgen konnte ich dank der reizenden Frauen Brooklyns behutsam und dauerhaft lindern. Bessere, ehrlichere, kultiviertere Frauen habe ich nirgends gekannt. Vom Ausmaß meiner eigenen Sorgen und Entbehrungen wussten sie nichts. Etwas in mir verbot mir stolz, mich zu beklagen. Nur meine liebe Mrs. Eaton kannte den wahren Zustand meiner eigenen Familie. Sie lebt, um die Wahrheit der seltsamen Geschichte zu bezeugen, die ich erzähle – die Geschichte eines Generals aus dem Süden und seiner Frau, die der Welt ein lächelndes, tapferes Gesicht zeigten und zehn Jahre lang die Qualen extremer Armut in ihrem Haus erduldeten, während sie die ganze Zeit bis an die äußerste Grenze menschlicher Belastbarkeit arbeiteten. Wir gönnten uns keinen einzigen Moment der Erholung – unser „Schicksal war Arbeit, Arbeit, Arbeit" – und wir erfüllten es geduldig. Mein Mann verbrachte jede wache Stunde mit hartem Lernen und schlief nur wenige Stunden. Die übermäßige Beanspruchung seiner Augen Tag und Nacht schädigte sie so sehr, dass er zeitweise nicht mehr lesen konnte. Gordon las ihm viele Wochen lang seine Gesetze vor. Ich kopierte einmal ein Buch mit Gesetzesformularen für ihn, da wir kein Geld hatten, um das Buch zu kaufen – die schwerste Arbeit, die ich je gemacht habe! Ich pflegte mich abends mit meiner Familie zurückzuziehen und, nachdem alle ruhig schliefen, aufzustehen, mit meinem Arbeitskorb in die Bibliothek zu schleichen, eine Lampe anzuzünden und bis zwei oder drei Uhr morgens zu nähen. Es waren sieben Kinder. Alle mussten angezogen sein. Ich habe buchstäblich jedes Kleidungsstück, das sie trugen, selbst ihre Umhänge im Winter selbst gemacht. Dank der Freundlichkeit von Professor Eaton konnten meine kleinen Mädchen das Packer Institute besuchen, das von der liebenswürdigsten und schönsten aller Frauen, Mrs. Harriet Packer, gegründet wurde. Als sie morgens zur Schule gingen, präsentierten sie sich alle frisch und gepflegt – das Ergebnis der Mitternachtslampe und des Arbeitskorbs!

Ich erinnere mich nur an eine Gelegenheit, bei der sich ein Mitglied der Familie an Freizeitaktivitäten außerhalb des Hauses beteiligte. Auf der anderen Seite des Flusses befanden sich die brillanten Theater und Opernhäuser der großen Metropole. Hier in Brooklyn gab es Theaterstücke, Konzerte, Bälle und Abendgesellschaften. Die Kinder hätten in den fünf oder sechs Jahren nach unserer Ankunft im Norden nie gedacht, dass diese Dinge für sie möglich wären. Ich kann nicht sagen, dass wir das Schicksal von Tantalus ereilte. Zwar waren die Flüsse der Freude um uns herum, aber wir „beugten uns nie zum Trinken" – gaben den „fließenden Wassern" nie eine Gelegenheit, von unseren Lippen zu weichen. Wir ignorierten sie einfach. Aber Gordon und Roger hatten 1868 ein großes Vergnügen. Es würde schwer sein, dieser Generation die Gefühle verständlich zu machen, mit denen sie Dickens sah und hörte. Seine Bücher hatten für eine Zeit die Atmosphäre ihres Lebens geprägt! Sie sprachen miteinander in Dickens-Manier und fügten seine Charaktere in die Situationen ihres eigenen Lebens ein. Jetzt sollten sie den Mann selbst sehen. Über diese Erfahrung schreibt mir meine Tochter:

„Ich erinnere mich, wie mein Herz schlug, als ich auf sein Erscheinen wartete. Ich bezweifle, dass mich Shakespeares Wiederaufleben heute noch so bewegen würde. Zur festgesetzten Stunde bestieg er mit raschem Gang die kleine Plattform der Kirche von Plymouth, rannte die paar Stufen fast hinauf, soweit ich mich erinnere; aber mein Herz klopfte wirklich so heftig, und vor meinen Augen lag ein solcher Nebel der Erregung, dass ich den großen Zauberer nicht sofort klar erkannte. Als mein Gehirn ruckartig wieder klar wurde und ich mir einreden konnte, dass Dickens wirklich vor mir stand, was sah ich da? Eine sehr grelle Person mit einem samtigen Mantel und einer riesigen doppelten Uhrkette – all das, sowie sein ziemlich schwernasiges, geistloses Gesicht, das auf dem Foto der Zeit perfekt dargestellt war. Er hatte ein waches, sachliches Auftreten, keinen Magnetismus, soweit ich mich erinnere. Aber seine Lesart beeindruckte mich damals wie heute, als Perfektion der Redekunst – natürlich, spontan, als ob er selbst jedes Wort davon genoss und es nie zuvor getan hätte. Er las die Gerichtsszene aus Pickwick unnachahmlich. Ich glaube, ich habe inzwischen die Kritik gelesen, dass er uns nicht den Sam Weller unserer Vorstellungskraft gegeben hat, aber damals hat es mich sicherlich nicht so beeindruckt. Ich war absolut zufrieden. Auf Pickwick folgte Dr. Marigold, was mir viel weniger wichtig war. Dickens' Pathos kam mir selbst in meinen Tagen der Knechtschaft fast immer rührselig vor. Irgendwie fiel es mir schwer, an seine Gefühle zu glauben, wenn ich den Mann ansah – obwohl ich immer noch vieles davon für aufrichtig halte. Aber in Wirklichkeit ist er, was man heute einen ‚Schurken' nennt. Ich habe Forsters Leben über ihn nie gelesen: Ich kenne ihn nur aus seinen eigenen Büchern, aber mein Eindruck von ihm ist, dass er aufgrund seines Aussehens nicht gerade ein Gentleman war. Doch ich vergaß alles außer der Freude an der Lektüre – nach meinem anfänglichen Schock über den Samtmantel, die schweren Uhrketten, das dazu passende Gesicht. Und bis heute ist eine meiner liebsten Erinnerungen, dass ich Dickens gesehen und gehört habe.“

KAPITEL XXXIII

Ich stellte bald fest, dass zwei meiner Kinder alt genug waren, um sich nach mehr als nur körperlichem Komfort zu sehnen. Sie hatten nicht vor, nur vom Brot zu leben. Den flüchtigen Augen unserer Tochter Gordon konnte man nicht widerstehen, und wie ich schon sagte, besuchte sie mit ihren kleinen Schwestern das Packer Institute, die Abschlussklasse, wo sie bald mit Auszeichnung abschloss – und wo sie edel eine Fortgeschrittenenklasse unterrichtete – und verzichtete mit achtzehn Jahren auf alle Freuden, auf die sie Anspruch hatte. Theo, so nahm ich an, würde in der Kanzlei seines Vaters Jura lernen. Aber auch er sehnte sich wie Goethe nach „mehr Licht". Eines Tages, als ich von der Kirche zurückkam, fragte er mich mit unterdrücktem Gefühl, ob er jemals aufs College gehen würde.

Das hat mich zutiefst berührt! Als ich dies seinem Vater erzählte, erklärte er: „Das soll er!" Und innerhalb weniger Monate wurde ein Stipendium in Princeton gefunden und versprochen, sofern der Junge eine anerkennenswerte Aufnahmeprüfung bestehen konnte.

Der kleine Mann ging eines Morgens früh allein auf, um seinem Schicksal entgegenzutreten. Am Abend kam er zurück. „Und bist du eingetreten?", riefen wir. Ganz ruhig antwortete er: „In Princeton waren sie sehr nett zu mir. Ich wurde ausführlich geprüft und werde in die Junior-Klasse aufgenommen."

Als ich seinen kleinen Koffer für sein College-Leben packte , stellte ich fest, dass ich nicht viel hineintun konnte – kaum mehr als meine Tränen! Sein erster Bericht lautete: „In einer Klasse von 83 Schülern ist er der Beste."

Diesen Status behielt er zwei Jahre lang. In der Klasse waren bärtige Männer, die in den besten Vorbereitungsschulen gründlich vorbereitet worden waren. Theo hatte weniger als zwei Jahre an Mr. Gordon McCabes Schule verbracht. Den Rest seiner Zeit hatte er dem Lernen gewidmet, allein und ohne Hilfe.

Eines Tages erkannte er in Petersburg, wie wichtig seine Familie war, und verkaufte sein geliebtes Gewehr für 40 Dollar. Von dieser Summe behielt er 2 Dollar für sich selbst und kehrte mit einem Werk über höhere Mathematik unter dem Arm nach Hause zurück.

Er war ein *perfekter* Junge. Wenn er jemals falsch dachte, kann ich es nicht sagen – ich weiß, dass er nie etwas Falsches tat. Persönlich war er ebenso schön wie gut – mit klaren Augen, gelassen und mit einer großartigen Ausstrahlung. „Um die Zukunft eines meiner Kinder", pflegte ich zu sagen, „habe ich keine Angst. Theo wird immer Glück haben." Präsident McCosh sagte von ihm, er sei „geistig übernatürlich begabt". Er eignete sich Wissen immer mit vollkommener Leichtigkeit an. Er studierte und las, was auch immer sein Vater studierte oder las – Politik, Literatur und sogar militärische Taktik. In letzterer war er so versiert, dass die Regimenter in Smithfield ihn, als er noch ein kleiner Junge in Leinenblusen war, auf einen Ständer stellten und ihn die Kompanien exerzieren ließen.

THEODORICK BLAND-PRYOR.

Am Ende seiner Collegezeit schrieb er: „Die Professoren waren so freundlich, mir die Auszeichnung und auch das Mathematikstipendium zu verleihen." Dieses Stipendium erforderte, dass er mindestens ein Jahr an einer englischen Universität studierte. Daher wurde er im darauffolgenden Herbst auf Anraten von Präsident McCosh an die St. Peters University in Cambridge geschickt. Er war gerade neunzehn, als er seinen Abschluss machte.

Er war zu jung und unerfahren, um ein guter Manager zu sein, und merkte bald, dass seine 1000 Dollar ihn nicht durch das Jahr bringen würden. Als Preis wurde ihm ein Cambridge-Stipendium und 40 Dollar angeboten. Er arbeitete dafür und gewann – während er arbeitete, band er sich nasse Handtücher um sein müdes Gehirn.

Ich erinnere mich an einen schönen Juninachmittag, der in einen perfekten Mondscheinabend überging. Meine kleinen Mädchen, in Weiß gekleidet, hörten der Musik zu Hause zu – Roger mit seiner Geige, begleitet von seiner Mutter am Klavier, das meine liebe Tante Mary Gordon vermacht hatte. Ein hastiges Klingeln an der Tür, ein Ansturm eifriger Schritte und Theo lag in meinen Armen! Wir fanden ihn bezaubernd. Sein Vater bemerkte stolz seine feine Art und amüsiert den zarten Hauch einer steigenden Modulation in seiner Stimme. Nie waren die Menschen so froh und stolz. Wieder einmal waren wir alle zusammen.

Er beschloss, nicht nach England zurückzukehren, obwohl ihm seine Vorgesetzten in Cambridge schrieben und versicherten, dass er zwar „kein Stipendium bekommen könne, ohne eingebürgerter britischer Staatsbürger zu werden", aber „letztendlich einen hervorragenden Abschluss machen" werde. Er schrieb sich an der Columbia Law School ein, um sich als Partner seines Vaters zu qualifizieren.

Im Oktober wurde er vor ein höheres Gericht gerufen. An einem warmen Abend ging er hinaus, „um sich vor dem Schlafengehen abzukühlen", und wir sahen ihn nie wieder! Neun Tage nach seinem Tod trugen die Gezeiten seinen schönen Körper zu uns, und seine geliebte Alma Mater holte ihn ab. Dort liegt er in dem für die Präsidenten und Professoren der Universität reservierten Bereich – Seite an Seite mit der Asche der Edwards und Alexanders, die mit ihm das große Erwachen erwarten. Seine Klassenkameraden schickten nach Virginia, um einen Granitpfeiler zu holen, und auf diesem Stein steht die Inschrift: „Zur Erinnerung an seine Tugenden, sein Genie und seine Gelehrsamkeit und als bleibendes Zeugnis unserer Liebe wurde dieses Denkmal von seinen Klassenkameraden errichtet."

Von ihm wurde eine große Zukunft erwartet. „Er war", so hieß es in einem der damaligen Journale, „einer der begabtesten Köpfe, die Virginia je hervorgebracht hat. Amerika war ihm wahrscheinlich nicht überlegen. Er war zum Zeitpunkt seines Todes erst zwanzig Jahre alt, doch sein starker und ausgereifter Intellekt sicherte ihm jede Position, die er sich wünscht. In jeder Schule, Akademie oder Hochschule, die er besuchte, war er immer der Erste und mit Leichtigkeit der Erste. Seine Fähigkeiten waren in der Tat erstaunlich. Obwohl er stolz darauf war, ein Virginianer zu sein, ist sein Verlust für den Staat, ja für das Land unwiederbringlich. In Waffen und Staatskunst hat Virginia nichts zu begehren – in der Literatur erwartet sie ein neues Feld des Ruhms. Pryor, der auf diesem Gebiet führend war, hätte es mit dem Glanz seines Ruhms erfüllt. Oh! Was für ein Verlust, was für ein Verlust!"

Es liegt eine besondere Bitterkeit in der frühen Vernichtung solcher Kräfte. Aber obwohl ihm der Lorbeer so schnell von der Stirn gerissen wurde, hatte er bereits edel gearbeitet und Großes geleistet. Er hatte in seinem kurzen Leben mehr erreicht als die meisten von uns in einem langen Leben. Ob das Ende durch Gewalt oder durch einen Unfall kam, er konnte sich wie John Sterling dem „Großen Geheimnis" nähern, „ohne einen Gedanken an Angst und mit sehr viel Hoffnung". So wie er bestätigte er unseren Glauben an die Unsterblichkeit und machte den Himmel in unseren Gedanken schöner.

Er war ein Opfer des Niedergangs seines Vaters. Jetzt musste Nemesis doch zufrieden sein! Obwohl wir unschuldig an Verbrechen waren, hatten wir doch das volle Ausmaß der Verbrechen der Nation erlitten. Andere waren aufgefordert worden, ihre erstgeborenen Söhne aufzugeben. Wir hatten nun unsere aufgegeben! War das nicht genug? Alle Lebensfreude war für immer vorbei. Von da an verstärkte eine bittere Erinnerung jeden Schmerz, vergiftete jede Freude – so deutlich schien unser großer Verlust aus unserem Unglück zu erwachsen – und all dies war die Folge eines grausamen, schrecklichen, bösen Krieges.

Aber warum sollte ich meine Leser bitten, mir zuzuhören, während ich „wie Philomel mein Herz gegen einen Dorn drücke"? Wir können nichts an unserem Leben ändern. Wir müssen das uns zugesprochene Schicksal ertragen! Wir müssen andere nicht bitten, mit uns zu leiden! *Große Seelen, immer noch dulden!*

Die Geschichte, die ich erzähle, muss spätestens im Jahr 1900 enden – und ich finde keinen passenden Ort für eine kurze Hommage an einen anderen brillanten Sohn, den wir nach diesem Jahr verloren haben, es sei denn, meine Leser verzeihen mir ein Wort an dieser Stelle. Ich hinterlasse die großartige Aufzeichnung seiner Dienste als Arzt und Chirurg dort, wo sie sicher ist – in den Erinnerungen seiner Brüder im In- und Ausland. „Pryors Praxis" wird in England und Frankreich immer noch als Rettung leidender Frauen zitiert. Aber andere Aufzeichnungen sind in die Herzen der Armen und Bescheidenen geschrieben. „So manche Nacht", sagte einer seiner Krankenhauskollegen, „mit dem East River voller Eis und Schnee und Graupel, die ihm direkt ins Gesicht peitschten, ist Dr. William Pryor in einem Ruderboot hinübergefahren, um ein armes Waisenkind auf Blackwell's Island zu besuchen, das er operiert hatte – und hatte dabei eine Köstlichkeit im Gepäck, die der Ernährungsplan des Krankenhauses nicht hergab."

Er war körperlich und geistig äußerst reich begabt und gab der leidenden Menschheit alles, was Gott ihm gegeben hatte.

Als ich mich dazu entschloss, dieses Buch zu schreiben, beschloss ich, meine eigenen Gefühle und Emotionen nicht denjenigen aufzudrängen, die so freundlich sind, meine Geschichte zu lesen. Ich weiß leider, dass ich nicht der Einzige bin, auf den der Turm von Siloah gefallen ist. Gott verbietet es uns, uns für unwürdiger zu halten als diejenigen, die einer solchen Katastrophe entgehen.

„Der dornige Pfad", ein Gemälde von P. Stachiewicz, zeigt Frauen, die sich mühsam einen gefährlichen Pfad entlang quälen. Auf der einen Seite ist ein hoher, kahler Felsen, auf der anderen ein grausiger Abgrund. Sicherheit bietet nur der schmale Pfad, der uneben ist, mit rutschigen Steinen übersät und dicht mit grausamen Dornen übersät ist. Zwei Frauen sind zentrale Figuren der Prozession: eine, zerlumpt und betrunken und ihr Schicksal verfluchend, taumelt unsicher gegen die Kieselsteinwand; eine andere geht denselben Pfad mit gesenktem Kopf und zum Gebet gefalteten Händen. Ein weißes „Gewand der Gerechtigkeit" ist auf die Letztere herabgestiegen, und himmlisches Licht umgibt ihr Haupt, obwohl die Füße der Pilgerin barfuß und von Dornen zerrissen sind.

WILLIAM RICE-PRYOR.

Manchmal hat uns ein Lied oder ein Bild mehr gelehrt als viele Predigten. Als Christine Nilsson, fest und aufrecht dastehend, mit nach oben gerichtetem Blick, „ICH WEISS " sang, waren wir begeistert und überrascht und wurden von einem lebendigen Glauben erfüllt, der unter der Lehre von der Kanzel weniger glühend gebrannt hatte. Wir hatten geglaubt, aber jetzt fühlten wir, dass wir *wussten*, dass der Erlöser lebt und am Jüngsten Tag auf der Erde stehen wird, und dieses Gefühl tröstete uns.

KAPITEL XXXIV

Im Jahr 1872 wurde Horace Greeley von der Demokratischen Partei als Präsidentschaftskandidat nominiert, um sich der zweiten Amtszeit von General Grant entgegenzustellen. Er schrieb an meinen Mann:

" SEHR GEEHRTER GENERAL PRYOR ,

„Ich möchte, dass Sie mir bei dieser Wählerwerbung helfen. Ich möchte, dass Sie nach Virginia gehen und dort und im Süden etwas für mich tun.

"Dein Freund,
„ HORACE GREELEY .“

Mr. Greeley war zunächst gegen den Bürgerkrieg. Sein Herannahen hatte ihm große seelische Qualen bereitet. Er bemühte sich mit aller Kraft, den Einsatz von Waffen zu verhindern – doch als dieser unvermeidlich war, folgte er dem Rat von Polonius. Er war es, der den Ruf „Auf nach Richmond“ erhob, und er war danach ein starker Unterstützer der Regierung. Nach der Kapitulation befürwortete er ebenso entschieden friedliche Maßnahmen, widersetzte sich der Entscheidung der Bundesregierung, Mr. Jefferson Davis ohne Gerichtsverfahren gefangen zu halten, und war, ohne sich aller persönlichen und finanziellen Konsequenzen bewusst zu sein, nach Richmond gegangen und hatte vor Gericht die Kaution des Präsidenten der Konföderierten unterzeichnet.

Es ist leicht zu erkennen, dass die aktive Unterstützung eines Mannes wie General Pryor – der sich an diese Tatsachen erinnern und sie zu seinem Vorteil nutzen konnte – für Mr. Greeley äußerst nützlich sein könnte. Die Versuchung war für meinen Mann sehr verlockend. Ein aktives politisches Leben war seine erfolgreichste und angenehmste Beschäftigung gewesen, aber er erinnerte sich an seinen Entschluss zu *arbeiten* und sich seinem Beruf zu widmen und lehnte Mr. Greeleys Einladung ab.

„Sie machen einen großen Fehler“, sagte einer seiner Freunde, „den ganzen Tag im Büro und die ganze Nacht zu Hause. Ich würde gern wissen, wie Sie damit klarkommen wollen! Sie machen nie einen Besuch – man sieht Sie nie in einem Club oder bei einer öffentlichen Veranstaltung.“

„Das stimmt“, sagte mein Mann, „aber ich bin überzeugt, dass meine einzige Hoffnung auf Rettung darin besteht, etwas zu wissen und etwas zu haben, was die Leute in New York wollen. Sie wollen gute Anwälte, und ich muss Tag und Nacht lernen, um einer zu werden.“

Sein Freund John Russell Young, der weit weg in Europa lebte, hörte von Mr. Greeleys Kampagne. Er selbst war ein überzeugter Republikaner und ergebener Freund von General Grant und konnte nicht mit Gleichmut davon ausgehen, dass Mr. Greeley durch die Unterstützung des Südens noch stärker werden würde. Am 16. September 1872 schrieb er aus Genf:

" LIEBER PRYOR :—

„Ich habe in der *New York World gelesen* , dass Sie in Virginia eine Rede zugunsten von Greeley halten werden, und habe mir meine eigenen Gedanken zu dieser Ankündigung gemacht. Ich würde mich gern mit Mrs. Pryor zu diesem Thema austauschen, da sie eine klare politische Einstellung hat. Aber ich erinnere mich, dass sie einmal sagte, das Stopfen von Strümpfen hätte eine lähmende Wirkung auf literarische Ambitionen – und sie machte keine Vorbehalte zugunsten der Politik. Im Augenblick möchte ich ihre Aufmerksamkeit und Unterstützung gewinnen.

„Die Idee von RAP – dem repräsentativen Feuerschlucker, dem Robespierre oder Danton, oder, wenn Sie es lieber mögen, dem Harry Hotspur der Südstaatenrevolution – dem einzigen Redner, der so ungeduldig darauf wartete, dass die Uhr in Shrewsbury schlägt – oh, mein Freund! Das Schauspiel dieses *Führers* , der Horace Greeley verteidigt! Kann die Ironie der Ereignisse eine tiefere Illustration haben? Miserere! Wie die Welt untergeht! Was können wir als nächstes erwarten? Jefferson Davis und Frederick Douglass treten als Präsidentschaftskandidaten für das chinesische Wahlrecht an! Wenn Sie wirklich eine Rede gehalten haben, schicken Sie sie mir. Ich nehme an, in Ihrem eigenen Kopf haben Sie viele gehalten, denn Ereignisse wie diese entwickeln das Denken in den Köpfen aller denkenden Menschen. Ich sehe Greeleys Wahl nicht. Ich habe einen Brief von ihm, der im Juli geschrieben wurde und sehr heiter ist. Aber ich habe einen Brief aus dem Weißen Haus, der genauso heiter ist. Ich kann mir nicht vorstellen, dass Grant geschlagen wird, und bin mir sicher, bei allem Respekt vor Mrs. Pryors positiven politischen Ansichten, dass er es nicht werden sollte. Ich kann den leidenschaftlichen Wunsch verstehen, den Sie und Ihr Volk nach einem ehrlichen Wiederaufbau haben. Ich kann mir vorstellen, dass Sie sogar Horace Greeley in die Arme fallen würden, um eine solche Befreiung zu erreichen. Aber unter Mr. Greeley und den Männern, die ihn an der Macht begleiten würden, ist ein ehrlicher Wiederaufbau nicht möglich. Der Süden hat seine Zukunft selbst in der Hand. Wenn die Männer, die ihn wie Sie geführt haben, Ihrem Beispiel gefolgt wären, als der Krieg vorbei war, gäbe es keine Probleme. Aber das erforderte Mut – einen größeren Mut, als je eine Rebellion verlangte; und wenn der Süden sich nicht wieder behauptet hat, ist es die Schuld der Südstaatler selbst.

„Aber ich werde aus dieser Entfernung keine Politik predigen. Wenn Sie nicht im Wahlkampf sind, halten Sie sich raus! Kommen Sie mit Miss Gordon hierher. Ich würde mich sehr freuen, Sie zu sehen. Ich bin sicher, Mademoiselle würde in Paris schwelgen. Mrs. Young würde auch mit ihr nach Deutschland reisen, alle berühmten Klöster und kirchlichen Einrichtungen besuchen und schließlich in Paris landen und eine erschöpfende Suche durch die Geschäfte unternehmen.

"Ich persönlich habe das Gefühl, dass ich Gelegenheiten habe und sie vernachlässige. Ich habe jedoch immer meine Arbeit, habe mich mit Französisch auseinandergesetzt, etwas auf Spanisch gemacht und habe Pläne für die deutsche Sprache. Aber da man seine Artischocke immer nur Blatt für Blatt essen kann, ist Französisch meine Hauptbeschäftigung außerhalb meines Berufs. Ich habe keine Zeit, Schach zu spielen – und ich nehme an, dass Miss Gordon mir beim nächsten Spiel einen Springer geben wird. Sie dürfen mich nicht für völlig nutzlos halten. Ich habe Carlyles ‚Frederick' in dreizehn Bänden beendet – denken Sie daran! Im Sommer habe ich mich mit Romanen beschäftigt – ‚Don Quixote', ‚Tom Jones', ‚Roderick Random' – und jetzt bin ich dabei, ‚Romola' zu beginnen, von dem Bayard Taylor gestern sagte, es sei der beste historische Roman in unserer Sprache. Grüßen Sie alle zu Hause herzlich von mir und glauben Sie mir, lieber Pryor,

"Mit freundlichen Grüßen,
" JOHN RUSSELL YOUNG .

Wir hatten John Russell Young kennengelernt, als er von Colonel Forney als Junge geschickt wurde, um über eine Rede meines Mannes im Kongress zu berichten. Er war jetzt Mitarbeiter des *New York Herald* . Während eines vorübergehenden Aufenthalts in London begann er eine Reihe bezaubernder Briefe an meine Tochter, die bis zu seinem Lebensende anhielten. Aus London schrieb er:

„ MEINE LIEBE MISS GORDON :—

„Ich schicke Ihnen zwei Autogramme – eines ist von Dinah Mulock Craik (die ‚John Halifax' schrieb, wissen Sie), das andere von Mr. Gladstone, dem ehemaligen Premierminister. „Ich werde versuchen, ein Autogramm von Carlyle und ein Foto von ihm für Ihre Bibliothek zu bekommen. Der alte Mann ist sehr schwer zu erreichen – er ist sehr alt. Ich habe George Eliot noch nicht gesehen, werde es aber tun. Ich habe gestern Abend mit William Black zu Abend gegessen.

"Ich hatte eine schöne Zeit in London. Ich habe noch nie in meinem Leben so viel Aufmerksamkeit bekommen – ich weiß nicht, wie es dazu kam, aber so ist es gekommen. Mein Macmillan-Artikel öffnete mir jedoch die Tür zu jeder Zeitung und Zeitschrift – und die Tür ist nutzlos, außer um hineinzuschauen! Aber stellen Sie sich die Leute vor, die ich getroffen habe! – nicht, wie ich sagte, Carlyle oder George Eliot (aber sie ist möglich, wenn sie nach Hause kommt), aber ich glaube, ich habe mit fast jedem anderen zu Abend gegessen. Green – der Mann für Kurzgeschichte – und ich sind gute

Freunde geworden. Ich erzählte ihm, wie sehr Ihnen sein Buch gefiel, und er errötete wie eine Junirose. Ich habe mit Huxley, Tyndall, Froude, Browning, Herbert Spencer, Kingsley, Bryce, Green, Norman Lockyer, William Black, Motley und ich weiß nicht wie vielen anderen zu Abend gegessen – Sie sehen also, soweit Auslandsreisen für die Erweiterung des eigenen Horizonts von Nutzen sind, bin ich nicht umsonst gekommen. Sie müssen die Eitelkeit all dessen verzeihen, aber wenn man von zu Hause weg ist, was kann man nichts anderes tun, als über sich selbst zu schreiben?

„Ich schrieb deinem Vater letzte Woche, dass ich im Begriff sei, nach Hause zu kommen. Ich packte alle meine Koffer und mietete mein Zimmer auf der *Adriatic*, die am 25. ablegt. Ein Telegramm von Mr. Bennett kommt, in dem er mich auffordert, auf seine Ankunft zu warten. Also packte ich meinen Koffer aus und ergab mich wieder dem Londoner Nebel. Wenn du dem pensionierten Staatsmann, der über den Verfall der Republik trauert, die Neuigkeiten behutsam beibringst, wirst du ein pflichtbewusstes Kind und mein sehr guter Freund sein. Ich bin sehr enttäuscht, nicht nach Hause zu gehen. Da ist eine kleine Frau, deren Augen, nehme ich an, traurig genug sind, um sich durch den Nebel zu quälen für einen schwänzenden Lord, der so lange zu wandern scheint wie Odysseus. Da sind Freunde, deren Gesichter zu sehen Sonnenschein wäre – und da sind Pflichten in Bezug auf die Aufklärung der öffentlichen Meinung in der Frage der Präsidentschaft – all das ist nur eine Umschreibung dafür, dass ich Heimweh habe und dass ich das beste Buch in meiner Bibliothek hergeben würde (du siehst, wie extravagant ich bin), wenn es in meiner Macht stünde, anzunehmen eine Einladung von Ihrer Mutter zum Tee. Ich würde sogar das Risiko eingehen, mit Ihrem Vater über Politik zu streiten! Grüßen Sie alle zu Hause von mir – Ihre Mutter mit besonderer Pflicht, und glauben Sie mir, meine liebe Miss Gordon,

„Mit freundlichen Grüßen,
„ NEIN, RUSSELL YOUNG .“

„PS – Aus einem Brief, den mir Ihre Mutter freundlicherweise geschrieben hat, entnehme ich, dass Sie Virginia besuchen werden. Wenn Sie nun nur die Hoffnungen Ihrer Freunde rechtfertigen und einen Nachkommen von Pocahontas oder Patrick Henry oder GW mitbringen, um Ihrem Vater und Ihrer Mutter Trost zu spenden, dann bin ich der Meinung, dass Sie Virginia nicht umsonst besucht haben. Da dies jedoch ein Thema ist, vor dem mich die Familie Pryor oft gewarnt hat, werde ich es nicht wagen, irgendwelche Ratschläge zu erteilen.

"Nochmals, dein Freund,
„ NEIN, RUSSELL YOUNG .“

"Ich schicke Ihnen", sagt er in einem anderen Brief, "einen bemerkenswerten Artikel über George Eliots Werk. Sie werden die Tendenz zur Kritik und Zitate von Kleinigkeiten bemerken, um ein negatives Urteil zu untermauern. Ich erinnere mich nur an bessere Dinge. Natürlich muss ich den Anflug von Bitterkeit in allen Schriften von George Eliot anerkennen, aber der Kritiker der letzten Tage erhebt eine schimpfende Anklage gegen die künstlerischen Merkmale ihrer Bücher. Er meint, es sei eine schreckliche Sache gewesen, dass Dorothea ein zweites Mal heiratete, aber wie belanglos ist das alles! Wenn ich 'Adam Bede' und 'Middlemarch' beendet habe, möchte ich immer voller Ehrfurcht sagen: 'Oh, Herrin! Oh, meine Königin!', denn sie ist die Herrin und Königin ihrer Kunst und sollte mit Carlyle und Hugo erwähnt werden."

Endlich kam die „Chance", auf die General Pryor neun Jahre lang hingearbeitet und gewartet hatte. Ein New Yorker Korrespondent des *St. Louis Republican* kommentiert das Ereignis folgendermaßen: „General Pryor lieh sich die Gesetzesbücher, die er brauchte, um mit dem Studium zu beginnen, das erforderlich war, um seinen Klienten Gerechtigkeit widerfahren zu lassen, und er studierte, während er kämpfte – tapfer. Keiner hat mehr bis spät in die Nacht gearbeitet, und von einem, der vor zehn Jahren noch kein Anwalt war, ist er zu einem der versiertesten und gelehrtesten Mitglieder der Anwaltskammer geworden. In seiner jüngsten großen Rede im Prozess von Tilton gegen Henry Ward Beecher, in der er dem Versuch von William M. Evarts, Beechers Anwalt, widerstand, den Kläger von der Aussage abzuhalten, schleuderte General Pryor Herrn Evarts Gesetze an den Kopf, die dieser trotz all seiner Nachforschungen nicht erreicht hatte, und Herr Evarts lobte General Pryor nicht nur für die brillante Darstellung des Gesetzes, sondern auch für seine umfassende Kenntnis der Behörden. Seine Rede brachte Tilton den Sieg . Er ist als unermüdlicher Student bekannt. Sieben Stunden am Tag studiert er Jura, als bräuchte er alles am nächsten Tag. Kein Mann in New York hat eine glänzendere Zukunft; und wenn diese kommt, wird kein Mensch so vollständig seinen eigenen Weg gegangen und sein eigenes Glück gemacht haben."

Dieser Prozess gegen Amerikas großen Prediger war in den USA und in England berühmt. Die Anklage gegen Theodore Tilton erregte in den gesamten Vereinigten Staaten und im Ausland, wo immer Mr. Beecher einen hervorragenden Ruf erlangt hatte, große Aufregung. Der Prozess dauerte sechs Monate. Mr. Tiltons Anwälte waren Mr. Beach, der ehrenwerte Sam Morris, Richter Fullerton und General Pryor. Gegen sie traten der ehrenwerte William M. Evarts, der ehrenwerte Benjamin Tracy, Thomas Shearman und Austin Abbott an.

General Pryor wurden alle heiklen und obskuren Rechtsfragen anvertraut, die mit dem Fall in Zusammenhang standen. Die Presse der damaligen Zeit zollte ihm allgemein höchstes Lob für seine Gelehrsamkeit und gründliche Kenntnis seines Fachgebiets. Er erwarb sich einen sehr guten Ruf und war von da an überzeugt, dass seine berufliche Laufbahn eine aktive sein würde. Der Eindruck, den der neue Anwalt – der rebellische Politiker und Soldat, der zum Anwalt wurde – auf die Korrespondenten der Presse machte, änderte sich nie. Ein New Yorker Korrespondent einer Zeitung aus Ohio [7] beschreibt ihn folgendermaßen:

"General Pryors Antwort auf Mr. Evarts' Antwort war letztlich die größte Überraschung des Tages. Sie war in vielerlei Hinsicht so bemerkenswert, dass ich nicht weiß, wo ich mit der Charakterisierung beginnen soll. Kein aufregendes Thema, würde man sagen, für einen feurigen Redner aus dem Süden, die Gesetze des Staates New York zum Thema der Zeugenaussage von Verheirateten zu analysieren. Aber es war vom allerersten, wenn auch förmlichen Satz an, der General Pryor aussprach, offensichtlich, dass er keinen äußeren Anlass brauchte, um seine überladenen Batterien persönlicher Elektrizität aufzuregen. Eine trockene Rechtsfrage war Provokation genug; was er in der Hitze eines leidenschaftlichen Themas tun würde, ist unvorstellbar, wenn die Proportionen von Anlass und Wirkung gewahrt blieben. Seine Ausführung ist, um den Begriff eines Musikers zu verwenden, erstaunlich, wenn man sie nur als eine *Glanzleistung betrachtet* . Es ist ein vulkanischer Redeschwall. Zu sagen, die Aussprache sei schnell, ist nichts: sie ist blitzartig. Die geschicktesten Reporter könnten ihm kaum folgen. Seine nervöse Energie ist gleichermaßen bemerkenswert und scheint aus jeder Pore seines Körpers sowie aus seinem Mund, seinen Augen und seinen Fingerspitzen auszubrechen. Mit dem juristischen Buch in seiner linken Hand, dem zitternden Okular in seiner rechten, das mit oder ohne Gegenstand auf seine Nase springt und wieder herunterspringt, wie ein lebendiges Ding, oder die Äußerung mit eigenen Stoßbewegungen betont; sein Kopf ist hochgeworfen, seine Augen schießen bei jedem Beginn direkt auf den Richter, als wollten sie ihn durchbohren, und er stürmt vorwärts wie ein Jehu, der in die Schlacht stürmt. Er hat keine gemäßigten Passagen; aber vielleicht wird er sich dieser Effekte bedienen, wenn er kommt, um sich an die Jury zu wenden. Und doch ist all dieser ungeheure Nervenaufwand, weit davon entfernt, die Kraft des Gehirns zu beanspruchen, nur ein Indiz für seine Tätigkeit; weit davon entfernt, die Selbstbeherrschung und Gedankenfolge oder die Präzision von Konzeption und Ausdruck zu erschüttern, verstärkt und sichert er all dies nur, wie bloßer Schwung das Gleichgewicht eines Rades aufrechterhält. Die Diktion ist bei all ihrer halsbrecherischen Geschwindigkeit vollkommen präzise und kraftvoll und nicht minder elegant; kein Nachwort, kein überflüssiges Wort und kein Wort, das durch Überarbeitung verbessert werden müsste; und das Gleiche gilt für die eng verknüpfte Argumentation."

Dieses mit kühner Hand gezeichnete Bild amüsierte die Familien in der Willow Street sehr. Aber die Rede hatten wir ja noch nicht gehört!

CHARLOTTE CUSHMAN.

KAPITEL XXXV

Gordon und ich hatten das Privileg, Charlotte Cushman zu sehen, als sie, da sie nicht mehr in den Stücken mitspielen konnte, in denen sie sich so hervorgetan hatte, in einem der großen Säle in New York eine Lesung gab. Sie war gebrechlich, weniger vom Alter als von einer Krankheit, die sie verzehrte. Ich fand ein riesiges Publikum vor, das sich zu ihren Ehren versammelt hatte. Es gab keine Sitzplätze mehr, keine Stehplätze. Sie hatte keine Assistenten, keine Unterstützung. Ein Stuhl hinter einem kleinen Tisch war die einzige *Inszenierung , und hier, in einem matronenhaften Kleid aus schwarzer Seide und Spitze, setzte sich die große Tragödin hin. Ihr graues Haar war à la Pompadour aus ihrer breiten, hohen Stirn* zurückgerollt , und unter schwarzen Brauen strahlte ihr Auge, als sie über das feine Publikum blickte. Wie sie es später beschrieb, „erblühte eine bescheidene Abschiedslesung zu einem brillanten Zeugnis".

Nachdem wir ihre anmutige Begrüßung begeistert erwidert hatten, sagte sie einfach: „Meine Damen und Herren, ich werde – hoffentlich zu Ihrem Vergnügen, ganz sicher auch zu meinem" und legte dabei ihre Hand aufs Herz – „aus der zweiten Szene des dritten Aktes von ‚Heinrich dem Achten' vorlesen."

Es ergab sich, dass es infolge ihres Erscheinens in einigen der damaligen Zeitschriften zu einer bemerkenswerten Diskussion gekommen war. Die Weisen, die Auserwählten, hatten in ihren Spekulationen über die Urheberschaft von Shakespeares Stücken oder den Briefen des Junius oder der Aufklärung der Völker durch eine bestimmte Umstellung der Zeiträume in Hamlets unsterblichem Monolog innegehalten und einen prüfenden Blick auf Wolseys großartigen Monolog geworfen. Für *uns andere* scheint es klar genug zu sein – aber wer sind wir, dass wir das Herz kennen sollten, das unter einem roten Gewand verborgen ist? Sie waren ernsthaft der Meinung, dass mit den Zeilen „Hätte ich meinem Gott nur mit halbem Eifer gedient" usw. der *König* und nicht *Gott* gemeint war. Zweifellos war Charlotte Cushman dieser bemerkenswerten Diskussion bewusst. Viele Rücken richteten sich auf, als sie die edlen Worte sprach:

„… O Cromwell, Cromwell!

Hätte ich meinem Gott nur mit halbem Eifer gedient

Ich diente meinem König, ER würde nicht in meinem Alter

Habe mich meinen Feinden schutzlos ausgeliefert."

Sie zeigte nach oben, als sie ehrfürchtig das Wort „ ER " aussprach.

Von hier aus ging sie nach einer kurzen Pause – sie verließ ihren Platz den ganzen Abend nicht – zu „Viel Lärm um Nichts" über. Niemals hatte es einen solchen Dogberry gegeben, der vor Arroganz und Ignoranz strotzte. Mrs. Maloney, die sich mit der chinesischen Frage befasste, folgte und entließ mit unnachahmlicher Unverschämtheit die Herrin, die ihr gerade die Tür gezeigt hatte. Dann wurde sie das treue, temperamentvolle, wild süße Kentucky-Mädchen und ihr Bluegrass-Pferd Kentucky Belle – beide absolut bezaubernd – und schloss mit „Molly Carew“. Darin war sie unglaublich. Die Polizisten an der Tür kamen herein, um zuzuhören; der Applaus war laut und lang. „Molly Carew“, fürwahr! Was ist in „Molly Carew“? Was in der Bitte, ihren Hut abzunehmen, damit sie ihren Geliebten nicht, wie er erklärt, „den Verlust meiner wandernden Seele“ kostet, um das Haus zum Einsturz zu bringen? Was in der empörten Zusammenfassung, dass sie besser vorsichtig sein sollte; „Sie werden sich ziemlich komisch vorkommen, wenn Sie mich die Straße entlangschlendern sehen und Sie selbst nicht dabei sind“?

Ich fand bald heraus, wie viel in Molly Carew steckte, *ohne* dass Charlotte Cushman sie interpretieren konnte! Zufällig hatte ich die Gedichte von Samuel Lover, und als ich nach Hause kam, nahm ich das Buch aus den Regalen der Bibliothek und rief die Kinder herbei, damit sie sich das Lustigste anhörten, was sie je in ihrem Leben gehört hatten. „Ich warne euch“, sagte ich, „ihr werdet euch fast umbringen vor Lachen.“

Ich las „Molly Carew“. Die runden Augen weiteten sich vor Erstaunen, als ich weiterlas. Kein Lächeln, nicht der leiseste Anflug von Heiterkeit. Totenstille wurde durch ein höfliches „Ist das alles? Danke, Mama“ gebrochen, als sie verschwanden. Oh, Genie, Geschenk der Götter! Wer kann es ermessen? Wer, der nicht dazu geboren ist, kann hoffen, es zu gewinnen! Wer kann auch nur eine entfernte Nachahmung davon erreichen! Wie es die einfachsten Ideen bekleiden und verherrlichen kann! Wie es Charlotte Cushman verwandelte – hager und grau von heftigen körperlichen Leiden, wohl wissend, dass ihre Stunde gekommen war! Welch edle Zurückhaltung bei ihrer Auswahl, wie sie Schmerz und Kummer ignorierte, sich selbst den Tribut des Mitgefühls verweigerte, uns mit einem Lächeln auf den Lippen eine gute Nacht wünschte und Worte verlangte, die ein Lächeln auf unseren Lippen erwiderten! Sich an Charlotte Cushman zu erinnern, heißt, sich an Madame Helena Modjeska zu erinnern – völlig anders, sicherlich nicht minderwertig. Ich traf sie in der Gesellschaft in New York. Ihr schönes Gesicht, ihr zarter, sensibler Mund und der „entrückte Blick ihrer Augen, als ob sie an die Ungerechtigkeiten in Polen denken würde“, werden wir nie vergessen. Und die Pracht ihres Genies! Ich sah sie als Ophelia in Edwin Booths Hamlet. „Sie sind so gut wie ein griechischer Chor, Mylord“ – sie in einem Savonarola-Stuhl, er auf einem *Fauteuil* zu ihren Füßen. Ich sah sie auch als Königin Katharina. Ich glaube, sie beeindruckte alle, die sie kannten, als eine äußerst traurige Frau. Aber ist Melancholie nicht das Vorrecht des Genies? Ich für meinen Teil kannte nie einen Mann oder eine Frau mit Genie, echtem Genie, die fröhlich waren. Madame Modjeska machte Melancholie schön.

Sie war einmal Gast einer Dame, die ihr zu Ehren eine Reihe erlesener Spirituosen versammelt hatte. Einer von ihnen, der seinen guten Engel vergessen hatte, fragte: „Wie gefällt Ihnen unser Land, Madame?"

„Oh", sie breitete ihre Hände aus, um leeren Raum anzudeuten, und sprach in müdem Tonfall, „Oh! Es ist *alles – alles* eine einzige große Ebene."

„Aber", sagte ihre Gastgeberin, „Geduld! Ich werde Ihnen gleich einen kleinen Hügel zeigen."

Es folgte eine Vorstellung, und am Ende des Abends drückte Madame Modjeska ihrer Gastgeberin zum Abschied die Hand und sagte mit Nachdruck:

„Ach, Madame! *Das* war ein gewaltiger Berg!"

HELENA MODJESKA.

Vor dem Krieg, der mich von allen Vergnügungen, die Muße und ein wenig Geld erforderten, abschnitt, hörte ich den älteren Booth in „Hamlet" – und ich muss gestehen, dass er im Alter ein ziemlich keuchender Hamlet war. In Brooklyn war es mir aufgrund meiner Lebensumstände nicht möglich, meiner Leidenschaft für Musik und dem Genuss eines guten Theaterstücks nachzugehen, aber wir hatten Karten für Plätze auf der Galerie, um Edwin Booth zu sehen, als Madame Modjeska mit ihm spielte. Danach sahen wir ihn in „The Fool's Revenge", und ich erinnere mich, dass ich ganz hingerissen war und alles außer seinem großartigen Schauspiel nicht wahrnahm, bis mich die ruhige Stimme meines Sohnes daran erinnerte: „Meinst du nicht, Mama, du solltest dich besser hinsetzen?" Ich verbrachte einen Sommer in Narragansett im selben Hotel wie Mr. Booth, als er sein müdes Gehirn ausruhte. Er hatte einen Stuhl mit Kapuze in einer Ecke einer Veranda mit Blick auf das Meer aufgestellt, und dort verbrachte er allein und in Stille die meiste Zeit. Seine ergebene Tochter kümmerte sich um ihn und beschützte ihn sorgfältig vor Störungen. Bei bestimmten Gezeiten gibt der Sand des Narragansett-Strandes ein seltsames, leises, singendes Geräusch von sich, wenn die Wellen sich von ihm zurückziehen – es stöhnt sozusagen, weil er zurückbleibt. Diese Geräusche konnten nicht von jedem Ohr gehört werden. Einige eifrige Zuhörer konnten sie nie hören. Ich fragte mich immer, ob Edwin Booth sie hörte, und wünschte, ich könnte ihn fragen, was sie zu ihm sagten. Ich könnte ihm sogar sagen, was sie zu mir sagten! Aber seine „Edwina" beobachtete ihn eifersüchtig, und wir respektierten seine offensichtliche Erniedrigung von Geist und Seele. Sein Platz am Tisch war neben meinem. Ein Lächeln im Mondlicht stahl sich auf sein Gesicht, wenn seine beiden Enkelkinder, rosige kleine Knirpse, zum Nachtisch zu ihm kamen, um ein Stück Süßes aus der Hand zu bekommen, deren kleinste Geste einst eine Menschenmenge bewegen konnte. Als er das nächste Mal lebhaft vor uns gebracht wurde, waren wir in einer großen Versammlung seiner Freunde und hörten Mr. Parke Godwin zu – seinem und unserem Freund –, als er von der Sonne erzählte, deren Aufgang, deren herrlicher Mittag und deren Untergang wir nie vergessen würden.

Im Herbst 1882 besuchte unser alter Freund aus dem Süden, General RD Lilley, New York im Interesse der Washington and Lee University. Colonel Mapleson war mit Adelina Patti, Nicolini und der berühmten *Tänzerin* Cavalassi gerade für eine glänzende Saison an der Metropolitan Opera eingetroffen. General Lilley schickte mir einen Brief von Colonel Mapleson – der vor mir liegt –, in dem er „eine große Veranstaltung für den 3. März zur Stiftung von Stipendien an der Washington and Lee University anbot, bei der die führenden Künstler der Oper auftreten würden", und bat um ein Komitee von Damen, die in Abstimmung mit ihm vorgehen sollten.

General Lilley war in einer Zwickmühle. Er kannte keine New Yorker Damen. Ich auch nicht. Aber schließlich gewann er die Gunst der Witwe von Gouverneur Dix und Mutter von Reverend Morgan Dix, die uns ihren Salon für unsere Treffen zur Verfügung stellte und zweifellos ihre eigene Besucherliste konsultierte, um Gönnerinnen zu finden. Als ich auf das inständige Gebet des Generals hinüber zum ersten Treffen ging, fand ich eine edle Gruppe von Frauen vor, die von dem Projekt begeistert waren. Ich war ein Fremder in New York und erkannte die Namen des Komitees nur vage mit meinen eigenen: Mrs. John Dix, Mrs. August Belmont, Mrs. William M. Evarts, Mrs. Francis R. Rives, Mrs. John Jay, Mrs. (Commodore) Vanderbilt, Mrs. Vincenzo Botta, Mrs. Henry Clews, Mrs. James Brown Potter, Mrs. Winfield S. Hancock und andere, insgesamt etwa fünfzig! Ich kann mir jetzt leicht vorstellen, dass dieses Komitee nur etwas wollte , und wenn es nicht zustande kam, lag der Fehler nicht an ihrem Mangel an Potenzial. Sie brauchten nur ein Wort zu sagen. Mittel, überfließende Mittel und großzügige Unterstützung waren gesichert.

Colonel Mapleson nahm an unseren Treffen teil, die Mrs. Dix sehr unterhaltsam gestaltete. Wir führten angeregte Diskussionen bei Mrs. Dixs Teetassen und fassten schöne Beschlüsse. Patti, versicherte uns der Colonel, würde sicherlich singen, aber sie brauchte jede Menge Überredung und gespielte Bitten. Dann schrieb uns Nicolini – den sie kürzlich geheiratet hatte – jeden Tag einen Brief, in dem er uns ein Problem vorstellte, das wir lösen mussten. Die Blumen, die wir bestellten, waren unvergleichlich – für Arditi, den Orchesterleiter, eine große Notenrolle mit weißen Blumen und auf diesem Hintergrund die ersten Takte seines „Il bacio" in blauen Veilchen. Der Hexe Cavalassi schenkten wir einen Blumenschuh, Colonel Mapleson ein seidenes Banner mit Sternen und Streifen. Was, ach! konnten wir für Patti tun? Konnte *irgendetwas* genügen? Schließlich schickten wir nach Colonel Mapleson. „Meine Damen", sagte er, „das wird Ihre einfachste Aufgabe sein. Kommen Sie mit Blumensträußen in der Hand oder mit Kordeln, die Sie von Ihren Fächern genommen haben, umwickelt sind, ins Opernhaus und werfen Sie sie ihr spontan zu. Sie liebt nichts mehr, als über die ganze Bühne zu rennen und Blumen aufzuheben, bei jedem neuen Blumenstrauß große Überraschung vorzutäuschen, sie an ihr Herz zu drücken und schließlich völlig überwältigt davonzulaufen."

All dies geschah, wie ich erfuhr, ohne dass ich dabei gewesen wäre! Colonel Mapleson vergaß mich jedoch nicht. Er schickte mir das in Gold geschnittene Monogramm der Washington and Lee University, und ich trage es oft als Andenken an meine bezaubernden Stunden mit der guten Mrs. Dix und ihren Freunden.

Als ich in die Stadt zog, stellte ich fest, dass sich Dr. Dix, seine reizende Mutter und viele der Damen unseres Komitees noch an mich erinnerten. Dies war nicht das letzte Mal, dass wir gemeinsam an einem wohltätigen Unterfangen teilnahmen, und auch nicht das letzte Mal, dass Patti mir die Ehre erwiesen hat. So kindisch die kleinen Künste auch waren, die ihr von Colonel Mapleson zugeschrieben wurden, konnte sie gelegentlich doch ein großes, warmes Herz beweisen!

KAPITEL XXXVI

1877 luden die führenden Bürger Brooklyns General Pryor ein, am Decoration Day eine Rede an der Academy of Music zu halten. Dies war eine Gelegenheit, die er sich schon lange gewünscht hatte, und die Einladung wurde eifrig angenommen. Mit großem Eifer und Verbitterung lehnten einige der Veteranen der Grand Army die Einladung ab, woraufhin mein Mann die Ehre umgehend ablehnte. Ich nenne die Namen der alten Soldaten nicht – ihnen wurde vor langer Zeit vergeben und wir verstehen sie voll und ganz. Es folgte ein hitziger Briefwechsel – auf der einen Seite großzügige, brüderliche Gefühle, auf der anderen das erneute Bluten alter, nicht verheilter Wunden. Schließlich willigte der General ein – obwohl der Charme und die Anmut des Kompliments völlig verflogen waren – da er erkannte, dass es kindisch und undankbar wäre, weiterhin nicht zu sprechen, und willigte ein.

Der interessante Charakter des Anlasses und der dadurch ausgelöste Konflikt zogen ein sehr großes Publikum in die Musikakademie. Mein Mann brauchte für seine Reden sonst nie Notizen, aber dieses Mal schrieb Gordon seine Ansprache in sehr großer, deutlicher Handschrift auf, damit er, falls nötig, sein Gedächtnis auffrischen konnte.

Das war nicht nötig. Er war voller Feuer und Enthusiasmus und brachte die edlen Ansichten zum Ausdruck, die am nächsten Tag von der *New York Tribune eifrig zitiert wurden* . Der Schlussabsatz ist eindeutig. Er muss sein Publikum überrascht haben:

„Vom Standpunkt einer umfassenderen Betrachtung aus, mit einer ruhigeren und gründlicheren Betrachtung der Ursachen und Bedingungen des nationalen Wohlstands, kann ich für meinen Teil nicht umhin, zu dem Schluss zu kommen, dass die Vorsehung das Ereignis letztlich weise angeordnet hat und dass es für den Süden selbst gut ist, dass er in seinem Bemühen, eine separate Regierung zu etablieren, enttäuscht wurde. Es ist klar, dass eine solche Regierung, wenn sie erst einmal etabliert wäre, nicht lange Bestand gehabt hätte. Sie wurde auf Prinzipien gegründet, die ihren Untergang bewiesen haben müssen. Sie muss bald ein Opfer ausländischer Aggression oder innerer Anarchie geworden sein. Auch mit der Wiederherstellung der Union ist der konföderierte Soldat durch die Abschaffung der Sklaverei nicht weniger versöhnt. Volk des Nordens, die Geschichte wird bezeugen, dass die Sklaverei nicht durch irgendwelche Willensanstrengungen des Menschen, sondern durch das unmittelbare Eingreifen und Handeln des Allmächtigen selbst fiel. Und in die Hymne des Lobes, die zum Himmel aufsteigt für die Emanzipation von vier Millionen Menschen, mischt sich die Stimme des konföderierten Soldaten mit einer

Note frommer Gratulation. Und nun können wir in der unbesiegbaren Kraft der Freiheit hoffen, dass die Existenz unserer gesegneten Union nur durch die Sterblichkeit begrenzt wird, an der sich die Dauer aller menschlichen Institutionen misst. [*Anhaltender Applaus.*]" – *Tribune* , 31. Mai.

"General Roger A. Pryors Rede zum Decoration Day erntet hohe Zustimmung. Sie war mutig, patriotisch und staatsmännisch. Er erfasst die Situation. Er legt nicht viel Wert auf Vergangenes, glaubt, Grabsteine seien dazu da, um sie zurückzulassen und nicht, um an sie zu knüpfen, und hätte lieber einen lebenden Mann mit durchschnittlichem gesunden Menschenverstand als den größten Nachruf, der je geschrieben wurde. General Pryor ist einer der wenigen Männer, die ein Morgen haben."— *Evening Express* , 12. Juni.

Der *Springfield Republican* vom 31. Mai sagt:

„Die Leute von der Grand Army, die sich dagegen aussprachen, Roger A. Pryor einzuladen, gestern in Brooklyn die Rede zu halten, schämen sich inzwischen wahrscheinlich ziemlich. Sicherlich hätten sie dem Land eine sehr wünschenswerte Rede vorenthalten, wenn es ihnen gelungen wäre, ihn am Sprechen zu hindern."

So weitreichend die Ansichten des Ex-Rebellen zu dieser Zeit auch waren, die Zeitungen des Südens unterstützten ihn:

"Die Rede von General Roger A. Pryor am Decoration Day in Brooklyn, New York, ist ganz bemerkenswert. Sie ist sehr brillant und sehr eloquent. Sie ist logisch, aber es ist ‚Logik in Flammen', wie Macaulay über Lord Chatham sagte. Die Sätze sind von großartiger Spannkraft und durchweg von erhabenem und patriotischem Gedankengut geprägt. Sie erinnert uns in ihrer Glut und Leidenschaft, in ihrer reichen und fließenden Rhetorik und in ihrer exquisiten Ausdrucksweise an Edmund Burkes gewaltige Rede über die ‚Schulden des Nabob von Arcot'. Wir glauben nicht, dass irgendjemand den Redner mit seinen aufflammenden, intensiven Passagen und seinem klangvollen, kunstvollen Stil, mit seinen erhabenen Gedanken und seiner leidenschaftlichen Beredsamkeit begleiten kann, ohne eine entsprechende Erregung und ein Gefühl des Stolzes zu verspüren, dass dieser Meister der Rede ein Südstaatler ist."

— *Wilmington* (NC) *Star* .

„Die Ansprache von General Roger A. Pryor am Decoration Day in Brooklyn, NY, ist eine brillante Darbietung. Wie alles, was von ihm ausgeht, ist sie voller guter Gedanken und feiner Gefühle, mit einer überwältigenden Palette glühender Genialität, alles gekleidet in eine einfache, reine und so gegensätzliche Ausdrucksweise, als ob Idee und Sprache gemeinsam einem Gehirn entsprungen wären, das in seinen Konzepten völlig originell und unabhängig ist. Auch der Geist der Ansprache ist von Anfang bis Ende national, katholisch, patriotisch und großartig amerikanisch.

„Pryor ist ein Mann mit hervorragenden Fähigkeiten, und Virginia hat Grund, stolz auf ihn zu sein." – (Richmond, Va.)

Der *Richmond Whig* zollte einen großzügigen Tribut:

"Roger A. Pryor ist ein Mann von strahlendem Genie. Er besitzt außerdem eine hohe Kultur und ist weit davon entfernt, nur ein Redner zu sein, der die Leidenschaften erregt, Beifall erntet und Bewunderung hervorruft. Er besitzt ein umfassendes Denkvermögen, gepaart mit einer außergewöhnlichen Begabung für die feinste Dialektik. Als Autor oder Redner sollte er nirgendwo auf einen zweiten Platz eingeladen werden. Er ähnelt vielleicht mehr William Wirt als jedem anderen der begabten Männer dieses Landes. Und der Tag ist nicht fern, an dem er, wenn er wieder in die Politik geht, ein nationaler Name sein wird, der im Norden ebenso vertraut ist wie, als er noch ein viel jüngerer Mann war, für die Menschen im Süden.

„Wir haben keinen Zweifel, dass er am Decoration Day in Brooklyn eine Rede von unübertroffener Schönheit und Eloquenz halten wird."

Dies sind nur repräsentative Zitate. Das ganze Land war bereit, der Rede Beifall zu spenden. Sie war ein würdiger Abschluss der ersten zwölf Jahre unseres Lebens der Prüfungen und Bewährung. Das süßeste Lob von allen kam in einem Brief von Amerikas großem Prediger Richard S. Storrs:

„ 80 Pierpont Street " ,
Brooklyn, NY ,
„31. Mai 1877.

„ Mein lieber General Pryor :—

„Ich habe Ihre bewundernswerte Ansprache von gestern Abend mit größter Genugtuung und Freude gelesen. Ich kann die Begeisterung, mit der meine Frau und meine Tochter gestern Abend von der Ansprache sprachen, voll und ganz nachvollziehen und bedaure nur noch mehr als zuvor, dass ich aufgrund meiner unglücklichen und zwingenden Verpflichtung gegenüber dem Komitee und dem Vorstand der Historischen Gesellschaft nicht in den Genuss der großartigen Redegewandtheit kommen konnte, die sie mir beschrieben. Ich sehe nicht, wie Sie das Thema, das der Anlass bot, feinfühliger oder großartiger hätten behandeln können – mit mehr Feingefühl oder einer umfassenderen Beherrschung aller seiner Zusammenhänge und Anregungen.

„Das ist eine großartige Ansprache und sie muss eine große und weitreichende Wirkung haben. Ich wünschte nur, alle Zeitungen würden sie in vollem Umfang wiedergeben.

„Ich bin treu und mit großer Hochachtung,

"Dein,
„ RS STORRS .“

Auf diese Ansprache, die vom Brooklyner Komitee gut gebunden wurde, folgten Einladungen aus dem ganzen Land, um Vorträge zu halten – sogar vom Gospel Tent. Aber leider füllt Ehre weder den Korb, noch wärmt sie den Körper, noch zahlt sie die Miete, noch befriedigt sie den Steuereintreiber. Es ist eine schöne, schöne Sache, sie zu haben – es hat keinen Sinn, das zu leugnen –, aber ich glaube, mein lieber General hätte alles, jeden Cent, für einen guten, lukrativen Rechtsfall hergegeben.

GENERAL HANCOCK.

Er redete sich ein, dass er sich nie wieder den faszinierenden Faszinationen der Politik hingeben wolle. Seine Bewunderung für seinen alten Feind in Sharpsburg führte ihn in den Hancock-Wahlkampf.

General Hancock, der Held von Gettysburg und Antietam, war jede Anstrengung jedes Demokraten im Land wert. Er war in jeder Hinsicht ein großartiger Mann, und wir wurden bald seine glühenden Freunde. Seine Frau war eine überaus liebe, wunderschöne Frau, die ich lieben lernte. Ihr einfaches Haus auf Governors Island war so bezaubernd, dass ich es übers Herz gebracht hätte, die Regierung – die mir so viel genommen hatte – anzuflehen, mir eine kleine Ecke zu gewähren, in der ich in ihrer Nähe und in der Nähe ihrer beiden wunderbaren Freunde, General James Fry und seiner Frau, leben konnte.

Bei General Hancock verbrachte ich viel Zeit, und während mein General mit ihm politische Angelegenheiten beriet, bekundeten Mrs. Hancock und ich, wenn wir der Menge entkommen konnten, unser Mitgefühl füreinander, wie nur verzweifelte Mütter Mitgefühl empfinden können. Sie hatte gerade ihre schöne Ada verloren – und die Ehre dieser Welt schien ihr wirklich wenig wert.

Mein General hielt eine hervorragende Rede für General Hancock, die von der Presse ebenso großzügig gelobt wurde wie die Rede zum Decoration Day. Es wurde davon ausgegangen, dass er im Falle von Hancocks Wahl Generalstaatsanwalt werden würde. Wir kennen das Ergebnis, und ich muss gestehen, dass ich mich völlig der Enttäuschung hingab, als uns die Wahlergebnisse mitgeteilt wurden. Am nächsten Morgen konnte ich von meinem Fenster aus eine andere demokratische Trauernde sehen, und um ihr meinen Gemütszustand zu signalisieren, hängte ich einen schwarzen Schal, den ich gerade trug, aus dem Fenster. Früh am Tag nach der Wahl fuhr ich mit meiner Tochter Gordon mit der Fähre nach Governor's Island, um mich vom Wohlergehen meiner Freunde zu überzeugen. Es war ein rauer Tag im November, und es schneite. Wir waren die einzigen Passagiere auf dem Boot, mit Ausnahme von zwei ernst aussehenden Frauen, die zwischen sich einen großen Papierkarton trugen. „Trauerblumen", schlug Gordon vor. Als wir ankamen, gingen wir zu General Hancocks Haus und bemerkten an der Tür, dass unsere Mitpassagiere uns gefolgt waren. Sie kamen mit uns herein, und um ihnen den Vortritt zu lassen, falls sie zu einem bestimmten Termin kamen, gingen Gordon und ich ins Hinterzimmer und ließen sie im Vorderzimmer zurück. Bald hörten wir, wie General Hancock sie höflich ansprach, woraufhin sie aufstanden und mit großer Feierlichkeit ihren Auftrag erklärten. „General, seit einiger Zeit sind wir damit beschäftigt, mit Hilfe Ihrer vielen Bewunderer ein Zeugnis für Sie vorzubereiten. Hier, Sir, ist eine signierte Steppdecke" – er entfaltete ein üppiges und furchterregendes Objekt – „und darauf sind Autogramme unserer berühmten Männer: General Grant ist hier, Mr. Hayes ist hier, Mr. Garfield ist hier!" – General Hancock unterbrach ihn. „Aber – meine Damen! Ich danke Ihnen für Ihre Freundlichkeit und möchte Ihnen mitteilen, dass ich mich geschlagen geben musste – Ihr Angebot war wahrscheinlich für den gewählten Präsidenten bestimmt." Mit warmer Vehemenz protestierten beide: „Oh, *nein, nein* , General! Wir sind Demokraten! Nein, *Sir! Kein Republikaner wird jemals unter dieser Decke* schlafen, wenn wir es verhindern können!" „Na gut", sagte der General, „ich schätze, ich kann nichts weiter tun, als Ihnen zu danken. Ja, ich kann Mrs. Hancock anrufen. Sie wird Ihnen sagen, wie sehr wir Ihre Freundlichkeit schätzen."

Er ging durch das Hinterzimmer und erspähte uns. „Oh, Mrs. Pryor! *Zum Teufel damit!* ", rief er reumütig, als er nach oben ging. Als Mrs. Hancock die Situation unter Kontrolle brachte, kam er zu uns zurück.

„Und der General hat Sie hergeschickt, um ihn bei der Beerdigung zu vertreten! Sagen Sie ihm, es geht mir gut. Aber nebenbei, wie viele Leute sind mit Ihnen hergekommen?"

„Diese beiden", er deutete auf die Gruppe, die jetzt Mrs. Hancock gegenüber über die schöne Autogrammsammlung sprach. „Wäre das Ergebnis anders gewesen, hätte eine Flotte sie nicht alle bringen können! Aber das Rohr kommt ebenso an wie die Steppdecken. In diesem Winter wird es uns weder an Brennholz noch an Decken mangeln."

Mrs. Hancock wurde bald von ihren freundlichen Freunden entbunden, und sowohl sie als auch der General begleiteten uns auf einem von ihm vorgeschlagenen „kleinen Spaziergang". „Ich werde hier nicht einsam sein", sagte er uns; „jeden Tag kommt ein neues Schiff in Sicht, und ich habe viel zu tun. Ich muss auch all diese Blätter zusammenfegen lassen. Ich bin heute ein glücklicherer Mensch als Garfield. Nur", fügte er traurig hinzu, „kann ich meine Freunde nicht belohnen."

Mrs. Hancock öffnete das Tor ihres kleinen Gartens und pflückte einen Blumenstrauß als Andenken für Gordon, und so verabschiedeten wir uns von den beiden – so großartig, so würdevoll in der Stunde der Niederlage.

Als ich nach Hause kam, war es gut, dass ich einen *Douceur* für meinen General hatte. Er hielt die damalige *New York Tribune* in der Hand und zeigte mit empörtem Finger auf eine Mitteilung, in der die Öffentlichkeit vor den aufrührerischen Prinzipien von „Personen aus der Familie eines bekannten Anwalts aus dem Süden, der jetzt in Brooklyn Heights lebt, gewarnt wurde, der im Moment der Freude der Nation eine Piratenflagge mit tiefem Rand und bedrohlicher Bedeutung in einem Fenster aufgehängt hatte." Mein armer kleiner Scherz mit meinem Nachbarn! Mein bescheidener schwarzer Schal!

Da ich am nächsten Tag von Mrs. Grant zum Mittagessen ins Fifth Avenue Hotel eingeladen worden war, hielt ich es für klug und angenehm, die Einladung anzunehmen, da ich als verdächtige Person bekannt geworden war. Ich brauchte die Unterstützung der Republikaner. Ich erzählte Mrs. Grant von meinem Interview mit General Hancock. „Netter Kerl! Netter Kerl!", rief sie mit Nachdruck. „Sie wissen, dass ich Demokratin bin", sagte sie. „Außerdem bin ich *Secesh* , insbesondere da die Republikaner Ulysses nicht für eine dritte Amtszeit nominieren würden."

„Oh, aber", sagte ich, „du darfst die Geschichte vom Fischer und dem Butt nicht vergessen."

Sie hatte die Geschichte von Dame Isabel, der ehrgeizigen Frau des Fischers, noch nie gehört und lachte herzlich über die Anrede. „Trotzdem", protestierte sie, „war ich nicht unvernünftig – ich wollte nicht Herrin der Sphären sein – nur die Frau des Präsidenten eines Landes."

Kurz zuvor war der (Massachusetts) *Springfield Republican* so freundlich, mir in Form eines freundlichen Wortes an meinen lieben General unter die Arme zu greifen. Die *New York Times zitierte das Wort* am 22. Januar 1878. Die Tatsache, dass ich es so viele Jahre aufbewahrt habe, zeigt voll und ganz, wie dankbar ich der Zeitung für ihre Freundlichkeit bin.

„Der New Yorker Korrespondent des *Republikaners aus Springfield* (Massachusetts) schreibt: ‚Roger Pryor arbeitet sehr ruhig in seiner Anwaltskanzlei und hat immer mehr zu tun, obwohl es, wie ich annehme, nicht sehr auffällig und auch nicht sehr einträglich ist, denn er arbeitet sehr viel für arme Leute; aber er bleibt so eng mit seinem Geschäft verbunden, dass vergleichsweise wenige Leute wissen, dass er hier ist und einer der charakteristischsten Vertreter des Südstaaten-Staatsmannes ist. Er steht in ständiger Kommunikation mit führenden Männern des Südens und kennt die wahre innerste Einstellung und Politik des Südens in Bezug auf die ‚Skalierung' der Staatsschulden. Er ist ein entschiedener Gegner der Verleugnung, und der bloße Gedanke an eine so unehrenhafte Sache lässt ihn vor Wut zittern. Aber er ist völlig davon überzeugt, dass die Menschen im Süden entschlossen sind, ihre Verpflichtungen erheblich zu reduzieren und die Schulden, wenn möglich, ganz über Bord zu werfen. Er glaubt, dass die Bundesregierung, als sie die Menschen im Süden aufforderte, ihre Kriegsschulden gegenüber den Konföderierten zu verleugnen, ihnen eine Lektion in Sachen Verleugnung erteilte, die Sie sind jetzt zu Besserung geneigt. Die Staatsmänner des Südens haben ihre Pflicht nicht erfüllt, indem sie dieses Gefühl missbilligten und den Menschen eine bessere Politik beibrachten, von Ehrlichkeit ganz zu schweigen. Pryor ist die Seele der Ehre, steckt voller altmodischer ritterlicher Gefühle Virginias und ist insgesamt zu hochgesinnt und großspurig, um sich in unsere Lokalpolitik einzumischen. Und alle Demokraten, die ihn kennen und keine Politiker sind, sind sich einig, dass er in den Kongress gehört.'"

Er war ein entschiedener Gegner der Ablehnung und hat oft seine Empörung darüber zum Ausdruck gebracht, dass der Süden seine Kriegsschulden gegenüber den Konföderierten zurückweisen musste. Was seine Position im Kongress anbelangt, so wurde ihm einige Jahre später von Tammany die Nominierung angeboten, was eine sichere Wahl bedeutet hätte – aber wie hätte er die von dieser Organisation geforderte Abgabe zahlen sollen? Weil er dazu nicht in der Lage war, war er gezwungen, die Ehre abzulehnen, aus seinem Wahlstaat auf seinen alten Sitz zurückzukehren.

Mrs. Grant erwies mir die Ehre, mich zu einem Empfang einzuladen, den sie gab, um „General und Mrs. Sheridan kennenzulernen". „Natürlich wirst du nicht hingehen", schlug mein Mann vor. „Wie kannst du General Sheridan kennenlernen?" „Warum nicht?", sagte ich. „Wenn er es aushält, kann ich es auch."

GENERAL SHERIDAN.

Als Mrs. Grant mich vorstellte, war der kleine General – er war kleiner als ich – zunächst zu erstaunt, um zu sprechen. Als er sich von mir in dem Haus verabschiedete, in dem er mich, um Ärger zu vermeiden, buchstäblich in Haft gehalten hatte, hatte er kaum geglaubt, dass unser nächstes Treffen im Salon der Frau seines Kommandanten stattfinden würde. Ich gab ihm Zeit, sich das alles klarzumachen, und fragte ihn dann sanft: „Erinnern Sie sich an mich, General Sheridan?"

Im nächsten Moment packten beide Hände meine. „In der Tat, in der Tat, liebe Dame – und ich bin Mrs. Grant dankbar, dass sie mir die Gelegenheit gibt, Ihnen zu sagen, dass sich kein Mann in diesem Land herzlicher über General Pryors Erfolg freut als ich." Dann erinnerte er sich an Lucy und scherzte, sie sei „größer als General Sheridan" geworden. Aber die Menge drängte sich, und es blieb keine Zeit für weitere Erinnerungen an diese schrecklichen zehn Tage in Petersburg. Mrs. Grant rief WW Story und bat ihn, sich um mich zu kümmern. „Sie hat Ulysse noch nie gesehen!", rief sie aus. „Behalten Sie sie bis sechs Uhr. Er hat mir versprochen, dann zu kommen." Mr. Story mit seinem schönen klassischen Gesicht – niemand könnte so charmant sein – fand viele entzückende Dinge, die er uns sagen konnte, und als unsere Gastgeberin uns abholte, nachdem General Grant angekommen war, legte er galant seine Hand auf sein Herz und sagte: „Ich werde Sie nicht vergessen! Sie und Ihre Tochter sind hier fotografiert."

Obwohl ich Mrs. Grant besucht hatte, hatte ich den General nie gesehen. Zwar hatte ich viele eindringliche Botschaften von ihm erhalten, aber er hatte damals keine Antwort verlangt. Ich begann mich zu fragen, was ich ihm sagen sollte – ich sollte mir etwas sehr Sanftes und Angenehmes als Gegenleistung für sein Feuer und seinen Schwefel einfallen lassen. Ich erinnerte mich, dass er einmal einem meiner Freunde erzählt hatte, er bedauere oft, dass er nicht Medizin, sondern Militärtaktik studiert hatte. Wenn es sich mit ein wenig geschickter Führung erreichen ließe, könnte man sich keine passendere Antwort auf die schwefeligen Bemerkungen, die er mir in Petersburg gemacht hatte, vorstellen als etwas, das der Heilkunst ähnelt.

„Das ist Ulysse, Mrs. Pryor", sagte Mrs. Grant, und meine Stunde war gekommen. Er stand schweigend da und warf, wie es Männer tun, die Last der Unterhaltung auf die Frau vor ihm. Ich war von allen Gedanken abgekommen! Ich machte keine Bemerkung über den ausgezeichneten Geschmack der Pflaumen in Jena, wie Heine in Gegenwart Goethes, aber ich fand nichts Besseres zu sagen als: „Wie kommt es, General, dass Sie Mrs. Grant gestatten, Sie Ulysse zu nennen?"

„Vielleicht aus Nachahmung", antwortete er. „Ich kenne einen General, dessen Frau ihn Roger nennt."

Er war so einfach, so freundlich, dass danach alles ganz leicht ging. Ich konnte die Erinnerung an all das, was ich durch ihn erlitten hatte, nicht unterdrücken, aber ich hatte ihm etwas zu verdanken. Wir waren eingeladen worden, ihn in seinem Privatwagen zu begleiten, als er nach Hartford fuhr, um der zweiten Hochzeit von Mr. John Russell Young beizuwohnen. Mein ganzes Leben lang war ich so unpassend, dass ich die Braut, die den Platz einer Frau einnehmen sollte, die ich geliebt hatte, mit Tränen begrüßte, und dieses Mal waren die Tränen am Hochzeitstag so stark, dass ich nicht in der Lage war, General Grant zu begleiten. Meine jüngste Tochter, die noch zur Schule ging, nahm meinen Platz ein. An jeder Haltestelle auf der Straße versammelten sich Menschenmengen, um General Grant zu sehen, und mit meiner Fanny am Arm ging er auf die Plattform, um den Gruß zu erwidern. Jetzt konnte ich ihm erzählen, wie stolz sie auf den Anlass war. „Der Stolz war ganz auf meiner Seite", sagte er; „ein alter Kerl mit einem so schönen Mädchen am Arm hatte Grund, stolz zu sein."

„Bei uns in der Nähe ist ein wunderschönes Mädchen", sagte ich zu Mrs. Grant, „die Dame mit den dunklen Augen und dem rosa Moiré."

„Das ist Freds Frau", antwortete sie. „Ja, sie ist wunderschön und wir sind alle stolz auf sie." Und mit humorvollem Gesichtsausdruck fügte sie hinzu: „Es ist mir immer schwergefallen – diese Bewunderung der Schönheit."

„Ist dir Schönheit egal?", fragte ich. „Schönheit? Ich bete sie an! Als kleines Mädchen habe ich immer geweint, weil ich so hässlich war. ‚Mach dir keine Sorgen, Julia', sagte meine liebe Mutter immer, ‚du kannst mein braves kleines Mädchen sein.' Ich wünschte immer, ich könnte sie jemals ‚hübsches kleines Mädchen' nennen."

Doch kein so durch und durch freundliches und gutes Gesicht wie ihres kann jemals schlicht sein. Sind es schließlich die hübschesten Gesichter, die uns am nächsten sind? Ich kenne Mrs. Grant seit vielen Jahren und kann mit Fug und Recht sagen, dass ich noch nie eine Frau gesehen habe, die so frei von Prahlerei oder Affektiertheit war. Herzensgüte, echter, aufrichtiger Wunsch, andere glücklich zu machen, Geduld im Unglück – das sind die Eigenschaften von Geist, Benehmen und Herz, die ihr so viele enge Freunde eingebracht haben. Keine andere Amerikanerin wurde jemals so gefeiert und geehrt wie sie. Die meisten von uns haben ihre kleine Stunde gehabt – ein Teil der Welt, in der wir leben, hat uns hin und wieder mit beifallerfüllten Augen bedacht, doch sie stand ihrem Mann an jedem ausländischen Hof in Europa zur Seite und leitete die Privataudienzen bei den größten Potentaten der Welt. Nichts schien ihre vollkommene Einfachheit zu beeinträchtigen – ihre bewundernswerte Selbstvergessenheit. Ich war eines Tages gerade dabei, in meinem winzigen Esszimmer im Keller ein einfaches Mittagessen einzunehmen – Tee, Toast, ein Dutzend Austern –, als man mir Mrs. Grants Karte überreichte.

Ich rannte die Treppe hinauf und sagte zu meiner Tochter: „Mrs. Grant muss eine Tasse Tee trinken." Ich war überrascht, den General in der Nähe der Tür sitzen zu sehen. Nach der Begrüßung sagte er ernst: „Ich sehe nicht ein, warum ich nicht ebenso wie Mrs. Grant eine Tasse Tee trinken kann."

„Ich werde es Ihnen schicken, General! Der Türrahmen an der Treppe ist zu niedrig, als dass Sie hinuntergehen könnten."

„Es muss ziemlich niedrig sein", antwortete er. „Ich habe Lust, es zu versuchen. Für weniger habe ich meinen Kopf gesenkt."

Wir teilten das Dutzend Austern unter uns auf, kochten noch mehr Tee, machten noch mehr Toast und genossen das Essen – die Generalin erkundigte sich freundlich nach Neuigkeiten von meinem Mann, der in England war, wo er von den Irisch-Amerikanern hingeschickt worden war, um herauszufinden, was man für O'Donnell, den irischen Gefangenen, tun konnte.

Nachdem am Mittagstisch nichts mehr zu erwarten war, gingen wir in die Bibliothek und ich holte die Metallkugeln hervor, die meine Jungs auf der Cottage Farm gefunden hatten.

Er legte es auf seine Handfläche und betrachtete es lange und ernst.

„Sehen Sie, General", sagte ich, „die Kugeln sind so zusammengeschweißt, dass sie ein perfektes Hufeisen bilden – ein Zauber, um Hexen und böse Geister fernzuhalten."

Aber der General interessierte sich nicht für Amulette, Zaubersprüche oder böse Geister. Nachdem er einen Moment lang still darüber nachgedacht hatte, bemerkte er:

„Das sind Minié-Kugeln, abgefeuert aus Gewehren gleichen Kalibers. Und sie trafen aufs Haar genau gleich weit weg. Das ist sehr interessant, aber es ist nicht das einzige Exemplar auf der Welt. Ich habe noch ein weiteres gesehen, das in Vicksburg gefunden wurde. Wo und wann wurde es gefunden?", fragte er, als er mir das Relikt zurückgab. „Vielleicht in Petersburg."

„Ja", antwortete ich, „aber nicht, als Sie die Stadt beschossen. Es wurde nach dem letzten Kampf auf unserer Farm aufgesammelt."

Er sah mich mit einem humorvollen Funkeln in den Augen an. „Jetzt hören Sie mal", sagte er, „erzählen Sie den Leuten nicht, ich hätte Petersburg beschossen."

Kurz vor seinem Tod, unmittelbar bevor er zum Mount McGregor gebracht wurde, diktierte er mir eine Notiz, in der er meinem General seine besten Grüße übermittelte und sagte, dass er sich mit Freude an sein Gespräch mit mir bei einer Tasse Tee erinnere.

Das alles hat etwas sehr Rührendes, wenn ich mich jetzt daran erinnere – er ertrug seine Krankheit so tapfer. Sein Tod ereignete sich nicht sehr lange danach. Keine Witwe hat je zärtlicher getrauert als Mrs. Grant. Ich sah sie nur einmal, bevor sie neben ihm im Marmortempel am Flussufer schlief, und ihr geduldiges Benehmen berührte mich. In ihren späteren Tagen hatte ich eine Freundin, die ihr sehr nahestand und mit der sie gerne über ihren General sprach – wie er ihr einen Heiratsantrag gemacht hatte, als sie sich trafen. Sie ritten zusammen und überquerten eine holprige Stelle auf der Straße. Ihr Pferd stolperte und warf sie ab. Der General nahm sie in die Arme und sagte, er sei „froh, sie damals beschützen zu können, und würde stolz sein, dies bis zum Ende zu tun". Sie sagte, als er mit seiner Werbung begann, hätten Mitglieder ihrer Familie den untergroßen Kerl misstrauisch beäugt. „Nichts von ihm außer Augen und Epauletten", soll Longstreet eines Abends bei einer Euchre-Party mit Tee und Toast über ihn gesagt haben. Dies scheint die Meinung einiger von Julia Dents Leuten gewesen zu sein, nicht jedoch die ihrer weitsichtigen Mutter, der die Jungfrau ihre Bestürzung anvertraute. „Julia, du solltest diesen jungen Offizier heiraten, egal, was man über seine Ungeschicklichkeit und sein ungeschicktes Benehmen sagen mag!

Er ist allen jungen Burschen, die hierher kommen, weit überlegen. Er wird eines Tages Präsident der Vereinigten Staaten sein."

Meine Schwestern im Süden hätten diese anerkennenden Worte von General und Mrs. Grant in diesen frühen Tagen übelgenommen. Meine Treue gegenüber *meinem* lieben Kommandanten in seinem bescheidenen Grab, das Tag und Nacht von einem Sohn Virginias bewacht wurde, ließ nicht im Geringsten nach, weil ich die zarte Seite, die heroische Seite eines Feindes erkennen konnte, der seines Stahls würdig war.

KAPITEL XXXVII

Im Oktober 1883 wurde General Pryor als Anwalt nach England geschickt, um Patrick O'Donnell zu verteidigen, der des Mordes an James Carey angeklagt war und zu diesem Zeitpunkt in London inhaftiert war. Carey war 1881 einer der Anführer der irischen „Invincibles" und Komplize bei der Ermordung von Herrn TH Burke und Lord Frederick Cavendish in Phoenix Park. Er wurde am 13. Januar 1883 verhaftet und als Zeuge vor Gericht gestellt. Um der Rache der „Invincibles" zu entgehen, wurde er heimlich unter dem Namen „Power" zum Kap verschifft. Sein Fluchtplan wurde entdeckt und er wurde heimlich von Patrick O'Donnell verfolgt, der ihn erschoss, bevor das Schiff sein Ziel erreichte.

Der Gefangene war amerikanischer Staatsbürger, und einige seiner persönlichen Freunde hielten es für angebracht, dass amerikanische Anwälte die örtlichen Anwälte bei seiner Verteidigung unterstützten. Es hatte keine politische Bedeutung, dass General Pryor festgehalten wurde. Er war sich bewusst, dass Einwände gegen sein Erscheinen vor einem englischen Gericht erhoben würden. Es gab keinen Präzedenzfall, der ihn dazu ermutigte. Der Fall von Judah P. Benjamin traf nicht zu. Mr. Benjamin war als britischer Staatsbürger geboren und hatte im Temple „sein Abendessen eingenommen". Nur durch eine Höflichkeitsgeste des Richters konnte General Pryor auf eine Anhörung hoffen . *Unterwegs* an Bord der *Scythia* schrieb er mir am 17. Oktober:

„Ein irischer Anwalt an Bord war mein ständigster Begleiter – ein sehr intelligenter Gentleman – und er versicherte mir, dass ich nicht vor Gericht erscheinen darf, da die Gerichtsordnung alle außer den Mitgliedern der Anwaltskammer von der Ausübung des Verfahrens ausschließt. Das überrascht mich nicht. Ich kann nützlicherweise als Berater und als Berater eingesetzt werden. Ich habe mich fleißig in das Tötungsdeliktsrecht eingelesen und halte mich auf diesen Gebieten für einen Experten."

Inzwischen interessierten sich die Zeitungen für das neuartige Experiment, einen amerikanischen Anwalt zur Verteidigung eines amerikanischen Bürgers nach England zu schicken, und suchten nach einem verborgenen Grund für die Auswahl von General Pryor. „Einfach wegen seines wagemutigen Geistes", sagte einer. „Er wird so laut sprechen, wie ein anderer zögern würde zu sprechen." „Nicht so", sagte der Herausgeber der *Irish World* ; „General Pryor wurde aufgrund seiner Fähigkeiten als Anwalt ausgewählt. Ich kenne keinen Mann, der die amerikanische Anwaltskammer besser vertreten könnte. O'Donnell ist amerikanischer Bürger, und General Pryor wird ihn als amerikanischen Bürger verteidigen." Ein Möchtegern-Witzbold

in England antwortete: „Er wurde ausgewählt, weil er *vor* allen anderen stand
– beachten Sie – *dies ist registriert* .“

Die *New York Times* vom 8. November 1883 erinnert die Öffentlichkeit
daran, dass „ein englischer Anwalt vor einem amerikanischen Gericht
keinerlei Ansehen hätte, außer durch eine Geste der Höflichkeit, die ziemlich
gewalttätig wäre. Einem ausländischen Anwalt vor Gericht Audienz zu
gewähren, wäre in jedem Land eine große Neuheit.“ The *London Times*
kommentierte die Angelegenheit und sagte: „Wahrscheinlich wird es Herrn
Pryor gestattet sein, dem Angeklagten jede mögliche Unterstützung zu
gewähren, ohne öffentlich an der Führung des Verfahrens teilzunehmen.“
Oberrichter Coleridge, der vor kurzem aus diesem Land zurückgekehrt war,
wo er viele freundliche Aufmerksamkeiten erfahren hatte, war sofort
interessiert und nutzte die Gelegenheit, führende englische Juristen zu
bestimmten Änderungen der Verfahrensform vor Gericht zu konsultieren,
wobei die Zulassung ausländischer Anwälte einer der diskutierten Punkte
war. Ein Korrespondent des *Brooklyn Eagle* besuchte meinen Mann in
England und schrieb an die Zeitung:

„Ich habe General Pryor heute Morgen besucht. Er ist gemütlich im Craven
Hotel in der Craven Street untergebracht, ganz in der Nähe von Charing
Cross und nur eine Gehminute von der American Exchange entfernt. Ich
fand ihn vertieft in Papiere, die den Fall betrafen, aber mit genügend Muße,
um einen Landsmann (und einen alten Klienten *en passant*) mit seiner
üblichen Höflichkeit zu begrüßen.

„Rechtlich hatte der General es hier nicht leicht – davon später mehr –, aber
in gesellschaftlicher Hinsicht wurde er mit außerordentlichen Zeichen
englischer Gunst bedacht. Seine romantische Karriere als Soldat und Anwalt
ist jedem bekannt, und er wird mit Einladungen zu Clubfrühstücken und
Abendessen mit großen Männern überhäuft. Bisher hat er keine davon
angenommen, da er ganz mit der Vorbereitung von O'Donnells
Verteidigung beschäftigt war, die, wie ich aus anderen Quellen verstehe,
größtenteils General Pryors Aufgabe ist. Ursprünglich war vorgesehen, dass
der Prozess im Oktober stattfinden sollte, aber er wurde immer wieder
verschoben, und der General bedauert zutiefst, dass er nicht mehr zur
Abstimmung erscheinen konnte.

"Als heute ein prominentes Mitglied der englischen Anwaltskammer mit mir
über dieses Thema sprach, sagte es: ,Mein lieber Freund, General Pryor ist
keine Ausnahme von der Regel. Er ist einfach ein prominentes Beispiel für
ihre Wirkungsweise. Sie wissen vielleicht nicht, dass weder ein schottischer
noch ein irischer Anwalt vor englischen Gerichten als Anwalt auftreten darf.
Wenn wir überhaupt eine Ausnahme machen würden, dann sicherlich
zugunsten von General Pryor, den wir alle kennen und mögen.'

„,Aber', fragte ich, ,wie steht es mit seinem Erscheinen vor Gericht aus Höflichkeit?'

„,So etwas ist nicht möglich, und nicht einmal der Richter hat die Macht, es auszuweiten. Die Autorität liegt bei den Richtern der Inns, und selbst der Einspruch eines einzelnen Anwalts wäre verheerend.'"

Die englischen Zeitungen waren insgesamt gegen sein Erscheinen. Die *St. James Gazette* hatte lange Artikel zu diesem Thema, in einem davon wird die Frage folgendermaßen geklärt:

„Der Fall eines amerikanischen Anwalts, der in einem Strafprozess, der in gewissen Kreisen leidenschaftliches politisches Interesse erregte, Gehör forderte, ist hervorragend geeignet, die Vortrefflichkeit der Regel zu demonstrieren, die die Irisch-Amerikaner unbedingt brechen wollten – was sie in ihrem eigenen Interesse annahmen. Der einzige Grund, den O'Donnell haben könnte, um (falls er es wünscht) durch einen ausländischen Anwalt gehört zu werden, wäre, dass dieser Anwalt etwas sagen oder tun sollte, was ein englischer Anwalt nicht sagen oder tun kann. Denn so groß General Pryors Ruhm in seinem eigenen Land auch sein mag, wir haben keinen Grund anzunehmen, dass er mit so bemerkenswerter Beredsamkeit oder Überzeugungskraft begabt ist, dass man sich darauf verlassen könnte, dass er die Herzen einer Jury in Old Bailey bewegen könnte, die unempfindlich gegenüber den bewährten Fähigkeiten von Mr. Charles Russell und der ernsthaften Redegewandtheit von Mr. AM Sullivan ist. Betrachten wir also, was diese Herren nicht tun könnten und was General Pryor, wenn er die Chance dazu bekäme, tun könnte. Das Wichtigste ist, dass er den Richter mehr oder weniger herausfordern und die Jury dazu anstacheln könnte, das Gesetz zu missachten oder eine falsche Entscheidung zu treffen. Sicht der Beweise."

Die *Gazette* wusste nicht, was für ein Mann hier vor sich ging. „Das Gesetz missachten", in der Tat! Er schrieb mir am 25. Oktober:

"Wie ich Ihnen bereits mitgeteilt habe, ist es gemäß einer Anwaltsregel jedem, der kein englischer Anwalt ist, untersagt, beruflich vor Gericht aufzutreten. Ich werde einem Antrag, mich in diesem Fall anzuhören, nicht stattgeben, denn ich möchte weder einen Gefallen erbitten, noch das Risiko einer Zurückweisung eingehen, noch möchte ich die amerikanische Anwaltskammer der Unhöflichkeit aussetzen, die die Ablehnung eines solchen Antrags eines ihrer Mitglieder mit sich bringen würde. Meine Anwesenheit ist jedoch nicht ohne positive Wirkung, und meine Dienste waren auch nicht unwichtig. Tatsächlich kann ich Ihnen sagen, dass ich meinem Mandanten bereits unschätzbare Dienste geleistet habe."

In der Zwischenzeit arbeiteten Sir Charles Russell, der spätere Lord Chief Justice von England, Mr. Sullivan und Mr. Guy von der britischen Anwaltskammer sowie Roger A. Pryor von der amerikanischen Anwaltskammer treu, ernsthaft und eifrig Schritt für Schritt für den unglücklichen Gefangenen. O'Donnell war ein armer, ungebildeter Mann, der seinen eigenen Namen nicht schreiben konnte. In diesem Land war er während des Bürgerkriegs Fuhrmann in der Bundesarmee gewesen. Lange Zeit war es seinem Landsmann, der so weit gekommen war, um ihm zu helfen, nicht gestattet, ihn zu sehen. Schließlich wurde ihm dies gewährt — und ein großer Trost für den zum Tode Verurteilten waren die mitfühlenden Besuche meines weichherzigen Mannes. Sein Prozess endete, wie jeder wusste, dass es so sein musste. General Pryor war sich der Peinlichkeit seiner Lage sehr bewusst, aber bevor er England verließ, stand ihm fast jeder Club offen, und viele Abendessen wurden ihm zu Ehren von Lord Russell, Mitgliedern der Anwaltskammer, Mr. Justin McCarthy und anderen Literaten in London gegeben.

„Beim königlichen geographischen Abendessen", schreibt er, „saß ich neben Lord Houghton und gegenüber Lord Aberdeen, mit beiden hatte ich angenehme Gespräche. Auch andere bedeutende Männer waren dort. Es folgten Einladungen, die ich zu meinem großen Bedauern ablehnen muss, aber ich kann die Angelegenheit, derentwegen ich gekommen bin, nicht vernachlässigen. In Dublin wird mir ein Abendessen angeboten. Gestern Abend jedoch war ich froh, mit Charles Russell, QC, zu speisen, und am Sonntag fahre ich mit ihm nach Richmond. Er schenkt mir jede mögliche Aufmerksamkeit, und ich sehe, dass er sich bei der Führung des Falles auf mich verlässt. Ich lebe so zurückgezogen wie möglich. Meine Klienten können mich nicht verdächtigen, britischen Schmeicheleien nachzugeben! Ich habe interessante Gespräche mit meinem armen Klienten geführt, indem ich seiner dringenden Bitte nachgekommen bin. Er war mir sehr dankbar und erfreut über meine Anwesenheit."

Er erfuhr besondere Freundlichkeit von Dr. Rae, dem Arktisforscher, der wichtige Entdeckungen in King William's Land gemacht und Spuren von Sir John Franklin gefunden hatte; außerdem hatte er 1864 eine telegrafische Vermessung der Rocky Mountains durchgeführt. Dr. Rae gab meinem Mann mehrere köstliche Abendessen und lud ihn ein, Huxley, Sir John Lubbock und verschiedene namhafte Chemiker und Erfinder kennenzulernen. „Kommen Sie am Samstag um halb acht zu uns", schrieb er aus Kensington, „ein gutaussehender Mann *sollte* Sie in etwas mehr als einer halben Stunde herbringen, wenn das Tier brav ist." Bei Dr. Rae traf er Mathilde Blind, „eine brillante Frau, eine Jüdin; und Justin McCarthy, einen schüchternen, schweigsamen Mann, mit Brille und ganz wie ein Professor." Beim Abendessen im Café Royal „kamen wir herein und setzten uns gegenüber, nicht Baronin Burdett-Coutts und ihr Gatte. Sie wirkt überraschend jugendlich – ganz anders als dargestellt. Ihre Stimme ist ganz mädchenhaft und sie bewegt sich mit wunderbarer Beweglichkeit" usw.

Er traf auch Miss Shaw, die eine Gruppe amerikanischer Mädchen auf einer Europatour begleitete. Es kam zu einigen *Zwischenfällen* , die sie für sein Verhalten und seine Hilfe dankbar machten. Die junge Dame, die er die Ehre hatte zu begleiten und zu unterstützen, war Miss Stanton. Plötzlich kam ihm der Gedanke, dass dies die Tochter seines alten Feindes Edwin M. Stanton sein könnte. Die junge Dame beantwortete seine Frage unschuldig bejahend. Sie war dasselbe kleine Mädchen, das Stanton vor achtzehn Jahren in seinen Armen gehalten hatte, als er verkündete: „Pryor soll gehängt werden!" Mein General hätte mehrere Dinge tun können: Er hätte sie allein in einer Londoner Straße der Gnade von Raufbolden überlassen können; er hätte in einer dunklen Ecke die kleine Pistole benutzen können, die er bei sich trug; er hätte sie in der Themse ertränken können; er hätte sie durch größere Hingabe und Sorge um ihr Wohlbefinden überraschen können. Er entschied sich für Letzteres und häufte feurige Kohlen auf ihr bewusstloses Haupt!

Vor seiner Rückkehr besuchte er Orte, die ihn als Gelehrten besonders interessierten und die er mir alle bezaubernd beschrieb. So weit es ihm möglich war, beschritt er die ihm so heiligen Pfade, die einst von den schwerfälligen Füßen des einen Engländers beschritten wurden, den er mehr als alle anderen verehrte, Dr. Sam Johnson: Er saß an dem Schreibtisch, an dem er sein Wörterbuch schrieb, und staunte über die Gemeinheit des Schreibtisches, er sah aus seinen Fenstern, er ging mit ihm und mit Boswell durch die vertrauten Straßen. Er stand auch an der Stelle, an der Blackstone seine unsterblichen Vorlesungen hielt, und an genau der Stelle, an der Latimer und Cranmer litten – die Studenten spielten in diesem Moment in der Nähe ein energisches Fußballspiel – all dies und vieles mehr ist so natürlich für einen Gelehrten, der zum ersten Mal das London besucht, von dem er jeden Ort kannte, der von den großen Geistern der literarischen Welt heimgesucht wurde.

Nach seiner Rückkehr nach Hause erhielt er einen langen Brief von Lord Russell, in dem er ihm mitteilte, dass er (Russell) für die Führung von O'Donnells Fall scharf kritisiert und beschuldigt worden sei, ihn nachlässig und lauwarm gehandhabt zu haben. Er wünschte sich die offene Meinung seines amerikanischen Kollegen zu diesem Thema und bat auch um sein Foto und fügte hinzu: „Ich schicke Ihnen meines."

General Pryor antwortete ihm herzlich und war froh, sagen zu können: „Ich bin der Meinung, dass Sie O'Donnell mit größtem Eifer und Enthusiasmus sowie mit vollendetem Können verteidigt haben!" Es scheint, dass der

Anwalt der Königin sowohl einfühlsam als auch fähig war. Später wurde er
zum Lord Chief Justice von England ernannt.

KAPITEL XXXVIII

Der Kreis, der sich schließlich um das Kaminfeuer in der kleinen Bibliothek in der Willow Street 157 versammelte, blieb einigen der Männer, die ihn so brillant machten, lange in Erinnerung. John G. Saxe, den wir in Washington gekannt hatten, war einer dieser Männer. Auch der Autor aus dem Süden, William Gilmore Simms, kam dorthin. Ich erinnere mich an einen Abend, den ich mit Mr. Simms, John R. Thompson und General Charles Jones in unserer kleinen Bibliothek verbrachte, als das Trio der Literaten Geschichten erzählte – keine Kriegsgeschichten, sondern Geistergeschichten. Mr. Thompson erinnerte sich an einen Geist, den ich selbst gekannt und als Kind gefürchtet hatte – den Geist der University of Virginia, der seine Ankunft durch einen plötzlichen Wind ankündigte, der die Türen aufriss, durch das Zimmer ging und über den Rasen in Richtung der Berge davonging. Seine tiefen Fußspuren waren im weichen Rasen zu erkennen, und wenn Schnee auf dem Boden lag, konnte man sehen, wie diese tiefen Spuren unter seinen unsichtbaren Füßen wuchsen, während er weiterschritt. Ich erinnere mich noch gut an Nächte, in denen dieser Geist „ging". Aber General Jones hatte eine bessere Geschichte. Sein Geist war sichtbar, eine alte Dame, deren umstrittenes Testament er eines Nachts las, die an der umstrittenen Stelle erschien, ihn ernst ansah und dann verschwand! Mr. Simms lehnte es nach diesen beiden aufregenden Erscheinungen entschieden ab, seinen eigenen privaten Geist zu erwähnen.

Wir hatten einen interessanten Besuch von Percy Greg, dem Sohn des englischen Autors. Mr. Greg brachte meinem General die Korrekturabzüge von „Warnings of Cassandra" seines Vaters als Geschenk mit, in denen mein Mann einen Fehler entdeckt hatte. Und gemäß seiner lebenslangen Überzeugung, dass alle Fehler in der englischen Sprache Verbrechen sind, die korrigiert werden müssen, klärte er Mr. Greg auf. „Ihr Vater hat einen Fehler gemacht – einen kleinen –, den er in der nächsten Ausgabe korrigieren kann. Er verwendet das Wort ‚internecine‘, wo er eindeutig ‚Darm‘ meint." Unserem Gast fiel die Kinnlade herunter, er starrte und wurde rot. Ein Amerikaner korrigiert das Englisch eines Engländers! Er hatte, das weiß ich, Respekt vor dem Mut meines Mannes, aber er hatte nicht erwartet, dass die Waffen der Rebellen auf diese Weise gegen ihn gerichtet würden.

„Das war eine Länge, glaube ich,

Die Kühnheit eines Rebellen konnte nicht weichen,

wenn ich Gilbert in den Bab-Balladen paraphrasieren darf!

Aber wir hatten noch bedeutendere Gäste als diese – die Geistlichen der Stadt der Kirchen und ihre gelehrten Richter. Die wichtigsten und herzlichsten von allen waren die alten Generäle der Grand Army of the Republic: General Hancock, General James Fry, General Slocum, General Grant, General Tracy – ein zeitweiliger Feind auf dem Schlachtfeld und im Forum; und später kamen General Sherman, General Fitz-John Porter, General Butterfield und General McClellan zu unserer Liste der Freunde hinzu.

Zu den ersten Klienten meines Mannes zählte General Benjamin F. Butler, der ihn damit beauftragte, seinen Schwiegersohn, den ehrenwerten Adelbert Ames, zu verteidigen, als dieser vom Staat Mississippi angeklagt wurde. In den Familien dieser angesehenen Männer fanden wir bald Freunde, und zu diesen kamen viele andere hinzu. Brooklyn war für seine kultivierte und kultivierte Gesellschaft bekannt, und auf Brooklyn Heights lebten viele seiner prominentesten Bürger, Männer, deren Namen noch immer nicht vergessen sind: Professor und Mrs. Eaton, unsere ersten und liebsten Freunde; Mr. Abbot Low – dessen prächtiges Denkmal die Bibliothek der Columbia University ist –, seine bezaubernde Frau und Töchter und seine gebildeten Söhne, von denen einer der ehemalige Präsident der Columbia University und Bürgermeister von New York war; Dr. Henry van Dyke, dessen Name auf zwei Kontinenten als Gelehrter, Schriftsteller und Redner von hohem Rang berühmt ist; John Roebling, der brillante Ingenieur, Architekt und Erbauer der großen Brooklyn Bridge, dessen schöne Frau die Schwester unseres Freundes General Warren war; der ehrenwerte SB Chittenden und seine Frau, eine Grande Dame der alten Schule; die Familie unseres Ministers am Hof von St. James, Mr. Pierrepont; Mr. und Mrs. Alanson Trask, die Vorreiter in allen guten Werken; Mr. Henry K. Sheldon, der künstlerische Musicals gab; Mrs. John Bullard, die Kunstmäzenin und gesellschaftliche Führungspersönlichkeit; Mr. und Mrs. Allen, die eine reizende Tochter zur Frau von Dr. Holbrook Curtis schenkten; Mr. und Mrs. George L. Nichols, mit einer äußerst lieben und bezaubernden Familie von Söhnen und Töchtern; eine, die der Welt heute – im In- und Ausland – als Katrina Trask bekannt ist, die brillante Autorin, Dichterin und vollendete Schlossherrin; Mrs. Alice Morse Earle, heute eine der bezauberndsten Schriftstellerinnen Amerikas; Mrs. Louise Chandler Moulton; und Grace Denio Litchfield, damals eine wunderschöne junge Dame und heute eine begabte Autorin. Dies sind nur einige wenige der interessanten Männer und Frauen, die so freundlich waren, uns zu besuchen. Eine Schar reizender junger Mädchen versammelte sich um meine schulpflichtigen Töchter; und als am Neujahrstag die ganze Armee von Männern zusammenkam, um – wie religiös üblich – dem alten Brauch nachzukommen und Besuche zu machen, drohte das kleine Haus in der Willow Street zu platzen!

Sie alle waren Nordstaatler, viele von ihnen aus Neuengland – Neuengland, das man uns als Festung unserer Feinde zu betrachten gelehrt hatte. Unter ihnen war kein einziger Südstaatler, weder Mann noch Frau. Wir hatten den Neuenglander immer für aufrecht, engstirnig und dornig gehalten! Als wir nach Brooklyn umsiedelten, fanden wir ihn zwar aufrecht, aber so harmlos wie eine dornenlose Rose.

Viele dieser wunderbaren Menschen überquerten im Laufe der Zeit den East River und schlugen ihre Zelte in New York auf – und viele haben den Fluss überquert, der dicht an unseren Füßen entlangfließt; und so stelle ich mir vor, dass die Gesellschaft in dem, was heute als Borough of Brooklyn bekannt ist, neue Systeme gebildet hat, die sich um neue Sonnen drehen. Manchmal lese ich die alten Namen in den Gesellschaftsspalten der Brooklyn- Zeitschriften, und die alten Bilder tauchen vor meinen Augen auf, entzückend und nie zu vergessen.

Nun war jedoch die Zeit gekommen, in der General Pryor unbedingt in New York leben musste, der Stadt, in der er seine Arbeit begonnen und sein Büro immer gehabt hatte. Am 1. Mai fanden wir uns in einem kleinen Haus in der 33. Straße wieder. In einem Brief, den ich im darauffolgenden August schrieb, schilderte ich meine Meinung zu New York als Sommerresort.

„ MEINE LIEBE AGNES :—

„Der Oberst erklärt, er wolle Sie nach New York bringen und möchte, dass ich Ihnen meine eigenen Eindrücke von diesem Ort schildere. Nun, alles, was ich zu sagen habe, ist: ‚Beten Sie, dass Ihr Flug nicht im Sommer stattfindet!' So etwas wie die Hitze und Trostlosigkeit dieser Stadt im Sommer kann man sich nicht vorstellen. Jeder verlässt sie. Ich lebe in einem winzigen Haus im Herzen der Stadt – und es ist ein sehr hartes Herz! Auf der einen Seite von mir ist die Rückseite eines großen Hotels, dessen Küchen und Dienstbotenbüros mich überblicken. Tatsächlich hörte ich die kreischenden Granaten ebenso schnell wie das Klappern, das sie mit ihren Töpfen und Pfannen machen. Hinter mir ist eine Fabrik für Schiebe- und Jalousien, die Staub und unbeschreiblichen Lärm erzeugt. Auf der anderen Seite hat ein schrecklicher Mann einen Garten angelegt, in dem er ein Sonnensegel aufgespannt hat, und dort hält er seine Feste ab – seine Karten- und Weinpartys. Natürlich kann ich ihm mehr als die Hälfte der drückend heißen Nächte nur zuhören, aber sollte ich Einwände erheben, ist es nicht unwahrscheinlich, dass er mir sagen würde, dass dies ein freies Land ist, was ich bezweifle. Lucy und Fanny sind glücklicherweise weit weg in Virginia, und so bleibt mir die zusätzliche Unannehmlichkeit erspart, durch ihre Nerven zu leiden.

„Diese Stadt verwandelt sich im Sommer so vollständig, als ob sie mit einer mühseligen, staubigen Industriestadt vertauscht worden wäre – überall wird gebaut und gegraben; statt blumenbekrönter Damen in Landauern fahren hässliche Dreckkarren durch die staubigen Straßen. Sie könnten, vielleicht mit Recht, behaupten, ich hätte Muße – dass dies eine gute Gelegenheit zum Lesen und zur geistigen Weiterbildung sei. Ja, ich weiß, aber irgendwie habe ich jede Lust verloren, meine geistige Weiterbildung zu betreiben! Meine gegenwärtige Neigung besteht darin, den Geist zu befriedigen, den ich bereits habe – irgendwohin zu gehen, etwas zu sehen, wirklich gute Musik zu hören!

"Hier gibt es nichts zu sehen außer unglücklichen Mitmenschen, die unter der Last des Stadtlebens keuchen; Straßenaraber, die die Haustürschwelle betreten und Tische für ihre fettigen Mittagessen improvisieren; erbärmliche Drehorgelspieler, die melancholische Augen nach Anerkennung und Belohnung erheben, nachdem sie die Seele mit verzweifelten Melodien gequält haben – 'Miserere', 'Ach, ich habe nach Ruhe geseufzt' und dergleichen; kleine Tiere ohne Maulkorb in Todesangst vor dem Hundefänger; müde, geduldige Pferde, die ihre eigene Stärke nicht kennen und diesem anderen Geschöpf mit so viel weniger Kraft und so viel mehr Selbstsucht ruhig gehorchen. All das ist für den Betrachter nicht erfreulich, und nachdem ich es einmal gesehen habe, schaue ich nicht mehr hin. Aber ich habe kürzlich eine Entdeckung gemacht. Mein Fenster im oberen Stockwerk bietet eine interessante und lehrreiche Landschaft. Zwischen dem Hotel und der Fabrik befindet sich ein Stall mit niedrigem Dach. Ich kann über ein großes, flaches Blechdach blicken, auf dem immer schneebedeckte Kleidungsstücke trocknen und auf dem, wie 'Little Dorritts Geliebte kann ich anstarren, bis ich fast glaube, es wären Wäldchen. Außerdem gibt es da eine glückliche Frau, die durch eine Falltür heraufkommt und größtenteils im Schatten dieser Wäldchen wandelt. Woher weiß ich, dass sie glücklich ist? Teilweise am Getrappel ihrer geschäftigen Füße, teilweise an dem Liedchen, das mir dabei zufliegt. Aber hauptsächlich, weil ich tatsächlich alles über sie herausgefunden habe, während ich müßig aus meinem Fenster gelehnt habe. Erstens ist sie sehr gut – diese Bewohnerin unter dem Flachdach.

„Sonntagabends stimmt sie in ihren Regionen unten ein kleines Melodeon und singt das ganze Gesangbuch von Moody und Sankey durch. Das ist aber noch nicht alles. Eine Zeitlang konnte ich nicht herausfinden, ob sie Ehefrau, Dienstmädchen oder Mutter war, und ich war sehr besorgt um sie. Aber in letzter Zeit hat sie abends einen kleinen Schaukelstuhl im Mayflower-Muster, etwas Häkel- oder Klöppelarbeit, aufs Dach gebracht, und eine große Katze mit einem riesigen aufrechten Schwanz ist ihr gefolgt und hat sich gemütlich an ihren Knien gerieben. „Sie ist eine gesegnete kleine alte Jungfer – das ist *sie* eben ! Aber die Katze ist nicht die einzige ‚Anhängerin'. Ab und zu kommt ein gut aussehender Engländer (Koteletten, frischer Teint, Chinaaster im Knopfloch). Der kleine Mayflower-Stuhl schaukelt etwas nervöser, die Katze ist überwältigt von der Überraschung, als sie einen leichten Stoß von dem ordentlichen Pantoffel bekommt, das Knüpfen nimmt neuen Schwung an, und ich sehe – nun, Sie erwarten doch sicher nicht, dass ich Ihnen erzähle, was ich sehe? Nichts sehr Schreckliches oder ganz Ungewöhnliches in der Sphäre meiner glücklichen Frau und des britischen Kutschers, der sie in seinem „Heu" hat und sie sicher bald in seinem „Zuhause" haben wird.

„Aber wenn mein müder General zu mir nach Hause kommt und mein Gesicht scharf mustert, um herauszufinden, ob ich mich nach den Kiefern sehne oder nach dem Meer seufze, kann ich mich in seinen Augen nicht blamieren, indem ich mein geringes Interesse an meiner glücklichen Frau offenbare. Am allerwenigsten meine eigene Einsamkeit! Ich zeige ihm den hübschen kleinen Blumenkasten, in dem ich eine kletternde Kapuzinerkresse, eine Prunkwinde und eine seltsame starke Rebe habe, die Greiffinger am Ende jedes Blattbüschels hat. Ich zeige ihm die seltsamen Verhaltensweisen dieser starken Kletterpflanzen – wie die Kapuzinerkresse keine Ranken hat, sondern einen großen fleischigen Stiel, der gestützt wird, und wenn sie zu groß wird, um allein zu stehen, treibt sie in Abständen ein Blatt mit einer Mission aus; sobald dieses Blatt die Berührung der Schnur spürt, zieht es sich zusammen und wickelt seinen spröden Stiel dreimal darum – hinein und hinaus, wie Sie Ihren Seidenknäuel aufwickeln würden. Und wie sich die großen langen Fühler der Prunkwinde genau wie wir verhalten. Sie suchen im Ausland nach etwas, auf das sie sich stützen können, Sie schwanken unruhig hin und her. Da sie nichts finden, drehen sie sich absichtlich um und *stützen sich auf sich selbst*!

„Mein General bemitleidet mich, weil das Quadrat des blauen Himmels, in das ich immer blicke, so klein ist. Aber ich erzähle ihm von all der Herrlichkeit und den Wundern, die ich dort zwischen den hohen Steinhäusern, die es einschließen, gesehen habe: wie einst ein Regenbogen darüber spannte; wie meine Lady Moon in einigen ihrer Phasen herabschaut und mir von ihrem harten Leben in hoffnungsloser Knechtschaft erzählt – während meines nur kurze Zeit besteht; wie die Plejaden in meinem kleinen Himmel gesehen wurden und mich mit süßesten Einflüssen banden; wie mein Freund, der Große Bär, sich rittlings auf mich stürzt, um einen Blick auf mich zu werfen und mich daran zu erinnern, dass er mich sehr gut kennt und Generationen meiner Väter kannte, lange vor den dreiundzwanzig Generationen, die ich von mir kenne.

„Und ich habe ihm noch mehr zu erzählen von der schönen Zeit, die ich in meinem Zimmer verbringe – wie ich ein Märchenschloss vor meinem Himmel wachsen sah. Wie ich zuerst einen Bohrturm in die Höhe schnellen sah und dann viele kleine Luftgeister auf einem quadratischen Fundament bauten; wie sie Bullaugen in die Spitze machten, um überall nach der Mafia oder irgendeinem anderen Feind Ausschau zu halten, und darüber Bögen und Märchenschmuck aus raffinierter Arbeit aus weißem Marmor spannten; wie sie dann eine Rakete hochwarfen und elektrische Lichter aufhängten, und ich nahm an, ihre Arbeit sei getan und ihr luftiges Schloss fertig, aber dann montierten sie ein großes Kalziumlicht, um die ankommenden Schiffe aus fremden Ländern wissen zu lassen, dass wir sie im Auge haben; wie sie ein weiteres und noch ein weiteres Stockwerk zu ihrem Schloss hinzufügten – insgesamt vier, und immer noch bauten. Und ich mache ihn auf einen seltsamen Vogel aufmerksam, der regelmäßig zur gleichen Stunde am Abend kam und (mit „rauer Stimme") über unsere Behausung und in meine eigene kleine Plantage am Himmel segelte. Er gehört zu der Art, die gemeinhin „Fledermaus" genannt wird – und so nannte ich ihn unsere Fledermaus. Jeden Morgen kam er genau zur gleichen Zeit zurück, triumphierend schreiend oder mit frecher Miene, um seinem Kumpel im Central Park zu erzählen, wie er die Nacht in den Sümpfen von Long Island verbracht hatte. Als die Taschenlampe in meinem Luftschloss zum ersten Mal angezündet wurde und ihr forschender Blick auf die abtrünnige Fledermaus fiel, drehte sie sich um und drehte ihre Runde in eine andere Richtung, und wir werden seine raue Stimme nie mehr hören! „Das ist ein weiterer Beweis für das, was wir bereits wissen: ‚Das Gewissen macht uns alle zu Feiglingen.' Oder vielleicht liegt es einfach daran, dass man von keiner Fledermaus mit Selbstachtung erwarten kann, Taschenlampen zu ertragen, wenn sensible Leute morgens nach Hause kommen.

"Mein General hört mir respektvoll zu, während ich das alles durchgehe. 'Offensichtlich machen Steinmauern noch kein Gefängnis', ist sein Kommentar. 'Sie interessieren sich für Botanik, Astronomie und den Bau des Madison Square Garden.' 'Garten! Machen Steinmauern einen Garten?' 'Hier in New York tun sie das', sagt er mir; 'ein großes, heißes Theater soll ein Garten genannt und von der Diana von Ephesus gekrönt werden! St. Gaudens macht die Göttin. Aber *Sie* brauchen keine Gärten oder Göttinnen, um glücklich zu sein! Ach! Was für eine wundervolle Frau Sie sind – so zufrieden, so fröhlich trotz all unserer Entbehrungen.' Das zeigt, was für armselige Geschöpfe Männer sind, was ihr Urteilsvermögen in Bezug auf die Art der Frauen betrifft; denn meine Liebe, oh, meine Liebe! – ein sehr einsamer, heimwehkranker, herzkranker Körper ist

„Ihr ergebener
" SARA A. PRYOR .

„PS – ich bin ein armer Kerl – ich weiß, ich bin es –, meinen Brief mit einem Geheul zu beenden. Aber ein Orgelspieler unter meinem Fenster spielt ‚Home, Sweet Home'. Er muss vertrieben werden, sonst sterbe ich! Da fängt er schon wieder an – ‚Die alten Leute zu Hause'! Ich muss mir beide Sofakissen über die Ohren ziehen! Liebe Grüße, SAP"

KAPITEL XXXIX

Anfang des Winters bekam ich Besuch von einer schönen jungen Dame, der Waisentochter eines Konteradmirals, den ich früher gekannt hatte. Sie war vorübergehend in Verlegenheit geraten und hatte einen Nachmittag mit Musik und Lesen geplant, wollte gerade ein paar Karten verschicken und wünschte, dass ich eine ihrer Gönnerinnen wäre. Ich willigte gern ein und ging am vereinbarten Nachmittag zu ihrer Pension in der Nähe des Parks, da ihre Wirtin ihr freundlicherweise Zimmer für die Unterhaltung zur Verfügung gestellt hatte. Ich war früh dran, und da niemand erschien, drängte ich den Negerjungen an der Tür in meine Dienste, legte ein paar Palmen, die ich zur Hand fand, auf, ordnete den Schreibtisch und erwartete die Vorleserin und ihre Audienz. Bald darauf trat Bischof Potter ein, die Tasche tragend, in der sich seine Robe befand, vielleicht auf dem Weg, ein Baby zu taufen. Ich kannte ihn „vom Sehen" und wagte es, mich einfach als „Mrs. Pryor" vorzustellen und meine Anwesenheit zu erklären. Er erzählte mir von seinem Interesse an dem Anlass und an der jungen Dame, die vorlesen sollte, und fügte hinzu: „Ich weiß nicht viel über ihre Qualifikation für ihre Aufgabe, aber ich *kannte* ihren Vater." Und plötzlich kam General Sherman herein, groß, grimmig und ohne Begleitung! Der Bischof stellte mich sofort als Mrs. General Roger A. Pryor vor. Ich war so bewegt, mich in dieser schrecklichen Gegenwart wiederzufinden, dass ich ausrief: „Oh, General Sherman ! *Niemals hätte ich gedacht, dass ich mich mit Ihnen* im selben Boot wiederfinden würde !"

Er sah mich einen Moment lang ernst an und sagte dann: „Jetzt sehen Sie mal! Ich bin nicht so schwarz, wie ich angemalt bin." – „Und es tut mir sehr leid", sagte der Bischof, „dass die Frau meines guten Freundes, des Generals, sich an Dinge erinnern will, die für immer vergangen und vergangen sind."

„Gut", sagte General Sherman, „wenn sie mir das Haus nicht verbietet, würde ich gern General Pryor besuchen! Man sagt mir, sie hätten das gemütlichste kleine Haus in ganz New York."

Er hat angerufen, ebenso wie seine bezaubernde Tochter Rachel, die ich mochte und von der ich hoffe, dass ich sie zu meiner Freundin gewonnen habe.

Was die „Lesung" angeht – Mrs. Botta, Mrs. Bettner, die beiden Großen und ich selbst waren die Hauptzuhörer – obwohl nur wenige anwesend –, muss ich gestehen, dass kein Anlass für mich interessanter und bedeutsamer hätte sein können. Meine Gedanken eilten zurück zu der Zeit, als der Mann vor mir durch einen unglücklichen Südstaat marschierte, ohne dass ihm auch nur eine Schubkarre den Weg versperrte, als alle Gesetze der zivilisierten Kriegsführung über Bord geworfen wurden und Frauen und Kinder in einem sechzig Meilen breiten Gürtel geplündert und aus ihren Häusern vertrieben wurden; als er nach seinem Vorbeimarsch zurückkehrte, um über die geschwärzten Ebenen zu weinen, die er hinter sich gelassen hatte. In seinem offiziellen Bericht über seine Operationen in Georgia sagte er: „Wir haben das Getreide und Viehfutter in der Region dreißig Meilen auf beiden Seiten, von Atlanta bis Savannah, verbraucht, auch die Süßkartoffeln, Schweine, Schafe und Geflügel, und mehr als zehntausend Pferde und Maultiere erbeutet. Ich schätze den Schaden, der dem Staat Georgia zugefügt wurde, auf hundert Millionen Dollar, von denen mindestens zwanzig Millionen zu unserem Vorteil eingesetzt wurden, und der Rest war einfach Verschwendung und Zerstörung." [8] Aber die Schuld für diese Plünderung muss höher gesteckt werden als auf den Schultern von General Sherman.

Am 18. Dezember 1863 wies ihn Generalmajor Halleck folgendermaßen an: „Sollten Sie Charleston einnehmen, hoffe ich, dass der Ort durch *einen Zufall* zerstört werden könnte, und wenn ein wenig Salz auf dem Gelände gesät würde, könnte dies zukünftige Saaten der Aufhebung und des Verrats verhindern."

Sherman antwortete am 24. Dezember 1863:—

„Ich werde Ihren Hinweis bezüglich Charleston im Hinterkopf behalten und glaube nicht, dass ‚Salz' notwendig sein wird. Wenn ich vorrücke, wird das Fünfzehnte Korps auf der rechten Seite des rechten Flügels stehen, und ihre Position wird sie natürlich zuerst nach Charleston führen – und wenn Sie die Geschichte dieses Korps verfolgt haben, werden Sie bemerkt haben, dass sie ihre Arbeit im Allgemeinen ziemlich gut machen. Die Wahrheit ist, dass die ganze Armee vor einem unersättlichen Verlangen brennt, an South Carolina Rache zu nehmen. Ich zittere fast vor ihrem Schicksal, aber ich bin der Meinung, dass sie alles verdient, was ihr zu erwarten scheint."

Eine massive Rauchwand, die sich tagsüber über vierzig Meilen vom Horizont bis zum Zenit erstreckte, kündigte den Frauen und Kindern das Schicksal an, das ihnen bevorstand. Den ganzen Tag beobachteten sie die Wand – die ganze Nacht über wurde sie von gegabelten Flammenzungen erhellt, die die grelle Dunkelheit erhellten. Am nächsten Morgen erreichte sie sie. Terror lag in der Luft, schnell wie die Furien sich vor ihnen ausbreiteten, und Mord, Brandstiftung und Raub hüllten sie ein.

FRAU VINCENZO BOTTA.

Aber warum die Geschichte wiederholen? Dies war Krieg, ein Krieg, der weder Graubärte noch Kinder, alte Frauen, heilige Nonnen verschont – niemanden! Die Verantwortung für solche Verbrechen liegt nicht bei einem einzigen. Und es ist auch nicht unsere Aufgabe, eine angemessene Strafe zu verlangen oder zu verhängen. Der Große Richter „wird vergelten" – es sei denn, er hat vergeben, wie ich demütig bete, wie wir vergeben haben und, wie ich hoffe, uns selbst vergeben wurde.

Kein Südstaatler kann jedoch, wenn er vor der prächtigen Statue von St. Gaudens steht, ganz vergessen, zu welchem Preis die Ehre dieses Mannes erkauft wurde. Der Engel mag in den Augen mancher eine Siegespalme tragen und verkünden: „Ruhm, Ehre, Unsterblichkeit dem, den ich führe." In den Augen der Südstaatler trägt die geflügelte Gestalt einen Stab und die bronzenen Lippen eine Warnung: „Vorsicht!"

Unsere ersten und treuesten Freunde in unserem neuen Zuhause waren Richter Edward Patterson (unser erster Besucher) und seine liebenswürdige und begabte Familie. Ein Großteil unseres Glücks war ihrer mitfühlenden Aufmerksamkeit zu verdanken, zu einer Zeit, als wir nur wenige Freunde hatten.

Eine meiner ersten Freundinnen in New York war Mrs. Vincenzo Botta, die ich im Haus von Mrs. Dix kennengelernt hatte, als wir mit Colonel Mapleson, Patti und Nicolini verhandelten. Sie war damals etwa 69 Jahre alt. Sie starb sieben Jahre, nachdem sie zum ersten Mal in mein kleines Haus in der 33. Straße gekommen war, und in diesen wenigen Jahren entwickelte sich eine herzliche Freundschaft, die zu voller Reife heranreifte. Sie war zwar nicht schön, aber dennoch eine bezaubernde Erscheinung, ohne Anzeichen von Alter, obwohl die kleine schwarze Spitzenmantille, die sie über ihren Locken trug, ihr eigenes Geständnis war. Sie war die einzige Frau, die damals oder seitdem so etwas wie einen richtigen Salon hatte. Niemand, soviel ich weiß, lehnte jemals eine Einladung in dieses Haus ab. Es war eines der großen, altmodischen Häuser in der Nähe der Fifth Avenue, mit Türen aus San-Domingo-Mahagoni, einer breiten Treppe und vier geräumigen Zimmern auf jeder Etage. An den Wänden hingen Wandteppiche, ein paar schöne Bilder, drei Büsten – eine von Salvini, eine vom Ehemann der Gastgeberin, die andere von ihrer Zofe –, Holzfeuer und täglich frische Blumen. Die anmutige weißhaarige Dame an der Spitze des Hauses besaß einen Charme, der aus langjähriger Erfahrung in allen sanften Diensten des Lebens geboren war; ihr Geist war wunderbar kultiviert, das blaueste Blut floss in ihre Adern; aber aus ihren Lippen erfuhr man nichts über ihre bedeutende Vergangenheit, obwohl sie Autorin, Bildhauerin und Dichterin gewesen war. Sie kam dem Ruf, einen Salon zu leiten, näher als jeder andere, der je in New York gelebt hat. Bei ihren Empfängen konnte man Salvini, Edwin Booth, Modjeska, Christine Nilsson und jeden bedeutenden Autor und Diplomaten finden, der die Stadt besuchte. Niemand wurde jemals angeheuert, um ihre Gäste zu unterhalten – sie unterhielten sich gegenseitig. Manchmal bot ein großer Sänger freiwillig ein Lied an, oder ein Dichter oder Schauspieler trug etwas von seiner Kunst vor, natürlich ohne dass die Gastgeberin darum gebeten hätte. Manchmal wurde der Abend mit einem Tanz beendet.

Man wunderte sich oft über die Leichtigkeit, mit der Mrs. Botta Musiker, Künstler, Schauspieler, Autoren, Modebewusste und -damen, im politischen Leben herausragende Männer um sich scharen konnte – jeden von ihnen, der ein gewisses Maß an Originalität oder Genie in sich trug. Ihr Salon wurde nicht unpassend als eine Reproduktion des Salons von Lady Blessington oder der Herzogin von Sutherland bezeichnet. Eine Karte zu ihrer *conversazione* , wie sie es lieber nannte, wurde, wie ich bereits sagte, eifrig gesucht und nie abgelehnt. Ihre Nachmittagstees waren berühmt; aber ihre Abendessen! Ich meine nicht die Sumpfschildkröte und die Weine – die Tischgespräche in diesem Herrenhaus waren die Attraktion. Jeder ging nicht nur bezaubert, sondern auch ermutigt weg; er dachte besser von sich selbst und folglich auch besser von seinen Mitmenschen.

Solche Abendessen werden heute ständig im ganzen Land veranstaltet. Vielleicht sind es unsere besten und bedeutendsten Leute – diejenigen, die die Ehre und den Stolz unseres gesellschaftlichen Lebens ausmachen und unsere Manieren von der Kritik befreien, der sie ausgesetzt sind –, die es schaffen, nie in den Zeitungen zu erscheinen. Sie veranstalten Abendessen von großem Geschmack und Schönheit, die nie beschrieben werden. An ihren Tischen versammelt sich der Witz und die Weisheit vieler Länder und alle Accessoires, die Geschmack und Reichtum hergeben können. Diese Sterne des gesellschaftlichen Firmaments drehen sich in ihrer eigenen Sphäre – nicht um eine reiche oder hochrangige Sonne, sondern um einander. Belebt durch einen starken Magneten ziehen sie sich sofort wie Eisenspäne an.

Ich wusste nichts von Mrs. Bottas Ansehen oder ihrer Freundschaft mit Emerson, Carlyle, Froude, Fanny Kemble, Frederika Brémer, Daniel Webster, Charles O'Connor, Fitz-Greene Halleck oder sogar Louis Kossuth, als sie mich zum ersten Mal besuchte und sich vorstellte; auch erwähnte sie nie jemanden oder irgendetwas (wie so viele es tun!), um mir ihre Ansprüche auf meine Aufmerksamkeit zu vermitteln. Sie war selbst eine äußerst faszinierende Rednerin und zog mich einfach sanft dazu, über mich selbst zu sprechen – und kein Magnet kann so anziehen wie menschliches Mitgefühl. Einmal erzählte ich ihr etwas von meinen Erfahrungen in Kriegszeiten, ermutigt durch ihre strahlenden Augen, die mich mit gespannter Aufmerksamkeit anstarrten.

Plötzlich war ihr Licht von Tränen verschleiert, und sie erhob sich von ihrem Sitz, nahm mich in ihre ausgestreckten Arme und küsste mich. Kein Wunder, dass die Seele Jonathans von dieser Stunde an mit der Seele Davids verbunden war.

Sie konnte sogar bei so einer Kleinigkeit mitfühlen wie bei meinem Kummer über den heißen Sommer, den ich hinter mir hatte – „Ja, ja", sagte sie, „ich weiß alles darüber." Sie hatte einen düsteren Katalog der Leiden der Hundstage geschrieben, dessen Schlusszeilen ich noch kenne:

„Wenn Phoebus und Fahrenheit einen Amoklauf beginnen

Dann ist es heiß, und an eine Linderung des Schneesturms ist nicht zu denken.

Und wenn die allgemeine Luftfeuchtigkeit mit ins Spiel kommt

Wie gepflückte Blumen auf dem Feld muss der arme Sterbliche verwelken,

Bis er wie der Witz in trostlosem Ton schreit,

Um sein Fleisch abzunehmen und in seinen Knochen zu sitzen!

Aber um es trotzdem klarzustellen, meine Liebe,

Geben Sie mir New York für neun Monate im Jahr—

Trotz all seiner Mängel gibt es keinen Ort, der mir so teuer ist!

Mit seinem Leben und seiner Hektik, was es tut und getan hat,

Es gibt keine Stadt wie diese auf der Erde."

In diesem Punkt stimme ich ihr mittlerweile zu.

In ihren Salons, die durch Beispiele ihrer eigenen Arbeit wunderschön waren – denn sie war Bildhauerin und exquisite Näherin sowie Dichterin und anmutige Gastgeberin – traf ich viele der literarischen Größen der Zeit sowie Damen der Gesellschaft von New York. „Ich werde Miss Murfree einen Empfang geben", sagte sie mir einmal. „Warum?", fragte ich. „Ist sie eine Ihrer großen Persönlichkeiten?" „Erinnern Sie sich", sagte Mrs. Botta mit einem Augenzwinkern, „an ‚Dorinda Cayce'?" Ich erinnerte mich an Dorinda Cayce in „Der Prophet vom Great Smoky Mountain", die durch Schneestürme und Unwetter gegangen war, um im Gefängnis Begnadigung für ihren Geliebten zu erwirken, nur um am Ende herauszufinden, dass er nur ein gewöhnlicher, selbstsüchtiger Sterblicher war. Daran war nichts so Bemerkenswertes, meinte ich. „Ah! Aber erinnerst du dich nicht, wie sie ihm die wunderbare Tatsache erklärte, dass *sie* ihn trotz all seiner Fehler geliebt hatte und bereit war, für ihn zu sterben? ‚Nein – nein –', sagte Dorinda, ‚ich habe *dich nie* geliebt ! Ich liebte, was ich *dachte,* dass du bist.' In diesem Moment", sagte Mrs. Botta, „griff sie tief in die Geheimnisse des Herzens einer Frau ein. Wir lieben, was wir *denken,* dass es ist! Ich werde ihr einen Empfang geben."

Ich hatte William Cullen Bryant vor fünf oder sechs Jahren kennengelernt, kurz bevor er starb (ich habe so viele Sonnenuntergänge gesehen!), und Mrs. Botta, die ihn gut gekannt hatte, war an meinem Bericht über ein Interview mit ihm interessiert. Wir waren aus Brooklyn hergekommen, um an einem Empfang teilzunehmen, den der Verleger von Johnsons Encyclopædia für seine Mitarbeiter gab. Einer seiner Artikel war von meinem Mann geschrieben worden. Bei diesem Empfang traf ich auch Bayard Taylor, Clarence Stedman und andere, deren Talente in Schmähungen gegen den Süden mir bekannt waren. Aber ich hegte keinen Groll gegen sie. Ich war besonders darauf erpicht, mit dem alten Dichter zu sprechen, und bat darum, ihn kennenzulernen. Als die Menge in die Erfrischungsräume ging, sah ich ihn allein dastehen, an den Flügel gelehnt, und wagte es, mich zu ihm zu gesellen. Abendessen *gegen* William Cullen Bryant! Es konnte nur eine Schlussfolgerung geben. Ich wagte zu hoffen, dass es ihm gut ging, als ich fast gebannt vor seinem schönen grauen Kopf stand. Ich ertappte mich dabei, dass ich noch mehr hoffte. Ich war davon überzeugt, dass er Verrat aus tiefstem Herzen hassen sollte – aber ich wünschte mir auch, dass er dem Verräter nur ein bisschen ähnlich sein könnte!

„Oh ja", antwortete er auf meine Frage, „mir geht es vollkommen gut. Aber ich merke, dass ich alt werde."

„Ich wette", sagte ich, „Sie könnten mit den Besten um Ihre Austern kämpfen."

„Stimmt", antwortete er, „aber das ist nicht das Problem. Ich vergesse die Namen der Leute."

„Ein Dichter kann es sich leisten, zu vergessen. Nur Politiker müssen vorsichtig sein."

„Niemand kann es sich leisten, unfreundlich zu sein", antwortete der alte Dichter.

„Namen sind Nebensache", meinte ich. „Wenn Sie sich Gesichter merken, ist alles in Ordnung."

„Oh nein", sagte er, „Sie müssen sich Namen merken. Ich habe dieses Drama, in dem wir alle mitspielen, nicht arrangiert, aber ich weiß, dass es zu meiner Rolle gehört, mir Namen zu merken. Wenn ich Mr. Smith vorgestellt werde und ihn am nächsten Tag am Broadway treffe, sollte ich wohl ‚Guten Morgen, Mr. Smith' sagen. Warum wurde ich ihm sonst vorgestellt? Wenn ich seinen Namen vergessen habe, habe ich meine Rolle vergessen und verliere die einzige Gelegenheit, die mir in dieser Welt jemals gegeben wird, höflich zu Mr. Smith zu sein."

Mrs. Botta erfreute sich an solchen Vorfällen. Ich wünschte, sie hätte mit mir über den Versuch meines Gordon (Mrs. Henry Rice) lachen können, Mr. Bryant einer Klasse armer weißer Jungen vorzustellen, die sie in einer Abendschule in ihrem Haus auf einer großen Tabakplantage in Virginia unterrichtete. Sie hatte ihnen Lesen und Schreiben beigebracht, etwas Rechnen und Geographie, sogar etwas Latein, und wollte die ästhetischen Instinkte wecken, die ihrer Meinung nach in den armen Kerlen vorhanden sein mussten. Sie las ihnen Bryants „Ode an einen Wasservogel" vor. „Nun, Jungs", sagte sie eifrig, „sagt mir, wie *ihr euch* fühlen würdet, wenn ihr das gesehen hättet." Es herrschte Totenstille. Als sie sich an den hoffnungsvollsten ihrer Arbeitersöhne wandte, erhielt sie eine aufschlussreiche Antwort: „Ich würde mir nichts dabei denken." „Was würdet ihr sagen?", beharrte sie. „Mist – ich glaube, ich würde sagen: ‚Da geht eine Ente!'"

Niemand war freundlicher zu uns als Edmund Clarence Stedman. Dienstags und freitags war man immer willkommen – es wurden keine Karten verteilt – und in seinen Salons war eine kleine, erlesene Gesellschaft von Literaten und Literaten. Mr. Stedman war die Güte in Person. Seine „Freunde aus dem Old Dominion" waren genauso willkommen, als hätte er nie „Abraham Lincoln, gib uns einen MANN " geschrieben, um unsere „Rebellion" niederzuschlagen. Kein Mann hätte großzügiger zu Autoren sein können, da er selbst ein so kultivierter und anmutiger Autor war. Ich erinnere mich, dass er sich bei meinem ersten schüchternen Unterfangen – ich hatte etwas für das *Cosmopolitan Magazine geschrieben* – beeilte, mich willkommen zu heißen, zu sagen, mein Essay sei „bezaubernd geschrieben" und hinzuzufügen: „Ich habe immer beobachtet, dass alles, was eine Dame zu schreiben beschließt, etwas hat, eine Ausstrahlung, die der Rest von uns nie erreichen kann" – was die Ritterlichkeit, wenn nicht die Auffassungsgabe des lieben Mr. Stedman beweist .

In den achtziger Jahren gab es noch andere Häuser, in denen wöchentlich rein literarische Empfänge abgehalten wurden: vor allem bei Präsident Barnard, aber auch bei Mrs. Barrow, die liebevoll unter ihrem eigenen *Pseudonym* „Tante Fanny" bekannt war und heute so in Literaturenzyklopädien verzeichnet ist. Mrs. Andros B. Stone versammelte die Auserwählten ebenfalls in ihren Salons. Dort sah ich die sanfte Madame Modjeska wieder. Dort traf ich Henry M. Stanley, der von Bewunderern umringt war und große Schweißtropfen auf seiner erhitzten Stirn hatte – und sich weigerte, „nein" zu sagen, als ich ihn fragte, ob dies nicht schlimmer sei als die Dschungel Afrikas!

Was für ein Leben er doch geführt hatte! Wir hörten zum ersten Mal von ihm als Soldat in der Konföderiertenarmee, dann in der Marine der Union. Er verkörperte „das Blaue und das Graue" – er hatte beide getragen. Wir alle wissen von seiner Suche nach Dr. Livingstone, von seinen anschließenden Märschen durch den Schwarzen Kontinent, von seinen Gefahren zu Lande, Gefahren zur See, von seinem Mut und seiner Tapferkeit. Und nun war er hier – ganz wie andere Leute – in einem Abendmantel mit einer Gardenie im Knopfloch und mit einer englischen Braut, ganz in Weiß und Gold, und noch jung genug, um das Maß seines Ruhms mit weiteren Abenteuern zu füllen.

Ich wurde frühzeitig zum Mitglied des Mittwochnachmittagsclubs gewählt, vorgeschlagen von Mrs. Botta, deren erster fähiger Beitrag – eine Besprechung von Matthew Arnolds Essay „Civilization in the United States" – mir Aufschluss darüber gab, was von mir erwartet werden könnte, wenn ich an die Reihe käme, einen Vortrag zur Diskussion zu halten. Ich glaube, ich habe Mrs. Botta enttäuscht, indem ich mich beharrlich dieser Pflicht entzog – implizit durch meine Zustimmung, Mitglied des Clubs zu werden, zu dem Mrs. Mary Mapes Dodge, Mrs. RW Gilder, Mrs. Almon Goodwin, Mrs. Theodore Roosevelt, Miss Kate Field, Mrs. George Haven Putnam und andere literarische Frauen gehörten. Mrs. John Sherwood war eine unserer Grande Dames, insgesamt eine sehr bemerkenswerte Persönlichkeit in ihren besten Jahren, eine weitgereiste Dame, die Freundin von Lord Houghton, Daniel Webster und anderen großen Persönlichkeiten. Sie konnte bei ihren literarischen Konferenzen immer ein großes und bewunderndes Publikum um sich scharen. Sie erreichte ein hohes Alter und hörte nie auf, „eine Persönlichkeit" zu sein – ein sehr schöner Typ einer hochgeborenen, vornehm erzogenen, intellektuellen Frau. Diese Zusammenkünfte, die in den achtziger Jahren die Gesellschaft prägten, boten Gelegenheit für den Mann oder die Frau mit vielseitigem Talent. Jeder kann eine Rede halten, einen Aufsatz vorlesen oder eine spezielle Modeerscheinung oder ein Hobby ausleben. Jeder kann schwatzen, aber wie viele von uns können einen Gedanken „wie eine kleine Flamme" von einem zum anderen weitergeben oder wie einen Edelstein mit vielen Facetten einen funkelnden Blitz in alle Richtungen senden? Das ist möglich! Das machte den Charme des französischen Salons aus und verleiht heute den Charme von mehr als einem kleinen Salon, von dem ich weiß, dass er nie in den Gesellschaftsspalten der Zeitungen beschrieben wurde.

Ich darf nicht wagen, mich als jemand zu bezeichnen, der nur „hohes Denken" mag. Der große Dr. Johnson mochte Klatsch, ebenso Madame de Sévigné, Greville und Hunderte anderer wunderbarer Menschen. Ich auch! Aber bei manchem modernen Klatsch ziehe ich eine Grenze – ob Mrs. Claggetts häusliches Unglück den Höhepunkt einer Scheidung erreichen wird, ob sie sich bei ihrem nächsten Unterfangen bessern wird; ob Mrs. Billion wirklich Schwierigkeiten haben wird, in die Gesellschaft zu kommen, oder was in aller Welt Lord Frederick an dieser stupsnasigen Peggy Rustic finden könnte, die nicht einmal die rettende Gnade eines kleinen Geldes hat. Ich habe Angst vor Persönlichkeiten, und doch können wir nicht immer über Politik und Religion diskutieren. Männer wurden auf dem Scheiterhaufen verbrannt, weil sie über Politik und Religion sprachen!

Ich habe nie Verständnis für den pauschalen Missbrauch der New Yorker Gesellschaft gehabt – und mit diesem viel verwendeten Wort meine ich die Gesellschaft, die Noah Webster als „jene Klasse in jeder Gemeinschaft, die Unterhaltung gibt und empfängt" definiert. Eine Stadt wie New York muss zwangsläufig aus vielen gegensätzlichen Elementen bestehen – aber ich glaube, dass der wahre Sauerteig einer guten Gesellschaft immer vorhanden ist und sich am Ende unweigerlich durchsetzen wird, um das Ganze zu säuern. In den modernen Romanen, die vorgeben, sie aufzudecken, kann man unweigerlich Situationen bemerken, die in einer anständigen Gesellschaft unter keinen Umständen jemals hätten vorkommen können. Die Leichtigkeit, mit der Männer und Frauen aus bescheidenen Verhältnissen hier hohe Positionen erreichen, ist leicht zu erklären. Ihre frühen Nachteile haben sie gelehrt, unternehmungslustig zu sein, auf ihren eigenen Vorteil zu achten und jede Gelegenheit zu ergreifen. Sie sind ehrgeizig. Daher sind sie „Kletterer". Wenn man die unterste Sprosse der Leiter erfolgreich erreicht hat, hat man Halt für die nächste. Sie sind nicht empfindlich. „Brüskiert?", sagte einer. „Natürlich! Wird nicht jeder brüskiert?" Es ist nicht verwunderlich, dass New York sie empfängt. Ihr Verstand ist geschärft. Sie sind sehr umgänglich, sehr geschmeidig, sehr anpassungsfähig. *Au reste!* Nun, sie lernen. Es gibt Bücher über „Manieren und soziale Gepflogenheiten", die man für ein paar Cent bekommt. Eines davon heißt „The Gentleman", das in den neunziger Jahren populär war. Mr. Howells zu diesem Buch gelesen zu haben, ist zu lang, um ihn zu zitieren.

„Wir haben kürzlich gesehen, wie schädlich sich Mr. McAllister durch seine fromme Darstellung der besten Gesellschaft New Yorks machen konnte, und jetzt versucht ein anderer Modeanhänger, mit dem Ideal des Gentleman den Bilderstürmer zu spielen.

"Lesen Sie unbedingt 'Gentleman'. Es ist das köstlichste Stück lächerlichen Lakaientums, das je erschienen ist - abgesehen vom großen Erfolg in dieser Richtung. Nachdem der Autor dem vorgeschlagenen Herrn Anweisungen zu seiner Krawatte und seinem Einstecktuch gegeben hat und ihm sagt, er solle nicht die Beine übereinanderschlagen, nicht zwinkern oder in den Zähnen bohren, schließt er mit den Worten: 'Wenn Sie einen Heiratsantrag machen und die Dame zustimmend antwortet, schließen Sie sie sofort in Ihre Arme!'"

Aber nach allem, was ich über die Gesellschaft gesagt und getan habe, hat sie mir immer gefallen. Ich habe nicht die geringste Lust, Reformer zu werden. Sie wird ihre eigene Rettung in wichtigen Punkten schaffen, und wir können es uns leisten, über ihre lächerlichen Methoden zu lachen. Wir wissen, dass sie „zu schlecht ist, um gesegnet zu werden", aber gleichzeitig „ist sie zu gut, um verboten zu werden".

"Ich hörte Jupiter", sagte Silenus, "davon sprechen, die Erde zu zerstören. Er sagte, er sei gescheitert. Sie seien alle Schurken und Füchsinnen, die immer schlimmer würden. Minerva sagte, sie hoffe nicht, dass das so sei. Sie seien nur lächerliche kleine Geschöpfe mit dieser seltsamen Eigenschaft: Wenn man sie böse nannte, würden sie böse erscheinen; wenn sie gut wären, würden sie auch so erscheinen. Und es gab niemanden unter ihnen, der nicht ihre Eule – und erst recht den ganzen Olymp – darüber hätte rätseln können, ob sie im Grunde gut oder böse sei." Es hängt alles vom Standpunkt ab, und bei Meinungsverschiedenheiten zwischen Jupiter und Minerva zögere ich nicht.

Aber wenn ich mir noch ein Wort erlauben darf: Ich glaube, das Problem unserer New Yorker Gesellschaft ist, dass wir zu viel davon haben. Wir haben keine Muße, auszuwählen. Und dann scheinen wir immer nur *repräsentativ zu sein* – wie Senior über ein amerikanisches Mädchen sagte. Wir sind verzehrt von dem Wunsch, Eindruck zu machen – dieser Todfeind guter Manieren – oder wir hüllen uns in Zurückhaltung wie in ein Gewand. Von den beiden bevorzuge ich, glaube ich, die erstere – alles außer der eisigen Langeweile der intensiven Albernheit.

Um die Wahrheit zu sagen, wir Amerikaner sind schwerfällig. Wir können nicht schnell „wie eine Flamme" von einer Sache zur anderen übergehen. Wir sind selten so gnädig, gefallen zu wollen, aber wenn wir es tun, sind unsere Komplimente keine ätherischen Berührungen, sondern breit angelegte Schmeicheleien mit Spaten und Kelle. Chesterfield sagt: „Die menschliche Natur ist überall auf der Welt dieselbe." Das ist zweifellos wahr – wir hören es oft genug zitiert –, aber an manchen Orten ist sie viel stärker ausgeprägt als an anderen. In New York gibt es eine enorme Menge menschlicher Natur. Schließlich ist sie nicht so subtil, wie wir uns vorstellen. Lady Mary Wortley Montagu erklärt, dass sie in ihrem ganzen Leben nur zwei Arten von Menschen gesehen hat – Männer und Frauen! Wir können ihr nicht zustimmen – wir haben andere gesehen –, aber wir glauben, dass in unserem gesellschaftlichen Leben alle Dinge zum Guten und nur zum Guten zusammenwirken, ungeachtet gegenteiliger Hinweise und gegenteiliger Berichte.

Unser kleines Haus in der 33. Straße war Schauplatz vieler angenehmer Ereignisse. Dort traf ich an meinen Donnerstagen meine Freunde. Dort heiratete meine Tochter Lucy. Zu ihren Hochzeitsgeschenken gehörte eine interessante Stickerei von der Frau unseres türkischen Gesandten SS Cox. Mr. Cox hatte sie zusammen mit einem Brief geschickt, an dessen Ende er – da er sich an mein angebliches Interesse am Südstaatendialekt erinnerte – erklärte: „Es tut mir leid, so dumm zu sein, aber die Wahrheit ist, ich bin mächtig müde! Ich habe den ganzen Tag Amerikaner über Konstantinopel geschleppt."

Ich antwortete, bat um einen Schlüssel für die Stickerei und fügte hinzu: „Es tut mir leid, dass zu den lästigen Pflichten unseres Gesandten im Osmanischen Reich auch das Tragen der Leichen von amerikanischen Besuchern usw. auf seinem Rücken oder in seinen Armen gehört. (‚Tote', ein altes englisches Wort, das heute nicht mehr verwendet wird, wird von den Südstaaten-Negern immer noch für das Tragen einer Last verwendet, nicht für das Führen oder Eskortieren.)" Hier ist Mr. Cox' Antwort:

„ US-GESANDTSCHAFT, KONSTANTINOPEL ",

22. Mai 1886.

„ MEINE LIEBE FRAU PRYOR :—

„Wenn Ihre Tochter sich auch nur halb so sehr über das kleine Geschenk meiner Frau gefreut hat wie ich durch Ihren Brief, dann ist die *Entente cordiale* zwischen dem Bosporus und dem Hudson fest etabliert. Diese kleinen Aufmerksamkeiten sind sehr unbedeutend; aber –

„Dem Gott, der alles macht,

„Es gibt kein Groß – es gibt kein Klein."

Das hat irgendein Brahmane gesagt! Ich glaube, das ist einer von Emersons kleinen Diebstählen aus dem Orient; aber es ist so wahr.

„An welch dünnem Faden

Hänge ewige Dinge auf,

wie die Methodisten zu singen pflegten! Hier, an meinem kleinen Wort „tote“ hängen Sie eine soziale und philologische Abhandlung auf! Ich werde das Wort nicht in seinem afrikanischen Dialekt diskutieren; sondern ich nehme den edlen roten Mann – dessen Totem sein Hausgott ist; und in diesem Sinne, in diesem Zusammenhang, soll der Doyley verehrt werden, wie Ihr Mann sagen würde, *totus atque rotundus* .

„Das Stück orientalische Arbeit mit seinen kabbalistischen Schriftzeichen trägt das Monogramm des Sultans. Und es hat auch eine Geschichte – dieses Monogramm. Es soll in Blut in einem der Tempel von St. Sophia in Istanbul zu sehen sein, auf einer Säule, die so hoch ist, dass ein Mann meiner Größe es nicht sehen kann. Es wird gesagt, dass das Blut von der Hand Mohammeds II. stammt, als er in die Kirche ritt. Es hat die Form einer Hand, wie Sie sehen können. Eine andere, nicht ganz so erschütternde Geschichte: Als Amurath den ersten Vertrag mit einer christlichen Macht schloss – einer kleinen Republik Ragusa – verlor er die Fassung, tauchte seine fünf Finger in Tinte und hinterließ so sein Zeichen auf dem Pergament. Dies ist die *Tongbra* oder das Siegel. Der gegenwärtige Sultan hat seiner Handarbeit eine Blume hinzugefügt.

„All dies basiert auf der Annahme, dass die Stickerei, die Miss Lucy geschickt hat, die Chiffre enthält, aber da Mrs. Cox auf dem Basar – oder beim Einkaufen – ist, muss ich es erraten.

„Ich kann nur noch meine Hochachtung für Ihren Mann ausdrücken, der in vielerlei Hinsicht mein *Ideal ist. Zweifellos ist er Ihr ‚kühnes Idol‘, wie eine junge Dame sagte. Sagen Sie ihm, wenn die Zeit gekommen ist, er solle mir diesen Ort wärmen! Ich werde in den Kongress zurückkehren* und im Harnisch sterben. Ich möchte hier nicht sterben – eigentlich möchte ich noch gar nicht sterben, denn das Leben hat so viele Segnungen und Schönheiten – im Frühling!

„Mrs. Cox und ich gehen heute Abend zum Essen in den Palast von Zildez – das Lusthaus des Sultans. Es ist nicht gegenseitig, dass ich meine Einzige mitnehmen muss, um ihn zu sehen, und ich kann keine seiner zehntausend und insgesamt schönen Frauen sehen.

"Hochachtungsvoll,
" SS Cox ."

KAPITEL XL

Ich war immer der Meinung, dass die Hundertjahrfeier New Yorks im Jahr 1889 in hohem Maße für die Entstehung patriotischer Gesellschaften von Männern und Frauen verantwortlich war, die das Land erfasste.

Jeder war bereit, während der Feier zwei ganze Tage lang auf primitiven Sitzen unter der Aprilsonne zu sitzen, während die Beweise für die Macht und Errungenschaften unseres großartigen Landes vor uns vorbeizogen.

Wir erinnern uns an den militärischen Pomp des ersten Tages, an das würdevolle Auftreten der Gouverneure unserer Vereinigten Staaten, als sie ihre Köpfe entblößten, um den Jubel des Volkes dankbar zu erwidern, an das triumphale Schmettern der Trompeten, die mitreißenden Klänge der Militärmusik, das Glitzern der Bajonette, die lange, lebendige Linie, die nur einen kleinen Teil des Bollwerks der Nation gegen ihre möglichen Feinde ausmachte.

Dann die Schulen und Hochschulen, dann die prächtige Bürgerparade und die Abbildungen und Vertreter der Gewerbe, Berufe und Nationalitäten, die in unserem weiten Land eine Heimat gefunden haben.

All das ist vor unseren Augen vorübergegangen und wir erinnern uns nur vage daran. Das große Spektakel hinterließ keinen bleibenden Eindruck. Es bleibt nur die Erinnerung, dass Millionen und Abermillionen von Menschen unsere Bürgersteige säumten, dass die Show den Erwartungen dieser Menschen kaum gerecht wurde und dass es eine Zeit vieler Fehler und großer Unannehmlichkeiten war. Aber dieses Spektakel war nicht alles, was die Hundertjahrfeier ausmachte. Eine Reihe von Männern mit Geschmack und Gefühl hatten die glückliche Idee, revolutionäre Reliquien, Papiere und Porträts zu sammeln und sie im Metropolitan Opera House auszustellen.

Wir erwarteten, dass diese Werke uns interessieren würden, und einige von uns nahmen sich Zeit und dachten darüber nach, die Sammlung so erlesen wie möglich zu gestalten. Aber wir waren nicht auf die Wirkung vorbereitet, die die Ausstellung auf die Gemüter der Betrachter haben würde. Wir marschierten durch die Galerien des Metropolitan Opera House und dachten über die Zeitungen von „The Cincinnati" nach; die wenigen und abgenutzten Bücher; Taschenwörterbücher mit Exlibris; Kerzenleuchter, die in schwierigen Zeiten Talg getaucht hatten; silberne Teedosen, die in den „Teetassenzeiten" ihren Dienst getan hatten; Zinnteller, die in Valley Forge bei vielen kargen Mahlzeiten gedient hatten; die Vorhänge, die Lafayettes Bett beschattet hatten; die Klavierdecke, bestickt von der süßen Nellie Custis; erbärmliche leere Gewänder, den seidenen Mantel von George Washington, das braune Seidenkleid von Martha Washington. Wir erinnerten uns daran, zu welchem Preis die Herrlichkeiten der vorangegangenen Tage erkauft worden waren. Wir durchlebten die frühen Zeiten der Angst, Entbehrung und Gefahr. Als wir den Blick zu den Wänden hoben, begegneten wir den abgebildeten Augen der Männer und Frauen, deren Geist hinter unserer kleinen Armee die Ereignisse vorangetrieben und unserer revolutionären Geschichte Würde und Bedeutung verliehen hatte.

Es war schwierig, mit diesen ruhigen Gesichtern Denken, Bildung, Mut, Weitsicht und Staatskunst in Verbindung zu bringen. Die Künstler jener Zeit stellten nur die ruhigen, ausdruckslosen Züge ihrer Modelle dar. Da war George Washington, heiter in jeder Pose, Kleidung und jedem Alter; Alexander Hamilton, Richard Henry Lee, der scharfäugige Patrick Henry, Martha Washington, Elizabeth Washington, die schöne Nelly Custis, die dunkeläugige Frances Bland, deren patriotischer Bruder ein verlorenes Grab auf dem Trinity-Friedhof füllt. Diese und Dutzende andere blickten von den Mauern unseres großen Opernhauses auf uns herab.

Und doch war es dieses, und nur dieses, von all dem Spektakel, das einen lebendigen und bleibenden Eindruck auf die Köpfe der Menschen machte. Durch das Nachdenken über die Assoziationen, die mit diesen Reliquien und Porträts aus der Zeit der Revolution verbunden sind, und das erneute Lesen der damit verbundenen Geschichten wurde ein Impuls gegeben, der unser Volk jetzt bis in die äußersten Winkel unseres Landes begeistert und der dazu führen wird, dass wir die richtigen Schritte unternehmen, um alle Orte zu erwerben und zu erhalten, die mit dem Kampf um unsere Unabhängigkeit verbunden sind.

Ich war sehr an der Feier interessiert. Ich kannte den Präsidenten, Mr. Henry Marquand, und übernahm die Aufgabe, Porträts aus Virginia zu sammeln – von Patrick Henry, Mitgliedern der Familie Washington, Nelly Custis, Frances Bland und anderen. Ich schätze eine eingravierte Dankeserklärung, die vom Komitee angenommen wurde und in der es heißt, dass dieser Dank „besonders gebührt" für meine „wertvolle Mitarbeit bei der Arbeit an der Leihausstellung von Porträts".

Der Einfluss der Gefühle, die zur Zeit der Hundertjahrfeier geweckt wurden, drückte sich sofort in der Gründung der Gesellschaften patriotischer Männer und Frauen aus, die heute in diesem Land so zahlreich sind. Ich half bei der Gründung dieser Gesellschaften – der Preservation of the Virginia Antiquities, der Vereinigung, der Jamestown gehört, der Mary Washington Memorial Association, der Daughters of the American Revolution und der National Society of the Colonial Dames of America. Mir wurde die Aufgabe übertragen, ein Kapitel der Daughters of the American Revolution zu organisieren, und ich nannte es „The New York City Chapter". Mrs. Vincenzo Botta war mein erstes Mitglied und Mrs. Martha Lamb

Ehrenmitglied auf Lebenszeit. Ich war oft mit Mrs. Martha Lamb in Besprechungen, als sie half, die Colonial Dames zu organisieren – und ich interessierte mich schon früh mit Leib und Seele für die Daughters of the American Revolution. Jeder kennt Jamestown und die edle Gesellschaft, der es gehört. Ich organisierte einen großen Ball in den White Sulphur Springs, um beim Bau eines Denkmals über Mary Washingtons Grab zu helfen. Die Gouverneure von New York und Virginia schickten jeweils Flaggen – aus dem Staat meiner Geburt und dem Staat meiner Adoption. General Lee dirigierte die Mary Washington der Stunde. Die Schönheiten Virginias trugen die Kleider ihrer Urgroßmütter aus gestepptem Unterrock und Brokat, und ich erhielt eine große Summe für das Denkmal.

Für das Denkmal von Mary Washington gab Mrs. Charles Avery Doremus zusammen mit Mrs. Wilbur Bloodgood ein wunderschönes Stück, für das mir der Marineminister genug Farben lieh, um das ganze Haus zu bedecken. Ich schätze die Erlaubnis, die ich zur Verwendung dieser Farben erhielt. Sie war mit „George Dewey" unterzeichnet! Patti, der Gast von Mrs. Ogden Doremus, besetzte eine der Logen. Das Orchester spielte „Home, Sweet Home", und sie erhob sich und verbeugte sich, wie nur Patti sich verbeugen kann. Ich sprach zwischen den Akten mit ihr und erzählte ihr, was für ein freches, Süßigkeiten liebendes kleines zehnjähriges Mädchen sie gewesen war, als sie in Petersburg bei Ellen Glasgows Mutter *wohnte* und Strakosch sie mit einem Hut voller Süßigkeiten fürs Singen bezahlen musste! All dies nahm sie mit ihrem eigenen fröhlichen, plätschernden Lachen entgegen. Es war eine nette Tat – die großartige Sängerin opferte einen Nachmittag ihrer Zeit, um mich in meinem Vorhaben zu ermutigen und meine liebenswerten Amateure mit ihrem herzlichen Applaus zu bezaubern. Mit der Ermächtigung meines Chefs, der Witwe des Obersten Richters Waite, ernannte ich Prinzessin Eulalia und die Herzogin von Veragua zu Mitgliedern der Mary Washington Memorial Association und verlieh ihnen den Golden Star des Ordens. Dies war für sie eine schöne Erinnerung an die Weltausstellung.

Die Gesellschaften, die auf kolonialer und revolutionärer Abstammung basieren, lehnen die Vorstellung ab, dass ihr Handeln irgendetwas bezweckt, das auf die Schaffung einer Aristokratie abzielt – dass sie dem Zufall der Geburt eine andere Bedeutung beimessen als die Annahme, dass er Interesse und Fortbestand sichert – dass ihrer Bewegung ein weniger edles Motiv zugrunde liegt als das reine Prinzip des Patriotismus. Trotz ihrer Bewunderung für ausländische Titel waren die Amerikaner bis vor kurzem etwas empfindlich, dass man glauben könnte, sie würden sich ein Recht auf Aristokratie anmaßen. Als Bischof Meade Material für seine „Geschichte der alten Familien und Kirchen in Virginia" sammelte, stellte er fest, dass sich die Besitzer erblicher Wappen und Wappen tatsächlich schämten, dies zuzugeben! Sie empfanden wie Napoleon den Wunsch, Adel zu schaffen, anstatt ihn zu erben.

Der Zeitgeist scheint sich nun der amerikanischen Aristokratie der Geburt zuzuwenden, aber auf der republikanischen Grundlage von Verdienst, Charakter und geleistetem Dienst; keine Aristokratie, die aufgrund ihrer Geburt das Recht auf gesellschaftliche Herrschaft annimmt, sondern eine Aristokratie, die die Geburt als Bindung und Verpflichtung anerkennt. „Es kann", sagte Bischof Potter, „nur eine wahre Aristokratie auf der ganzen Welt geben – die des durch Bildung bereicherten Charakters."

Es ist interessant, die Gesetze zu beobachten, die die Begeisterung bestimmen. Sie ist wie „der Wind, der weht, wo er will" – und niemand kann ihren Ursprung entdecken. Einmal in hundert Jahren ist eine große Welle patriotischer Begeisterung über diesen Kontinent hinweggeflutet. Nathaniel Bacon lebte hundert Jahre zu früh, als er den ersten Schlag gegen die Tyrannei Englands führte. Hundert Jahre später ergriff sein Geist Besitz von unseren revolutionären Vätern. Weitere hundert Jahre vergingen, und das ganze Land reagierte auf einen ähnlichen Instinkt des Patriotismus. Er wird sicherlich immer weitergehen und bei jeder Hundertjahrfeier erneuert und gestärkt werden; und wer wird in der Lage sein, die Reihen zu zählen, die Stärke abzuschätzen, den Reichtum zu berechnen oder den Einfluss der Söhne und Töchter der amerikanischen Revolution richtig einzuschätzen?

Zusätzlich zu dieser und anderen patriotischen Gesellschaften wurde eine sehr wichtige nationale Gesellschaft der Colonial Dames of America gegründet, an der ich interessiert war. Kein Staat hat in dieser Vereinigung die Führung – alle sind gleichberechtigt. Die Bewerberin kann sich nicht bewerben, so paradox das auch erscheinen mag! Ihr eigener Platz in der Welt, wie edel ihre Abstammung auch sein mag, muss ebenfalls berücksichtigt werden. Sie muss sowohl ein sanftes Wesen als auch ein edles Blut haben.

Es ist ganz klar, dass diese Gesellschaft einen entschiedenen, wenn auch stummen Protest gegen jene Aristokratie ausübt, die sich für die Beste hält, weil sie auf der Steuer- und Bankenliste ganz oben steht. Es gibt nicht den geringsten Hinweis auf einen aggressiven Geist, aber die stetige Tendenz geht gegen Plutokratie, Arroganz und jene unverschämte Positionsübernahme, die in diesem Land bei jenen charakteristisch ist, die unter der Oberfläche der Erde keine Grundlage für Stolz und darüber hinaus keine Ambitionen haben.

Eine der sicheren Prophezeiungen unseres zukünftigen Wohlstands und unserer Ehre kann in der Zahl und Bedeutung der patriotischen Frauengesellschaften liegen. Denn wie sehr auch immer einzelne sie durch persönlichen Stolz und Ehrgeiz beschmutzen oder sie durch einen Geist der Exklusivität einschränken mögen, der den Grundprinzipien, auf denen sie basieren, zuwiderläuft, ihre bloße Existenz beweist die entschiedene Reaktion auf gewisse schwere Übel, die wohlbekannt sind und die, wenn sie nicht eingedämmt werden, sicherlich eine Quelle der Gefahr für unser geliebtes Land darstellen werden.

Ich glaube an die aufrichtige amerikanische Frau. Ich habe sie in jeder Phase menschlicher Erfahrung gekannt: in Armut, in Leid, in Katastrophen, in Wohlstand. Ich stehe stolz neben ihr! Was auch immer die launische Mode oder die eigensinnige Laune für sie bestimmen mag, ich weiß, dass es einen leidenschaftlichen Wunsch gibt, der ihr Herz mehr als alle anderen beflügelt, nämlich diese Welt besser und glücklicher zu verlassen, als sie selbst hineingeboren wurde – selbst ein strahlendes Beispiel für die Schönheit der Güte zu werden, sodass alle durch die Schönheit eines schönen Lebens gewonnen werden können; ihr ganzes Leben vorwärts und nicht rückwärts, aufwärts und nicht abwärts zu führen; die Feuer der heroischen Vergangenheit zu nutzen, um die Feuer der Zukunft zu entzünden; zu diesem Zweck die Erinnerung an die Taten derjenigen zu bewahren, deren Leben sie in der Geschichte unseres Landes hervorstechen ließ.

KAPITEL XLI

Im Sommer 1888 brach in Florida das Gelbfieber aus und wütete mit besonderer Gewalt in Jacksonville. Anfang September erhielt ich einen Brief, in dem ich eingeladen wurde, mich mit mehreren Damen in Räumen am Broadway zu treffen, um ein Komitee zur Unterstützung der Leidenden in Jacksonville zu gründen. Mrs. Stedman (die Frau des Dichters) war bei mir, als ich den Brief erhielt, und sie stimmte mir zu, dass es für die Frauen New Yorks eine wunderbare Sache wäre, ihren kranken Schwestern in Florida substanzielle Hilfe zukommen zu lassen. Also begleitete mich Mrs. Stedman am vereinbarten Tag und zur vereinbarten Stunde an den vereinbarten Ort. Wir befanden uns in einem großen Raum voller Damen, die keiner von uns je zuvor gesehen hatte. Ich wurde per Akklamation zum Vorsitzenden ernannt und eine Mrs. Manton zur Sekretärin.

Ich hatte noch nie den Vorsitz bei einer Versammlung inne, aber ich tat mein Bestes. Ich bat die Anwesenden, ihre Meinung zu den klügsten Plänen für die wohltätige Arbeit zu äußern. Es wurden viele Vorschläge gemacht, die völlig unpraktisch waren, und schließlich bat ich um eine Vertagung auf eine Sitzung in zwei Tagen. Ich bat mein „Komitee", die Angelegenheit zu prüfen, sich mit ihren Freunden zu beraten und mir die Gelegenheit zu geben, meine Ratschläge einzuholen. Mrs. Stedman schien sehr entmutigt, als wir zusammen nach Hause gingen. Sie war überzeugt, dass dieses Experiment nichts bringen würde; und außerdem, da Bürgermeister Hewitt damit beschäftigt war, Geld für die Unterstützung von Jacksonville zu sammeln, sollten vielleicht alle guten Bürger ihm ihre Spenden schicken. Ich hatte vor, bei der nächsten Versammlung ihre Vorschläge weiterzuverfolgen, aber nur ein halbes Dutzend Damen erschienen. Ich erklärte ihnen, dass wir sofort Geld haben müssten, um unsere Dienste in Zukunft zu bezahlen, und dass bereits eine kleine Schuld aufgelaufen sei, und dann vertagten wir die Sitzung erneut. Im Vorraum erwartete uns eine Armee eifriger Zeitungsreporter, in deren Händen ich meine Freunde zurückließ, da ich selbst nichts mitzuteilen hatte. Am nächsten Morgen verkündete jede Zeitung in New York die interessante Tatsache, dass Mrs. Roger A. Pryor Präsidentin der „Ladies' Jacksonville Relief Society" war, dass in gesellschaftlichen und literarischen Kreisen bekannte Namen mit ihr in Verbindung gebracht wurden und um Kleider-, Nahrungsmittel- und Geldspenden gebeten wurde! Natürlich schickte mir die Presse viele Reporter, und ich fühlte mich plötzlich mit Wichtigkeit und Autorität ausgestattet. Ich ging freudig zu meinem Termin für ein weiteres Treffen und fand einen Raum vor, der zwar voll war – aber mit leeren Stühlen! Keine Menschenseele kam! Ich wartete die ganze Stunde allein. Am Ende wurde mir eine Nachricht von den Reportern draußen geschickt. Was hatten wir getan? Was sollten sie in der nächsten

Morgenausgabe des *Herald*, der *World*, der *Sun*, der *Tribune sagen*? Zutiefst verwirrt antwortete ich: „Sagen Sie den Herren, wir sitzen hinter verschlossenen Türen. Ich werde mehrere Tage lang nichts zu berichten haben."

Ich glaube, keine Frau in ganz New York war jemals in einer peinlicheren Lage. Ich wurde als Präsidentin einer Gesellschaft beworben, die sich einem großen wohltätigen Unterfangen widmete, und die Gesellschaft war einfach verschwunden, hatte keine Spur hinterlassen, nicht einmal einen Namen und eine Adresse! Was würde New York von mir denken? Ich war mir der Absurdität meiner Position sehr bewusst, aber noch größer als jede persönliche Unannehmlichkeit war meine eigene Enttäuschung. Eine Gelegenheit, wirksam für die notleidenden Menschen Floridas zu arbeiten, war mir plötzlich entrissen worden. Ein Freund in Jacksonville, der von der Bewegung gehört hatte, hatte geschrieben:

„Ich bin vom Gelbfieber geschwächt und kann die Pläne, die ich mit Bischof Weed zur Hilfe für die kranken und freundlosen Kinder hier gemacht habe, nicht ausführen, und die Tage des Bischofs sind mit den dringendsten Pflichten ausgefüllt. Entlang dieses Weges durch das Tal des Todesschattens gibt es viele kleine Kinder, deren erbärmlicher Zustand unser tiefstes Mitgefühl berührt. Aber unsere Hände hängen schlaff und hilflos herab, und so halten wir sie Ihnen hin."

Ich war von dem Verlangen verzehrt, ihnen zu helfen. Ich hatte damals das Gefühl – wie ich es später für die Waisen von Galveston empfand –, dass ich beinahe bereit wäre, mein eigenes Leben zu geben, wenn ich nur ihr Leben retten könnte.

Das waren die Träume der Nacht, und mit der Morgendämmerung hatte ich beschlossen, „der himmlischen Vision zu gehorchen". Vor zehn Uhr schickte ich Telegramme an Mrs. Vincenzo Botta, Mrs. Wm. C. Whitney, Miss Rose Elizabeth Cleveland, Mrs. Frederic Coudert, Mrs. Judge Brady, Mrs. Whitelaw Reid, Mrs. Levi P. Morton, Mrs. Don Dickinson, Mrs. William C. Rives, Mrs. William Astor und Mrs. Martha Lamb. Würden sie sich mir bei einer Spende von New Yorker Frauen an Jacksonville anschließen? Alle antworteten: „Ja, gerne, wenn Sie es schaffen." Mrs. Astor, Mrs. Reid und Mrs. Coudert schickten Geld – eine stattliche Summe –, um meine Arbeit zu beginnen.

Da stand ich also mit einer großartigen Gefolgschaft – *le premier pas*? Wo sollte ich anfangen? Sicherlich nicht, indem ich um Geld bettele – das würde ich nie tun. Irgendwie müssen wir es uns verdienen. Gerade in diesem Moment sah ich, dass Herr Frohman eine Matinée für den Hilfsfonds des Bürgermeisters angeboten hatte. Ich sprach mit Herrn Frohman und bat ihn, den Bürgermeister zu bitten, meinem großartigen Komitee diese Matinée zu gestatten, um unsere Arbeit einzuleiten. Seine Ehren hielten den Vorschlag offensichtlich für ein Zeichen von Frechheit, das unterdrückt werden müsse. Herr Frohman zitierte ihn überrascht und ganz entschieden: „Herr Hewitt sagt, er dachte, jeder wüsste, dass er so viel Geld wie möglich bräuchte."

Er hatte nur diese eine Matinee. Noch vor Einbruch der Nacht hatte ich jedes angesehene Theater und jeden Konzertsaal der Stadt telegrafisch kontaktiert und *neun gesichert*! Ich machte mich mit aller Kraft an die Arbeit. Meine Unterstützung kam alle von außerhalb der Stadt, außer Mrs. Botta und Mrs. Fanny Barrow. Wir waren mehrere Wochen lang ein Dreierkomitee, aber wir verstärkten unsere Stärke fleißig durch Briefe und Telegramme. Mr. Aronson vom Casino legte den 27. September für seine Votivmatinee fest, und Mr. John McCaull, der Wallacks Theatre hatte, wählte denselben Tag. „Macht nichts, Madam", sagte Mr. Aronson; „ich werde genug Leute von meiner Tür abweisen, um Wallacks zu füllen." „Seien Sie versichert, Madam", sagte Mr. McCaull, „ich werde genug Leute von Wallacks Tür abweisen, um das Casino zu füllen." Also hatte ich zwei großartige Matineen in der Hand – für denselben Tag, dieselbe Stunde.

Ich wusste, dass es für meine Interessen von entscheidender Bedeutung sein würde, diese ersten Unterhaltungen erfolgreich zu machen. Ich beschäftigte mein Gehirn mit Plänen, die ich meinen Freunden unter den Kaufleuten schlau offenbarte. Ich wollte Satinbanner, die mit Palmen und Orangenblüten bemalt waren, für Mr. Aronson und Mr. McCaull. Ich wollte schöne Satinprogramme für jeden Mann, jede Frau und jedes Kind, das für mich spielte, und für alle meine Gönnerinnen. Ich sehnte mich nach Blumen in Hülle und Fülle. Ich sehnte mich nach feinem Briefpapier, weißem Wachs und einem Siegel. Ich besorgte all diese Dinge. Es wurden so viele Blumen geschickt, dass jedem auf der Bühne Körbe und Sträuße überreicht wurden. Die Schauspieler waren begeistert. Mr. Solomon, der im Casino das aktuelle Lied sang, trug fröhliche, passende Zeilen vor. „Tante Louisa Eldridge" eröffnete im Foyer einen Blumenverkauf und brachte eine große Summe für wohltätige Zwecke ein. Jeder bekam Satin-Souvenirs mit den „Komplimenten der Ladies' Jacksonville Relief Society". Jede Notiz (eine persönliche, an jeden Darsteller gerichtete) wurde mit weißem Wachs versiegelt und mit einem Siegel versehen, das eigens für mich angefertigt wurde. Die kleine Fanny Rice war bezaubernd in Nadjy – sie sang das hübsche Mignon-Lied, das aus dem Stück entlehnt ist. Bei Wallack gab es ein großartiges Programm, an dem viele Stars teilnahmen – Kyrle Bellew und andere – und eine wunderbar lustige Balkonszene aus „Romeo und Julia" – De Wolf Hopper die Julia, Jefferson De Angelis die Amme und Marshall Wilder, Romeo!

Als alles vorbei war, stand eine sehr müde Frau in der 33. Straße. Aber am nächsten Tag verkündeten die Zeitungen „glänzendes Publikum, schöne

Aufführung, großartiger Erfolg". Jeder wurde namentlich in den Zeitungen bedankt. Mr. Aronson schickte mir 904,50 $. Früh am nächsten Morgen wurde ich in mein Wohnzimmer gerufen, und bevor ich es erreichte, hörte ich eine männliche Stimme: „Hab keine Angst – sprich jetzt!" Als ich eintrat, stand mir ein kleines, bezauberndes Mädchen mit langen Locken, großen Augen und einem hübschen kleinen Gesicht gegenüber, aus dem ein großer Hut geschoben wurde, während eine pummelige Hand in meine geschoben wurde und eine süße kleine Stimme sagte: „Ich habe nichts für dich!"

Es war das kleine Mädchen von Mr. Stevens, dem Geschäftsführer von Wallack's, und die „Summe" war ein großes Bündel Banknoten – 1.620 Dollar –, während eine kleine, ehrliche Hand den Silberbruchteil, 85 Cent, überreichte.

Dieses Geld, 2525 Dollar, wurde sofort an Gouverneur Perry weitergeleitet, der es dorthin schickte, wo es dringend benötigt wurde: in die Kleinstadt Fernandina und andere Kleinstädte in Florida, die von der Plage heimgesucht wurden: Gainsville, Manatee, McClenny, Crawfordsville und Enterprise. Von all diesen Städten sowie von Gouverneur Perry erhielt ich (begaste) Dankesbriefe und die Zusicherung, dass jeder Dollar zur Linderung der Not eingesetzt wurde!

Von da an dachte ich an nichts mehr und arbeitete für nichts mehr – außer für die Unterstützung von Jacksonville. Ich war nichts weiter als ein Theatermanager. Es war die Gewohnheit der Theater, mir das Gebäude und das Stück zu präsentieren – außerdem einen Plan des Hauses und alle Eintrittskarten. Ich musste die Sitze und Logen verkaufen, die ganze Werbung machen und diverse externe Ausgaben bestreiten – Platzanweiser, Orchester usw. All das tat ich mit wenig Hilfe, bis meine Freunde in die Stadt zurückkehrten, und dann wurden Mrs. Egbert Guernsey, Mrs. Barrow, Mrs. Stedman und Mrs. Botta zu meinen Stützen. Jede Matinee wurde geehrt, wie auch die ersten beiden, mit Satinprogrammen, Bannern und Blumen, persönlichen Notizen, die mit weißem Wachs versiegelt waren, usw. Ich saß von morgens bis abends an meinem Schreibtisch, und mein Tagebuch, das ich damals führte, enthält zweitausend Briefe, die ich selbst geschrieben hatte. Jedes Theater bot uns ein Stück, und das Eden Musée bot abwechslungsreiche Unterhaltung, und Mrs. Sherwood kam aus Rom, um uns zwei Lesungen zu geben.

Als Mr. Dalys Reihe kam, hatte ich einige Schwierigkeiten, Plätze zu verkaufen. Das Publikum hatte schon viel von Jacksonville ertragen und begann zu sagen: „Die Relief Society ist immer noch unter uns" oder „Die Jacksonville Relief Society wird, wie Banquos Geist, nicht untergehen."

Mein lieber Freund, Mr. Cyrus Field, fand mich in einer gewissen Besorgnis vor und schickte mir jeden Morgen seinen Angestellten, um zu fragen, wie ich "vorankomme", wobei er ganze Sitzblocks belegte und sie mit seinen Freunden füllte.

Auch Mrs. Jeanette Thurber kam (als ich am Erlahmen war) mit ihrem großen Herzen und ihren vollen Händen herein; und so spielten unsere alten Freunde – Mrs. Gilbert, James Lewis, John Drew, George Clark, Kitty Cheatham und Ada Rehan –, wie die Jenkins des Tages es verkündeten, „vor einem großen, glänzenden und eleganten Haus". Ich fügte jedem meiner Satin-Souvenirs für „die Besetzung" ein Zitat von Shakespeare hinzu. Ada Rehan spielte als Nachspiel „Die Frau des Sokrates". Auf ihrem Souvenir war in Gold gedruckt:

„Sei sie so schlau

... Als Sokrates' Xantippe"

„Sie hat eine Träne des Mitleids und eine Hand

Offen wie der Tag für schmelzende Nächstenliebe."

Als die Zeit gekommen war, dass Mr. Chickering mir seinen Saal für ein Konzert überließ, wurde ich langsam etwas müde und freute mich, das Interesse von Professor Ogden Doremus, dem ehemaligen Präsidenten der Philharmonic Society, zu wecken. Ich schrieb Briefe, die mir viele Angebote einbrachten. „Wie viele?", fragte Dr. Doremus. „Einen Hut voll", antwortete ich. Wir schütteten sie auf einen Tisch und trafen eine Auswahl. „Diese", sagte der Doktor, „sind schön, schön! Aber wir brauchen einen Stern! Ich werde morgen hinausgehen und den Himmel nach Kometen absuchen. Die großen Planeten werden nicht umsonst arbeiten."

Nachts schrieb er mir: „Keine Hoffnung auf einen Star! Alle wollen Geld! Wir müssen mit unseren Amateuren auskommen."

Am nächsten Tag fuhr ich mutig zum Metropolitan Opera House und fragte nach Mr. Stanton. Ich erzählte ihm meine Geschichte und bat ihn, „ *mir zu helfen* , meinen armen Landsleuten zu helfen".

„Ich gebe Ihnen Alvary!", rief er aus. „Nichts ist zu gut für Ihre Sache!" „Oh", sagte ich stockend – ich war erstaunt – „ich bin sicher, Alvary wird sich nicht herablassen, mit einer Gruppe von Amateuren zu Klavierbegleitung zu singen." „Wird er nicht?", sagte Mr. Stanton. „Ich habe den Eindruck, Alvary wird tun, was ich ihm befehle." Er fuhr jedoch fort, wie es Colonel Mapleson bei Patti getan hatte, und sagte, dass es, obwohl dies alles wahr sei, klug von mir wäre, Alvary zu *bitten* , zu singen. Das tat ich und erhielt eine freundliche, zustimmende Antwort.

Mrs. Shaw, die berühmte *Siffleuse* , war gerade aus England zurückgekehrt, wo sie für den Prince of Wales gepfiffen hatte, und ich freute mich über ihr Angebot, beim Konzert mitzuwirken. Das Programm war zusammengestellt, Mr. Chickering benachrichtigt und zwölfhundert Karten wurden mir zum Verkauf zugeschickt. Wir bereiteten die Bühne prächtig vor, liehen uns Teppiche, erlesene Möbel, Bilder und Vorhänge. Wir richteten ein Künstlerzimmer mit Erfrischungen, Zigarren und Blumen ein – und ein abgelegeneres Privatzimmer für den großen Tenor –, ließen die Banner außergewöhnlich schön aussehen und kündigten unser Programm für Freitagabend, den 12. Oktober, an.

Am frühen Montagmorgen erhielt ich die folgende Nachricht:—

„Als Herr Max Alvary sich bereit erklärte, für Madame Pryor zu singen, ging er davon aus, dass sie ein Programm zusammenstellen würde, das seiner gesellschaftlichen und künstlerischen Stellung entspräche.

„Madame Pryor hat das nicht getan. Herr Alvary wird nicht für Madame Pryor singen."

Bevor ich nach der Lektüre dieses erstaunlichen Schreibens wieder zu Sinnen kam, erhielt ich Folgendes:

„Madam, als Mrs. Shaw sich bereit erklärte, für Sie zu pfeifen, vergaß sie, dass sie einen Vertrag mit Mr. Pond hatte. Sie darf bei keiner Gelegenheit außerhalb von Mr. Ponds Unterhaltungsprogramm auftreten."

Licht drang in meine getrübte Sicht. *Dies – die Siffleuse – war die Beleidigende!* Ich schrieb sofort an Herrn Alvary, dass die Nummer, gegen die er Einwände erhoben hatte, zurückgezogen worden sei. Ich sagte dem Telegrafenboten, er solle auf eine Antwort warten. Er kam nach mehreren Stunden Abwesenheit zurück und berichtete: „Ich bat den Herrn um eine Antwort, und er schlug mir die Tür vor der Nase zu. Dann wartete ich draußen bis zum Abendessen!"

Dienstag und Mittwoch vergingen. Ich verzichtete darauf, Mr. Stanton zu belästigen. Es war nicht meine Absicht, etwas gegen den Willen eines anderen anzunehmen. Herr Alvary könnte für mich nach Frankreich gehen! Ich würde mich ihm gegenüber sicherlich nicht demütigen. In der Zwischenzeit versuchte es Dr. Doremus immer wieder vergeblich. Donnerstag! Kein Alvary, kein Pfeifer! Eine wirklich nette Art, ein vertrauensseliges Publikum zu behandeln, das Karten kauft, um beide zu hören!

Schließlich brach ich zusammen. Ich schrieb dem unartigen Jungen und schrieb *ihm ins Herz*. Abschließend sagte ich: „Während Sie zögern, sterben

meine Landsleute." Er hatte ein Herz und ich fand es. Ich erhielt prompt
eine Antwort:

" MADAME PRYOR :—

„Ich werde am Freitag für Sie singen, und ich werde so oft singen, wie das
Publikum es wünscht. Es tut mir leid, dass ich Ihnen Kummer bereitet habe,
aber – Madame Pryor, *Sie* wissen, dass die menschliche Stimme nicht zum
Pfeifen gedacht ist!

"Ihr bescheidener,
„ MAX ALVARY ."

Das Konzert war großartig. Er sang wie nie zuvor und kam immer wieder,
um den begeisterten Erinnerungen des großen Publikums zu entsprechen.
Mrs. Sylvanus Reed, die eine meiner Schirmherrinnen bei allen meinen
Programmen war, brachte zwanzig oder mehr junge Damen ihrer Schule mit.
Ich hatte kein Abendkleid verlangt, aber von meinem erhabenen Sitz in der
Sky Gallery blickte ich auf Hunderte blumengeschmückter Köpfe meiner
lieben amerikanischen Mitfrauen herab.

Nach Alvarys letzter Nummer erschien er in einem Seitengang und ließ
seinen Blick mit seinem Opernglas über die Galerien schweifen. „Mama",
sagte meine Tochter Fanny, „dieser Mann sucht dich!" „Er wird mich nicht
finden", versicherte ich ihr, „er hat mich nie gesehen." „Aber ein Mann, der
dich gesehen hat, ist bei ihm und hilft ihm!" Tatsächlich waren die
Doppelrohre bald auf mich in meinem Horst gerichtet, und Alvary winkte
auf eindrucksvolle Weise mit der Hand, legte sie auf sein Herz und verbeugte
sich dreimal tief.

Aber das war nicht das letzte Mal, dass ich meinen frechen, netten Jungen
Alvary sah. Ich wurde einmal gebeten, meinen Tag so zu verbringen, wie es
mir am besten gefiel, da es mein Geburtstag war, und ich entschied mich,
„Siegfried" zu sehen. Ich band meine Karte an ein paar Veilchen und warf
sie dem damals größten Tenor der Welt vor die Füße, und er erkannte die
Ehrerbietung. Viele der schönen Briefe, die ich nach diesem wunderbaren
Konzert erhielt, einer der bezauberndsten von meinem lieben alten Freund
William C. Rives.

Doch bald tat der gesegnete Frost mehr für die heimgesuchte Stadt, als ich
tun konnte. Ich eröffnete das St. Luke's Hospital wieder, reinigte und
möblierte es neu, schickte Schwester Mary Ann fast tausend Dollar zur
Sanierung des katholischen Krankenhauses und eine ähnliche Summe an das
Waisenhaus in Jacksonville. Gouverneur Perry schickte ein Komitee aus
Florida, um mir zu danken, Briefe von weit entfernten Freunden strömten
herein, die Zeitungen schrieben nette Dinge über meine Bemühungen. „Wer
ist der beste Theatermanager in New York?" wurde AM Palmer gefragt.

„Nun", antwortete er, „wenn Sie eine ehrliche Antwort wünschen, würde ich sagen: Mrs. Pryor!"

In Zeiten nationaler Katastrophen reagiert keine andere Stadt der Welt so wie New York. Man denke nur an die Überschwemmung in Galveston, als ein Basar, den ich leiten durfte, 51.000 Dollar einbrachte – man denke nur an das Erdbeben in San Francisco! Jedes Herz ist von Mitgefühl erfüllt – jede Hand ist offen, wenn echtes Unheil, echte Katastrophen irgendeinen Teil unseres Landes erschüttern. Und nirgendwo finden wir eine schnellere Reaktion als bei Schauspielern, die selten, wenn überhaupt, reich sind und nie, wie andere, ein bequemes Leben führen.

Die Briefe, die ich von den New Yorker Frauen erhielt, die mir so edel zur Seite standen und mir halfen, waren lange Zeit eine wunderbare Lektüre. Sie sind mir noch immer eine Belohnung, die nur der Krönung – der Linderung meines Leidens – nachsteht, die mir in den darauffolgenden Jahren meines Lebens Trost spendete. Es sind edle, großzügige Briefe, und ich wünschte, ich könnte sie alle hier als Muster für schöne Briefe wiedergeben. Einer, von der begabten Frau Vincenzo Botta, ist ein Beispiel für den Rest:

" 25 EAST 37TH STREET , 13. Dezember.

" SEHR GEEHRTE FRAU PRYOR ,

Ich gratuliere Ihnen herzlich zum Erfolg Ihrer Bewegung zur Unterstützung unserer Bürger von Jacksonville, denn Sie allein waren die treibende und belebende Kraft hinter all dem. Es wird Ihnen eine Freude sein, sich immer daran zu erinnern, und auch uns, die Ihrem Beispiel gefolgt sind, wenn auch so weit zurückliegend. Es wird mir nicht möglich sein, den Platz in dem Komitee einzunehmen, in das Sie mich berufen. Übernehmen Sie ihn doch selbst, liebe Frau Pryor! Das *sollten Sie* tun. Jetzt, da die Last dieser Arbeit vorbei ist, sollten Sie sie nicht in andere Hände legen. Deshalb bitte ich Sie inständig, meinen Platz einzunehmen.

„Immer herzlichst,
„ ANNIE CL BOTTA ."

Es wurde vorgeschlagen, dass das Komitee, das so viel Können gezeigt hatte, nicht aufgelöst werden sollte, sondern als dauerhafte Organisation zur Hilfe bei plötzlichen nationalen Katastrophen bestehen bleiben sollte. Ich hatte mir gewünscht, dass Frau Botta an der Spitze dieses Komitees steht.

Zu unserem Bedauern entschieden wir uns schließlich, die Gruppe aufzulösen. Als ich meinen Bericht abgab und meinen lieben Mitarbeitern Lebewohl sagte, erzählte ich ihnen einige nette Wahrheiten. Jedes Banner und jede Blüte war uns geschenkt worden. Die American District Telegraph

Company hatte für ihre Dienste keine Gebühr verlangt – Boten schickten mich täglich los, um auf Befehle zu warten.

Die Presse war sehr großzügig zu uns. Für die Werbung für unsere Unterhaltungen erließen uns *Tribune* , *Herald* , *Sun* und andere Zeitungen sämtliche Kosten. Die Herausgeber von sechzehn New Yorker Zeitungen lobten und ermutigten uns uneingeschränkt. Wenn sie Anlass zur Kritik sahen, hielten sie sich zurück. Sie halfen uns in jeder Hinsicht und erfreuten unsere Herzen mit der süßen Belohnung der Anerkennung. Sie sagten, wir seien „eine Gruppe selbstloser und begabter Frauen, die eine weitere der Liste der anmutigen Leistungen hinzufügen, die der Frömmigkeit und der Weiblichkeit Ehre machen."

Wir konnten unsere Arbeit in den kleinen Städten Floridas nicht an der Hütte des armen Negers oder dem Heim der Witwen, Waisen und Bedürftigen fortsetzen. Es sollte uns genügen zu wissen, dass durch uns ein kühlender Einfluss ihre fiebrigen Stirnen erreichte, dass geeignete Nahrung und Kleidung für sie gefunden wurde, dass ihre Herzen in einer dunklen Stunde aufgeheitert wurden, weil sie erkannten, dass sie nicht vergessen oder ohne Freunde waren. Man sagte uns, dass unsere Almosen für die Waisen eine Antwort auf die letzten Gebete von Müttern waren (eine kleine Gruppe von New Yorker Kindern wurde ausgewählt, die Schutzengel eines dieser unglücklichen Waisen zu werden), und wir erfuhren, dass unsere Gabe an die katholischen Schwestern größer war als alles, was sie aus irgendeiner anderen Quelle erhielten. Man versicherte uns, dass der Trost wiederhergestellt, saubere Wasserleitungen gebaut und gute Nahrung und Kleidung für die protestantischen Waisen bereitgestellt wurden. Wir eröffneten das Krankenhaus wieder, das in Jacksonville mehr denn je gebraucht wurde und das aus Geldmangel kurz vor der Schließung stand. All dies war eine große Belohnung, und wir konnten dazu noch unser eigenes dankbares Bewusstsein hinzufügen, eine edle und würdige Tat vollbracht zu haben.

Ich werde immer tiefste Dankbarkeit empfinden für meine Unterstützung dieser Wohltätigkeitsorganisation; für das Geschenk geliebter und geehrter Namen – Namen, die einer edlen Sache nie vorenthalten wurden –, für großzügige Nachsicht mir gegenüber und für viele Worte der Anerkennung und Ermutigung. Mein Herz ist voller Dankbarkeit und auch voller „guter Wünsche, Lob und Gebete" für die edle Gruppe von Spielern, die dieses großartige Werk möglich gemacht haben.

„Die kleine Gruppe" von Kindern, die sich dazu entschieden, die Vormundschaft für ein Waisenkind zu übernehmen, war der Morningside Club, dessen Präsidentin ein ganz bezauberndes kleines Mädchen war – Renée Coudert.

KAPITEL XLII

Im Herbst 1900 wurde die schöne Stadt Galveston von einer seltsamen Katastrophe heimgesucht. Eine gewaltige Welle erhob ihren Kamm weit hinaus aufs Meer und marschierte geradewegs weiter, bis sie die Stadt verschlang. Es geschah alles plötzlich, in einer Nacht. Tausende von Männern, Frauen und Kindern kamen um. Hunderte von Babys wurden in dieser Nacht geboren und lebend aufgehoben, treibend auf den kleinen Matratzen, auf die sie von ertrinkenden Müttern gelegt worden waren. Die katholischen Schwestern und ihre Waisenkinder kamen alle um. Das protestantische Waisenhaus auf einer Anhöhe war um seinen ersten Raum herum gebaut worden, und in diesem zentralen Raum versammelten sich die Kinder und verbrachten die Nacht damit, ihre kleinen Hymnen zu singen. Die äußeren Räume wurden von den Wellen getroffen, aber dieser kleine Zufluchtsort blieb unversehrt. Viele Tage, nachdem die Wasser zurückgegangen waren, fand man Kinder auf den Straßen umherirrend – einige kannten ihre eigenen Namen nicht, andere fragten die Passanten besorgt: „Wo ist meine Mutter? Habt ihr meinen Papa schon gefunden?"

Das Land eilte zur Rettung, allerdings nicht um zu retten – dafür war es zu spät –, sondern um den Obdachlosen beizustehen und den Bedürftigen zu helfen.

Eines Morgens wurde ich in mein Empfangszimmer gerufen, wo mich ein Mitarbeiterteam einer der großen Zeitungen New Yorks erwartete. Sie hatten eine Nachricht vom Eigentümer und Herausgeber dabei, dass er einen großen Basar zur Unterstützung Galvestons eröffnen wolle und mich bat, die Leitung zu übernehmen. Mein Erfolg für Jacksonville hatte mir diese Ehre eingebracht.

Ich sah sofort, dass ich die Gelegenheit hatte, Großes zu vollbringen. Ich erkannte aber auch die Schwierigkeiten, die auf mich zukommen würden. Der Basar musste von Anfang an vorbereitet werden, und ich hatte für diese Aufgabe drei Wochen Zeit. Mein persönlicher Einfluss auf die Gewinnung von Förderern und Material konnte nicht groß sein – und der Einfluss der Zeitungen war mir unbekannt. Aber „wer nicht wagt, der nicht gewinnt". Allein die Tatsache, dass es schwierig war, spornte mich an, und ich stimmte zu.

Also begab ich mich am nächsten Tag zu meinem „Geschäftssitz", einem Zimmer im Waldorf Astoria, und fand mich dort mit Stenografen, Schreibmaschinen und Schreibmaschinen, einem Schreibtisch für mich selbst, einem Schreibtisch für meinen stellvertretenden Manager und reichlich Stiften, Tinte und Papier ausgestattet. Nach einer kurzen Beratung wurde ein Verfahrensplan angenommen: Wir mussten einflussreiche

Schirmherrinnen haben, wir mussten kompetente Manager für fünfzehn Stände haben und bereitwillige Herzen und Hände in unseren Dienst stellen, um Materialspenden zu erbitten. Das war eine große Aufgabe, aber wir gingen mit Energie an die Sache heran. Unsere Probleme ergaben sich bald aus der Menge der Hilfsangebote, die uns erreichten, und der Schwierigkeit der Auswahl. Ausschüsse kamen nicht in Frage. Für derartige Maschinen war keine Zeit. Um Verzögerungen und Komplikationen zu vermeiden, wurde ich zu einem Ausschuss aus einer Person ernannt; ein Stempel mit meiner Unterschrift wurde geschnitten, und alles, was die Stände betraf, wurde unter meiner eigenen Aufsicht verabschiedet – jedes Papier wurde mit meinem Namen unterzeichnet, jede Ernennung von mir vorgenommen. Unser Ein-Zimmer-Büro war bald zu klein und wir ließen drei weitere Räume anbauen, einen davon ausschließlich für Mrs. Vivian, damit sie die Stimmen der Sänger testen konnte, die ihre Dienste anboten, und sich ein Urteil über die jeweilige Anzahl der Musiker bilden konnte, die großzügig ihre Hilfe anboten.

Ich wünschte, ich könnte von der großartigen Arbeit erzählen, die meine Assistenten geleistet haben – Mrs. Donald McLean, Mrs. John G. Carlisle, die gute „Tante Louisa Eldridge", die Schauspielerin Mrs. Timothy Woodruff, Mrs. Gielow, Mrs. Marie Cross Newhaus, Mrs. Wadsworth Vivian, Helen Gardiner, die Autorin Mrs. John Wyeth, Miss Florence Guernsey – und viele andere. Mit einem solchen Personal war der Erfolg garantiert.

Aber ich kannte diese Stadt New York gut. Ich muss Prestige haben. Ich muss „Stars" haben, und zwar strahlende, auf meiner Liste von Gönnerinnen. Um sie zu gewinnen, zu einer Jahreszeit, in der viele gesellschaftliche Prominente in Europa oder auf dem Land waren, waren viele Briefe und viel Zeit nötig. Schließlich wagte ich einen kühnen Versuch, mich hervorzuheben. Ich erinnerte mich daran, dass John Van Buren, als er gefragt wurde, wie er es wagen könne, Königin Victoria einen Heiratsantrag zu machen, antwortete: „Ich dachte, sie würde ‚nein' sagen – aber dann könnte sie ‚ja' sagen." Ich telegrafierte Ihrer Majestät, legte ihr die Sache der Galveston-Waisenkinder vor und bat um ein Wort des Mitgefühls für meine Bemühungen, ihnen zu helfen. Das Schicksal war mir gnädiger als Mr. Van Buren. Sie sagte „ja". Sie *zeigte tatsächlich* Mitgefühl und „befahl" aus Balmoral, mich darüber zu informieren. Dann telegrafierte ich Prinzessin Alexandra, und sie antwortete äußerst gnädig aus Fredensborg. Als Schirmherrinnen für den Basar konnte ich dann die Herzogin von Marlborough, die Herzoginwitwe von Marlborough, Mrs. Cornwallis West, die Baronin Burdett-Coutts, Lady Somerset, Lady Aberdeen, Madame Loubet, Madame Diaz, die Frau des mexikanischen Präsidenten, und Madame Aspiroz, die Frau des mexikanischen Botschafters, gewinnen. Alle diese edlen Damen schickten persönliche Antworten, viele davon mit Geldbeträgen. Sir Thomas

Lipton hörte von dem Basar und schickte unaufgefordert 500 Dollar aus England.

Zu dieser ausländischen Liste konnte ich eine große Anzahl der bei uns bekanntesten und am meisten geschätzten New Yorker Namen hinzufügen. Mit einer solchen Garantie für den „Ton" des Basars war mir die Schirmherrschaft sicher.

Als jedoch die Eröffnungsnacht kam, befiel mich eine furchtbare Angst, es könnte kein Publikum kommen. Ein märchenhaftes Dorf von Buden füllte den großen Ballsaal im Waldorf Astoria, und die großzügigen Kaufleute von New York hatten sie mit seltenen und schönen Dingen bereichert. Mr. Edward Moran schenkte einen seiner berühmten Marinesoldaten. Präsident Diaz schickte eine Bronzegruppe von der Pariser Weltausstellung, die einen Schnitter mit seiner Sichel darstellte – seine beiden Töchter binden seine Garben. Mr. Stanley McCormick kaufte diese für das Büro des McCormick-Schnitters in Chicago. Edle Pelze, Tigerfelle, Opernmäntel, Damenhüte, Silberwaren, Uhren, Juwelen, Fahrräder, einen Flügel und ein Automobil waren in unserer Sammlung enthalten. Ich hatte General Miles geschrieben und ihn gebeten, den Basar zu eröffnen, und er war mit Mrs. Miles aus Washington gekommen. Als ich am Eröffnungsabend ankam, wurde ich in den kleinen Ballsaal geführt, wo ich zehn oder mehr Generalmajore in voller Uniform vorfand, Gouverneur Sayre aus Texas, Mr. Aspiroz, den mexikanischen Botschafter, der aus Washington gekommen war, um uns das Geschenk von Präsident und Mrs. Diaz und den Damen ihrer Gesellschaft zu überbringen. Am Arm von General Miles schritten wir, begleitet von diesen angesehenen Männern und ihren Frauen, durch Scharen von Zuschauern in den unteren Ballsaal. Als ich eintrat, waren bereits dreitausend Menschen versammelt! Der Oberbefehlshaber der Armeen der Vereinigten Staaten wurde großartig empfangen. Von Mrs. Astors Loge aus hielt er die Eröffnungsrede, gefolgt von einer höchst rührenden Erzählung von Gouverneur Sayre. Meine liebe Mrs. Carlisle erschien in der Loge mit einem wunderschönen Lorbeerkranz für General Miles. Aber ich kann die Szene nicht beschreiben. So einen Basar hat man in New York noch nie gesehen. Es hat andere gegeben – aber ohne das *Gütesiegel* eines militärischen Rangs im Inland und des Königshauses im Ausland. Telegramme von Mrs. McKinley; Ein Brief und ein prächtiges silbernes Geschenk von Admiral und Mrs. Dewey, ein Brief und ein Geschenk mit seltener Stickerei von *der zierlichen* Madame Wu von der chinesischen Botschaft, ein Brief und ein Geschenk in Form einer silbernen Flasche von Madame Dreyfus – diese und viele ähnliche Ereignisse erheiterten uns in der Stunde unseres Triumphs – einer Stunde zugleich großer körperlicher Ermüdung.

Wir ließen unseren Vorhang mit *lautem Beifall herunter* – unser eigener Mark Twain, der gerade von seinem heimkehrenden Dampfschiff gestiegen war, antwortete sofort auf meinen Einladungsbrief und hielt eine fröhliche Rede. Von meinem Platz in der niedrigen Loge blickte ich auf die Gesichter meiner Söhne Roger und Willy, die in eine besorgte Besprechung über irgendein Thema vertieft zu sein schienen. Sie nickten mir aufmunternd zu. Ich stellte fest, dass sie im Gegensatz zu mir wussten, dass ein Komitee die Galerie entlangkommen würde, um mir Blumen zu überreichen, mir ein Emblem an die Brust zu heften und nette Dinge über meine Arbeit zu sagen. Sie waren besorgt, dass ihre müde Mutter der kurzen Dankesrede, die von ihr verlangt wurde, nicht gewachsen sein könnte.

Wir schickten 51.000 Dollar nach Galveston! Für diese große Summe durfte ich einen besonderen Zweck auswählen. Ich schlug den Bau eines Waisenhauses vor, in dem alle obdachlosen Waisenkinder untergebracht werden sollten, unabhängig von Glaubensbekenntnis oder Land.

Innerhalb eines Jahres war die Anstalt errichtet, eingerichtet und die hilflosen Kinder in ihrem Schutz versammelt. Der Initiator dieser großartigen Wohltätigkeitsorganisation sagte, er hätte es ohne mich nie geschafft – ich hätte ohne ihn nichts tun können! Er hatte seine Freunde. Er hatte auch seine Feinde, die seine Wohltätigkeitsorganisation als „Werbung" einstuften. Von all dem weiß ich nichts; aber ich weiß, dass diese Waisenanstalt in Galveston ein großartiges und edles Werk war; und meine alte und geschätzte Freundin, Mrs. Phoebe Hearst, hat Grund, dankbar zu sein, dass ihr Sohn es bauen durfte. „Was können wir für Sie tun?", fragte mich einer der Leiter bei der Eröffnung. „Nichts", antwortete ich; „die Arbeit ist ihre eigene Belohnung. Aber lassen Sie Ihre Waisenkinder in ihren täglichen Gebeten Gottes Segen für alle erbitten, die geholfen haben, seinen obdachlosen Kindern dieses Zuhause zu geben."

Ich vertraue in aller Demut darauf, dass Gott sie alle gesegnet hat: die achtzigjährige Frau am Pazifik, die ein selbstgenähtes Kopftuch schickte; die edlen Damen auf der anderen Seite des Atlantiks, die uns sofort ihre ehrenwerten Namen und ihr Geld hergaben; den kleinen Jungen, dessen Lockenkopf ich sehen konnte, wie er sich in der Menge bewegte und um ein paar Cent für die Waisen bat; die gute Frau, deren Haupt unter der englischen Krone grau geworden war.

Vor allem aber wünsche ich und bete ich für alle Segnungen der Gruppe lieber Frauen, die oft bei Regen und Sturm kamen und mit mir von morgens bis abends arbeiteten, um beim Bau einer Unterkunft für die obdachlosen Waisen von Galveston zu helfen.

RICHTER ROGER A. PRYOR IM JAHR 1900.

KAPITEL XLIII

Die Jahre, die mir so interessante Arbeit beschert hatten, waren auch für meinen lieben General erfüllte Jahre. Im Juni 1888 hielt er eine Rede vor dem Abschlussjahrgang der Albany Law School – eine Rede, die damals so inspirierend und hochgelobt war, dass sie nicht verloren gehen sollte. Er war sein ganzes Leben lang mit den großen juristischen Persönlichkeiten im Ausland eng vertraut gewesen. Sie hatten ihm seine ersten Bestrebungen gegeben und waren danach immer seine inspirierenden Lehrer gewesen. Und doch konnte er dem amerikanischen Studenten wahrheitsgemäß sagen:

„Wir brauchen auch nicht ins Ausland zu reisen, um Beispiele und Illustrationen forensischer Redekunst in ihrer höchsten Vollkommenheit zu finden; denn in der erhabenen Leidenschaft von Patrick Henry, in der hinreißenden Vehemenz von Choate, in der brillanten und überschäumenden Fantasie von Prentiss und in der majestätischen Einfachheit von Webster finden wir jede Schönheit und jede Redegewandtheit zu Hause, die mit einer Wirkung dargestellt wird, die den Leistungen der mächtigen Meister der Antike nicht nachsteht."

Während er fleißig seinen Beruf studierte, fand er Zeit für leichtere, aber vielleicht nicht wirklich angenehmere Beschäftigungen. Von Zeit zu Zeit sprach er vor College-Gesellschaften über literarische Themen. Er schrieb für die *North American Review*, das *Forum* und die „Encyclopædia Britannica". Wie bei seinen öffentlichen Reden wurde auch seinen Schriften ein ausgeprägtes Wissen und ein klarer, geschliffener Stil nachgesagt . Die höchste Note war ihm nie zu hoch!

Er hätte „ganz neu erschaffen" werden müssen, wenn er kein Interesse an Politik gehabt hätte. Er war, wie er oft erklärte, „ein geborener Presbyterianer und Demokrat" und er schwankte nie in seiner Treue zu beiden. „Oh, Gott, führe uns richtig", betete ein Mitglied der Körperschaft, die den Westminster-Katechismus verfasste, „ *denn du weißt, dass wir sehr entschlossen sind* ." Nachdem er sich in eine Richtung aufgemacht hatte, zweifelte der würdige Bruder an der Macht des Allmächtigen selbst, seinen Kurs zu ändern!

Obwohl mein Mann sich politischer Gespräche und Diskussionen enthielt, war er froh, zu dem Kongress geschickt zu werden, der Herrn Tilden nominierte. Sein erster prominenter Auftritt auf der politischen Bühne war jedoch wahrscheinlich der Gouverneurskonvent in Syracuse, für den er das Wahlprogramm verfasste und der zur Kandidatur von Herrn Cleveland führte. Dieses Wahlprogramm hatte anerkanntermaßen einen wesentlichen Beitrag zur Wahl von Herrn Cleveland geleistet. Die Ansprache seines Autors bei der Vorstellung des Programms wurde sehr bejubelt.

Gerade als ich meine Arbeit in Jacksonville beendete, verhandelte und gewann mein General seinen großen Sugar Trust-Fall. „Hätte er nichts anderes getan", sagte jemand, dessen Wort viel bedeutet, „könnte er auf diesen Fall als bleibendes Denkmal verweisen." Sein rascher Aufstieg zum Ruhm als Anwalt ist bekannt. „Seine juristischen Siege würden eine lange Liste ergeben", sagt ein zeitgenössischer Schriftsteller, „aber er schreckte nie vor einer Klage zurück, weil sie unpopulär war oder weil die rechtlichen Chancen gegen ihren Erfolg sprachen, wie gerecht sie auch sein mochte. Seine umfassenden Rechtskenntnisse, seine Bereitschaft, Mittel einzusetzen, seine Sorgfalt bei der Vorbereitung seines Falls, seine unerschütterliche gute Laune, sein Mut, seine Begeisterung und seine Klarheit bei der Argumentation haben ihn vor Gericht einflussreich und erfolgreich gemacht." Beginnend mit dem Tilton-Beecher-Prozess war er Anwalt im Morey Letter-Fall und im Mordprozess gegen Holland. Er war auch an den Prozessen gegen Gouverneur Sprague in Rhode Island und dem Ames-Amtsenthebungsverfahren in Mississippi beteiligt. Er war der erste, der einen Prozess gegen die Elevated Railroad Company wegen Schäden an angrenzendem Eigentum gewann. Er war auch Anwalt im Testamentsverfahren um Hoyt, in den Anarchistenprozessen in Chicago und jetzt im Sugar Trust-Prozess, in dem er sowohl vor den Gerichten in New York City als auch vor dem Berufungsgericht erfolgreich war. In seiner schlimmsten Notlage *lehnte er* eine Klage gegen den guten Peter Cooper ab.

Es war im Jahr 1889, als mein Mann den Prozess gegen den Sugar Trust anregte und führte, den ersten Prozess vor einem Gericht oder in einem Staat gegen Unternehmenszusammenschlüsse zum Zwecke der Wettbewerbsbeschränkung. Da er sich dabei gegen eine starke Opposition durchsetzen konnte, erlangte er ein Ansehen, das unmittelbar zu seiner Ernennung zum Richter führte.

Am 9. Oktober 1890 gab Mr. John Russell Young zu seinen Ehren ein Abendessen im Astor House – ein Abendessen, das sich durch die Anzahl der angesehenen Gäste auszeichnete. Unter ihnen waren der ehrenwerte Grover Cleveland, General Sherman, General Sickles, Henry George, Daniel Dougherty, Daniel Lamont, WJ Florence, Mark Twain, John B. Haskin, Joseph Jefferson, Thomas Nast, Richter Brady, Richter Joseph F. Daly, Murat Halsted, Senator Hearst – gab es jemals eine solche Gesellschaft? General Sherman legte meinem Mann die Hand auf die Schulter und sagte: „Wir hätten das alles schon vor langer Zeit für ihn getan, aber er musste so ein Rebell sein!"

Er war ernannt worden, um die restliche Amtszeit eines in den Ruhestand gehenden Richters zu übernehmen. Im nächsten Jahr stellte er sich dem Volk zur Wahl und wurde mit einer großen Mehrheit von vielen tausend Stimmen zum Richter des Court of Pleas gewählt. Bald darauf wurde er Richter des Obersten Gerichtshofs von New York.

Er wurde mit allen möglichen Ausdrücken herzlichen Wohlwollens, Vertrauens und Bewunderung als Richter begrüßt. Auch hier gab es keine Gegenstimme. Bei einer Feier kurz danach zu Grants Geburtstag war er einer derjenigen, die zum Reden eingeladen wurden, und wurde von General Horace Porter folgendermaßen vorgestellt: „Meine Herren, wir haben heute Abend einen angesehenen General hier, der mit uns im Krieg gekämpft hat – aber nicht auf derselben Seite. Es heißt, es sei erstaunlich, wie sehr man einen Mann mag, nachdem man gegen ihn gekämpft hat! Aus diesem Grund haben wir ihn heute Abend hier, um ihm einen herzlichen Empfang zu bereiten. Er hat uns immer herzlich empfangen. Er hat uns immer aufgenommen und versorgt und war bereit, uns aus der Gefahrenzone zu halten, solange die Feindseligkeiten andauerten – es sei denn, wir wurden früher ausgetauscht. Er war immer an der Front, und sein erneutes Erscheinen an der Front heute Abend ist ein Spiegelbild unserer Treffsicherheit. Da wir nicht wussten, wie wir ihn dort bestrafen sollten, brachten wir ihn nach New York und verurteilten ihn zu vierzehn Jahren Zwangsarbeit als Richter.“

Er brachte die Gewohnheiten der Selbstverleugnung und des unermüdlichen Lernens, die er zwanzig Jahre lang praktiziert hatte, in sein Amt mit. Während dieser ganzen Zeit und danach sah ihn niemand jemals in einem Vergnügungslokal, im Theater, auf einem Ball oder in der Oper und nur sehr selten bei einem Abendessen. Er kannte keinen Teil von New York außer den Straßen, die er zu seinem Büro oder Gerichtssaal und wieder zurück durchquerte. Seine kurzen Sommerferien verbrachte er in White Sulphur Springs in Virginia, wo er seine Studien fortsetzte. 1895 hielt er dort vor der Virginia Bar Association eine Rede über den Einfluss Virginias auf die Entstehung der Bundesverfassung, und ich wage zu behaupten, dass jeder, der diese Rede in gedruckter Form liest, interessante historische Fakten finden wird, die nicht allgemein bekannt sind. In Übereinstimmung mit meinem Plan, seine Zeitgenossen die Geschichte seines öffentlichen Lebens erzählen zu lassen, kopiere ich eine Stellungnahme aus einer Zeitung in Richmond: „Richter Pryor hielt eine hervorragende Rede. Es war eine kunstvolle, gelehrte und überaus lehrreiche Darbietung und zeugte von der eifersüchtigen Hingabe eines angesehenen Sohnes Virginias an das alte Gemeinwesen und seinem sorgfältigen Studium seiner politischen Geschichte. Es ehrte den Herrn, der die Rede hielt, und den Beruf, für den er ein leuchtendes Vorbild ist.“

Was auch immer er schrieb, wurde immer zu Hause vorgelesen und abgeschrieben, bis meine Tochter Gordon uns verließ, sogar die juristischen Argumente verstand sie nur vage. Abgesehen von den technischen

Schwierigkeiten konnte sie immer einen Eindruck von seinen Argumenten gewinnen, und der Eindruck, den sie auf ihren außergewöhnlich klaren, unvoreingenommenen Verstand machte, war das, was er wissen wollte. Wenn wir selbst einmal vorlasen, bot ihm das eine wunderbare Gelegenheit, unsere Aussprache zu korrigieren. Seine Geduld konnte nie ein falsch ausgesprochenes Wort dulden – und leider war ich nach Gordons Heirat zu alt, um es noch zu lernen. Er kämpft jedoch weiterhin geduldig mit mir.

Einmal, in White Sulphur Springs, war ein schönes Mädchen aus Virginia in meiner Obhut. Mein General war in seine Arbeit vertieft – es war der Sommer, in dem er seine Rede hielt – und erwies ihr nicht die Ehrerbietung, an die das Paar blauer Augen gewöhnt war. „Ich glaube nicht, dass der Richter mich mag", beschwerte sie sich; „er hat nie ein Wort mit mir zu sagen. Er sieht aus, als ob er immer an etwas anderes denkt."

„Lizzie", schlug ich vor, „Sie müssen ein oder zwei Wörter falsch aussprechen, und wir werden sehen, welche Wirkung das hat." Wir steckten die Köpfe zusammen und stellten eine Liste auf, die sie sich merken sollte. Beim Abendessen heftete sie ihren Blick auf unser Opfer und begann – indem sie eine Blume anbot – „Sie ist nicht sehr hübsch, aber das Parfüm – " „Ich bitte um Verzeihung, Miss –, Parfüm, Betonung auf der ersten Silbe!", rief er aus. „Oh, Sie sind *so* freundlich, Richter! Das veranschaulicht nur –" „Veranschaulichen Sie, meine liebe junge Dame! – Betonung auf der zweiten Silbe, aber bitte fahren Sie fort." „Ich hatte noch nie jemanden, der mir das alles erzählt hat", stöhnte sie. „Wenn *Sie* nur –" „Mit Vergnügen! Eine schöne junge Dame sollte in der Sprache perfekt sein, wie in allen Dingen." Das kleine Biest spielte ihre Rolle perfekt. Überwältigt von der lächerlichen Situation entschuldigte sie sich schließlich, und mein lieber Unschuldslamm bemerkte, während seine bewundernden Augen ihr folgten: „Das ist ein ungewöhnlich vernünftiges Mädchen!"

Ich habe mich über ein bisschen Zeitungsklatsch über diese Eigenart meines lieben Generals amüsiert. Ein Arzt sagte vor ihm in einem Fall von ärztlichem Kunstfehler aus und benutzte wiederholt das Wort „pare´sis", wobei er die zweite Silbe betonte. Der Richter zeigte sich äußerst unruhig und wagte schließlich zu fragen: „Entschuldigen Sie – das Wort, das Sie meinen, ist möglicherweise par´esis?" Während der Zeuge fortfuhr, wurde der Verstoß wiederholt und erneut korrigiert. „Nun, Euer Ehren", sagte der Täter, „ich räume dem Richter in Rechtsfragen alle Weisheit ein, aber ich bin Arzt, und in diesem Beruf lautet das Wort pare´sis." „In meinem Gericht heißt es par´esis", lautete die Entscheidung, die prompt gefällt wurde, mit einer Betonung, die eine Berufung ausschloss.

Es tut mir leid, dass ich seine Verdienste für sein Land und seinen Beruf während der sieben Jahre, bevor er von der Altersgrenze des New Yorker

Gesetzes überholt wurde, nicht aufzählen kann – sein Eintreten für verleumdete Frauen, seine Entscheidung, dass Scheidungsfälle nicht im Geheimen, sondern vor einem öffentlichen Gericht verhandelt werden sollten – was jetzt Gesetz geworden ist – seine Beschränkung des Einbürgerungsrechts auf zumindest Kenntnisse der englischen Sprache. Ich kann nicht auf diese gelehrten Themen eingehen, wie es, wie ich hoffe, eines Tages jemand aus dem Beruf tun wird. Ich berichte nur, dass mein lieber General, wie jeder zugab, das heilige Versprechen erfüllte – „er war ein Vater für die Armen, und er suchte die Sache, die er nicht kannte."

Diese öffentliche Anerkennung seiner Fähigkeiten und seines Wertes, mit der Chance auf größeren Nutzen, war schließlich die Krönung seines langen und heldenhaften Kampfes. Der Krieg hatte ihm nichts als eine zerlumpte Uniform, sein Schwert, eine Frau und sieben Kinder hinterlassen – seine Gesundheit, sein Beruf, sein Platz in der Welt waren dahin; seine Freunde und Kameraden waren im Kampf gefallen; seine Heimat im Süden war verarmt und verlassen. Er hatte keinen Beruf, keine Bürgerrechte, keine Möglichkeit, ein Amt zu bekleiden. Dass er das Schicksal besiegte, das ihn zu vernichten drohte – und es durch die Anerkennung seiner zeitweiligen Feinde besiegte – ist ein eindrucksvolles Beispiel für die Möglichkeiten, die unser Land bietet; hier können nicht nur verarmte Flüchtlinge aus anderen Ländern Glück und Reichtum finden, sondern auch ihre eigenen Söhne, die nach einem schrecklichen Bruderkrieg erschöpft und ruiniert sind, können ihre Wunden verbinden, ihr Leben wieder aufnehmen und schließlich für ihre Arbeit belohnt werden.

Fußnoten

[1] Rhodes' „History of the United States", Band I, S. 231 *ff.*

[2] Geschichte von James Ford Rhodes, *passim* .

[3] Claibornes „Siebzig Jahre in Virginia".

[4] „Erinnerungen an Frieden und Krieg", *passim* .

[5] Life of Joseph E. Johnston, von Bradley T. Johnson, S. 21.

[6] Rhodes' „History of the United States", III, S. 175.

[7] The *Herald and Empire* , Dayton, Ohio.

[8] Shermans „Memoirs", Band II, S. 223.

www.ingramcontent.com/pod-product-compliance
Lightning Source LLC
LaVergne TN
LVHW040516200726
843493LV00017B/975

9 789359 946238